10|18
12, avenue d'Italie — Paris XIIIe

Sur l'auteur

Métis amérindien, James Welch est né en 1940 sur la réserve Blackfeet de Browning dans le Montana. Après des études universitaires, il publie à l'âge de trente et un ans un recueil de poèmes très inspirés du surréalisme. En 1974, son premier roman, *L'Hiver dans le sang*, reçoit un accueil enthousiaste de la critique. Suivront *La Mort de Jim Loney* et surtout *Comme des ombres sur la terre*, une saga mettant en scène la vie d'une tribu indienne dans l'Amérique des années 1870. Le succès de l'auteur se trouve confirmé à la publication de *L'Avocat indien*, et ne se dément pas par la suite avec *C'est un beau jour pour mourir* et *À la grâce de Marseille*. Aujourd'hui reconnu comme l'une des figures les plus significatives de la littérature indienne contemporaine, James Welch transmet au travers de la fiction la permanence de la culture et des croyances indiennes.

À LA GRÂCE DE MARSEILLE

PAR

JAMES WELCH

Traduit de l'américain
par Michel LEDERER

10|18

« Domaine étranger »
dirigé par Jean-Claude Zylberstein

ALBIN MICHEL

Du même auteur
aux Éditions 10/18

Titre original :
The Heartsong of Charging Elk

ISBN 2-264-03615-X

Pour Lois.

NOTE DU TRADUCTEUR

Nous avons choisi de laisser en anglais les noms de la plupart des lieux géographiques et personnages du roman. Voici cependant la traduction des principaux d'entre eux, en commençant par **Charging Elk** qui signifie Elan Qui Charge.

Bird Tail : Queue d'Oiseau
Black Elk : Elan Noir
Crazy Horse : Cheval Fou
Doubles Back Woman : Femme Pliée En Deux
Featherman : Homme Plume
Little Ring : Petit Cercle
Liver : Foie
Red Cloud : Nuage Rouge
Red Shirt : Chemise Rouge
Rocky Bear : Ours Rocheux
Scabby Bull : Taureau Pelé
Scrub : Broussailles
Sees Twice : Voit Deux Fois
Sitting Bull : Taureau Assis
Strikes Plenty : Frappe Beaucoup
Yellow Hand : Main Jaune

Prologue

Au début de la lune-des-chevaux-qui-muent, moins d'une année après la bataille contre les Longs Couteaux sur l'Herbe Grasse, les Indiens arrivèrent en vue du fort de l'homme blanc au fond de la vallée. Plusieurs femmes se mirent alors à pleurer. Les chefs, revêtus de leurs plus beaux atours, chevauchaient en tête des braves. Les femmes, les enfants et les vieillards suivaient, certains à pied, d'autres installés sur les travois au milieu des ballots, des tipis et des ustensiles divers. He Dog, Big Road, Little Big Man et Little Hawk portaient leurs coiffes en plumes d'aigles, leurs vêtements de daim à franges, leurs gants ornés de perles et leurs mocassins décorés de piquants de porc-épic. Leurs visages émaciés étaient peints comme pour la guerre, mais ils n'avaient plus le cœur au combat.

Les chefs s'arrêtèrent au sommet de la colline. Deux cavaliers venaient vers eux au galop. L'un était un soldat en uniforme bleu ressemblant à ceux que les Indiens avaient pris sur les cadavres dans les collines qui dominent l'Herbe Grasse. Deux des jeunes guerriers portaient encore les tuniques de tissu décoloré par-dessus leurs jambières en lambeaux. Il faisait chaud et les tuniques grattaient sur leur peau nue, mais c'était la seule parure qu'ils possédaient.

Le deuxième cavalier était un Indien qui avait vu de nombreux hivers, et les chefs le reconnurent tout de suite. Ils avaient chevauché auprès de lui lorsqu'il menait campagne pour la fermeture des forts le long de la Piste Médecine. Il s'appelait Red Cloud et c'était en ce temps-là un grand chef de guerre. Depuis dix ans, devenu un Indien des réserves, il prenait ses ordres des chefs blancs, à l'instar de celui qui se trouvait à ses côtés et qui arborait un grand chapeau blanc. Pourtant, avec ses vêtements de daim impeccables, sa coiffe qui ondoyait jusque sur la croupe de son cheval, son visage d'oiseau de proie maintenant marqué de profondes rides au coin des yeux, il avait l'air aussi digne et puissant que jamais.

Les cavaliers ralentirent et firent halte à moins de trois pas de la petite colonne. Les deux groupes restèrent un moment à cheval, immobiles. Red Cloud, les yeux fixés droit devant lui, n'adressa pas le moindre signe de reconnaissance aux autres Indiens, alors qu'il avait parcouru les plaines avec nombre d'entre eux, car c'étaient, comme lui, des Oglalas, et il avait été autrefois leur chef.

Red Cloud finit cependant par porter son regard sur eux et, avec un léger hochement de tête, il déclina leurs noms un à un. Il semblait ainsi non pas les saluer, mais les identifier à l'intention du soldat. Celui-ci écoutait, le visage impassible. Après quoi, Red Cloud se tourna vers un homme qui attendait patiemment sur un petit cheval, juste derrière le groupe des chefs. Mince, les cheveux clairs, nattés et ornés de fourrure, il avait en guise de coiffe une seule plume d'aigle royal. Sa chemise en peau de daim était sale, dépourvue de toute décoration. La carabine à répétition posée en travers de ses genoux n'avait ni clous de cuivre sur la crosse, ni plumes attachées au canon. Son regard était rivé sur l'horizon pâle au-delà de la vallée.

Lorsque Red Cloud le nomma, le soldat voulut être sûr d'avoir bien entendu. « Crazy Horse », répéta Red Cloud.

Les chefs des deux groupes échangèrent quelques rapides paroles, mais Crazy Horse, lui, demeura silencieux, manifestant quelque impatience. Pendant qu'ils parlaient, une troupe de soldats à cheval s'approcha des Indiens. Ils ne prononçaient pas un mot, mais on entendait le cliquetis des sabres, le grincement du cuir et le choc sourd des sabots ferrés sur la terre friable. La troupe se sépara en deux. La moitié prit position derrière les Indiens, tandis que l'autre se dirigeait vers les chevaux.

Un garçon de onze hivers assis sur le bord d'un travois observa les soldats pendant qu'ils rassemblaient les chevaux. C'était un grand troupeau, composé d'au moins mille têtes, et cela dura longtemps. Le garçon les suivit ensuite des yeux alors qu'ils s'éloignaient, rapetissant dans le lointain, puis il baissa le regard sur son petit frère et sa petite sœur blottis contre le ballot des peaux de leur tipi. « Ne pleurez pas, dit-il. Vous êtes des Oglalas. Ne pleurez pas. »

Le troupeau descendait la colline en direction d'un bois de peupliers au fond de la vallée. Les soldats le menaient doucement, mais quelques chevaux, nerveux, renâclaient et hennissaient. Ils n'étaient pas habitués à l'odeur de ces hommes blancs.

Le garçon sentit le travois s'ébranler avec une secousse, puis se mettre en mouvement, tandis que les perches produisaient comme un sifflement en creusant des sillons dans la terre. Il se laissa glisser au sol et alla trotter à côté du cheval que montait sa mère, un grand rouan qui tirait sa charge sans effort. L'enfant leva les yeux sur sa mère et constata qu'elle avait les joues mouillées. Il s'apprêtait à lui demander qu'elle l'installe en croupe derrière elle, mais à la vue de ses larmes, il se ravisa. Bien que le long voyage depuis le pays de la Powder River eût été pénible, il n'avait pas véritablement pris conscience de ce qu'il signifiait. Maintenant, il comprenait. Il comprenait que ces *wasichus* faisaient pleurer sa sœur, son frère et sa mère. Il comprenait que son père et les autres hommes ne combattraient plus. Il comprenait que son peuple ne serait plus autorisé à retourner sur les prairies à bisons. Ils étaient prisonniers. Ce qu'il ignorait, par contre, c'est ce qu'ils allaient devenir.

Pendant qu'il regardait autour de lui les Indiens qui, jeunes et vieux, avançaient à pied ou montés sur des chevaux aux robes de diverses couleurs, et que la poussière soulevée par les sabots et les perches des travois poudroyait, il se sentit tout petit et eut également envie de pleurer. Au moment où il était près de s'abandonner aux larmes, il entendit un bruit léger, bizarre, qui provenait de l'avant, des chefs. Il sut alors de quoi il s'agissait. Les braves s'étaient mis à chanter, et toute la tribu, bientôt, les imita.

Il courut pour rattraper sa mère. Il vit que ses lèvres à elle aussi bougeaient, et son cœur bondit dans sa poitrine. C'était un chant de paix qu'ils chantaient, mais pour l'enfant, c'était davantage un chant de victoire. Descendant la colline, il sentait au travers de la mince semelle de ses mocassins chaque caillou, chaque touffe d'herbe, et sur ses épaules nues, les rayons ardents du soleil. Il chantait à présent.

Dans la vallée, il apercevait le fort, les bâtiments en rondins, le drapeau rouge, blanc et bleu de l'Amérique qui pendait en haut d'un mât, les rangées de soldats, leurs fusils munis de couteaux d'acier à l'épaule, les milliers d'Indiens qui occupaient la plaine. Il n'avait plus peur. Ces Indiens-là étaient vivants — et ils chantaient. La vallée entière vivait et chantait ce chant de paix, un chant que le garçon n'oublierait jamais.

1

Charging Elk ouvrit les yeux et ne vit que les ténèbres. Il faisait un rêve. Il scruta l'obscurité et, l'espace d'un instant, il crut ne pas être revenu. Mais revenu d'où ? Et où était-il ?

Il était couché sur le dos, dans le noir, et il se rappela qu'il avait mangé deux fois de la soupe pendant le jour. Il s'était réveillé et une femme pâle, le visage à moitié dissimulé sous un masque blanc, lui avait donné de la soupe. Il s'était de nouveau réveillé et une autre femme, le visage pareillement masqué, lui avait redonné de la soupe. C'était un bouillon sans viande, plutôt bon, mais il avait été incapable d'en manger beaucoup. La deuxième fois, la femme lui avait fait boire un verre de jus d'orange. Il avait reconnu de quoi il s'agissait et l'avait vidé jusqu'à la dernière goutte. Il aimait bien le jus d'orange, mais quand il en avait redemandé à la femme, celle-ci s'était contentée de le regarder par-dessus son masque, puis de hausser les épaules et de dire quelque chose dans une langue qu'il ne comprenait pas. Après quoi, il avait de nouveau sombré dans le sommeil.

Appuyé sur un coude, il se tourna vers la lumière qui lui entrait dans l'œil. A en juger par la distance qui le séparait de la lueur jaune, il estima qu'il se trouvait dans une pièce très longue. Il cligna des paupières pour tenter de mieux voir. Où était-il ? Et pourquoi les femmes ici se couvraient-elles le visage ? Petit à petit, ses yeux devinrent plus forts, et il distingua entre la lointaine lumière et lui plusieurs silhouettes bosselées installées sur des plates-formes. Entendant tousser près de lui, il se laissa retomber et ralentit le rythme de sa respiration. Lorsque la toux cessa, il repoussa les couvertures qui l'enveloppaient et se tourna de nouveau vers la lumière. La mémoire lui revenait.

Au début, il se rappela seulement les deux femmes qui l'avaient nourri de soupe. Puis il se rappela la pièce. Il n'en avait pas vu grand-chose, car il était resté allongé sur l'un des lits des hommes blancs. C'était une grande pièce haute de plafond éclairée par des globes de verre alimentés par des fils jaunes. Sur le mur en face de lui, il y avait une rangée de grandes fenêtres. Par l'une d'entre elles, il apercevait les branches nues d'un arbre, tandis que les autres n'ouvraient que sur le ciel gris.

Il se rappela aussi s'être réveillé alors qu'un homme en blouse blanche était penché au-dessus de lui, le visage également couvert d'un masque. Il appliquait un petit objet froid sur sa poitrine sans regarder Charging Elk qui eut cependant le temps de voir de petites pièces métalliques disparaître dans les oreilles de l'inconnu. Pris de peur, il avait fermé les yeux et laissé l'homme toucher son corps à l'aide du disque froid.

Quand cela s'était-il passé ? Avant ou après la soupe ? Le regard fixé sur la lueur jaune tout au bout de la pièce, il se souvint que, mourant de chaleur, il s'était débarrassé des couvertures, avait tenté de se lever, éprouvant une douleur aiguë au côté, et que deux ou trois hommes blancs l'avaient maintenu. Il se souvint avoir essayé de mordre le plus proche, celui au visage poilu qui, hurlant au-dessus de lui, l'avait alors frappé sur le front. Plus tard, il s'était réveillé. Il était attaché et il avait froid, si froid qu'il claquait des dents et que son corps était pris de tremblements violents. Il allait mourir de froid, aussi sûrement que s'il était passé au travers de la glace d'une rivière gelée. Une fraction de seconde, il avait vu la rivière, un éclair argenté dans les ténèbres, bordée d'arbres dénudés et environnée de collines rousses enneigées. Quand il s'extirpa de la rivière, il faisait jour et il était couché sur un lit dans la grande pièce, le dos et le flanc douloureux à cause des spasmes qui l'avaient secoué.

Charging Elk contempla un long moment la lumière jaune. Il ne se rappelait rien d'autre car il était incapable de penser. Il fixait la douce clarté du regard comme si c'était celle d'un feu qu'il avait déjà vu, quelque part ailleurs, très loin d'ici.

Se réveillant de nouveau, il dressa la tête et regarda la lumière grise de l'aube filtrer à travers les fenêtres. Un oiseau piqua, les ailes déployées, et vint se percher sur l'appui de l'une des fenêtres. Charging Elk le reconnut. Il avait déjà vu des oiseaux semblables qui, souvent, trottinaient en compagnie d'autres de la même espèce sur les allées et les pavés des villes où il avait été. Ils dodelinaient de la tête et produisaient d'étranges sons graves qui montaient du fond de leurs gorges. Il se remémora comment, alors qu'un enfant courait derrière eux, ils s'étaient envolés en toute hâte pour décrire un cercle avant de se poser à seulement quelques mètres de là.

Il avait vu les imposants bâtiments des villes : les maisons qui abritaient tant de monde, les lieux sacrés surmontés de hautes tours où les gens venaient s'agenouiller et réciter leurs chapelets, les grands magasins et les petites boutiques pleines de choses curieuses. Il était entré dans la maison d'un roi meublée de nombreux lits, de fauteuils en or et de tableaux. Un jour, à Paris, il avait accompagné un ami gravement blessé dans une autre maison également remplie de lits.

Charging Elk comprit alors qu'il se trouvait dans l'une des maisons des malades de l'homme blanc. Il savait qu'il devait y être depuis assez longtemps, mais rien de plus. Quand il se réveillait, il faisait parfois jour, parfois nuit. Il n'avait aucune idée du nombre de sommeils qu'il avait passés ici.

Il se sentait très faible — et affamé. Il écouta son estomac gronder. Il voulait de la viande et encore du jus d'orange. Et aussi de la soupe. De la soupe de baies sauvages. Il ne se rappelait pas la dernière fois qu'il en avait goûté, ni même s'il s'agissait d'une vraie soupe de baies sauvages. Il savait seulement qu'il avait envie de quelque chose de familier.

Il entendit au loin un cliquetis, le seul son cristallin au milieu d'un bruit de fond composé de respirations, de ronflements, de toux et de gémissements. Comme le cliquetis se rapprochait, il se souleva sur un coude. Son corps lui parut alors moins lourd que dans les ténèbres.

S'avançant entre les lits, la jeune femme jeta un coup d'œil dans sa direction, puis s'arrêta. Au contraire de celles qui donnaient à manger, elle portait une coiffe raide avec deux espèces d'ailes et un tablier qui lui montait jusqu'aux épaules sous lequel dépassait une longue robe grise aux manches étroites. Une croix en or pendait au bout d'une chaîne enroulée autour de son cou. Charging Elk avait déjà vu des croix de ce genre sur d'autres gens, et il se rappelait vaguement où. Son intérêt s'éveilla.

« *Bonjour, monsieur*[1] », dit-elle, venant se placer à côté de son lit. Charging Elk connaissait ces deux mots, mais pas ceux qu'elle prononça pendant qu'elle tendait le bras pour tapoter son oreiller. Elle l'aida ensuite à s'adosser. Un éclair de souffrance lui traversa le flanc, puis s'atténua pour faire place à une douleur plus sourde. La jeune femme lui adressa encore quelques paroles. Il constata qu'elle avait les yeux bleus et que ses cheveux ramenés sous sa coiffe étaient d'une teinte ocre.

Elle fit le geste de porter la main au masque qui lui couvrait en partie le visage. Elle le répéta à deux reprises, jusqu'à ce qu'il comprenne. Il hocha alors la tête comme il avait vu les hommes blancs le faire. La jeune femme s'éloigna.

Ainsi installé, il distinguait mieux ce qui l'entourait. Il apercevait par la fenêtre un bâtiment dont le toit était tout doré. Au-dessus, le ciel virait du gris au bleu. L'oiseau qui dodelinait de la tête en marchant avait disparu. Regardant autour de lui, il vit de nombreux lits alignés contre les deux murs, tous occupés par des gens. Certains étaient adossés comme lui, d'autres dormaient sous les couvertures. Il percevait l'odeur humide et terreuse des corps mêlée à l'odeur âcre de la médecine *wasicun*. Il n'y avait que des hommes, et que des hommes blancs. Eux aussi étaient dans la maison des malades. Mais la maison, où était-elle ?

1. Les mots et phrases en italique sont en français et en lakota dans le texte. (*N.d.T.*)

La jeune femme revint avec un verre de jus d'orange sur un plateau. Pendant qu'il le buvait, il remarqua des petits plis aux coins des yeux de la femme, et il songea qu'elle souriait peut-être sous son masque. Il reposa le verre sur le plateau, puis, désignant sa bouche, il fit signe qu'il avait faim. La femme fronça les sourcils. Charging Elk répéta son geste, et les sourcils s'arquèrent. Elle se pencha et tapota une petite montre épinglée à son tablier en prononçant quelques mots. Charging Elk hocha la tête. Il connaissait ces instruments à mesurer le temps des *wasichus*. Il désigna de nouveau sa bouche, et la femme dit : « *Oui, oui* », avant de repartir.

Charging Elk se cala contre son oreiller et attendit la nourriture. L'un des hommes en face de lui repoussa ses couvertures et s'assit au bord de son lit. Il resta ainsi un moment. Il avait le visage couvert d'une barbe de plusieurs jours, une barbe noire qui lui donnait le teint aussi blanc que le mur derrière lui. Il se leva, agrippé au montant du lit en fer, puis attrapa une robe de chambre suspendue à un crochet. Charging Elk tourna la tête et constata qu'un vêtement identique était accroché au-dessus de son lit. Voyant l'homme glisser ses pieds dans des espèces de chaussures informes, il pensa qu'il en avait peut-être lui aussi.

L'homme, s'éloignant de la lumière jaune, traversa la salle en s'arrêtant de temps en temps pour se reposer, appuyé contre le montant d'un lit, puis il poussa une porte battante et disparut.

Charging Elk sentit renaître l'espoir. Rien ne l'empêchait d'enfiler des chaussures pareilles et de sortir. Il allait d'abord manger pour reprendre des forces, puis il partirait. A cette pensée, un sentiment de peur l'étreignit. Où pourrait-il trouver refuge ? Il contempla ses mains brunes posées sur la couverture le long de son corps. Il n'était pas du peuple de ces gens. Il n'était pas de la même couleur et il ne parlait pas leur langue. Son pays était quelque part très loin d'ici. Et lui, il était là, seul, dans cette maison des malades. Il s'efforça de lutter contre la panique qui le gagnait en ravivant ses souvenirs. Il se rappela la nuit et il se rappela les lumières étincelantes, le son d'une voix qui, forte et claire, s'élevait au milieu de nombreuses voix. Quand la voix forte parlait, les autres se muaient en un sourd rugissement, jusqu'à ce que les lumières se mettent à danser et que, soudainement, brutalement, il sombre dans les ténèbres.

« *Monsieur ? Monsieur ?* »

Charging Elk ouvrit les yeux.

« *Votre petit déjeuner, monsieur.* »

Une jeune femme lui posa un plateau sur les genoux. Il contenait un bol d'une espèce de bouillie blanche, un morceau de pain du matin rassis et un verre de jus d'orange. La femme lui installa ensuite un carré de tissu sur la poitrine, puis elle s'assit sur un tabouret à côté du lit et plongea une cuillère dans la bouillie. Lorsqu'elle voulut la porter à la bouche de Charging Elk, ce dernier lui écarta le bras. Elle dit quelque chose sur un ton indiquant qu'elle était habituée à ce genre de comportement. Charging Elk reconnut à ses yeux gris-vert la femme qui lui avait donné pour la première fois de la soupe. Doucement, il lui prit alors la cuillère des mains, examina la bouillie, la sentit et se décida à en prendre une petite bouchée. Elle n'avait aucun goût, n'était ni sucrée, ni épicée, mais elle coula dans sa gorge et lui réchauffa le ventre. Il en mangea encore un peu, puis, avec un signe de tête, demanda : « *Café.*

— *Non, non, monsieur* », dit la femme d'une voix excitée. Elle ajouta quelque chose, puis se frotta le ventre et agita l'index.

« *Café* », répéta-t-il.

Elle commença une phrase, puis s'interrompit. Un instant plus tard, elle se leva et se dirigea à grandes enjambées vers l'extrémité de la salle où, la nuit précédente, avait brillé la lumière jaune. Charging Elk la suivit un moment des yeux. Après quoi, à l'aide de la lourde cuillère de fer, il se mit à manger. Il laissa la moitié du bol, mais but tout le jus d'orange. En revanche, il ne toucha pas au pain dur — il en avait déjà vu : un petit morceau bombé sur le dessus et plat en dessous qui évoquait le signe pour le lever du soleil —, attendant de le tremper dans son *pejuta sapa*, sa médecine noire.

Il pensa au lever du soleil en d'autres lieux. Un endroit qui offrait des vues au loin sur l'herbe rase et les pâles nuages de poussière, sur quelques hommes et sur un paysage nu, sans bâtiments. De nombreuses fois, il avait vu le soleil se lever sur les plaines ondoyantes, alors qu'il était dans le soleil et que le soleil était dans lui, alors qu'il était parmi son peuple.

Au souvenir des *ikce wicasa*, les hommes de la nature, le nom que les gens de sa tribu se donnaient, Charging Elk poussa un gémissement. Il se rappelait sa mère et son père, son frère et sa sœur. Il se rappelait les villages, les campements, tel endroit, puis tel autre. Les femmes qui cueillaient des baies, les hommes qui revenaient avec de la viande, les chiens et les chevaux, les rires ou les larmes des enfants, le plaisir d'être couché dans le tipi ensoleillé, les peaux roulées pour laisser pénétrer un souffle d'air. Il était lui aussi un enfant en ce temps-là, et il passait ses journées à galoper sur son cheval, à jouer, à décocher des flèches contre des écureuils, à manger la soupe de baies sauvages que sa mère préparait.

Il se rappelait la grande bataille contre les Longs Couteaux sur l'Herbe Grasse, les corps blancs et nus sur lesquels les femmes comptaient les coups avec leurs haches et leurs couteaux à dépecer. Il s'était battu avec ses deux amis, Liver et Strikes Plenty, pour la possession de la bague d'un soldat, ornée d'une agate. Ils lui avaient coupé le doigt pour la prendre, mais Yellow Hand, l'un des garçons plus âgés, se l'était appropriée.

Charging Elk se rallongea et ferma les yeux. Il avait été fier d'être un Oglala et il croyait qu'ils ne se rendraient jamais. Les jeunes parlaient de Crazy Horse, comment il les conduirait loin des Longs Couteaux. Ils grandiraient et deviendraient des chasseurs, ils feraient la guerre à leurs ennemis et, quand ils seraient devenus assez forts, ils tueraient les soldats. Entre-temps, la tribu passait l'été et l'automne à aller d'un endroit à l'autre, d'abord en haut des Bighorns et des Wolfs, puis, quand le temps changeait et que la neige couronnait les pics, ils redescendaient dans les plaines. Parfois, ils campaient durant six ou sept sommeils, parfois, durant seulement un ou deux. Les éclaireurs surveillaient l'approche des Longs Couteaux qui n'étaient jamais bien loin. Le gibier abondait à cette époque, et le peuple ne connaissait pas la souffrance. Wakan Tanka, le Grand Mystère, chevauchait à ses côtés. Les Oglalas paraissaient presque euphoriques, comme s'ils savaient qu'ils vivaient leurs derniers jours de liberté et qu'ils aient décide d'en profiter. Ils avaient remporté une grande victoire et ils étaient préparés à en subir les conséquences, même si la mort devait vivre auprès d'eux. Charging Elk, en dépit de sa jeunesse, sentait tout cela et n'avait jamais été aussi proche de sa famille, de son peuple, de sa terre. Il s'accrochait à tout, à chaque nouveau paysage, à chaque nuit sous les étoiles dans le tipi de son père.

Quand le temps changeait, tout changeait. Les bisons semblaient disparaître dès la première neige, les cerfs, les orignaux, et même les lapins et les grouses se faisaient rares, tandis que le vent mordant soufflait sans discontinuer. Beaucoup tombaient alors malades, certains mouraient, et tous craignaient ce qui les attendait. Lorsque, cet hiver-là, les soldats rattrapèrent enfin la bande de Crazy Horse sur la Powder River, les Indiens réussirent à s'échapper à la faveur d'un blizzard avec peu de pertes, mais, autour des maigres feux, la balance penchait désormais du côté de ceux qui préféraient se rendre au fort de la White Earth River plutôt que de rester libres, ce qui se réduisait à devoir fuir, toujours fuir. Crazy Horse se refusait à entendre ce discours. Il commença à passer de plus en plus de temps hors du campement, à chevaucher seul au milieu des collines — certains disaient qu'il était en quête d'une vision qui permettrait de sauver la tribu, d'autres pensaient simplement qu'il ne tenait pas à être témoin de leurs souffrances. Le propre père de Charging Elk affirmait que Crazy Horse était trop têtu pour faire un bon chef, qu'il plaçait sa fierté avant le bien-être des siens. Charging Elk et ses amis avaient cependant juré de suivre Crazy Horse, y compris dans la mort s'il le demandait. Comme la plupart des jeunes, ils l'idolâtraient et croyaient qu'il ferait un miracle quand le printemps viendrait. Il les conduirait dans un pays sans hommes blancs, un pays où abonderaient les cornes-noires, les baies et la bonne eau. Il y aurait de nombreux chevaux ennemis à capturer, de nombreux ennemis à frapper.

Mais ce printemps-là, Crazy Horse mena le peuple épuisé, déguenillé, à Fort Robinson et à l'Agence de Red Cloud. Ils remirent leurs chevaux et leurs armes, tout sauf leurs habits, leurs ustensiles de cuisine et leurs tipis. Le morceau de papier signé par les chefs était daté du 6 mai 1877. Quatre mois plus tard, pendant la lune-du-veau-noir, les soldats tuèrent Crazy Horse, aidés par des gens de son propre peuple.

Charging Elk soupira et ouvrit les yeux. Le plateau et la femme avaient disparu. Deux hommes en costume se tenaient au pied de son lit et le regardaient.

« *Bonjour*, dit l'un d'eux.

— Hello », fit l'autre.

Charging Elk reconnut les deux formules de salutations, mais demeura silencieux.

« Charging Elk ? » reprit le deuxième.

L'Indien réfléchit un instant. Tout en sachant qu'on ne le comprendrait pas, il demanda depuis combien de temps il était dans la maison des malades. Les deux hommes échangèrent un regard. Celui qui avait dit « hello », vêtu d'un épais costume marron, arborait une moustache qui frisait aux coins de sa bouche, et l'autre portait un costume noir bien coupé, la cravate soigneusement nouée entre les deux pointes de son col.

« Vous parlez anglais ? américain ? » L'homme en costume marron se pencha au-dessus du lit, et répéta plus fort : « Américain ? Vous parlez américain ? »

Charging Elk, se désignant du doigt, répondit : « Américain. Lakota. » Puis, alors qu'il cherchait ce qu'il pourrait ajouter, il se rappela comment il était arrivé ici. « Pahuska. Buffalo Bill. » Puis il se souvint du Lakota qui avait été désigné chef des Indiens de la troupe. Il n'avait en réalité aucun pouvoir sur eux — le pouvoir étant exercé par les chefs blancs —, mais les *wasicuns*, les voleurs, l'aimaient bien parce qu'il était très beau et que ses vêtements de daim étaient brodés de perles. Il ne doutait pas que ces hommes le connaissent. « Red Shirt, dit-il. Grande médecine. Oglala. Wild West.

— Buffalo Bill, oui, oui, mais vous êtes Charging Elk. » L'homme parlait lentement, criant presque.

« Charging Elk, yah. »

Il devenait clair qu'il ne parviendrait pas à communiquer avec ces hommes, même s'il comprenait vaguement leur langue. Après avoir enregistré l'expression sombre de leurs visages, il n'arriva plus à détacher son regard de leurs costumes.

Après la mort de Crazy Horse, on conduisit les Oglalas de l'Agence de Red Cloud à la leur, celle de Pine Ridge. On mit les enfants à l'école de l'homme blanc où Charging Elk, devenu l'un des élèves, apprit quelques mots d'américain, mais moins d'un an plus tard, âgé de treize hivers, il s'enfuit en compagnie de Strikes Plenty et alla vivre chez les parents de celui-ci dans le camp du Tourbillon, loin de l'Agence et de l'école. Ensuite, comme les *wasichus* menaçaient de venir les chercher, de même que les autres enfants, ils durent partir et se réfugièrent au cœur des Mauvaises Terres dans un endroit appelé le Bastion, une haute butte herbeuse qui présentait trois flancs à pic, facile à défendre. Les hommes blancs, les soldats aussi bien que les pionniers, craignaient le Bastion. Les Indiens qui y vivaient étaient considérés comme de mauvais Indiens, même par ceux des leurs qui s'étaient installés à l'Agence et dans les communautés avoisinantes. Charging Elk et Strikes Plenty chassèrent, explorèrent les environs et apprirent à perpétuer les voies des anciens grâce à l'aide de deux vieux hommes-médecine. Parfois, ils partaient à cheval pour les Black Hills, les Paha Sapa, où ils volaient les chercheurs d'or. Ils visitèrent Bear Butte, une colline sacrée en forme de cône où de nombreux Oglalas s'étaient rendus dans le passé, en quête de visions, mais qui était maintenant entourée de colons et de concessions minières. Charging Elk avait fait sa *hanblechia* dans les Mauvaises Terres autour du Bastion. Son *wicasa wakan*, un vieil homme qui priait beaucoup dans la loge à bains de vapeur, l'avait bien préparé et, à seize ans, il alla adresser des prières à

Wakan Tanka pour qu'il l'aide à rêver son animal-gardien. Il ne confia à personne, pas même à Strikes Plenty, de quel animal il s'agissait, mais quelque temps plus tard, il tua un blaireau et se fit un petit collier avec ses griffes.

Charging Elk voulut alors demander aux deux hommes où était passé son collier, et il se rappela soudain la carte sacrée que la femme blanche lui avait donnée à Paris et qui était devenue sa médecine *wasichu*. Il se rendit compte qu'il n'arriverait jamais à se faire comprendre et, pour la première fois de sa vie, il regretta de ne pas être resté à l'école pour apprendre le langage de l'inconnu au costume marron.

« Buffalo Bill, répéta-t-il, sans grand espoir. Wild West. »

Après le départ des deux hommes, Charging Elk se replia sur lui-même. Il réalisa qu'il était seul, et cela lui procura un choc. Il n'avait pas d'amis ici, et il était incapable d'expliquer aux deux hommes en costume où se trouvait son pays. Pourtant, ils devaient bien savoir qu'il était un Indien et que, venu de l'autre côté de la grande eau, il faisait partie de la troupe du Wild West Show. Il était un Oglala de la réserve de Pine Ridge, son pays.

Malgré son désespoir, Charging Elk sentit ses idées s'éclaircir cependant que d'autres souvenirs lui revenaient. Il avait l'impression de se réveiller après une nuit passée à boire du *mni wakan*, l'eau sacrée de l'homme blanc, une nuit qui aurait duré très longtemps.

Au moment où il se rappelait sa chute de cheval sur la terre dure, il se revit presque tomber. C'était la dernière image qu'il se remémorait, avant qu'on le conduise dans cette maison des malades. Il poursuivait un petit troupeau de bisons autour de la piste avec ses amis, un numéro qu'il avait accompli des centaines de fois depuis qu'il était arrivé au pays des Français. Ceux-ci aimaient beaucoup voir les Indiens sauvages chasser le bison, car c'était l'un des rares numéros dangereux du spectacle, d'autant que les Indiens le rendaient plus dangereux encore en rattrapant les animaux lancés à toute allure pour galoper ensuite à leurs côtés. Charging Elk se souvenait du jeune mâle qui lui était devenu familier au cours des lunes où ils s'étaient produits dans la grande arène de Paris et qui, soudain, l'avait chargé. Sa corne avait touché le cheval à l'épaule gauche, lequel avait poussé un hennissement et avait failli culbuter, cependant que Charging Elk passait par-dessus son encolure. Plus tard, il s'était réveillé dans la maison des soins.

Il était déjà malade avant. Le froid des nuits de décembre lui avait transpercé les os, et son dos était plus raide qu'un mât de tipi. Il avait néanmoins participé à plusieurs numéros avant les bisons : incendier la cabane en rondins du pionnier, attaquer la diligence de Deadwood, combattre les soldats au cours du grand spectacle de la « Dernière Bataille de Custer ». Et, tandis qu'il attendait derrière une barrière qu'on lâche les bisons, il avait soudain été pris de faiblesse. Il s'était penché pour vomir et il s'en était fallu de peu qu'il tombe de cheval. Il avait alors compris qu'il avait attrapé la maladie ayant sévi dans le campement des Indiens aussi bien que dans le village des Blancs, gens du cirque et ouvriers. Badface s'était approché sur son cheval pour demander à Charging Elk s'il se sentait assez bien, mais à ce moment-là, la barrière s'était levée et les Indiens avaient bondi, talonnant leurs montures et poussant des cris au milieu du grondement de la foule.

Quand Charging Elk arriva dans la maison des malades, il y avait un autre Oglala. Pendant qu'on le couchait sur le lit une violente douleur lui fit un instant recouvrer ses esprits, et il vit l'un de ses amis dans le lit d'à côté. C'était Featherman, un Oglala âgé de trois hivers de plus que Charging Elk et qui avait contracté la maladie deux sommeils auparavant. Il gisait, immobile, et ses yeux suivaient les gestes des aides-soignantes qui s'occupaient de Charging Elk. Des yeux qui semblaient ne pas savoir ce qu'ils voyaient.

Alors que la douleur diminuait d'intensité, Charging Elk eut le temps de constater que son ami s'en allait. « Featherman, murmura-t-il en regardant les yeux vides. Reste. Ne me laisse pas. » Il n'entendit pas ses propres paroles et, à son tour, il s'en alla.

Charging Elk revint cependant, à plusieurs reprises, et maintenant il savait que c'était pour de bon. Il le savait à la douleur lancinante qui vrillait son flanc gauche. Il tâta ses côtes sous le tissu qui lui enserrait la poitrine. Il respirait plus librement à présent, malgré le bandage qui lui comprimait le torse. Il s'était déjà cassé des côtes avant, dans les Mauvaises Terres, par une chaude journée d'été, quand son cheval lancé au galop avait mis le pied dans un trou de blaireau. Strikes Plenty et lui se dirigeaient vers le Bastion après avoir eu quelques ennuis avec les mineurs des Paha Sapa. Il arrivait que ceux-ci leur tirent dessus, soit pour les empêcher d'approcher, soit tout simplement pour les tuer. Charging Elk avait été contraint de demeurer couché, mais ses côtes avaient guéri vite, grâce au secours de la médecine du *yuwipi,* et après quelques jours, il avait pu de nouveau galoper. Strikes Plenty et lui revenaient parfois en cachette à l'Agence de Pine Ridge pour rendre visite aux parents de Charging Elk. Ils chevauchaient deux jours durant et attendaient la nuit pour se glisser dans le petit village.

C'était à chaque fois la même chose. Ses parents essayaient de le convaincre de rester. Ils lui disaient qu'il ne serait pas puni, que le chef blanc voulait seulement que les jeunes reviennent, qu'ils aillent à l'école et apprennent les voies du dieu blanc. Ils occupaient une petite maison d'une pièce avec une porte et deux fenêtres. Aucune n'était munie de carreaux, juste de bouts de tissus accrochés en haut qu'on relevait pour avoir de la lumière. Il y avait une table, deux chaises et un lit de l'homme blanc. Et aussi une croix sur le mur à côté du fourneau. Mais pas d'enfants. Le frère et la sœur de Charging Elk étaient morts à une année d'intervalle, l'un de la grande toux, l'autre de consomption.

Charging Elk adorait sa mère. Il comprenait très bien qu'elle veuille qu'il vienne habiter avec eux pour aller à l'école et assister aux cérémonies sacrées. Elle n'avait plus que lui. Parfois, il se sentait coupable et il s'imaginait manger la nourriture qu'elle préparait et la regarder travailler les piquants de porc-épic. Son père, par contre, il ne le comprenait pas. Scrub avait été un porteur-de-chemise, l'un des plus braves et des plus sages parmi les Oglalas. Il avait vaillamment combattu à Little Bighorn et fourni de la viande quand le peuple fuyait les soldats, mais l'hiver où la tribu avait connu la faim et la maladie, il était devenu un partisan de la paix, à l'instar des Indiens des réserves que leurs patrons blancs envoyaient auprès des bandes pour tenter de les convaincre de se rendre. Cet hiver-là, Charging Elk avait eu honte de son père. Et quand il le voyait assis à ne rien faire dans sa petite cabane, à boire la médecine noire et, de temps en temps, à égrener les perles sacrées, il n'arrivait pas à croire que ce même homme avait été naguère un porteur-de-chemise. C'était toujours cette image de son père qui poussait Charging Elk à repartir.

Pris d'un besoin pressant, il ne voulut pas utiliser le seau en fer. Il avait honte d'être obligé de demander à une aide-soignante de le mettre sur le côté pour qu'il fasse dedans. En plus, il avait du mal à pisser pendant qu'elle se tenait là, sans regarder mais à écouter. Il n'aimait pas les masques qu'elles portaient. Bien qu'il soit devenu expert dans l'art d'observer leurs yeux sans être vu, il était incapable de déchiffrer leur expression, et cela le dérangeait. En outre, il n'avait pas été à la selle depuis son arrivée dans la maison des malades, mais il n'en avait toujours pas envie, ce qui l'inquiétait.

Il se hissa vers la tête de son lit jusqu'à ce qu'il se retrouve assis sans l'aide de l'oreiller. Ses côtes lui faisaient mal et son bandage lui parut encore plus serré, mais la douleur était supportable et il respirait un peu mieux. Il regarda un autre homme descendre de son lit, enfiler sa robe de chambre et s'avancer dans l'allée. Lui aussi disparut derrière la porte battante à l'extrémité de la salle.

Charging Elk repoussa ses draps et essaya de balancer ses jambes sur le côté du lit, le premier dans lequel il eût couché de sa vie. Même en France, les Indiens dormaient dans leurs tipis, sur des peaux et des couvertures. Ses amis et lui se moquaient de ces mauviettes d'hommes blancs qui dormaient dans des plumes sur une plate-forme de bois ou de fer. Il constata que ses jambes ne lui obéissaient plus. Serrant les dents, il glissa un bras sous l'un de ses genoux et l'écarta.

Une douleur aiguë lui traversa la poitrine. Il faillit pousser un cri, mais il se maîtrisa, puis, inspirant profondément, il s'appuya sur ses coudes et réussit à passer une jambe sur le côté jusqu'à ce qu'il sente le sol froid sous son pied. Il s'arrêta, haletant, regarda autour de lui, mais personne ne semblait lui prêter attention. Il renouvela l'opération avec son autre jambe et, retenant son souffle, il se redressa et s'assit au bord du lit. La souffrance était si vive qu'il avait l'impression d'avoir la poitrine en feu. Il parvint néanmoins à se tenir droit, les yeux fermés, les lèvres pincées, luttant de toutes ses forces pour ne pas s'évanouir. Un instant plus tard, il ouvrit les paupières et se tourna vers l'autre extrémité de la pièce, celle où, la nuit, brillait la lumière jaune. Il s'attendait à ce que quelqu'un, peut-être la femme aux ailes blanches et à la croix en or, accoure, mais rien ne se produisit.

Il se souleva doucement, maladroitement, poussant avec ses mains à plat sur le matelas. Il se tint un moment au montant du lit, puis il se redressa de toute sa taille, conscient de la raideur de son dos. Il avait les jambes lourdes et la tête légère, mais il respirait plus facilement et ses côtes lui faisaient moins mal. Il savait qu'il lui faudrait agir vite, avant qu'on le surprenne.

Il décrocha la robe de chambre au-dessus de son lit et la drapa sur ses épaules. Il portait une mince chemise de nuit, et l'épais tissu lui procura aussitôt une sensation de chaleur. Il baissa les yeux et repéra les chaussures qui dépassaient. Il les enfila. Elles étaient duveteuses et confortables. Il pivota lentement, fit quelques pas jusqu'au pied du lit d'où, agrippé au barreau de fer, il examina la longue salle.

La vue d'autant de lits, une centaine peut-être, apparemment tous occupés, l'étonna. Pendant qu'il promenait ainsi son regard autour de la pièce, il songea qu'il y avait peut-être des Indiens de Buffalo Bill ici. Ivre de joie à cette idée, il se retint de crier : « Je vous salue mes parents ! » en lakota, car il savait que cela ne manquerait pas d'alerter les aides-soignantes. Il s'engagea avec précaution dans l'allée entre les deux rangées de lits, s'arrêtant tous les deux ou trois pas pour se reposer. A chaque fois, il scruta les visages des malades. La plupart étaient barbus ou moustachus, et tous avaient la peau pâle. Certains le regardèrent avec curiosité, d'autres avec appréhension. Arrivé au dernier lit, il avait le cœur aussi lourd que les jambes.

Il pouvait toujours espérer qu'un membre de la troupe du Wild West Show, peut-être Broncho Billy, l'interprète, accompagné d'un ou deux chefs blancs, ou même de quelques-uns de ses amis oglalas, vienne le chercher, mais c'était un espoir impossible. Il n'ignorait pas que la troupe ne devait rester que huit ou neuf sommeils dans cette ville avant de partir pour un autre pays, or il était certain d'être là depuis plus longtemps et d'avoir été abandonné. A cette pensée, il fut à deux doigts de s'effondrer. Il réalisa combien il avait été stupide d'avoir ainsi voulu voyager avec Buffalo Bill. Il aurait dû demeurer au Bastion, dans les Mauvaises Terres, où il était chez lui. Il pensa aux journées chaudes et ensoleillées en compagnie de Strikes Plenty, quand ils chevauchaient au hasard, libres d'aller et de venir. Pas comme les Indiens des réserves. Ils se moquaient de ces Indiens qui avaient renoncé, qui vivaient dans des maisons en bois à l'Agence, qui percevaient leurs maigres rations, leur viande gâtée, qui apprenaient à adorer le dieu de l'homme blanc, à parler la langue des étrangers. Maintenant, il aurait volontiers donné tous les bons moments de sa vie, toute sa liberté, pour être l'un d'entre eux, pour se retrouver dans la petite cabane avec son père et sa mère au village de son peuple.

Deux soirs plus tard, Charging Elk s'assit dans son lit, se sentant alerte et considérablement plus fort. Il se tourna vers la lumière jaune et distingua une silhouette humaine. Au cours de l'après-midi, il avait exploré cette partie de la grande salle et savait qu'il y avait au fond une petite pièce munie d'une fenêtre à barreaux qui évoquait une cage et une porte qui restait tout le temps fermée. C'était là que les gens qui guérissaient s'installaient, bavardaient et notaient des choses sur des papiers. Ils semblaient prendre leurs aises dans cet endroit, mais Charging Elk avait remarqué qu'ils devenaient silencieux et attentifs chaque fois qu'une des femmes aux ailes blanches entrait. Elles paraissaient être des *yuwipis*, et pourtant elles aussi se montraient soumises en présence de l'homme à l'acier dans les oreilles. C'était lui le vrai *wicasa wakan*.

La nuit, celui-ci n'était jamais là. Il n'y avait qu'une ou deux aides-soignantes, et elles ne quittaient la pièce aux barreaux que quand un malade criait sous le coup de la douleur ou de la panique, ce qui arrivait assez souvent. Charging Elk était demeuré éveillé presque toute la nuit précédente afin d'observer les allées et venues. Apparemment, elles ne répondaient à aucune règle établie, elles avaient l'air dictées par les urgences.

Cette après-midi-là, il avait également jeté un coup d'œil sur le large couloir qui succédait à la salle des malades. Les toilettes étaient en face. Après s'être enfin vidé les intestins au prix de longs et pénibles efforts, il se dirigea vers une grande fenêtre tout au fond. Si on le surprenait, il prétendrait s'être perdu. Il avait le regard aiguisé d'un preneur de chevaux aux abords d'un campement ennemi. Il vit les portes qui permettaient de quitter le couloir, certaines fermées, d'autres ouvertes. Une pièce l'intéressa en particulier, une pièce longue et étroite éclairée par un seul filament jaune et remplie de vêtements suspendus.

Après la fenêtre, le couloir partait dans deux directions opposées. Il y avait un corridor semblable à celui qu'il venait d'emprunter et un deuxième, plus court, menant à deux portes battantes qui s'élevaient du sol au plafond. Chacune était munie d'une petite fenêtre. Charging Elk s'avança rapidement et plaqua la main sur l'une des deux portes. Elle céda légèrement. Il regarda par la petite fenêtre.

Elle donnait sur une grande pièce qui, au contraire de la salle des malades, était aussi longue que large et meublée de courts et de longs sièges mous. Quelques personnes étaient assises là. Certaines lisaient, d'autres parlaient et quelques-unes se contentaient de fixer les murs devant elles. Sur la droite, Charging Elk aperçut une longue plate-forme en bois, à peu près à mi-hauteur d'homme. Derrière, il distingua deux têtes penchées qui semblaient examiner quelque chose.

Aucune des femmes n'avait d'ailes blanches, mais elles paraissaient occuper un rang plus élevé que les aides-soignantes.

Nul n'avait dit à Charging Elk qu'il était prisonnier ici, mais il se doutait bien que si les femmes le surprenaient, elles appelleraient les aides, et que s'il se débattait, on l'attacherait de nouveau. Il fallait donc faire preuve de ruse et guetter le moment opportun. Ces gens qui ne le connaissaient pas, qui lui avaient donné à manger, à boire du jus d'orange et, dernièrement, du café, deviendraient ses ennemis s'ils savaient qu'il cherchait à s'échapper.

Charging Elk parcourut de nouveau la pièce du regard et, au-delà des larges fenêtres, il vit des arbres, une rue et un bâtiment en face. Il y avait des voitures attelées et des hommes qui tiraient des chariots équipés de grandes roues. Il vit des femmes habillées de ces étranges robes qui leur faisaient de gros derrières. Et puis, voyant passer un omnibus avec ses passagers sur l'impériale, il se rappela que, en compagnie d'autres Indiens, il était déjà monté dans une diligence de cette espèce, les rares fois où les interprètes leur avaient fait visiter les villes, d'abord Paris, ensuite celle où il se trouvait. Il se souvint qu'au début, ils avaient eu peur de s'installer au-dessus, en plein air, exposés au danger, mais qu'après s'être habitués, ils n'avaient plus voulu se mettre à l'intérieur. Featherman aimait se placer à l'avant, juste derrière le conducteur. Il aimait l'odeur des grands chevaux. Il se moquait du conducteur et de son haut chapeau, et agitait la main à l'intention des femmes aux gros derrières et aux plumes sur la tête. Il amusait ses compagnons qui, parfois, à son exemple, faisaient de grands signes ou poussaient des cris à la vue d'une jolie femme ou d'un chariot rempli de viande. Ils n'avaient jamais assez de viande. Quoi qu'il en soit, les jeunes Indiens aimaient voir leur image telle qu'elle se reflétait dans les yeux étonnés des Français.

Charging Elk reporta son attention sur la pièce et repéra sur-le-champ ce qu'il cherchait. Au-delà de la plate-forme de bois, tout au fond, il y avait deux grandes portes de verre qui ouvraient sur le chemin pavé. Deux femmes apparurent, qui aidaient un vieil homme à franchir le seuil. Il avait une barbe blanche et une petite coiffe noire sur la tête. L'une des femmes lui tenait un morceau d'étoffe devant la bouche.

Au milieu de la nuit, deux aides entrèrent dans la salle plongée dans le noir, poussant un lit à roues. Ils passèrent sans bruit devant Charging Elk, puis s'arrêtèrent un peu plus loin pour installer la plate-forme entre deux lits. Ils échangèrent quelques murmures, puis on entendit un grincement accompagné d'un choc sourd. Après quoi, les deux hommes se dirigèrent vers la pièce à la lumière jaune.

Charging Elk distingua une forme sous l'étoffe blanche. L'un des aides, le gros, respirait fort et marmonnait dans la langue des Français. Le deuxième, grand et mince, était penché au-dessus du lit à roues qu'il manœuvrait lentement, silencieusement, indifférent aux récriminations de l'autre.

Pendant qu'il regardait l'étrange cortège s'avancer vers la lumière jaune, Charging Elk sentit tout son corps frissonner, comme si, de retour dans son pays, il s'extirpait à nouveau de la rivière gelée. Au cours des deux derniers sommeils, il avait une fois de plus caressé l'espoir qu'un membre de la troupe viendrait le chercher, ou que les deux hommes, l'Américain et le Français, l'emmèneraient de l'autre côté de la grande eau. Mais là, à la vue du cadavre, pénétré d'effroi, il se dit qu'il allait sûrement retomber malade, que cette maison à guérir était en réalité une maison à mourir, et que la seule façon de la quitter, c'était sur une plate-forme roulante, recouvert d'un drap blanc.

Il pensa au pauvre Featherman. Mourir ici tout seul ! Qu'adviendrait-il de sa *nagi*, de son âme ? Comment trouverait-elle son chemin vers l'autre côté, vers le monde réel derrière celui-ci ? Et pour lui, que se passerait-il ? Sa propre *nagi* errerait au-dessus de ce pays, loin de son peuple, loin du monde réel. Il ne pouvait pas rester ici, à attendre la mort. Il n'en était pas question. Avec l'aide de Wakan Tanka, il trouverait lui-même le chemin qui le ramènerait chez lui.

Pendant qu'il enfilait sa robe de chambre et glissait ses pieds dans les chaussures duveteuses, il songea soudain que la troupe du Wild West Show était encore de ce côté-ci de la grande eau. Elle devait être en tournée tout l'hiver et tout l'été, et même jusqu'à l'hiver suivant — c'était ce que les patrons blancs lui avaient dit quand il avait dessiné son nom sur le papier à Pine Ridge. Peut-être qu'elle n'était pas très loin. Peut-être qu'on allait quand même venir le chercher. S'il quittait la maison des malades, comment pourrait-on le retrouver ?

Il s'assit au bord de son lit. Ses côtes lui faisaient moins mal. Il inspira profondément, puis poussa un soupir, à mi-chemin de l'espoir et du désespoir. Il pensa à sa mère et à son père dans leur petite cabane ; il pensa à son ami Strikes Plenty et à leurs aventures dans les Paha Sapa ; et il pensa au vieux *wicasa wakan* qui, au Bastion, l'avait si bien préparé pour son *hanblechia.* Il frémit à l'idée d'avoir perdu son collier de griffes de blaireau, sa médecine de guerre. Il n'avait plus de pouvoir. Non, il lui restait son chant de mort. S'il le chantait bien, au moment voulu, il y avait une chance pour que son esprit gagne l'autre côté, même si lui-même n'y parvenait pas.

Charging Elk se leva et regarda en direction de la pièce à la lumière jaune. Il avait pris sa décision. Il ne demeurerait pas un sommeil de plus dans cette maison à mourir. S'avançant sur la pointe des pieds entre les deux rangées de lits, il se dirigea dans la direction opposée, alerte et impatient.

Il se glissa silencieusement le long du sombre couloir vers la pièce aux vêtements, se plaquant dans l'embrasure des portes, tous les sens aux aguets, mais il ne vit ni n'entendit rien. Il se dit que la chance était peut-être avec lui, comme le soir où Strikes Plenty et lui s'étaient introduits dans la tente des chercheurs d'or pendant qu'ils dormaient pour leur voler leurs fusils, une boîte de balles et leurs bottes. Charging Elk sourit dans le noir, son premier sourire depuis de nombreux sommeils. Il se rappelait avec amusement que, plus loin, ils avaient jeté les bottes dans un ravin, riant aux éclats en s'imaginant les hommes qui, au réveil, allaient chercher leurs bottes avant de s'apercevoir qu'elles avaient disparu, de même que leurs fusils.

Charging Elk aurait voulu que Strikes Plenty soit là. Ensemble, ils sauraient comment rentrer au pays. Son ami avait toujours retrouvé le chemin qui menait au Bastion.

La porte de la pièce aux vêtements était fermée. Charging Elk sentit le découragement le gagner. Il savait que les hommes blancs gardaient les choses sous clé, qu'ils se volaient entre eux, et cela qu'ils soient ennemis ou non. Presque résigné à retourner dans son lit, il empoigna le bouton, le tourna et, par bonheur, la porte s'ouvrit avec un léger grincement. Il s'empressa de se glisser à l'intérieur et tira le battant derrière lui. Le claquement sec lui parut résonner très fort.

Il faisait noir dans la pièce. Charging Elk retint son souffle et écouta. Les chaussures des *wasichus* étaient très bruyantes et on les entendait de loin. Aucun bruit ne lui parvint tandis qu'il s'efforçait de percer les ténèbres, se demandant comment les hommes blancs allumaient les filaments jaunes. Il tâtonna autour de lui et sa main rencontra un lourd tissu accroché à l'un de ces fils de fer où ils suspendaient les vêtements. C'était un manteau. Il ôta sa robe de chambre pour l'enfiler, mais les épaules étaient trop étroites et les manches trop courtes.

Charging Elk était grand et fort, et il mesurait dans les un mètre quatre-vingt-cinq. Les Oglalas dominaient de toute leur taille les gens de cette ville. Les habitants d'ici étaient dans l'ensemble plus petits que ceux de Paris, et aussi plus bruns de peau. Red Shirt, qui avait fait de nombreuses tournées avec Buffalo Bill et qui se considérait comme très savant, affirmait que ces gens-là venaient d'un autre pays. Les vrais *wasicuns* étaient ceux de Paris, de New York et de Londres, une autre ville où il avait été.

Charging Elk finit par dénicher un manteau qui lui allait plus ou moins — presque assez large aux épaules et les manches à peine trop courtes. Il était bien épais, ce qui lui parut de bon augure, car il se rappelait combien il faisait froid le soir où il avait été malade sur la piste.

Il fit quelques pas à l'aveuglette dans la pièce, puis recula vers la porte et, après avoir tendu un moment l'oreille, il l'entrebâilla pour laisser filtrer un peu de lumière en provenance du couloir. Il repéra alors à côté des manteaux une rangée d'étagères où il trouva ce qu'il cherchait. Il essaya quatre pantalons d'hommes blancs avant d'en passer un qui convenait à peu près. Comme il était légèrement trop large, il prit le cordon de la robe de chambre afin de le maintenir autour de sa taille. Ensuite, il fouilla parmi la pile dans l'espoir de découvrir les autres choses que les *wasicuns* portaient, chemises et chaussures, mais il ne réussit à mettre la main que sur un chapeau rond sans bord. Il se réjouit néanmoins de sa trouvaille, car il se disait que, une fois dehors, ses cheveux longs et défaits risqueraient d'attirer l'attention sur lui. Il les ramena de son mieux sous le chapeau mou qui finit par ressembler à une vessie noire flanquée sur sa tête.

Il était prêt. La chemise de nuit rayée rentrée dans son pantalon le rendait presque présentable, et il espérait que les chaussons qui cachaient en partie ses pieds nus ne se remarqueraient pas trop.

Son évasion s'avéra étonnamment facile. A cette heure de la nuit, la grande pièce était pratiquement déserte. Il n'y avait qu'un couple et une femme. Le couple regardait par la fenêtre la rue plongée dans l'obscurité, tandis que la femme dormait, le menton affaissé sur la poitrine. Sur le siège mou à côté d'elle était posé un panier, et elle tenait deux aiguilles entre ses mains. A Paris, Charging Elk avait vu des femmes qui, assises dans les cafés ou dans les parcs, fabriquaient ainsi d'épais vêtements.

Il n'y avait qu'une seule personne derrière la haute plate-forme, qui elle aussi semblait dormir. Une lumière brillait quelque part au-dessus d'elle. Charging Elk s'accroupit pour longer silencieusement la plate-forme. Il se rendit compte à l'odeur que la personne installée derrière était une femme. Il tourna un coin, se redressa et sortit à grandes enjambées de la maison à mourir pour déboucher dans la nuit glaciale.

Pendant qu'il respirait à pleins poumons l'air nocturne, il examina la rue à gauche, puis à droite, et pour la première fois depuis longtemps, il éprouva l'envie de fumer.

2

Charging Elk passa sa première nuit de liberté dans une étroite ruelle derrière un magasin à faire le pain, situé à deux rues de la maison des malades. L'odeur du pain en train de cuire aiguisa sa faim, et il se rappela le temps où, à Paris, ses amis et lui entraient dans de pareils magasins pour y acheter ces petites choses moelleuses fourrées de fruits ou de chocolat. *Boulangerie.* L'un des mots de français qu'il connaissait. De même que *charcuterie*, une boutique où l'on vendait des espèces de bâtons de viande grasse. Et puis *brasserie* et *café.* Les interprètes nommaient toujours ces endroits-là.

Il avait trouvé un coin sur le trottoir où de l'air chaud soufflait au travers d'une grille de bois. Il devait se montrer prudent, car une petite porte restait ouverte en dépit du froid de décembre. A un moment, il vit une cigarette jaillir par l'entrebâillement et décrire un arc de cercle avant d'atterrir sur les pavés irréguliers dans une pluie de minuscules étincelles orange. Le temps de juger qu'il pouvait la récupérer sans danger, et elle s'était éteinte. Il faisait encore nuit, mais il devinait plus qu'il ne voyait le ciel qui commençait à s'éclaircir au-dessus de la ruelle.

En réalité, il n'était pas aussi solide qu'il l'avait imaginé. A seulement deux rues de la maison des malades, une douleur terrible lui transperçant les côtes, il avait cru qu'il allait s'évanouir s'il ne pouvait pas s'appuyer contre un mur. Et pendant qu'il se remettait, la respiration si courte qu'il craignait de mourir asphyxié, il avait repéré la ruelle à côté de la boulangerie. Alors qu'il traversait la rue, il avait vu un homme en coiffe blanche installer un plateau de petits pains dans la devanture, et il s'était demandé comment il pourrait se débrouiller pour s'en procurer un.

Il n'avait pas d'argent de l'homme blanc. Pas le moindre *sou.* A Paris, au cours des jours heureux passés là-bas, il avait presque toujours quelques pièces de monnaie sur lui. Buffalo Bill envoyait pratiquement la totalité de son argent à ses parents à l'Agence, mais Charging Elk touchait malgré tout une poignée de centimes une semaine sur deux. Ainsi que de l'argent papier, des billets verts, on les appelait. Ici, au contraire de l'Amérique, l'argent papier avait différentes couleurs et différentes tailles. Des francs, on disait. Charging Elk recevait cinq francs quand, avec certains de ses camarades, il partait visiter Paris durant ses heures de repos. Un jour, on les emmena voir des statues et des tableaux dans une maison longue aux planchers de bois et aux escaliers de pierre ; une autre fois, dans une maison spectacle, ils écoutèrent une femme aux gros seins chanter d'une voix forte ; et puis, par une journée ensoleillée, ils entrèrent dans une maison de prières et s'assirent dans la pénombre fraîche pendant que l'interprète, qui parlait français et un drôle d'américain, expliquait à Broncho Billy qui, lui, parlait américain et lakota, ce qui se passait. Charging Elk, de même que les autres, écouta patiemment, mais il ne retint pas grand-chose — simplement que l'église appartenait à une mère vierge. Sees Twice, un Indien des réserves qui croyait au dieu de l'homme blanc, voulut leur faire avaler qu'une vierge pouvait avoir un enfant et que, de fait, elle était la mère de leur sauveur, dont le père était beaucoup plus puissant que Wakan Tanka. Personne ne le crut, mais quand il trempa ses doigts dans l'eau sacrée et fit une croix sur sa poitrine dans les quatre directions, tous l'imitèrent. Featherman se lécha les doigts pour voir si l'eau sacrée était vraiment *mni wakan.* Sa plaisanterie fit rire les autres aux éclats.

Charging Elk ouvrit les yeux. Le jour se levait. Il ne savait pas s'il avait dormi ou simplement cessé de penser. Il était assis sur un morceau d'épais papier qu'il avait trouvé, et tout son corps était raide de froid. Le mur contre lequel il était adossé lui paraissait glacé et l'air chaud de la boulangerie ne suffisait plus à le réchauffer. Il sentait l'odeur du pain frais, une odeur lourde et sucrée, aussi forte que celle de l'armoise humide de rosée sous les premiers rayons du soleil. Charging Elk aimait alors sortir pisser derrière les tipis et écouter les poitrines jaunes accorder leurs chants en prévision de la journée qui s'annonçait. Il imitait à merveille leurs trilles. Il sifflait comme eux, et l'un lui répondait, bientôt suivi d'un autre. Le soleil séchait la rosée de l'armoise et, grisé par le parfum entêtant, Charging Elk remerciait Wakan Tanka de ce nouveau cadeau.

Il était encore petit à l'époque, âgé de neuf ou dix hivers, et sa tribu, bien qu'en fuite, était encore libre. Aujourd'hui, à vingt-trois ans, il était perdu dans une grande ville des hommes blancs. L'espace d'un instant, il s'apitoya sur son sort. L'odeur du pain fit gargouiller son estomac, et il songea qu'il fallait d'abord trouver à manger.

Quelques jours plus tôt, il faisait partie de la troupe de Buffalo Bill, il avait plein de sous dans son porte-monnaie tout neuf, en tout cas largement assez pour s'acheter du café, des pains au chocolat et des glaces, ainsi que parfois, en cachette, du *mni sha*, le vin interdit. Et puis, lorsque, en compagnie des autres, il marchait dans la rue avec ses jambières en laine, ses chemises d'apparat et sa couverture sur les épaules, ses boucles d'oreilles, ses plumes et ses bracelets de cuivre autour des bras, les Français s'arrêtaient pour regarder. Il leur arrivait même d'applaudir et de les acclamer, à l'exemple des spectateurs au cirque. Les Oglalas, quant à eux, passaient comme s'ils étaient seuls dans leur monde. Il n'y avait que Featherman pour sourire et agiter la main. Lui n'avait jamais le mal du pays. Il avait déclaré plus d'une fois que s'il trouvait une femme pour s'occuper de lui, il resterait. Son pays n'existait plus, disait-il. Les chefs américains obligeaient les *ikce wicasa* à planter des pommes de terre et du maïs. Est-ce que c'était une vie pour un peuple qui chassait le bison ?

Featherman était mort à présent. Il n'avait pas de femme,

mais il resterait ici. Et sa *nagi* ne retournerait jamais au pays rejoindre le peuple des disparus. Un frisson courut le long de l'échine de Charging Elk. Il fallait qu'il se lève. Alors qu'il se préparait à bouger, il se demanda où pouvait être Featherman. À Paris, ils avaient visité un vaste champ de pierres où l'on mettait les hommes blancs dans la terre. S'il trouvait sa pierre, il pourrait célébrer une cérémonie, comme il avait vu maintes fois le *wicasa wakan* le faire au Bastion, afin de libérer l'esprit de son ami. Cette pensée lui remonta le moral, jusqu'au moment où il se rappela le nombre impressionnant de pierres funéraires que comptaient les champs des hommes blancs.

Charging Elk se releva et, adossé au mur, fit jouer ses épaules, puis il plia les genoux à deux ou trois reprises pour les assouplir. Le froid engourdissait la douleur de sa cage thoracique. Après son évasion, il avait envisagé d'ôter la bande qui lui comprimait la poitrine, mais il avait oublié et maintenant il ne le regrettait pas, car le tissu, aussi mince fût-il, ainsi que le manteau bien épais, ne tardèrent pas à le réchauffer un peu. Il remonta le col sous son menton et contempla la lumière jaune qui filtrait par la porte entrouverte. L'odeur de pain frais manqua le faire défaillir. Il devait absolument tenter quelque chose, sinon la faim le tenaillerait toute la journée.

Alors qu'il risquait un pas vers la porte, il entendit le claquement des sabots d'un cheval sur les pavés de la rue. Il se plaqua contre le mur et tendit l'oreille. Le bruit se rapprocha et le cheval apparut, tirant une charrette remplie d'un chargement dissimulé sous une bâche. Un homme le menait, pelotonné sur le siège, une pipe à la bouche. Charging Elk, suivant des yeux la charrette qui tournait le coin, perçut une odeur forte et désagréable. Une odeur qu'il reconnut aussitôt. Celle de la mer.

Il faisait maintenant assez jour pour que les passants le repèrent. Retenant son souffle, tous les sens en alerte, il s'avança hardiment vers la porte. Il passa la tête à l'intérieur et vit une femme penchée au-dessus d'une table qui pétrissait de la pâte. Il se réfugia dans l'encoignure. Il avait eu le temps d'apercevoir également deux vastes fours noirs encastrés dans le mur, un évier, une autre table, trois ou quatre larges paniers. Puis il entendit une voix, une voix d'homme. La femme dit quelque chose, l'homme prononça encore quelques mots, puis ils se turent. Charging Elk jeta un nouveau coup d'œil autour de lui, puis il s'intéressa aux paniers. De fait, il y en avait trois, remplis de longs pains. Il en avait déjà mangé à Paris, quand ses amis et lui se réunissaient dans la grande tente qui servait de cantine au campement de la troupe de Buffalo Bill dans le bois de Boulogne. C'était à la fois mou et craquant, et délicieux à tremper dans le *pejuta sapa* du matin.

La femme était petite, âgée d'une cinquantaine d'années. Ses manches retroussées laissaient voir des bras noueux et vigoureux. Elle avait les cheveux ramenés sous une coiffe blanche et portait un tablier blanc. Elle se tenait de profil, si bien que Charging Elk se rendait compte qu'elle ne manquerait pas de le voir s'il tentait de se glisser derrière elle. Il envisagea un instant de se précipiter en courant, de la bousculer si nécessaire, et de s'emparer d'un de ces longs pains. Seulement, il se savait parfaitement incapable de courir, si bien qu'il se ferait prendre et qu'on le reconduirait à la maison des malades ou, pire, à la maison de fer où l'on enfermait les mauvaises personnes.

Au moment où il s'apprêtait à partir, il entendit l'homme appeler d'un autre endroit et la femme lui répondre sur un ton qui paraissait agacé. Charging Elk passa de nouveau la tête et vit la femme s'essuyer les mains sur son tablier, puis, les épaules voûtées, ronchonnante, se diriger vers le devant du magasin avec ses vitrines. Il ne perdit pas une seconde. Il pénétra dans la pièce, fonça vers les paniers et saisit deux longs pains qu'il cacha sous son manteau avant de ressortir aussi discrètement qu'il était entré.

Les pavés de la ruelle étaient humides et sales. Il prit dans la direction opposée à la maison des malades. Il faisait sombre le long des hauts bâtiments et il devait avancer avec prudence. Le pain était chaud contre sa poitrine. Il s'imaginait déjà entendre des cris et un bruit de course derrière lui. Il savait qu'affaibli comme il l'était, sans parler de ses côtes douloureuses qui l'empêchaient de respirer, il se ferait tout de suite rattraper.

Arrivé au bout de la ruelle, il se blottit dans l'embrasure d'une porte qui avait été murée, puis jeta un regard derrière lui. Personne. Il reprit son souffle, puis il s'accroupit. Il ne voulait pas s'asseoir, car il lui faudrait trop longtemps pour se relever.

Il glissa la main sous son manteau, brisa un morceau de pain long et le dévora goulûment. C'était bon et chaud, ce qui lui rappela le pain que faisait sa mère. Doubles Back Woman avait appris à cuire le pain dans le fourneau en fonte de la cabane. Quand son *kola*, Strikes Plenty, et lui venaient leur rendre visite, sa mère leur donnait du pain qu'ils mangeaient avec du beurre et du miel en buvant du *pejuta sapa*. Elle gardait toujours un pot de médecine noire sur le coin du feu, et elle le leur servait dans des gobelets en fer-blanc munis d'anses. Ensuite, lorsqu'il y en avait, elle préparait de la viande bouillie accompagnée de navets et de pommes de terre. Mâchant son pain, Charging Elk rêvait quand même de viande bouillie. Chez sa mère, Strikes Plenty et lui n'en avaient jamais assez.

Charging Elk, qui mangeait à présent plus calmement, plus pensivement, se remémora le jour où les recruteurs de Buffalo Bill étaient venus à Pine Ridge sélectionner les jeunes Oglalas pour partir en tournée avec le Wild West Show. Charging Elk et Strikes Plenty se trouvaient là quand Scrub, le père de Charging Elk, avait mentionné en passant que, dans trois sommeils, les jeunes gens du village devaient se réunir afin de démontrer leurs talents devant les recruteurs. Ils étaient tous très excités, parce que, avec la troupe, ils iraient dans un pays au-delà de la grande eau, le pays élu d'où venaient les hommes blancs. Là-bas, ils n'avaient jamais vu d'Indiens et ils les traiteraient comme de grands chefs. Deux ans plus tôt, quelques-uns des hommes y étaient allés, et ils avaient vu Grand-mère Angleterre et son époux. Cette Grand-mère avait de nombreux enfants dans de nombreux pays. On l'appelait une reine et son époux, un prince. Pendant le spectacle, le prince avait pris place dans la diligence que les Indiens attaquaient, et après, tous les chefs blancs avaient demandé à être à leur tour attaqués par les Indiens. C'étaient peut-être des gens importants dans leur pays, mais là, ils se conduisaient comme des enfants. L'un des Indiens, Red Shirt, avait même serré la main de ces personnes royales. C'était lui qui avait raconté aux Oglalas que la reine était la Grand-mère de tous les Indiens au nord, au-delà de la Ligne Médecine. Il disait que c'était un petit monde pour les hommes blancs.

Un peu plus tard, Charging Elk et Strikes Plenty regagnèrent les collines, mais ils ne retournèrent pas au Bastion. Ils campèrent sur la berge d'une petite rivière et parlèrent deux jours durant. Le deuxième jour, il tomba une pluie froide de printemps, et ils construisirent un abri de branches de saules qu'ils couvrirent de leurs tapis de sol en toile. Installés devant un feu, ils mangèrent la viande séchée et le pain frit que la mère de Charging Elk leur avait donnés. Ils étaient jeunes et n'avaient jamais quitté leur pays. L'idée de traverser la grande eau les effrayait. Scrub leur avait dit que, selon Red Shirt, il fallait plusieurs sommeils pour franchir cette eau à bord d'un grand bateau de feu. L'eau devenait parfois furieuse et elle ballottait le bateau comme la rivière en crue le fait d'une vulgaire brindille. A ce moment-là, tout le monde devenait malade et souhaitait mourir. Voilà ce qu'avait raconté Red Shirt.

Beaucoup de bonnes choses venaient cependant atténuer une si terrifiante perspective : les Indiens étaient bien traités, ils avaient assez à manger, ils voyaient des curiosités, ils se produisaient devant des milliers de spectateurs et ils gagnaient plus d'argent de l'homme blanc qu'ils n'en pouvaient dépenser. Les patrons en envoyaient la majeure partie à leurs parents demeurés au pays.

Néanmoins, Charging Elk hésitait. L'idée de mourir sur la grande eau l'épouvantait. A quoi bon entreprendre un tel voyage si c'était pour ne pas revenir ?

Strikes Plenty, quant à lui, était fatigué de la vie au Bastion. La viande était parfois rare. Les hivers étaient toujours rigoureux dans les Mauvaises Terres. Il commençait à se sentir coupé de sa famille au camp du Tourbillon. Lorsqu'il y retournait, il avait de plus en plus l'impression d'être un étranger, comme s'il appartenait à une autre bande, celle du Bastion. « Que vaut la vie qu'on mène ? disait-il à Charging Elk. Quel bien en tirera-t-on ? Un jour, on sera vieux et il ne nous restera plus que des souvenirs d'hivers rudes sans femmes et sans viande. Je ne veux pas de cela. »

Charging Elk était étonné d'entendre son *kola* tenir ce discours. Ils n'avaient jamais parlé de quitter le Bastion. Certes, Charging Elk lui-même nourrissait parfois de semblables pensées, mais quand il rendait visite à ses parents et qu'il voyait comment les siens vivaient sur la réserve, il s'empressait de les repousser. « Et si on part et qu'on revienne, quelle sera notre vie ? Qu'est-ce qu'il restera pour nous ici ? »

Strikes Plenty contempla ses mocassins qui séchaient près du petit feu. Dans le silence seulement troublé par les légers crépitements, Charging Elk s'estima sage d'avoir vu si loin dans l'avenir. Il avait pitié de son ami qui s'enthousiasmait si facilement. Strikes Plenty leva alors les yeux et déclara : « Et si on ne revenait pas ? » Il affichait un large sourire.

Seulement, Strikes Plenty ne figura pas parmi ceux que les patrons du spectacle de Buffalo Bill choisirent pour accompagner la troupe dans le pays au-delà de la grande eau. Charging Elk et son ami se regardèrent, incrédules. Tous deux avaient démontré qu'ils étaient d'excellents cavaliers, sans doute les meilleurs. Depuis dix ans, ils passaient pratiquement toutes leurs journées à cheval, alors que les Indiens de la réserve ne montaient que pour le plaisir ou le travail. Ils possédaient les chevaux les plus rapides, montaient à cru, tandis que les autres utilisaient des selles en peau de mouton et en cuir. Bien qu'ayant vécu de viande et de navets, et parfois de rien, ils étaient l'un comme l'autre forts et musclés.

Les Indiens venus assister aux épreuves sur le terrain où se déroulaient d'habitude les pow-wows les acclamèrent. Les deux amis avaient à cheval un côté téméraire, comme si les patrons blancs n'avaient pas réussi à les dompter, jusqu'à leurs chemises et leurs jambières en peau de daim, sales et en lambeaux, qui évoquaient un mode de vie à l'ancienne. Les autres cavaliers, eux, portaient leurs plus beaux vêtements, peaux de daim ornées de franges et de perles, jambières de feutre bleu, chemises de calicot, et certains, même, des longues coiffes. Ils avaient peint leurs visages ainsi que leurs chevaux, et ils se tenaient sur leurs selles, affectant un air sauvage. A cette vue, Charging Elk et Strikes Plenty avaient échangé un large sourire.

A la fin, après qu'on eut appelé les vingt-cinq noms parmi lesquels n'apparaissait pas celui de Strikes Plenty, Charging Elk décida de ne pas partir. Il convaincrait son ami de retourner avec lui au Bastion. Malgré tous les inconvénients, ce serait toujours mieux que de vivre parmi les gens de la réserve.

Ils quittèrent Pine Ridge et chevauchèrent pendant deux heures en silence. Strikes Plenty restait quelques pas en arrière, et Charging Elk jetait de temps en temps un coup d'œil par-dessus son épaule pour s'assurer qu'il était toujours là. La vue de son *kola* tassé sur son cheval, tête baissée, l'attristait. Enfin, il entendit le cheval de son ami se mettre au trot et venir à sa hauteur.

« J'ai réfléchi, mon frère, dit Strikes Plenty, affichant son sourire habituel. Tu dois retourner et aller dire au revoir à ta mère et à ton père. Tu vas rester longtemps absent et il faudra qu'ils se souviennent bien de toi. »

Charging Elk, muet d'étonnement, contempla le visage souriant de son ami.

« Quand tu seras sur la grande eau en route vers le pays d'où vient le soleil, tu leur manqueras, reprit celui-ci.

— Je ne pars pas. Je vais au Bastion. »

Strikes Plenty le considéra un moment. Son sourire avait disparu, remplacé par une expression où se lisaient à la fois la détermination et la résignation. « Non. Tu dois suivre Buffalo Bill. Tu as été choisi et si tu renonces, tu deviendras bientôt mélancolique, assailli de doutes. Dans un sommeil, sept sommeils ou deux lunes, tu regretteras de tout ton cœur de ne pas être parti. Tu seras au Bastion, mais tes pensées seront dans le pays lointain. Et moi, je ne me plairai plus en ta compagnie.

— Mes pensées seront ici », répliqua Charging Elk. Il était furieux que son ami s'imaginât si bien le connaître. Il talonna violemment son cheval alezan qui frémit et bondit en avant, puis adopta un trot facile qu'il était capable de maintenir des heures durant. Nombreuses étaient les fois où Grand Coureur l'avait ainsi conduit au Bastion à travers les Mauvaises Terres.

Strikes Plenty le rattrapa et agrippa les rênes de cuir brut tressé au niveau de l'encolure du cheval qui tourna la tête. Les deux cavaliers s'arrêtèrent et se mesurèrent du regard. Pour la première fois, l'atmosphère entre eux était chargée d'électricité. Charging Elk s'apprêtait à dire quelque chose qu'il risquait de regretter quand Strikes Plenty leva la main pour le faire taire.

Ils étaient seuls sur la plaine, entourés par les vallons et les collines ondoyantes. Il n'y avait ni arbres, ni cabanes, ni animaux, sinon un faucon solitaire qui décrivait des cercles vers le nord, minuscule tache noire qui attira un instant le regard de Charging Elk avant de se perdre dans l'immensité du ciel bleu.

« Je ne retourne pas au Bastion, déclara Strikes Plenty d'une voix douce mais sur un ton décidé. J'y réfléchis depuis un moment. Je n'ai plus rien à faire là-bas. Au début, c'était amusant, c'était bien de se sentir libre, de prendre du bon temps, mais l'hiver dernier, pendant la lune-des-neiges-aveuglantes, j'ai été chasser et j'ai aperçu sur une crête au loin un ancien qui chassait lui aussi. Il portait des vêtements en fourrure de coyote et une coiffe de loup sur la tête, et il chevauchait un *suka wakan* décharné. Alors, je me suis vu, devenu comme lui. Mon frère Charging Elk se mariera, me suis-je dit alors, et pendant qu'il sera au chaud dans son tipi avec ses enfants, moi, je serai dehors, seul, comme d'autres pareils à moi, mourant de froid et de faim en hiver, errant à l'aventure en été. » Strikes Plenty se tut et contempla le soleil couchant, les yeux étrécis pour se protéger de son éclat, les lèvres serrées comme s'il avait dit tout ce qu'il avait à dire et qu'il attendît une réponse.

Or, Charging Elk ne savait quoi répondre. Il se sentait soudain en proie à l'incertitude. Strikes Plenty avait raison, non pas au sujet de cette histoire de mariage et de temps perdu au Bastion, mais sur le fait que les deux dernières années n'avaient pas été particulièrement drôles. Les deux *kolas* avaient eu de plus en plus de mal à se remplir l'estomac de viande et à survivre aux hivers rigoureux. S'ils retournaient là-bas, ils perdraient contact avec leurs parents un nouvel hiver, et Charging Elk n'y tenait pas.

« Si je pars avec Buffalo Bill, qu'est-ce que tu feras ? »

Le sourire revint éclairer le visage de Strikes Plenty. « Me trouver une femme, me fixer. Il y a plein de femmes au camp du Tourbillon.

— Mais après, qu'est-ce que tu feras ? Planter des pommes de terre ? »

Strikes Plenty éclata de rire. « Qui sait ? Peut-être que je demanderai à ma femme d'en planter. On dit que le *wasichu* le fait faire à sa femme. Et quand il va en ville, il plante autre chose. »

Le cheval de Charging Elk piaffait d'impatience. Il essayait de brouter, martelait le sol de ses sabots, s'ébrouait. Grand Coureur voulait retrouver le Bastion. Il y avait des juments là-bas.

« C'est ce que tu as de mieux à faire, reprit Strikes Plenty. Tu connaîtras le pays d'où viennent ces hommes blancs. Tu verras de grandes choses, tu gagneras de l'argent, tu t'amuseras. Moi, je mangerai des pommes de terre et j'engraisserai, et à ton retour, peut-être que j'aurai une *winyan* et une tripotée d'enfants.

— Tu me manqueras trop. Je penserai trop aux bons moments que nous avons vécus ensemble, mon ami, mon frère.

— Ce temps-là est révolu, Charging Elk. Nous devons suivre la direction que prend notre regard et voir ce qui est devant nous. Aujourd'hui, nos chemins se séparent et nous sommes tristes. Quand tu reviendras, les choses auront changé. Mais nous, nous n'aurons pas changé. Nous sommes frères depuis de nombreuses années, nous sommes sortis ensemble de l'enfance et nous sommes toujours jeunes. Beaucoup de choses nous attendent, mais nous resterons toujours frères. » Strikes Plenty approcha son cheval et serra un instant son ami dans ses bras. « Quand nous serons tous deux de vieux *tunkashilas*, nous rirons en repensant à ce moment. »

Charging Elk, blotti dans son encoignure de porte, se rappela ce qu'il avait éprouvé en regardant son ami s'éloigner sur son cheval en direction du camp du Tourbillon par cette journée de printemps. C'était la fin de neuf hivers de fraternité, et il avait ressenti un immense vide, comme si Strikes Plenty emportait une moitié de lui-même.

Deux jours plus tard, monté sur Grand Coureur, il suivait la procession de cavaliers et de chariots vers la route de fer dans la ville de Gordon au Nebraska. Ses parents l'accompagnaient dans un chariot, et lorsque les jeunes gens prirent leurs ballots de vêtements et de matériel divers, Charging Elk tendit à son père les rênes de son cheval, disant : « Il est à toi. »

En échange, Scrub prit un paquet, le déballa et brandit un plastron en os. Charging Elk le reconnut aussitôt. Son père le portait quand les Oglalas chevauchaient librement sur les plaines. Il le portait à l'occasion des cérémonies. Il le portait quand il avait combattu les soldats sur l'Herbe Grasse. Et il le portait aussi lors de la reddition des Oglalas à Fort Robinson...

Charging Elk mangea une dernière bouchée de pain. Il se souvenait comment il avait gardé son ballot sur ses genoux durant son premier voyage en train à travers l'Amérique. Muni de sa médecine-blaireau et de la protection de son père, il se sentait prêt pour l'inconnu. Il avait néanmoins été un peu troublé par l'expression qu'il avait surprise dans les yeux de sa mère pendant qu'elle regardait s'ébranler le cheval de fer et son cortège de grands wagons en bois. Il avait déjà vu cette expression au cours de son enfance, douze hivers auparavant, quand les Oglalas étaient venus se rendre à Fort Robinson. Mais ce jour-là, la musique du chant de paix lui donna de la force, et même lorsque le train émit son sifflement lugubre et prit de la vitesse, elle chanta un chant d'au revoir en compagnie des autres mères, des pères, des frères et des sœurs ainsi que des anciens rassemblés sur le quai. Charging Elk était le seul enfant qui lui restait. Il pria Wakan Tanka pour qu'il lui permette de revenir chez lui honorer sa mère jusqu'au dernier jour de sa vie.

Plus tard, pendant le trajet entre Omaha et l'immense ville de New York, Rocky Bear, le chef qui avait déjà franchi la grande eau, s'approcha de Charging Elk qui, le plastron de son père sur les genoux, regardait défiler par la fenêtre le paysage nouveau pour lui.

« Ton *kola*, Strikes Plenty, lui dit Rocky Bear, il aurait dû être avec nous. Il est costaud, et il sait monter à cheval. A côté de vous, ces garçons de la réserve ont paru plutôt minables. Vous avez grandi au Bastion selon les anciennes coutumes. » Le chef promena son regard sur les jeunes Oglalas assis dans le wagon sur des banquettes en bois. « Ces garçons feront l'affaire, mais ce ne sont pas les meilleurs.

— Pourquoi les patrons blancs n'ont pas choisi Strikes Plenty ? demanda Charging Elk. C'est lui qui voulait voir le pays au-delà de la grande eau. »

Rocky Bear se pencha et lui souffla à l'oreille : « Pour eux, il n'était pas assez indien. »

Charging Elk écarquilla les yeux.

« Ces patrons se figurent savoir à quoi un Indien doit ressembler, expliqua le chef. Il faut qu'il soit grand et mince, qu'il porte de beaux vêtements, qu'il regarde toujours au loin et qu'il se conduise comme s'il avait la tête dans les nuages. Ton ami ne correspondait pas à cette image. »

Charging Elk aperçut par la fenêtre une vaste maison blanche entourée d'arbres. Un troupeau de vaches noires et blanches paissait dans un champ voisin. C'était la première fois qu'il voyait ce genre de vaches.

Strikes Plenty n'était ni grand ni mince, mais petit et large, le visage aussi rond que *hanepi wi* quand elle est pleine dans le ciel nocturne. Charging Elk aimait son ami précisément parce qu'il ne se conduisait pas comme s'il avait la tête dans les nuages. Il souriait en permanence, même quand ils étaient pris dans le blizzard ou qu'ils chevauchaient deux sommeils durant sans rien manger. Il avait envie de demander à Rocky Bear de dire à ses patrons blancs que Strikes Plenty était plus indien que tous ceux réunis sur cette route de fer, qu'il avait vécu selon la voie des anciens Lakotas jusqu'à ces deux derniers sommeils, avant qu'il parte pour le camp du Tourbillon. Il préféra néanmoins s'en abstenir. A cet instant, il enviait presque Strikes Plenty et sa nouvelle existence telle qu'il l'envisageait. Au Bastion, l'idée d'avoir un jour une femme, de vivre dans la paix et le confort, avait paru inconcevable. Charging Elk caressa le paquet posé sur ses genoux et observa les vaches noires et blanches. L'une d'elles tentait de grimper sur une autre, alors que toutes deux avaient les pis gonflés de lait.

Il faisait jour à présent et, bien que rassasié par le pain qu'il avait mangé et quelque peu réconforté par les images qu'il venait d'évoquer, Charging Elk se sentait de plus en plus exposé. Il n'avait pas établi de plan d'action, sinon celui de s'éloigner le plus possible de la maison des malades. Il hésitait cependant à quitter son abri. Il ne connaissait pas cette ville, ce pays. Il était maintenant sûr que personne ici ne parlait lakota, mais s'il réussissait à retrouver les gens qu'il fallait, l'homme au costume marron et l'homme au costume noir, ils l'aideraient à rejoindre Buffalo Bill. Hormis ses côtes, il se portait à merveille et ils ne manqueraient pas de s'en rendre compte.

Charging Elk coupa en quatre morceaux ce qui lui restait du pain long et les fourra dans les poches de son manteau, puis il sortit de sa cachette et s'avança dans la rue.

La grande ville dégageait une odeur de mer, de sel et d'hiver, et aussi de fumée et de nourriture — marrons qui grillaient sur des braseros aux coins des rues, pommes frites dorées qu'on servait dans les brasseries et pâtisseries au miel qu'on dégustait dans les salons de thé. La rue que longeait

Charging Elk était bruyante, encombrée de chariots, d'équipages et d'omnibus, tous tirés par des chevaux ou des bœufs, ainsi que de charrettes à bras poussées par des hommes en pantalons et vestes bleus. Les trottoirs étaient noirs de monde. Les hommes portaient de grands paniers sur les épaules et les femmes de plus petits sur la tête. Les gens semblaient déboucher de toute part. Ils apparaissaient, marchaient quelques mètres, puis disparaissaient, sitôt remplacés par d'autres. Certains donnaient l'impression d'avoir un but, tandis que d'autres flânaient ou bien s'arrêtaient pour regarder les vitrines des magasins. Il y avait les riches : les hommes en costumes foncés, pardessus et hauts-de-forme, les femmes en robes à tournure noires, mantes et chapeaux à plumes et à voilettes noires qui leur dissimulaient en partie le visage. Ceux-là étaient munis de parapluies ou d'ombrelles afin de se protéger de la pluie ou du soleil. Et il y avait les pauvres, vêtus de vestes de drap grossier et coiffés de casquettes pour les hommes, et de robes toutes simples avec des châles et des bonnets pour les femmes. Les mères traînaient les enfants par la main, ou bien les pères les portaient dans leurs bras.

Charging Elk aperçut des gens stationnés devant une large vitrine qui discutaient en montrant du doigt des groupes de petites silhouettes. Il y avait plein d'animaux : des bœufs, des moutons et des cochons. Le jeune Indien se rappela alors la famille qui élevait des cochons le long du chemin menant à Wounded Knee. Il s'en souvenait surtout parce qu'il n'avait jamais senti une odeur aussi forte et âcre. Elle l'avait accompagné pendant des miles et des miles.

Dans la vitrine, on distinguait également des figurines d'hommes, de femmes et d'enfants habillés de vêtements que Charging Elk voyait pour la première fois. Certains des personnages avaient la peau claire, d'autres la peau foncée. La tête de l'un de ces derniers était ceinte d'une étoffe. Le regard mauvais, il avait un bandeau noir sur un œil et un couteau entre les dents. Les autres semblaient soit tristes, soit heureux, soit simplement impassibles.

Au centre, légèrement à l'écart, se tenait un groupe un peu plus important. Trois barbus vêtus de manière différente se trouvaient parmi eux, l'un debout, les deux autres agenouillés. L'un d'eux portait également une étoffe autour de la tête. Charging Elk savait de quoi il s'agissait. Pendant le spectacle qu'ils avaient donné à Paris, au pied de l'arbre de fer appelé Tour Eiffel, il avait eu l'occasion de croiser des hommes ainsi coiffés de ces espèces de hauts chapeaux. Ils venaient de très loin à l'est où ils chevauchaient ces mêmes animaux au long cou et à la grosse bosse qu'il avait vus dans un enclos à la foire. Ils lui avaient paru très laids, soufflant un air brûlant, mais lorsqu'il avait caressé les naseaux de l'une de ces bêtes, il avait eu la surprise de constater qu'ils étaient doux et agréables au toucher.

Red Shirt lui avait raconté que les Français avaient bâti la Tour Eiffel pour honorer leurs cinq générations de liberté après qu'ils se furent débarrassés des rois cruels. Tous les édifices, les fontaines et les jardins environnants avaient été construits dans le même but. Il avait ajouté que les hommes blancs d'Amérique célébraient une cérémonie similaire, car de nombreuses années auparavant, ils avaient eux aussi vaincu un roi cruel. Featherman s'était interrogé à haute voix, se demandant si tous les rois étaient cruels, mais Red Shirt n'avait pu lui répondre. Il savait seulement que Grand-mère Angleterre était gentille. Peut-être que seuls les rois femmes étaient bons pour leur peuple.

A ce souvenir, Charging Elk esquissa un sourire — il commençait à préférer ses souvenirs à sa vie. Examinant de nouveau la vitrine, il y repéra des hommes noirs au torse nu et aux grosses lèvres rouges. Il avait aperçu des hommes noirs à Paris et à New York, mais il ne lui semblait pas qu'ils aient eu les lèvres rouges. Il y avait aussi les moutons et le petit cheval aux grandes oreilles, pareil à ceux qu'il avait vus pour la première fois dans les campements des chercheurs d'or des Paha Sapa et, plus tard, dans le spectacle du Wild West Show. Ils faisaient partie d'un numéro comique.

Il reporta son attention sur les personnages au centre de la vitrine. Les animaux et les hommes regardaient tous un trio composé d'un homme, d'une femme et d'un nouveau-né. L'homme, assis sur un rocher et vêtu d'une cape marron, tendait les mains, comme pour demander quelque chose aux autres. La femme, habillée d'une longue robe bleue et d'une étoffe blanche qui lui couvrait la tête, contemplait le bébé, l'ombre d'un sourire aux lèvres. L'enfant nu était couché dans une boîte en bois remplie de paille. Il avait les cheveux blonds comme la paille et la peau rose vif. Ses bras et ses jambes dépassaient, et son visage paraissait inexpressif.

Charging Elk repartit en mangeant l'un des quatre morceaux de pain qui lui restaient. Une odeur de nourriture flottait partout dans l'air, et son estomac ne cessait de gronder. Le pain l'avait calé, mais il lui fallait davantage, un bâton de viande en provenance de la charcuterie, du *pejuta sapa* et peut-être l'un de ces pains au chocolat si délicieusement feuilletés.

Il s'engagea dans une rue étroite bordée de tables installées dehors. Il y avait foule et les trottoirs étaient si encombrés qu'on ne pouvait avancer qu'en marchant au milieu de la chaussée. Charging Elk, après les jours passés dans la maison des malades, se sentait bien au contact de tous ces hommes en bonne santé. Il remarqua que sur toutes les tables se trouvaient ces figurines d'animaux et d'êtres humains, dont certaines semblaient étonnamment vivantes. Le personnage d'un policier en tunique bleue et casquette attira son attention. Il s'arrêta pour l'examiner, alors qu'en ce moment il faisait tout son possible pour éviter les vrais. A côté de lui, une enfant s'empara d'un de ces bébés roses aux cheveux blonds. Celui-là aussi avait les jambes en l'air, comme pour donner des coups de pied. La fillette, âgée peut-être de quatre hivers, leva des yeux remplis d'espoir sur sa mère, mais cette dernière lui adressa quelques mots en agitant le doigt. La petite fille reposa alors le personnage sur la table, puis elle regarda Charging Elk et sa bouche s'arrondit. Elle l'étudia un instant, puis détourna la tête et enfouit son visage dans le manteau de sa mère.

Charging Elk, se souvenant brusquement à quel point il tranchait parmi tous ces gens, sentit la nervosité le gagner. Bien que toujours coiffé de son chapeau, il avait laissé ses cheveux retomber sur ses épaules. Il mesurait au moins quatre paumes de plus que le plus grand des promeneurs et ses poignets dépassaient des manches trop courtes de son manteau. Baissant les yeux, il constata qu'au-dessus de ses chaussons, on voyait ses chevilles nues dont la peau était beaucoup plus foncée que celle de la fillette. Elle avait les cheveux et les yeux noirs, mais son visage était de la couleur des baies de la symphorine. De fait, Charging Elk était même très brun pour un Oglala. Pendant sa jeunesse, ses camarades n'avaient cessé de le plaisanter au sujet de la couleur de sa peau, et il en avait été malheureux et même honteux, jusqu'à ce que sa mère, Doubles Back Woman, lui dise que cela signifiait qu'il était le plus pur des *ikce wicasa.* Elle avait ajouté que sa peau brune était un don de Wakan Tanka.

Cependant qu'il se faufilait au milieu de la cohue, il remarqua qu'on commençait à lui jeter des coups d'œil soupçonneux. On le détaillait de la tête aux pieds. Une vieille femme, toute courbée et appuyée sur une canne, l'examina un instant, puis dit quelque chose aux gens autour d'elle qui se tournèrent alors vers lui. Il songea combien les réactions étaient différentes quand, en compagnie de ses amis, il marchait dans les rues de Paris. Ils portaient leurs beaux vêtements, et on les considérait avec crainte et admiration. Quoique désireux d'échapper au plus vite à ces regards curieux et parfois même hostiles, il marcha délibérément la tête haute, dominant la foule de toute sa taille.

Il déboucha enfin sur la rue, laquelle était certes étroite, mais bien moins que la ruelle. Il s'adossa à un mur et inspira profondément. On l'avait bousculé à plusieurs reprises et ses côtes lui faisaient mal. D'autre part, le manque de vraie viande lui nouait l'estomac. Il se sentait plus malheureux qu'il ne l'avait jamais été, et il n'entrevoyait aucune lueur d'espoir. Il aurait voulu sortir de son corps et, laissant derrière lui cette enveloppe inutile, s'envoler vers le pays de son peuple. Il deviendrait sa *nagi* et rejoindrait les autres Oglalas dans le monde réel au-delà de celui-ci. La poitrine douloureuse, les yeux fermés afin de se couper du monde qui l'entourait, il appela la mort de tous ses vœux sans se soucier de ce que deviendrait son âme.

Quand il rouvrit les paupières, il était toujours là, et son regard se posa sur un sapin dans la large devanture d'un magasin situé sur le trottoir d'en face. L'arbre était décoré de rubans rouges, de bâtonnets blancs qui se dressaient parmi les aiguilles, ainsi que de petits personnages et de boules étincelantes accrochées aux extrémités des branches.

Charging Elk réprima un cri en réalisant soudain qu'on était encore à la lune-des-arbres-qui-éclatent. *Hanepi wi*, soleil de nuit, brillait déjà le soir où la troupe de Buffalo Bill, venant de Paris par la route de fer, était arrivée dans cette ville. Il se rappela alors qu'elle s'appelait Marseille et se trouvait au bord de cette même grande eau qu'ils avaient traversée après leur départ d'Amérique. Le bateau de feu avait accosté quelque part dans une ville au nord de Paris. Marseille, quant à elle, était au sud, dans une autre partie du pays, mais toujours au bord de la même eau. Du moins était-ce ce que Red Shirt leur avait dit. S'ils le voulaient, ils pourraient très bien prendre d'ici un bateau de feu pour regagner l'Amérique. Cette pensée lui remonta un peu le moral. Il se demanda si, en lui infligeant de telles souffrances, Wakan Tanka ne cherchait pas à le mettre à l'épreuve. Au Bastion, pendant qu'ils le préparaient à son quatrième jour de jeûne, les hommes-médecine lui avaient dit que le Grand Mystère agissait parfois ainsi. Bird Tail, le plus âgé et le plus puissant d'entre eux, avait ajouté, alors qu'ils se purifiaient dans l'*inipi* fumant, qu'il verrait beaucoup de choses au milieu de ses souffrances, beaucoup de choses effrayantes, mais qu'il lui faudrait garder les yeux ouverts afin de ne pas manquer la vraie vision. Il la reconnaîtrait. Bird Tail ne se trompait pas. Quand, un soir, le blaireau lui apparut, Charging Elk tendit la main et le blaireau y déposa son pouvoir. Ils parlèrent toute la nuit. Le blaireau chanta pour lui, fuma avec lui, et lorsque Charging Elk se réveilla, il était parti, lui laissant son pouvoir.

Le jeune Indien éprouva soudain un mélange d'appréhension et d'espoir. Si cela faisait partie du plan de Wakan Tanka, il devrait s'y soumettre jusqu'au bout, demeurer vigilant et prendre les bonnes décisions. Et surtout, il lui faudrait prier pour qu'on lui montre la voie. Il n'avait plus son collier de griffes de blaireau, mais il avait toujours son chant de mort. S'il l'entonnait au moment voulu, sa *nagi* trouverait le chemin du pays. Mais aurait-il encore son pouvoir de ce côté-ci de la grande eau ? Tôt ou tard, il finirait bien par le savoir.

Il s'écarta du mur et traversa la rue. Sentant la chaleur sur sa tête et ses épaules, il leva les yeux et vit le soleil briller au-dessus de lui. C'était peut-être le signe que le Grand Mystère l'observait. Il contempla un long moment *wi* et, offrant son visage à ses rayons, il eut l'impression d'être à la fois puissant et tout petit. Et aussi, pour la première fois depuis longtemps, pleinement vivant. Il ne souhaiterait plus jamais mourir, à moins que Wakan Tanka ne le prît au mot.

Charging Elk étudia un instant l'arbre décoré dans la vitrine de l'autre côté de la rue dont le trottoir baignait de nouveau dans l'ombre. Il connaissait cet arbre. Il en avait vu dans la maison de réunion à Pine Ridge en rendant visite à ses parents, et également dans une ville de mineurs dans les Paha Sapa. Strikes Plenty et lui s'étaient glissés vers une grande maison à manger et ils l'avaient aperçu par la fenêtre. A Pine Ridge, il se dressait dans un coin de la maison de réunion, et les enfants oglalas lui chantaient de douces chansons.

C'était la saison des jours les plus sacrés de l'homme blanc, et ils adoraient cet arbre comme s'il s'agissait du soleil. La nuit, les bâtonnets blancs étaient allumés. L'arbre s'animait et étincelait. Charging Elk arriva à la conclusion que les petites figurines dans la ruelle avaient un rapport avec les jours sacrés. Il se rappelait la femme en bleu et le nouveau-né aux cheveux blonds qui agitait les jambes, ainsi que les hommes aux hautes coiffes. Il se doutait qu'ils possédaient de grands pouvoirs, mais il ne comprenait pas très bien la relation avec la saison des sapins sacrés, et en particulier avec le policier et l'homme noir au bandeau sur l'œil.

Charging Elk connut encore cinq sommeils de liberté. Bien que sans un sou, il réussit à se nourrir grâce à ce qu'il parvenait à chaparder ou à récupérer dans les poubelles derrière les restaurants. Il tomba parfois sur des marchés et se promena entre les étals, respirant la bonne odeur des produits qu'on y vendait : le pain noir tout frais, la viande rouge et luisante, les piles d'oranges et de noix, les jarres d'olives, les fromages de toutes les couleurs, de toutes les tailles et de toutes les formes. Il avait déjà visité des marchés à Paris où les autres Indiens et lui avaient à plusieurs reprises acheté des espèces de noix allongées avec une coque verte. En revanche, il n'aimait pas les fromages. Certains étaient trop secs, d'autres sentaient trop fort ou bien collaient sur la langue, et tous lui donnaient la diarrhée. Les Indiens de la réserve, par contre, habitués aux aliments de l'homme blanc, mangeaient de ces fromages et pétaient toute la nuit, à leur plus grande joie.

Le premier jour, malgré la curiosité dont il était l'objet, Charging Elk réussit à voler un petit sac contenant quatre pommes. Le soir, il trouva derrière un restaurant quelques os d'oiseau auxquels était encore attaché un peu de viande pâle. Après cela, il ne récolta pas grand-chose, pelures d'oranges, feuilles de choux, quignons de pain dur, quelques pommes frites molles dans un papier sur lequel figuraient en tout petit des mots de l'homme blanc. Craignant les regards qu'il suscitait, il décida de ne plus tenter de faucher quoi que ce soit dans les marchés. Et, pour la même raison, il évita les rues trop larges.

Les jambes de plus en plus faibles, il devait s'arrêter souvent pour se reposer. Les journées étaient chaudes et ensoleillées, mais les nuits froides. L'épais manteau ne suffisait pas à l'empêcher de trembler chaque fois qu'il se réfugiait dans un coin pour essayer de dormir, aussi dormit-il très peu, et les rares fois où il y parvenait, il rêvait des festins que, enfant, il faisait sur les plaines. Les Oglalas mangeaient de la vraie viande à l'époque. Il y avait encore des bisons aux alentours des Tongue et Powder Rivers, le long du Missouri et de la Milk River, et les hommes rentraient au campement avec les chevaux de bât chargés de viande et de peaux. Charging Elk rêvait de bosses de bison, de graisse de panse et de côtelettes, de cervelles et d'os à moelle. Et au moment où il s'apprêtait à dévorer, au moment où sa mère lui tendait un bol de soupe de baies sauvages, il se réveillait blotti sur des marches dans une ruelle ou sous un buisson dans un parc planté d'arbres nus. Il se remettait alors en route et, levant les yeux, il identifiait au travers des ténèbres un grand nombre de ceux qui appartenaient au peuple des étoiles, mais ils n'étaient pas à leur place dans le ciel.

Le quatrième jour, il arriva devant un boulevard qu'il reconnut sur-le-champ, et son cœur bondit dans sa poitrine. Il n'en croyait pas sa chance. L'espace d'un instant, il oublia sa faiblesse et son mal du pays. A bord d'un omnibus, il avait emprunté ce même boulevard la seule fois où ils avaient visité la ville, et il savait que l'endroit où la troupe avait établi son campement se trouvait deux ou trois miles plus haut.

Il tourna la tête de l'autre côté. Il se rappelait que l'omnibus avait bifurqué en direction d'un autre boulevard qu'il distinguait au loin. Au coin, on voyait les flèches d'un édifice sacré. Ce boulevard le conduirait jusqu'à la grande eau où attendaient les bateaux de feu.

Charging Elk décida de se diriger d'abord vers l'endroit où s'était dressé le chapiteau. Ses côtes ne lui faisaient plus trop mal et, malgré son estomac noué, il sentait ses forces lui revenir petit à petit. En outre, il caressait le fol espoir de trouver encore quelqu'un sur place. Peut-être que l'Américain au costume marron habitait là. Ou peut-être que les garçons de piste seraient occupés à démonter les tentes et les enclos des animaux. Charging Elk voulut accélérer le pas, mais la tête se mit à lui tourner. Il se surprit à s'imaginer qu'il n'allait pas tarder à entendre les cris et les acclamations du public. Il se voyait déjà entrer en piste et se lancer à la poursuite des bisons. Le spectacle ne manquait jamais d'électriser la foule, mais ce n'était pas un numéro réellement dangereux, car les bêtes, peu nombreuses, étaient jeunes, âgées tout au plus d'un an ou deux. Les choses eussent été bien différentes avec des bisons adultes qui, dans un espace aussi restreint, auraient vite eu raison d'un cavalier désarmé et de son cheval grâce à leur puissance et leur rapidité. Les spectateurs eux-mêmes n'auraient pas été en sécurité. A Paris, un jeune mâle avait réussi à défoncer la barrière et à encorner deux personnes avant d'être abattu.

On était en milieu d'après-midi et Charging Elk, maudissant sa malchance, remarqua cependant quelque chose de curieux : le boulevard était pratiquement désert et tous les magasins, jusqu'aux cafés, aux brasseries et aux bureaux de tabac, étaient fermés. Seules de rares voitures à cheval circulaient sur la chaussée. La veille, il avait dû se réfugier dans les petites rues pour éviter la cohue. Ce matin, tout était encore ouvert, et les gens, installés aux terrasses des cafés, prenaient le soleil. Il pensa un instant se trouver dans une rue morte : peut-être avait-on décrété pour une raison quelconque qu'il s'agissait d'une mauvaise médecine, mais lorsqu'il arriva à un carrefour, il constata que les autres rues étaient également vides.

Il poursuivit son chemin, à la fois content qu'il n'y eût personne pour le dévisager et inquiet à l'idée d'être seul. Peut-être qu'il était interdit de se promener à cette heure. Peut-être qu'il s'était passé quelque chose dans la grande ville. Pourtant, il apercevait des gens par-ci, par-là : un commerçant qui fermait boutique, une femme qui poussait un landau, deux jeunes gens qui tournaient un coin avant de disparaître.

Après s'être arrêté à deux ou trois reprises pour se reposer, Charging Elk se retrouva devant la place circulaire où les chariots, les carrioles et les équipages entamaient leur ronde avant d'emprunter l'une des nombreuses rues qui partaient de là. Le Rond-Point du Prado. L'interprète leur avait fait répéter ce nom avant qu'ils n'aillent visiter la ville. S'ils se perdaient, c'était ce qu'ils devaient dire à un gendarme ou un conducteur d'omnibus.

Hormis une voiture de louage, le Rond-Point du Prado était lui aussi désert. Charging Elk prêta l'oreille dans l'espoir d'entendre les voix fortes et les cris de la foule, mais il n'entendit que le claquement des sabots du cheval sur les pavés. Il traversa, fit le tour de la grande statue qui crachait de l'eau, puis s'engagea dans une large avenue qui longeait un vaste parc. Il parvint bientôt à hauteur de la pelouse où la troupe s'était installée.

Il n'y avait plus rien. Ni tentes, ni bonimenteurs, ni même les cendres d'un feu à l'endroit où s'était tenu le village indien. Il se dirigea vers le cercle de terre tassée marquant l'emplacement où l'on avait dressé le chapiteau. Le sol avait été soigneusement ratissé, de sorte qu'on ne voyait plus la moindre empreinte de sabot, le moindre signe que des Indiens, des cow-boys, des soldats, des vaqueros, une diligence, des bisons et des chevaux s'étaient produits là.

Charging Elk, ne désirant pas détruire le parfait ordonnancement des sillons du râteau, demeura au bord du cercle et porta son regard sur les allées du parc. Il ne vit pas une âme parmi les arbres et les petites collines verdoyantes. Tout était désert.

Il se tourna vers le Rond-Point. Des lumières jaunes s'allumaient aux fenêtres des bâtiments au-dessus des devantures. Le jour tombait, et Charging Elk ressentit une brusque appréhension à la perspective de passer une nouvelle nuit dans la grande ville, d'autant que tout le monde semblait avoir disparu. Alors qu'il allait s'abandonner au désespoir, comme si souvent au cours de ces derniers sommeils, il se souvint de la gare. Encore un espoir insensé, mais l'espoir insensé paraissait l'habiter tout aussi fréquemment que le désespoir. Il se rendit alors compte qu'il était fatigué d'éprouver ainsi à répétition l'un et l'autre de ces sentiments contradictoires. Son moral ne cessait de connaître des hauts et des bas cependant qu'il déambulait dans les rues.

Cette fois, il se sentit néanmoins obligé de tenter sa chance, aussi mince fût-elle. Traversant la rue en direction de la gare, il s'aperçut que ses chaussons étaient humides de rosée. Il faillit éclater de rire. Non content d'infliger la faim et la faiblesse à son misérable enfant, Wakan Tanka voulait en plus qu'il ait les pieds glacés ! Charging Elk leva les yeux au ciel pour implorer le Grand Mystère, mais il ne vit que des nuages lourds de pluie. Et là, en bordure du parc, il entonna cependant un chant de pitié et pria de tout son cœur Wakan Tanka de le guider jusque chez lui, jusqu'à son peuple et son pays. Il demanda aussi un peu à manger. Puis il repartit.

Il ne parvenait pas à croire qu'il lui soit arrivé tant de choses en si peu de sommeils. Il n'y avait pas si longtemps, il parcourait cette même rue, vêtu de ses plus beaux habits —

pantalons en laine à rayures noires et blanches, chemise en satinette noire sous le plastron en os de son père, boucles d'oreilles et bracelets en cuivre aux bras et, dans les cheveux, deux plumes d'aigle accrochées à un médaillon orné de perles. Il avait autour du cou son collier de griffes de blaireau et, dans la poche, la carte sacrée que lui avait donnée la femme française, tandis qu'il avait peint sur son visage ses propres signes-médecine et noué trois plumes dans la crinière de son cheval, juste derrière les oreilles. Il savait qu'il ne manquait pas d'allure ainsi.

Charging Elk était l'un des soixante-dix Indiens — la plupart étant des Lakotas, parmi lesquels on comptait une majorité d'Oglalas — qui participaient à la parade entre la route de fer et le parc près du Rond-Point. Plus nombreux encore étaient les cow-boys, les soldats et les vaqueros suivis par les chariots des orignaux, des cerfs et des bisons. Il y avait même une fanfare à cheval, le Cowboy Band, qui faisait tant de bruit que Charging Elk devait tenir bien serrées les rênes de son cheval pour qu'il ne se dérobe pas sur les pavés. Il ne pouvait s'empêcher d'éprouver une immense fierté à l'idée de figurer dans un tel spectacle. La foule massée sur les trottoirs les applaudissait.

Naturellement, Buffalo Bill, monté sur son grand cheval blanc, chevauchait en tête de la procession. Il agitait son chapeau et saluait d'abord un côté de la rue, puis l'autre. Annie Oakley, que Buffalo Bill avait surnommée « La petite qui fait mouche », venait ensuite avec son mari et les grands patrons. Ils précédaient les cow-boys, certains équipés de leurs jambières de laine, les soldats en uniformes bleus impeccables et les vaqueros coiffés de leurs larges chapeaux. En dernier venaient les Indiens, conduits par Red Shirt et Rocky Bear que les patrons avaient désignés comme chefs. Après l'expérience de Paris, Charging Elk savait qu'en dehors de Buffalo Bill, les spectateurs voulaient surtout voir les Indiens, les *Peaux-Rouges* comme ils les appelaient. Sur leur passage, les gens poussaient des cris et montraient du doigt leurs visages peints. Des femmes leur jetaient parfois des fleurs, mais les

Indiens, impassibles, continuaient leur chemin comme si de rien n'était.

Charging Elk se rappelait bien ce jour qui lui avait paru l'un des plus longs de sa vie. Après avoir donné un spectacle dans une grande ville quelque part au sud de Paris, ils avaient voyagé toute la nuit le long de la route de fer. Les garçons de piste avaient démonté le chapiteau, les gradins et les tentes, emballé la nourriture et tout le matériel de la grande tente à manger, coupé les générateurs et rangé les rampes d'éclairage ainsi que les immenses rouleaux de toile qui servaient de décor et sur lesquels étaient peints des paysages de montagnes, de plaines, de rivières, de villages et de forts. Ensuite, ils s'étaient occupés des stands et autres baraques, puis avaient transporté le tout dans des chariots jusqu'à la gare où attendait le train spécial composé de trente-huit wagons qui devait mener hommes, animaux et équipement à leur prochaine destination.

Certains des Indiens qui étaient déjà venus de ce côté-ci de la grande eau se plaignirent parce que, au contraire des Blancs de la troupe, ils voyageaient en troisième classe où les banquettes étaient plus dures et les wagons plus bruyants. Charging Elk remarqua que Rocky Bear et Red Shirt n'étaient pas parmi eux. Ici, les grands patrons traitaient les deux chefs avec des égards pour la bonne raison que les Français les aimaient davantage que les Américains et les considéraient comme de nobles personnages. Par contre, les patrons n'hésitaient pas à reléguer les autres Indiens dans le dernier wagon, juste avant ceux des animaux et du matériel. Featherman lui-même, l'*iktome* qui plaisantait tout le temps, grommela tandis qu'il s'efforçait de s'étendre sur une banquette inconfortable.

La troupe arriva à Marseille peu avant le lever du jour, et on déchargea les wagons pour tout transporter dans le parc. Charging Elk fut surpris de voir tant de monde assister à leur installation à une heure aussi matinale.

Il était maintenant bien rodé. La troupe avait donné des représentations dans la ville américaine de New York et également durant près de sept lunes, à Paris. Il était habitué à la curiosité des habitants des grandes cités — tant à New York qu'à Paris, les gens se promenaient parmi les tipis du village indien et regardaient les femmes cuisiner, coudre ou réparer les ouvrages de perles. Ils s'arrêtaient pour observer les Indiens accroupis qui jouaient aux dominos ou aux cartes. Certains allaient même jusqu'à entrer dans les tipis familiaux, comme si la mère préparant le dîner ou l'enfant dormant dans son berceau faisaient partie du spectacle. Rocky Bear affirmait que Buffalo Bill et les autres patrons approuvaient ce sans-gêne parce que cela rendait les spectateurs impatients de voir les Indiens en piste.

Vers le milieu de la matinée, on se prépara pour la parade. C'était une journée grise et froide, et Charging Elk, à l'exemple des autres Indiens, portait sa couverture sur ses épaules. Il était fatigué, il avait sommeil, et la perspective d'avoir à se produire le soir était loin de le réjouir.

Néanmoins, lorsque les membres du Cowboy Band montés sur leurs chevaux blancs entamèrent la chanson qu'ils appelaient « La fille que j'ai laissée derrière moi », une chanson qu'il avait déjà entendue des centaines de fois, puis que le cortège s'ébranla, Charging Elk plia sa couverture et la drapa sur les épaules de son cheval. Quand les Indiens s'engagèrent à leur tour dans la rue et que la foule, le souffle coupé, se mit à applaudir, il ressentit le frisson d'excitation familier qui ne lui permettait plus de chevaucher avec autant de calme qu'il l'aurait désiré. Sachant cependant que les Français voulaient voir des Indiens imperturbables et empreints de dignité, il réussit à se maîtriser. De leur côté, les jeunes Indiens souhaitaient qu'on les considère comme des *wicasa yatapika,* des hommes dont tous chantaient les louanges, des hommes qui manifestaient courage, sagesse et générosité, comme les chefs d'autrefois.

Charging Elk, défilant ainsi, en selle sur son cheval pie, ne pouvait s'empêcher de songer qu'il avait beaucoup de chance. Au lieu de passer un nouvel hiver au Bastion dans le froid et la solitude, ou de devenir un Indien soumis des réserves qui plantait des pommes de terre et tendait la main pour mendier les aides du gouvernement, il portait ses plus beaux habits et se préparait à électriser les foules en leur présentant les coutumes de son peuple. Bien entendu, il n'ignorait pas qu'il s'agissait de simples numéros et que certains parmi les anciens désapprouvaient que les jeunes participent ainsi à cette imposture élaborée par les hommes blancs, mais il ne se sentait plus coupable de chanter des chants de scalp, ni de danser la danse du scalp ou de la guerre. Il était fier de montrer les traditions de son peuple à ces Français qui appréciaient les Indiens et semblaient éprouver pour eux une sympathie sincère. Red Shirt lui avait raconté un jour, alors qu'ils étaient assis autour d'un feu après le spectacle du soir, que les gens de ce côté-ci de la grande eau appelaient les Indiens « un peuple en voie de disparition », parce qu'ils croyaient que les Indiens vaincus allaient en effet bientôt disparaître, ce qui les rendait très tristes, et c'était pour cette raison qu'ils tenaient à voir les Indiens avant qu'ils ne s'évanouissent en fumée — au contraire des vrais Américains qui ne seraient que trop heureux de contribuer à leur disparition.

Ainsi, Charging Elk avait fait une entrée triomphale dans cette ville où il avait été accueilli avec chaleur. Maintenant, en revanche, on le considérait d'un œil soupçonneux, et même hostile, à l'instar des Américains.

Il chassa ces sombres pensées et, cependant qu'il se hâtait en direction de la gare du Prado, il avait l'esprit vide. Pourtant, il entretenait encore une lueur d'espoir.

Après avoir traversé le parc désert et l'endroit où la parade s'était formée, il sentit la lueur vaciller, puis s'éteindre. La gare était plongée dans le noir. Seule une petite lumière jaune brillait à une fenêtre.

C'était une gare de marchandises, bordée d'une succession de longs bâtiments de briques, chacun équipé d'un large quai de chargement. Il y avait de nombreux aiguillages et plusieurs convois attendaient dans l'obscurité.

Charging Elk longea un quai et s'approcha en silence de la fenêtre qui se découpait dans les ténèbres. A l'intérieur d'une petite pièce éclairée par un unique fil jaune suspendu au plafond, un homme en uniforme foncé assis à une table coupait un morceau de fromage pour le glisser dans un pain long. Deux petites pommes étaient posées sur un coin, à côté d'un sapin miniature décoré d'une espèce de cordon rouge étincelant. L'extrémité des branches était toute blanche, comme s'il venait de neiger dans la petite pièce.

Le jeune Indien regarda l'homme manger et envisagea un instant de frapper au carreau. Mais pour dire ou faire quoi ? De surcroît, à en juger par son uniforme, l'homme devait être une sorte de soldat. Peut-être s'imaginerait-il avoir à faire à un voleur ou à un ennemi et essayerait-il de le tuer. D'un autre côté, il saurait peut-être ce qu'était devenu le train de Buffalo Bill.

Charging Elk s'apprêtait à lever la main pour cogner à la fenêtre, mais à la pensée de l'inutilité de son geste et du danger éventuel qu'il courait, il se ravisa et se dirigea sur la pointe des pieds vers l'extrémité du quai. Il scruta les ténèbres dans lesquelles s'enfonçait la route de fer. Il se sentait plutôt résigné que déçu, car il n'avait jamais réellement cru trouver ici le train de Buffalo Bill. De fait, il se félicitait presque de ne l'avoir pas cru.

Il allait sauter du quai quand il entendit un bruit derrière lui. Jetant un coup d'œil par-dessus son épaule, il vit se détacher dans l'obscurité le rectangle jaune d'une porte ouverte. L'homme en uniforme se tenait sur le seuil et, une lanterne à la main, il regardait le ciel. Charging Elk se mit à quatre pattes et se laissa glisser à bas du quai. Le mâchefer crissa légèrement sous ses semelles. Il s'accroupit et, quelques secondes plus tard, dressa la tête. La porte s'était refermée et il ne distingua plus que la fenêtre éclairée. Soudain, il aperçut un cercle de lumière qui dansait sur le quai. La silhouette de l'homme en uniforme se dessinait dans le noir.

Charging Elk attendit qu'elle se fût éloignée à l'autre bout. Après quoi, il ne perdit pas une seconde. Il bondit sur le quai et se précipita vers la pièce. Il tourna le bouton et la porte s'ouvrit. Il se faufila à l'intérieur, tira le battant derrière lui, puis s'avança aussitôt vers la table où il restait la moitié du pain long, un morceau de fromage enveloppé dans un épais papier et l'une des deux pommes. Il fourra le tout dans les poches de son manteau, puis ouvrit le tiroir de la table dont il étudia le contenu. Il était plein de petits objets parmi lesquels il ne reconnut qu'un bâton à écrire et une poinçonneuse semblable à celles qu'utilisaient les vendeurs de tickets de la troupe. Il s'apprêtait à repousser le tiroir lorsqu'il remarqua tout au fond une petite boîte métallique. Il en força le couvercle et retint une exclamation. Trois pièces d'argent et une poignée de centimes luisaient à la lumière du fil jaune. Il s'empressa de les empocher, puis il remit la boîte à sa place, referma le tiroir et se tourna pour partir. Son regard s'arrêta alors sur un parapluie et une écharpe de laine suspendue à un crochet. Il enroula l'écharpe autour de son cou et saisit le parapluie comme pour s'en faire une arme. Il ouvrit la porte, examina le quai, mais ne vit aucun signe de la lanterne.

Pendant qu'il s'éloignait en hâte de la gare de marchandises, il leva à son tour les yeux vers le ciel et adressa une prière silencieuse à Wakan Tanka pour le remercier de l'avoir ainsi aidé à mettre la main sur tant de choses précieuses. Il mangea la pomme, puis pensa au pain au chocolat et au tabac qu'il pourrait s'acheter le matin venu.

3

Charging Elk mangea son pain et son fromage assis sur un cageot de fruits dans un étroit passage sur lequel ouvraient deux magasins. Trop affamé, il ne se souvenait même pas qu'il n'aimait pas le fromage qui, de fait, malgré sa forte odeur, calma les tiraillements de son estomac. Les boutiques étaient fermées, mais au travers du grillage protégeant l'une d'elles, il constata que la vitrine ne contenait apparemment que des chapeaux. Il y avait ceux, très hauts ou alors tout ronds, que portaient les riches, et d'autres qui évoquaient des chapeaux de cow-boys avec leurs bords relevés ou plats comme des dessus de table. Aujourd'hui, la plupart des hommes de l'Agence de Pine Ridge en mettaient de pareils. Les plus âgés avaient des chapeaux noirs à rubans de crin ou bien ornés de perles. Ils portaient de vieux vêtements *wasichus* dont leur faisaient cadeau les saints hommes blancs et leurs assistants, ainsi que des écharpes noires brillantes achetées aux marchands ambulants. Quand les Oglalas étaient arrivés à Fort Robinson, Charging Elk avait eu la surprise de voir que ces mêmes hommes qui avaient combattu à Little Bighorn à peine un an auparavant étaient habillés ainsi. On aurait dit qu'ils avaient déjà adopté les manières des Indiens des réserves qui, pour la plupart, avaient renoncé au combat huit années plus tôt.

Il se rappela sans grand plaisir qu'il avait fréquenté presque un an l'école de l'Agence où, installé derrière l'une des rangées de longues tables, il regardait la femme blanche au visage criblé de taches de rousseur inscrire des mots au tableau noir à l'aide d'une craie blanche : garçon, fille, chat, chien, poisson. Elle leur montrait des images en couleur de ces différentes créatures. Les humains étaient roses, le chat, jaune, et le chien, blanc et noir. Les poissons étaient orange et gros, en rien comparables à ceux qu'il connaissait. Ce qui l'intéressait le plus, c'était le chat. Il avait déjà aperçu des chats-longs et des chats-aux-oreilles-poilues, mais il s'agissait d'animaux sauvages qu'on ne rencontrait pas souvent. Celui de l'image était petit et avait un air heureux. Charging Elk avait vu son premier chat-petit là-bas, à l'Agence, mais l'animal, les oreilles rongées par les gelures, tout efflanqué, fuyait les chiens et les hommes tout en continuant à vivre parmi eux.

Il se rappela aussi le mot « Indien ». Elle avait envoyé Charging Elk au tableau, puis elle avait prononcé le mot « Indien » avant de le faire répéter à tous les élèves. Après quoi, elle leur avait montré l'image d'un homme inconnu. Les orteils pointus, les cuisses énormes et les épaules étroites, il portait une couronne de plumes bleues, vertes et jaunes de même qu'une peau d'animal aux taches sombres. Il avait par ailleurs de grands yeux ronds et des lèvres minces retroussées. « Indien », avait redit la femme blanche.

Charging Elk et Strikes Plenty avaient trois ans de plus que les autres élèves, ce qui leur procurait en permanence un sentiment de honte. Rien de ce qu'ils avaient appris au pays des bisons ne leur servait ici, et leurs petits camarades de classe devaient les aider à épeler ainsi qu'à additionner et à soustraire les pommes rouges. Le seul domaine où les deux garçons — âgés alors de treize hivers — se montraient plus qu'à la hauteur était le dessin. La femme leur distribuait des bâtons à colorier et ils faisaient des dessins représentant la vie qu'ils venaient juste d'abandonner : villages de tipis, hommes à cheval, bisons, montagnes et arbres. Une fois, Charging Elk se dessina qui, en compagnie de Strikes Plenty et de Liver, coupait le doigt du soldat mort à Little Bighorn pour s'emparer de son agate. La femme le réprimanda et déchira le dessin en mille morceaux qu'elle l'obligea ensuite à ramasser et à jeter dans le poêle. Il ne se donna pas la peine d'expliquer, ce qu'elle aurait du reste sans doute compris, que l'articulation du doigt du soldat était trop grosse pour permettre à la bague de passer. Il garda le silence et, à la lune-de-l'herbe-rouge-qui-pointe, Strikes Plenty et lui partirent pour le Bastion. Son éducation d'homme blanc s'arrêta là.

Emergeant de ses pensées, Charging Elk regarda la pluie rebondir et former de petites mares sur les pavés inégaux. Le passage était abrité et la nuit était plus chaude qu'au cours des quatre derniers sommeils. Il leva les yeux sur les fenêtres fermées des bâtiments au-dessus des boutiques. La plupart laissaient filtrer des rayons de lumière argentée, et derrière, le jeune Indien s'imaginait des pièces pleines de gens qui mangeaient de la viande rôtie, parlaient leur curieuse langue, riaient, fumaient du tabac ou jouaient aux dominos. Il aimait bien ce jeu, le contact et la forme des petites plaques qu'il se plaisait à assembler selon les règles. Néanmoins, le poker l'excitait davantage. A Paris, après les représentations du soir, il consacrait des nuits entières à y jouer avec d'autres artistes. Comme ils n'étaient pas censés jouer pour de l'argent, ils utilisaient des allumettes. Dix allumettes correspondaient à un centime. Parfois, la partie terminée, quelques-uns des Indiens allaient se coucher sans plus un sou dans leur porte-monnaie. Quand cela arrivait à Charging Elk, il ne regrettait pas que les patrons blancs envoient la plus grande partie de son argent à son père et à sa mère.

Un soir, peu après leur installation à Paris, Charging Elk, Featherman et trois autres Indiens jouaient au poker devant leur tente lorsqu'un brouhaha qui s'élevait de l'autre côté de l'allée attira leur attention. Plusieurs personnes criaient et traversaient la pelouse en courant. Charging Elk vit Rocky Bear et sa femme sortir de leur tipi. Ils se tournèrent un instant vers la source de toute cette agitation, puis Rocky Bear poussa un grand cri.

Les jeunes gens ramassèrent aussitôt les allumettes et se levèrent. Un groupe s'avançait vers eux. Buffalo Bill était au centre de la foule, vêtu des beaux habits noirs que portaient les hommes riches de Paris, avec une chemise blanche empesée et une petite cravate blanche ressemblant à un papillon. Sa barbiche avait des reflets jaunâtres sur le blanc de sa chemise.

Rocky Bear et sa femme se tenaient à sa droite, le visage fendu par un large sourire, tandis qu'à sa gauche, un Indien en costume mal coupé affichait un sourire un peu penaud.

« Black Elk, murmura Featherman. C'est Black Elk. »

Charging Elk n'en crut pas ses oreilles. Le bruit s'était répandu jusqu'au Bastion que Black Elk et trois autres Oglalas avaient disparu deux ans plus tôt dans la demeure de Mère Angleterre. A la fin de la tournée, ils n'étaient pas rentrés à Pine Ridge avec le reste de la troupe. La plupart pensaient qu'ils étaient morts, sans doute tués par traîtrise au-delà de la grande eau. On organisa même des cérémonies destinées à libérer leurs esprits, et on les pleura à l'ancienne manière. Et aussi à la nouvelle, dans la maison sacrée de l'homme blanc à Pine Ridge où le *pejuta wicasa* blanc, vêtu de ses robes blanches et dorées, prononça des paroles solennelles à la mémoire des frères et fils disparus. Quand Doubles Back Woman le lui avait raconté, Charging Elk s'était mis en colère à l'idée que son père et sa mère aient pénétré dans cette maison sacrée et soient allés jusqu'à croire ce que la robe-noire avait dit. Il était retourné au Bastion, jurant de ne jamais mettre les pieds dans ces abominables maisons.

Et voici que Black Elk réapparaissait deux ans plus tard, l'air étonnamment maigre et pitoyable aux côtés de Buffalo Bill. Charging Elk ne l'avait pas bien connu, car ils avaient grandi à des endroits différents mais, de nombreux hivers auparavant, il avait entendu parler de lui au pays des bisons. Ils étaient tous deux jeunes à l'époque, mais comme Black Elk avait trois ans de plus que lui, ils avaient joué chacun avec des garçons de leur âge. Lors de la grande bataille de l'Herbe Grasse, Charging Elk l'avait vu qui, en compagnie de ses amis, circulait parmi les soldats morts à la recherche de butin. Après la reddition de Fort Robinson, ils ne s'étaient plus guère croisés.

On alimenta le grand feu au milieu du campement, et

deux femmes apportèrent un pot de café qu'elles posèrent sur une pierre en bordure des flammes. Buffalo Bill s'installa sur un tabouret et les autres par terre, sur leurs couvertures. C'était une douce soirée de printemps et le feu leur chauffait agréablement le visage, de même que l'air nocturne leur rafraîchissait agréablement le dos. Charging Elk et les autres jeunes, assis en face d'eux, ne quittaient pas Buffalo Bill et Black Elk des yeux. Les femmes tendirent aux chefs des gobelets de café brûlant.

Buffalo Bill parla à Rocky Bear tout en jetant de temps en temps des coups d'œil à Black Elk. Il avait une grosse voix qui semblait s'adresser à tous les Indiens réunis autour du feu.

Rocky Bear se tourna ensuite vers Black Elk. « Notre chef, Pahuska, te souhaite la bienvenue pour ton retour dans sa famille, traduisit-il. Il a été triste ces deux dernières années à l'idée que son frère se soit perdu, mais il n'a jamais abandonné l'espoir de le retrouver un jour. Quand il était plus jeune, c'était un très bon éclaireur et il ne doutait pas de repérer ta trace. Il semble cependant que ce soit toi qui nous aies retrouvés. Bienvenue à notre campement, Black Elk. »

L'Indien paraissait avoir du mal à réaliser qu'il était de nouveau assis autour du feu en compagnie de Buffalo Bill et des gens de son peuple. Examinant les visages qui l'entouraient, il remercia Buffalo Bill et Wakan Tanka de l'avoir conduit jusqu'ici, puis il poursuivit : « Pahuska sait que Black Elk est un homme honorable qui aspire à devenir un *wicasa yatapika*, et peut-être même un *wicasa wakan*. J'ai vécu dans le monde *wasichu* deux années durant et je n'aime pas ce que j'y ai vu. Les hommes ne s'écoutent pas entre eux, ils se battent, leur cupidité les empêche d'être généreux envers les plus malheureux et je n'ai pas le sentiment qu'ils soient assez sages pour se considérer comme frères. J'ai tiré beaucoup d'enseignements de cette expérience, des enseignements qui, à mon retour dans mon pays, m'aideront à montrer la voie à notre peuple. Je suis content de revoir Pahuska ainsi que mes frères et mes sœurs, mais à présent, je suis fatigué de ce pays et mon cœur se languit loin de chez lui. »

Rocky Bear traduisit à l'intention de Buffalo Bill, bien que celui-ci parût avoir saisi l'essentiel du discours prononcé en lakota. Il hocha la tête à plusieurs reprises, ponctuant les phrases par des « Oui, oui. » Après quoi, il dit quelques mots dans sa propre langue, les soulignant par des gestes destinés à Black Elk. Il s'exprimait assez bien dans le langage des signes, et tous les Indiens avaient les yeux rivés sur lui. Il fit le signe pour ami et pour voyage, puis le signe pour grande eau et route de fer.

Ensuite, Rocky Bear s'adressa à Black Elk : « Pahuska te comprend. Lui aussi se languit de son pays. Ce soir, il était avec les grandes royautés et les grands patrons de cette grande nation. Il a bu leur vin et mangé leur nourriture, mais pendant tout ce temps, il pensait à son pays et à ses parents restés à North Platte. Pahuska aussi est un grand homme et il sait qu'il doit apprendre à ces Français ce que sont les *ikce wicasa*. Ils sont devenus trop modernes avec toutes leurs puissantes machines et leurs grandes maisons, leurs bateaux de feu et leurs routes de fer. Ce soir encore, ils se sont vantés de leurs progrès au cours des cent hivers qui se sont écoulés depuis qu'ils ont tué leur roi et pris le pouvoir. Ils ont construit leur grand arbre de fer afin de dominer tout ce qu'ils possèdent. Ils ont oublié d'où vient leur peuple et qu'ils étaient eux aussi des *ikce wicasa* dans l'ancien temps. Pahuska pense que Black Elk pourrait l'aider à leur enseigner la sagesse de la vie simple. »

Black Elk resta deux sommeils avec eux. Il raconta son histoire et celle de ses compagnons qui, ayant raté le bateau qui devait les ramener au pays, avaient erré dans la grande ville anglaise de Birmingham avant de prendre la route de fer jusqu'à Londres. L'un des Lakotas parlait anglais et il réussit à trouver un autre Wild West Show appelé Mexican Joe. C'était une petite troupe, mais on payait les Indiens en liquide et ils avaient assez à manger. Ils finirent par arriver à Paris, puis ils se rendirent dans plusieurs villes d'un autre pays avant de revenir à Paris. Black Elk tomba malade et ne fut plus en mesure d'assurer son numéro. Une famille française s'occupa de lui alors qu'il avait déjà presque perdu sa *nagi*. Son corps mourut, et il rêva de plusieurs choses que seuls les morts sont autorisés à voir. Il ne dit pas lesquelles — seulement qu'il était retourné chez lui, qu'il avait vu sa mère, son père et les pauvres *ikce wisaca*, si bien que désormais, il savait comment les aider à recouvrer leur dignité et leur honneur. Il ne précisa pas comment il le ferait, mais les jeunes Indiens se gardèrent bien de contester le pouvoir de sa vision de mort.

Le deuxième soir, après un grand festin, Buffalo Bill lui donna quelques billets verts américains, puis un policier l'escorta jusqu'à la route de fer qui le conduirait à un endroit d'où un bateau de feu lui ferait franchir la grande eau. Quand les membres de sa tribu le serrèrent dans leurs bras, il eut l'air un peu perdu mais heureux. Après être mort, il était content de rentrer chez lui.

Charging Elk se leva et s'étira. La pluie s'était transformée en un léger crachin. Il se demanda s'il ne devrait pas descendre vers le port et explorer les quais où attendaient les bateaux de feu. Bien entendu, il n'avait pas assez d'argent pour payer la traversée de la grande eau, mais il voulait aller voir si, par chance, il y en aurait un qui battrait pavillon de l'Amérique. Maintenant que son ventre était presque rempli, il avait l'esprit plus clair et commençait à envisager plusieurs possibilités. Le bateau à bord duquel ils avaient voyagé était immense, équipé de nombreuses petites pièces ainsi que de quelques-unes, beaucoup plus grandes, pour les animaux et le matériel. Les recoins ne manquaient pas où un homme pouvait se cacher à condition de se contenter d'un espace exigu. Il lui faudrait simplement se munir d'eau et de nourriture pour plusieurs sommeils. La nuit, il trouverait sans doute le moyen de se dégourdir les jambes et de satisfaire ses besoins naturels.

Son cœur se souleva au souvenir des trois premiers sommeils qui avaient suivi le départ de New York. Le bateau de feu tanguait et roulait, et, à peine quittée la grande ville, Charging Elk avait été malade. Plus ils s'éloignaient de la terre, plus la traversée devenait mouvementée. Les Indiens, entassés dans des cabines tout au fond du bateau, entendaient des grincements, des gémissements et des craquements alors qu'ils étaient allongés dans des lits de cordes qui se balançaient. Ils pleuraient, vomissaient et chantaient leurs chants de mort. Chaque fois qu'il y repensait, Charging Elk se disait qu'il n'avait jamais rien vu ni entendu de pareil. Pas même à la bataille de l'Herbe Grasse ou lors de la capitulation de Fort Robinson.

La grande eau finit cependant par s'apaiser, et les Indiens, épuisés, les jambes flageolantes, montèrent sur le pont où le ciel et l'eau s'étendaient devant eux à l'infini. Croyant qu'ils ne reverraient jamais leur mère la terre, ils en conçurent une immense frayeur, mais au moins, ils étaient vivants. Cinq sommeils plus tard, le bateau longeait les côtes de France et se dirigeait vers le grand port au nord. Les Indiens adressèrent un chant de remerciement à Wakan Tanka et se préparèrent avec excitation à la nouvelle aventure qui les attendait. Ils avaient aimé se produire à New York et ils se réjouissaient à l'idée de le faire devant ce public inconnu. Lorsqu'ils débarquèrent sur le quai de pierre, la tête leur tourna et ils durent s'asseoir ou rester un moment immobiles avant que *maka ina* leur pardonne d'avoir quitté son sein...

Charging Elk songea alors qu'il accepterait volontiers quelques sommeils de presque-mort si c'était pour regagner son pays de l'autre côté de la grande eau. Et pour cela, il fallait effectuer la traversée. Il n'y avait pas d'autre moyen. Ce ne serait sûrement pas facile, mais s'il trouvait un bateau de feu battant pavillon américain et un peu d'argent en plus pour s'acheter du pain et des bâtons de viande, il aurait des chances de réussir.

La pluie avait cessé de tambouriner sur le parapluie qu'il tenait au-dessus de sa tête, aussi il le ferma et l'accrocha à son bras. Il avait les pieds mouillés dans ses chaussons et les orteils engourdis par le froid. Il était arrivé près du port où brillaient des lumières en haut de grands poteaux. Il n'y avait pas beaucoup de monde, hormis de petits groupes d'hommes qui parlaient fort, riaient et se tapaient dans le dos. Ils étaient ivres et joyeux. Charging Elk préféra cependant les éviter et, à leur approche, il alla à plusieurs reprises se dissimuler dans un sombre passage.

Au début, le spectacle des centaines de bateaux ancrés dans le petit port le décontenança. La plupart étaient des voiliers. Il y en avait des grands et des petits dont les mâts formaient comme une forêt d'arbres grêles et dénudés. Même dans les Paha Sapa il n'existait rien de semblable. Les bateaux étaient attachés les uns aux autres, de sorte que certains des hommes que Charging Elk venait de croiser devaient sauter par-dessus deux ou trois d'entre eux avant de disparaître dans le ventre du leur.

Devant tous ces voiliers, il sentit ses idées s'embrouiller cependant que, une fois de plus, le désespoir le gagnait. Il ne voyait pas un seul bateau de feu. Et naturellement, pas le moindre drapeau américain. Le point positif, c'était la facilité avec laquelle on pouvait monter à bord.

Il s'avança le long du quai, en direction d'une haute tour à l'extrémité d'un promontoire. Sur sa gauche, il y avait une succession de restaurants avec des tables et des chaises rangées sous des auvents en toile. Deux seulement étaient encore ouverts. Le premier allait sans doute fermer, car les chaises étaient empilées sur les tables, tandis qu'un *wasichu* balayait par terre. Dans le second, par contre, des hommes, des femmes et même quelques enfants étaient réunis autour d'une grande table juste devant la vitrine. Un serveur en veste noire et chemise blanche découpait un gros morceau de bœuf pendant que des plats de pommes de terre et autres légumes circulaient parmi les convives. Charging Elk en eut l'eau à la bouche. Il les vit lever leur verre et le choquer contre celui des autres en signe de souhait. A Paris, les Indiens s'étaient rendus en compagnie de leurs patrons dans de grandes maisons où ils avaient appris à faire des vœux avec les verres. Et puis, Charging Elk avait soif de *mni sha*. Les Indiens n'étaient pas censés en boire — de même qu'ils n'étaient pas censés se lier avec les femmes françaises — mais ils parvenaient de temps en temps à en introduire quelques bouteilles en cachette. Au début, Broncho Billy, leur interprète, les leur fournissait en échange de quelques centimes de commission, mais par la suite, Charging Elk et ses amis avaient compris qu'il leur suffisait d'entrer chez un marchand de vin pour en acheter. Les commerçants ignoraient que Buffalo Bill n'aimait pas les Indiens qui buvaient. Il avait même renvoyé en Amérique deux Oglalas et un Brûlé parce qu'ils se soûlaient trop.

Charging Elk sourit en se rappelant la première fois où il avait essayé de déboucher une bouteille en utilisant un morceau de fer tortillé. Seul le haut du bouchon était venu, et quand il avait voulu tirer le reste, il n'avait réussi qu'à l'enfoncer, si bien que chaque fois qu'il inclinait la bouteille pour boire, le morceau de bouchon se coinçait dans le goulot, ce qui déclenchait l'hilarité de ses amis, car ainsi, il n'arrivait pas à faire couler la moindre goutte de vin. Featherman avait résolu le problème en poussant le bouchon à l'aide du stylet qu'il avait acheté à Paris, puis en versant le vin dans un gobelet en fer-blanc.

Dissimulé dans l'ombre, il regarda le serveur passer le plat de viande. Il s'imaginait en sentir l'odeur et le goût. Quand Strikes Plenty et lui tuaient un orignal ou un cerf dans les Paha Sapa, ils se gorgeaient de viande, mais la plupart du temps, ils devaient se contenter de lapins, de porcs-épics ou de grouses. Les grands animaux se faisaient de plus en plus rares au Bastion. L'hiver, il avait souvent aussi faim qu'au moment où il avait volé le pain et le fromage du policier de la route de fer. Strikes Plenty avait eu raison. Leur amitié n'aurait probablement pas survécu à un nouvel hiver de quasi-famine.

La pluie avait cessé, mais le vent s'était levé qui, soufflant du nord-ouest, apportait au jeune Indien le claquement des voiles attachées aux mâts des bateaux. Des lumières blanches accrochées au sommet se balançaient et projetaient des ombres mouvantes sur l'eau. Le vent était frais, mais grâce aux nuages, il ne faisait pas aussi froid qu'au cours des nuits étoilées où le givre brillait sur les cartons dont Charging Elk s'enveloppait pour dormir.

Il s'arracha au spectacle de tous ces gens attablés au restaurant, et reprit sa marche le long du quai, loin de l'avenue qu'il avait empruntée depuis le Rond-Point du Prado. Il s'en servirait plus tard comme repère, mais pour l'instant, il tenait à s'assurer qu'il n'y avait pas de bateaux de feu amarrés près de ceux en bois. Il pria Wakan Tanka de lui envoyer un signe, de lui montrer le drapeau de l'Amérique ou peut-être le nom du bateau de feu qui l'avait amené dans ce pays. Le *Persian Monarch.* Avant leur départ de New York, avant qu'ils n'embarquent à bord de ce bateau géant, Broncho Billy leur avait montré le nom marqué sur la coque. Il avait expliqué que la Perse se trouvait encore plus à l'est que le pays où ils se rendaient. Là-bas, les gens portaient des vêtements étincelants et le monarque — une espèce de roi que son peuple ne haïssait pas — entretenait pour son plaisir une armée de jolies femmes. Elles ne faisaient qu'attendre qu'il en appelle une ou deux auprès de lui. Les Indiens, habitués aux mensonges de Broncho Billy, ne l'avaient évidemment pas cru. Pourtant, on racontait que certains, les Blackfeets par exemple, pouvaient avoir jusqu'à quatre ou cinq femmes quand leurs moyens le leur permettaient. Les Lakotas, pour leur part, pouvaient rarement s'en offrir plus d'une. Alors peut-être qu'un roi qui, lui, régnait sur beaucoup de sujets pouvait en avoir autant qu'il le désirait. Featherman avait dit en plaisantant que, arrivé à destination, il resterait sur le bateau pour voir s'il le conduirait vers les femmes en question. Cela se passait avant la presque-mort due au mal de mer.

Pendant qu'il longeait le quai, Charging Elk leva distraitement les yeux vers une rue qui partait du port. Il s'arrêta pour regarder avec plus d'attention. Deux croisements au-delà, il apercevait une lumière jaune éclairant de petites silhouettes qui, toutes, marchaient dans la même direction. La lumière paraissait douce et chaude vue de cette distance, plus chaude en tout cas que les lumières blanches du port. Le vent, à présent, transperçait le manteau du jeune Indien, et le froid lui piquait les pieds dans ses chaussons trempés. Il s'inquiétait de plus en plus de sa santé, car il savait que s'il devait retourner à la maison des malades, il perdrait sa dernière chance de trouver un moyen pour rejoindre son pays. D'autant qu'un sinistre pressentiment l'habitait. La mort rendait trop souvent visite à cette maison, et il avait la certitude que la prochaine fois, elle ne manquerait pas de l'emporter.

Il passa devant un vaste bâtiment de fer et de verre qui, tout léger et tout ouvert à l'image des cages pour les oiseaux qu'il avait vues sur des marchés, tranchait par rapport aux autres édifices de pierres ou de briques. Situé un peu à l'écart des autres, presque au bord de l'eau, il dégageait des effluves de créatures marines. Bien qu'il fût plongé dans le noir, on devinait des rangées de longues tables qui semblaient recouvertes de métal brillant. Charging Elk se demanda s'il ne s'agissait pas de l'endroit où les femmes venaient laver leur linge. L'odeur de poisson qui régnait partout lui donna la nausée cependant qu'il arrivait à un bassin où étaient amarrés une multitude de petits bateaux en bois. Chacun, muni d'un seul de ces minces arbres dénudés, était exposé aux intempéries. Sur certains s'empilaient de petites cages de bois, tandis que sur d'autres on distinguait des tas de cordes entrecroisées sous une toile accrochée telle une tente à un poteau de bois lui-même accroché en biais à l'arbre nu. Charging Elk savait que c'était du matériel servant à capturer les poissons et ces créatures à carapaces qu'il avait eu l'occasion de voir sur les marchés. Les Lakotas n'avaient pu dissimuler leur étonnement et leur dégoût devant ces drôles d'animaux que ces gens-là mangeaient, en particulier les espèces de bêtes visqueuses aux nombreuses pattes qui paraissaient prêtes à se liquéfier. Featherman avait fait une remarque obscène qui avait provoqué l'hilarité générale, encore que tous soient restés horrifiés.

Charging Elk déboucha sur une place pavée cernée de bâtiments à deux ou trois étages. A une extrémité se dressait une grande maison sacrée surmontée de deux tours. Dans l'une d'elles, une cloche sonnait. Il se rendit alors compte que, de fait, elle sonnait déjà depuis un moment, mais que le bruit était en partie couvert par le brouhaha qui s'élevait de la foule rassemblée sur la place. Il se réfugia dans une encoignure de porte. Des gens brandissaient des torches qui répandaient une chaude lueur dorée. Au centre, des hommes portaient une femme vêtue d'étoffes de soie bleue et blanche.

Assise sur un fauteuil doré, elle avait la tête entourée d'un cercle d'or. Charging Elk crut d'abord qu'elle était vivante, mais comme elle demeurait parfaitement immobile, les mains croisées, il comprit qu'il s'agissait d'une statue sacrée semblable à celles qu'il avait vues dans la ruelle quelques sommeils plus tôt. Les Français lui rendaient un culte et lui faisaient monter les marches de la maison sacrée. Il chercha du regard l'homme en robe marron, le bébé qui gigotait et les hommes aux coiffes étincelantes. Peut-être venaient-ils de Perse. Peut-être Broncho Billy avait-il raison. Et peut-être cette ville était-elle celle d'où venait le monarque de Perse. L'espace d'un instant, il songea qu'il devait se trouver en Perse, mais il réfléchit que cette ville n'était qu'à une distance de train de Paris et que ses habitants étaient habillés comme les autres Français. Pas de vêtements rutilants, pas de bandes d'étoffe enroulées autour de la tête. Et pas de monarque avec son armée de femmes.

Le jeune Indien suivit des yeux la procession qui grimpait lentement les larges marches de la maison sacrée. Les voix, en réalité, n'étaient pas vraiment fortes, mais continuelles. Tout le monde paraissait chanter la même chose en même temps, entourant la statue et un homme en robe rouge qui portait une croix en or au milieu de laquelle luisait comme une petite flamme rouge. Ceux qui marchaient devant, vêtus de robes dorées et coiffés de hauts chapeaux rigides, étaient à l'évidence des hommes sacrés. L'un d'eux tenait un long bâton-à-coups dont la crosse oscillait doucement au-dessus de la foule, tandis que deux autres balançaient des boîtes de fer qui produisaient de la fumée et obligeaient ceux qui regardaient à baisser la tête et à faire des signes à l'aide de leurs mains droites à l'exemple de ceux qu'il avait vus à Paris dans la grotte sombre de la maison sacrée.

Les hommes en habits dorés entrèrent dans la grande demeure, suivis par la foule, et les portes se refermèrent. La cloche s'était tue et, d'un seul coup, le silence régna de nouveau aux alentours. Les torches avaient elles aussi disparu et seuls les éclairages au sommet des poteaux projetaient sur les pavés mouillés leurs ronds blancs de lumière froide.

Charging Elk se demanda quelle pouvait être cette cérémonie à laquelle les hommes blancs prenaient part durant la lune-des-arbres-qui-éclatent. Elle était sans nul doute sacrée et peut-être même autant que le *wiwanyag wachipi*, mais la Danse-en-regardant-le-Soleil avait lieu, elle, pendant la lune-des-merises-rouges quand il faisait chaud et quand, de là-haut, Soleil contemplait le plus longtemps son peuple au cours de son voyage annuel.

Maintenant, le peuple n'avait plus le droit d'exécuter la Danse du Soleil, de même qu'il n'avait plus le droit de parler lakota, mais de nombreux Indiens de Pine Ridge venaient malgré tout au Bastion afin de participer à la Danse du Soleil. Les Blancs ne s'intéressaient pas à ceux qui vivaient là-bas, de sorte qu'ils étaient libres de pratiquer selon la voie ancestrale la plus sacrée de leurs cérémonies.

Âgé de dix-sept hivers, Charging Elk avait fait le sacrifice de sa chair devant le *wagachun*. Cela se passait un hiver après que Blaireau lui avait rendu visite pour lui donner sa puissante médecine. Alors qu'il dansait autour de l'arbre sacré, la souffrance causée par les lanières de cuir plantées dans sa poitrine était devenue si intolérable qu'il crut être sur le point de se déshonorer, mais au moment où il allait crier, la douleur cessa et il entra dans un autre monde. Il avait l'impression de se regarder danser et souffler dans le sifflet en os d'aigle cependant qu'il pénétrait dans le Grand Mystère où il voyait les ancêtres ainsi que les grands troupeaux de bisons sous le vent, le soleil et la lune. Il voyait aussi de nombreux êtres sacrés, et il sut que c'était le monde réel. Il entendit le battement du tambour, et il sut que c'était le battement du cœur du *can gleska*, où tous deviennent un. Comme il dansait, il percevait le martèlement de ses pieds, la flèche acérée de son sifflet, et il sentit que les ténèbres l'emportaient. Plus tard, dans la tente à bain de vapeur du *pejuta wicasa*, il fit le vœu de vivre toujours selon l'ancienne voie, de ne participer qu'aux cérémonies lakotas, d'éviter et d'ignorer celles des *wasichus*. Il avait tenu sa promesse de son mieux.

La place était maintenant déserte et Charging Elk, venant d'assister à l'une des cérémonies des hommes blancs, eut envie d'entrer dans leur maison sacrée pour en apprendre davantage. Il voulait être parmi eux, dans ce lieu sacré où il faisait chaud, mais il savait qu'à peine aurait-il franchi le seuil les gens le dévisageraient et, peut-être, le jetteraient dehors parce qu'il était différent d'eux. Ou, pire, ils le prendraient pour un ennemi.

Replié sur lui-même, ne pensant qu'à sa solitude dans le froid de la nuit alors que les *wasichus* se trouvaient dans leur demeure sacrée en compagnie de leur femme sainte et de leurs chefs en habits dorés, il n'entendit pas résonner sur les pavés humides les pas qui approchaient, sinon il aurait pu s'enfoncer plus profondément dans l'ombre ou bien tourner le coin d'une démarche assurée pour reprendre le chemin du port. Dans les grandes villes, avait-il eu l'occasion de remarquer, on prêtait rarement attention aux gens qui paraissaient savoir où ils allaient.

Il sursauta au son d'une voix derrière lui : *« Pardon, monsieur. »* C'était à lui qu'on s'adressait. Il se retourna.

L'homme portait une cape noire brillante qui lui arrivait sous les genoux et une haute casquette munie d'une visière. Il ajouta quelque chose qui ressemblait à une question. Le regard de Charging Elk se posa sur les boutons d'argent d'une tunique que la cape laissait entrevoir. Il haussa les épaules et constata que l'homme tenait à la main un long bâton. Il savait qu'il avait affaire à un *akecita*, car il en avait déjà vu qui patrouillaient dans les rues de Paris et même de Marseille. Il était parvenu à les éviter tous ces derniers sommeils, de sorte qu'il s'en voulait de s'être ainsi laissé surprendre. Il haussa de nouveau les épaules, évitant de regarder le policier en face. Il avait pu cependant juger que l'homme était plus grand que la majorité des gens de cette ville, encore qu'il mesurât presque une tête de moins que lui. Il était également plus frêle, et il serrait si fort son bâton que ses jointures en blanchissaient. Charging Elk estima qu'il réussirait sans trop de difficultés à lui sauter dessus et à le retourner afin, d'un geste vif, de lui briser la nuque ou de lui broyer la trachée. L'un des hommes âgés réfugiés au Bastion, l'un de ceux qui avaient affronté de nombreuses fois l'ennemi, leur avait montré, à Strikes Plenty et à lui, comment il s'était servi de cette prise pour se débarrasser d'un ennemi qui croyait l'avoir acculé.

Charging Elk, cependant, les yeux toujours rivés sur les boutons d'argent, ne bougea pas. Il se contenta de se préparer à agir, tandis que l'*akecita* continuait à parler d'une voix de plus en plus forte et qui se faisait menaçante.

Il s'était battu trois ou quatre fois, mais seulement une fois contre un Blanc, un mineur qui l'avait surpris à voler de la nourriture dans sa cabane. Charging Elk l'avait assommé à l'aide d'une cafetière à moitié pleine, puis il s'était enfui. Strikes Plenty et lui avaient beaucoup ri de l'aventure, mais plus tard, Charging Elk avait regretté de ne pas avoir pris la chevelure du mineur. Sur le moment, il n'avait pensé qu'à se sauver. De toute façon, on ne tirait plus aucune gloire à scalper les ennemis, car il n'y avait plus de véritables ennemis. L'époque où l'on revenait au camp en brandissant le scalp d'un ennemi et où le peuple chantait un chant d'honneur était révolue. Aujourd'hui, les Indiens des réserves seraient furieux et auraient peur des représailles.

Charging Elk sentit son esprit combatif l'abandonner. Il se rendait compte qu'il était aussi impuissant dans ce pays étranger de l'autre côté de la grande eau que les siens sur leurs propres terres. Il savait que sa médecine-blaireau ne lui serait ici d'aucun secours. Il ne lui restait plus que son chant de mort, et le moment n'était pas encore venu de l'entonner.

Le policier l'empoigna par le bras et le poussa vers une rue qui partait de la place.

Charging Elk demeura longtemps assis sous l'unique fil jaune éclairant la petite pièce d'un bâtiment qui semblait en comporter une multitude de semblables. Installé sur une chaise inconfortable, le manteau boutonné jusqu'au cou, il avait repoussé son chapeau sur son crâne, si bien que ses longs cheveux lui tombaient plus bas que les épaules. Ses yeux, réduits à deux fentes, n'exprimaient rien.

Plusieurs policiers vinrent le regarder, par groupes de deux ou trois. Ils échangeaient quelques mots entre eux en le montrant du doigt, puis ils ressortaient. Personne ne s'adressait directement à lui. L'un d'eux, néanmoins, s'enhardit à lui tendre son tabac et son papier. Charging Elk se roula une cigarette et accepta l'allumette du policier avec un geste de remerciement. L'homme haussa les épaules et esquissa un sourire avant de s'en aller. Un instant plus tard, des cris et des rires retentirent dans le couloir sur lequel donnait la pièce.

Tout en fumant sa cigarette, Charging Elk examina la table devant lui. Il y avait une pile de papiers bien rangés et un pot rempli de bâtons à écrire. Sur le mur, juste au-dessus, figurait la photographie d'un homme à la barbe blanche en costume noir barré d'une écharpe, sans doute le patron de ces policiers, se dit-il. En haut d'un mât flottait un drapeau bleu, blanc, rouge qu'il savait être celui de la France. En effet, au cours de la grande parade qui annonçait le début du spectacle de Buffalo Bill, les soldats le brandissaient en même temps que le drapeau américain. Ensuite, après que la troupe à cheval avait fait plusieurs fois le tour de la piste, le Cowboy Band jouait les chants de pouvoir des deux pays, tandis que le public se levait. Charging Elk aimait bien ces chants, car à la fin, les spectateurs applaudissaient et poussaient des hourras. Ils étaient prêts pour le Wild West Show, et les Indiens prêts à les satisfaire. Ne portant que leurs pagnes, leurs mocassins et leurs coiffes, ils poursuivaient les bisons, puis la diligence de Deadwood avant de tenter d'incendier la cabane d'un pionnier, de se livrer à une danse du scalp et enfin de charger le 7e de Cavalerie à l'Herbe Grasse. Buffalo Bill venait à chaque fois sauver au dernier moment les *wasichus* — les pionniers, les femmes et les enfants, les passagers de la diligence, mais pas les Longs Couteaux. Ceux-ci mouraient toujours avant qu'il n'arrive, et alors, debout devant les soldats morts, il enlevait son chapeau et inclinait la tête, imité par son cheval. A ce moment-là, les guerriers indiens se trouvaient derrière la longue toile servant de décor qui représentait des collines ondoyantes à l'herbe jaunie et les nombreux tipis près de la rivière bordée d'arbres. Ainsi à l'abri des regards du public, ils fumaient, buvaient de l'eau et plaisantaient.

A Paris, ils avaient pris du bon temps. Il faisait parfois trop chaud, mais les femmes étaient belles et il y régnait une grande animation. Hormis quelques accès de nostalgie au souvenir de la paix et de la solitude qu'il avait connues au Bastion, Charging Elk était ravi de l'aventure. Il s'était même lié d'amitié avec quelques-uns des Indiens des réserves qui, en définitive, ne semblaient pas si mous qu'il l'aurait cru. Ils montaient à cheval et galopaient presque aussi bien que lui, encore qu'il prît davantage de risques qu'eux à compter les coups sur les bisons, à tomber de cheval après avoir été « abattu » et à lutter à mains nues contre les soldats. Il se montrait très fier de ses performances, et parfois même trop, de sorte que ses compagnons, emmenés par Featherman, se moquaient cruellement de lui, le traitant d'Indien noir en raison de sa peau foncée ou de sale *tatanka* parce qu'il avait vécu dans les Mauvaises Terres comme un vieux mâle pouilleux. Ils lui jouaient des tours, du genre glisser de l'herbe qui gratte dans les peaux dont il s'enveloppait pour dormir ou verser dans son *pejuta sapa* le sable épicé dont on saupoudrait la viande.

Il sourit à l'évocation de ces blagues, mais revint bien vite à la triste réalité. La petite pièce ne contenait que la table, la chaise sur laquelle il était assis, une deuxième chaise et, contre un mur, une grande boîte munie de plusieurs tiroirs. Le fil jaune dans le globe de verre et la fenêtre donnant sur le couloir éclairaient d'une lumière crue, mais les coins restaient dans l'ombre. Il étais assis depuis près de deux heures pratiquement sans bouger, et il avait envie de soulager sa vessie. L'*akecita* qui l'avait amené ici n'avait pas réapparu.

Le tabac qu'il avait fumé lui faisait tourner la tête et la faim lui tenaillait l'estomac. Il ferma les yeux et reporta ses pensées sur Paris. Il revit la jeune femme venue visiter le village des Indiens. La première fois, elle portait une longue robe d'un gris métallique qui n'avait pas de grosses fesses mais qui la serrait à la taille, presque comme une seconde peau. Elle était mince et ses seins menus ne détruisaient pratiquement pas la ligne de l'étoffe moulante. Elle était arrivée en compagnie d'un homme assez vieux et d'un autre qui semblait à peu près du même âge qu'elle. Au début, Charging Elk ne lui prêta guère attention. Un grand nombre de gens, parmi lesquels beaucoup de jolies femmes, venaient dans le village voir les Indiens. La seule chose intéressante chez celle-ci était son chapeau, ou plutôt, les plumes vertes, bleues et jaunes dont il était surmonté. On aurait dit qu'un étrange et beau canard s'était endormi sur sa tête, le bec enfoui sous une aile. Charging Elk examina le chapeau avec des yeux ronds, puis il détailla un instant la jeune femme, surpris de lui trouver une figure toute simple encadrée par des cheveux presque vermillon relevés sur la tête. Elle avait les lèvres pâles et les yeux du vert des glaciers des Paha Sapa. Il l'observa un moment encore, décréta qu'elle était agréable à regarder, puis retourna à sa partie de dominos.

Elle revint le lendemain, juste avant la représentation de l'après-midi, alors que Charging Elk se préparait à entrer dans la tente qu'il partageait avec cinq autres Indiens afin de mettre ses vêtements en daim et sa longue coiffe de plumes préparés par l'homme responsable des costumes et qu'il portait pour la grande parade et les danses. Immobile sur l'allée de terre toute piétinée qui séparait le tipi de Charging Elk de celui de Rocky Bear, elle semblait l'étudier. Bien que, à l'instar de la majorité des Indiens, il n'aimât pas regarder les *wasichus* dans les yeux, il la fixa un instant, s'attardant une fraction de seconde sur son visage au profil pur, ses yeux vert glacier. Elle lui sourit. Le cœur du jeune homme fit un bond dans sa poitrine. Il pénétra vivement dans la tente. Quand il ressortit, ajustant les plumes de sa coiffe, elle avait disparu.

Quatre sommeils plus tard, elle était de retour. Charging Elk les avait comptés, car elle lui avait manifesté une attention qui tranchait par rapport à la curiosité impudente dont faisaient preuve les autres Françaises. Il appréciait la façon dont elle l'avait regardé de même que le sourire dont elle l'avait gratifié ensuite et qu'il revoyait souvent en pensée. Trois sommeils durant, il avait porté sa chemise de satinette noire avec ses bracelets en cuivre aux bras et aux poignets, le plastron de son père, un gilet brodé de perles et les boucles d'oreilles en argent de Cuts No Rope qu'il lui avait gagnées au poker. Les cheveux soigneusement nattés et noués par de la peau de loutre et des rubans rouges, il l'attendait, adoptant diverses attitudes dégagées, destinées à bien montrer son indifférence.

Le quatrième sommeil, croyant qu'elle ne reviendrait plus, il passa sa chemise de calicot élimée, un pantalon d'homme blanc qui godait aux genoux et un gilet noir. Quant à ses cheveux tressés, ils étaient simplement attachés par des lanières de cuir brut. Il avait régné une chaleur humide qui l'amenait à regretter le grand air des plaines et il était fatigué. Les galopades et les simulacres de combat auxquels il se livrait depuis les trois lunes qu'ils étaient à Paris commençaient à peser sur ses jeunes muscles.

Après la représentation de l'après-midi, il joua aux dominos avec Featherman. Il n'y aurait pas de spectacle en soirée, car c'était le jour où les *wasichus* se rendaient dans leurs maisons sacrées, se reposaient et faisaient de longs repas chez eux. Plusieurs membres de la troupe devaient aller visiter la ville en compagnie de Broncho Billy. Bien qu'épuisé, Charging Elk se réjouissait à l'idée de manger dans une brasserie où, disait-on, on trouvait de la viande de bœuf américaine.

Alors qu'il réfléchissait au coup suivant, il sentit plus qu'il ne vit une ombre s'étendre sur son visage et sa main. Il pensa qu'il s'agissait d'un Indien de la troupe qui s'était approché pour étudier la partie, mais quand il leva la tête, agacé d'être ainsi dérangé, ses yeux rencontrèrent le profil pur de la jeune femme qui le regardait, coiffée d'un simple bonnet blanc.

Il sauta sur ses pieds, sans plus se préoccuper de ses muscles douloureux, et elle eut un mouvement de recul involontaire cependant qu'elle émettait un son qui, il le savait, n'était pas un mot mais une exclamation. Il mesurait une bonne tête de plus qu'elle, et elle paraissait effrayée par sa grande taille. Le temps qu'il le comprenne, elle s'était ressaisie. Elle fit un pas en avant, la main tendue. C'était une petite main couverte d'un gant blanc à dentelles qui laissait les doigts libres. Ses ongles minuscules brillaient, et sa peau était lisse, même autour des jointures. Charging Elk ne savait quelle contenance adopter. Il avait vu des hommes embrasser la main d'une femme ou bien la prendre délicatement et s'incliner.

L'un comme l'autre de ces gestes lui semblaient trop démonstratifs, et il ne voulait pas lui serrer la main à la manière des hommes entre eux, aussi il se contenta de l'effleurer du bout de ses doigts à la peau brune, sans toutefois quitter le bonnet blanc des yeux.

Elle retira sa main qu'elle posa juste au-dessus de ses seins et dit : *« Je suis Sandrine. »* Charging Elk suivit du regard le mouvement de ses lèvres qui avaient la couleur de l'aubépine. « *Sandrine*, reprit-elle. *Moi.* »

Featherman intervint alors : « C'est son nom, je crois. Sandrine. Il faut que tu lui dises le tien. En américain. »

Charging Elk se tourna vers la jeune femme et, se désignant, il dit : « Charging Elk. »

Elle répéta une fois : « Charging Elk. » Puis une seconde fois. La première partie de son nom coulait doucement, mais le « Elk » sonnait de manière catégorique. Jamais il ne l'avait entendu prononcé ainsi. « Sandrine », dit-il, la montrant du doigt. Il plaqua son poing sur sa poitrine. « Charging Elk. » Dans la chaleur étouffante de l'après-midi, il entendit alors s'élever le rire aigu de Featherman.

Charging Elk ouvrit les yeux. Il se trouvait toujours dans la pièce exiguë où brillait la lumière éblouissante. Il avait faim et soif, et son envie d'uriner se faisait de plus en plus pressante. Il n'avait rien bu depuis le moment où il s'était arrêté à une fontaine peu avant la tombée de la nuit. Il lui semblait qu'une éternité s'était écoulée depuis qu'il s'était installé dans le passage pour manger son pain et son fromage. Il défit les deux boutons du bas de son manteau, croisa les jambes, puis ferma de nouveau les paupières pour échapper à cette lumière froide et aveuglante.

Sandrine l'avait conduit derrière le village, vers une forêt clairsemée plantée de hauts arbres aux lourdes feuilles et aux troncs verts très durs. Des buissons poussaient çà et là, parmi lesquels serpentaient des allées de mâchefer. Ils débouchèrent sur un lac avec une petite île au milieu. Dessus, on apercevait une grotte creusée dans un gros rocher. Charging Elk était allé à plusieurs reprises se promener au bord de ce lac

— les Indiens de la troupe venaient souvent s'y asseoir et fumer, manger du pain et des bâtons de viande, à l'abri de la curiosité des hommes blancs, encore qu'il arrivât fréquemment que des enfants les suivent. C'était là que, humant l'odeur de l'herbe et fixant du regard la surface fraîche du lac, les jeunes gens parlaient de chez eux en toute liberté. La tranquillité relative de la forêt leur rappelait leur pays et son calme, ses grandes plaines, le lit de ses rivières, les pins des Paha Sapa. Ils bavardaient et fumaient parfois pendant près d'une heure, puis ils se taisaient, nostalgiques, chacun réfugié dans ses souvenirs. Par contre, quand ils regagnaient le camp afin de se préparer à la prochaine représentation, ils plaisantaient fort, se moquaient les uns des autres ou même luttaient entre eux tout en jouant les bravaches et en mettant leurs peintures pour le spectacle du soir. Et lorsqu'ils entraient en piste pour la grande parade, on retrouvait les nobles guerriers prêts à tout.

Sandrine et Charging Elk s'assirent dans l'herbe sur la rive du lac, regardant l'île devant eux tout en s'observant de temps en temps à la dérobée. Sandrine ramassa une petite pierre, se tourna vers Charging Elk et dit : *« Caillou. »* Elle le lui montra de nouveau, répéta : *« Caillou »*, puis le lui donna. *« Inyan »*, fit-il alors. *« Inyan »*, répéta-t-elle, et tous deux sourirent. Il ne se souvenait pas d'avoir jamais éprouvé pareil sentiment de sympathie pour un *wasichu.* La jeune femme leva les yeux vers le ciel bleu légèrement brumeux et dit : *« Ciel. » « Mahpiya »*, fit-il.

Ils passèrent une heure des plus agréables à s'apprendre ainsi des mots dans leur langue respective — cheval, chien, terre, eau... — mais pratiquement sans se regarder. Quand elle se tournait vers lui, il fixait la grotte. Quand il se tournait vers elle, elle fixait un brin d'herbe qu'elle tenait entre ses doigts fins.

Elle finit par se lever et épousseta sa robe à fleurs. Charging Elk se disait qu'elle était aujourd'hui bien différente de la personne qu'il avait vue la première fois, celle qui, impressionnante, portait une robe moulante gris métallique et un chapeau qui ressemblait à un canard multicolore. Il préférait de loin la femme qu'il avait devant lui. Il aurait voulu rester ici toute la soirée et toute la nuit. Même quand ils se taisaient, il se sentait à l'aise, comme s'ils ne formaient qu'un seul *cante*, un seul cœur. Jamais il n'avait ressenti cela avec une femme. De fait, il n'avait jamais été vraiment avec une femme, hormis la folle au Bastion qui vivait seule et ouvrait ses cuisses en échange d'une bouteille d'eau sacrée. Il n'avait pu lui apporter qu'à deux reprises du *mni wakan*, et c'étaient les deux uniques fois où il avait pénétré une femme.

A regret, il se mit debout à son tour et regarda Sandrine fouiller dans son sac, faisant s'entrechoquer les divers objets qu'il contenait. Il songea qu'il ne désirait pas cette femme de la même manière qu'il avait désiré la folle. Il lui suffisait d'être auprès d'elle par une chaude après-midi dans cette paisible forêt. Il suivit des yeux un petit garçon qui alla se cacher derrière un buisson, et il repensa à une conversation qu'il avait eue avec Strikes Plenty, le jour où, après discussion, ils avaient décidé de se présenter pour être engagés dans la troupe de Buffalo Bill. Quand il avait demandé à son *kola* ce qu'ils feraient à leur retour, celui-ci avait répondu, arborant son sourire provocateur : « Et si on ne revenait pas ? »

Charging Elk avait jugé qu'il s'agissait d'une idée stupide, mais à présent, tandis qu'il contemplait les cheveux roux de Sandrine, il se surprenait à penser l'impensable, ce qui à la fois l'effraya et l'enivra. Serait-ce possible ? Accepterait-elle de s'occuper de lui, ici dans son pays à elle ? C'est idiot, se dit-il. Complètement idiot de s'imaginer...

Pendant qu'elle fouillait dans son sac, la jeune femme n'avait cessé de marmonner entre ses dents. Soudain, elle poussa un cri de joie et sortit un petit bout de carton. Elle l'examina un instant, puis l'embrassa et le tendit à Charging Elk. C'était une image rigide et brillante qui représentait un homme barbu vêtu d'une espèce de cape rouge sous laquelle il portait une robe blanche avec un cœur dessiné dessus. Une croix couronnée d'épines surmontait le cœur d'où gouttait du sang.

Charging Elk, déconcerté, jeta un regard interrogateur à Sandrine dont les yeux verts semblaient luire de plaisir.

« *Jésus* », dit-elle. Elle lui reprit la carte et la retourna. Au dos figuraient de nombreuses lignes de l'écriture arrondie dont se servaient les hommes blancs. La jeune femme prononça une longue phrase qu'il ne comprit pas, mais, devinant que les mots lui venaient du fond du cœur, il se sentit légèrement embarrassé. Elle lui déposa la carte dans la paume et referma un instant sa petite main dessus. Ils demeurèrent quelques secondes ainsi, les yeux rivés sur leurs mains, puis elle dit : « *Adieu*, Charging Elk — *mon ami.* » Elle partit aussitôt, remontant l'allée qui menait vers le chapiteau et vers Paris. Charging Elk ne devait plus la revoir.

Néanmoins, il conserva l'image de l'homme au cœur qui saigne. Il la portait tout le temps sur lui, dans la poche de son gilet ou dans un petit sac de cuir qu'il avait confectionné et qu'il attachait à sa ceinture avant d'entrer en piste vêtu de son pagne. Il ne comprenait pas bien ce qu'elle représentait, mais c'était Sandrine qui la lui avait donnée, celle-là qui lui avait réchauffé le cœur. Ainsi, l'image était devenue une partie de la *nagi* de la jeune femme qu'il devait garder toujours sur lui, de même qu'il devait garder toujours sur lui son collier de griffes de blaireau.

Ses pensées furent interrompues par un bruit de pas lourds qui approchaient. Trois hommes entrèrent dans la pièce. Deux étaient en uniforme d'*akecita*, et à la vue du troisième, les yeux de Charging Elk s'écarquillèrent. C'était Costume Marron ! L'Américain. Seulement, cette fois il avait un costume noir et cette espèce de cravate blanche munie de deux ailes que les *wasichus* portaient quand ils se mettaient en grande toilette. Un chapeau rond au bord étroit retourné, également noir, était perché sur le sommet de son crâne. Seule sa moustache qui frisait aux coins de sa bouche n'avait pas changé depuis sa visite à la maison des malades.

« Charging Elk. Hello, my friend. » Costume Marron lui tendit la main et Charging Elk leva mollement la sienne. L'homme la lui serra vigoureusement et lui sourit, surpris néanmoins de le trouver si faible et émacié, au point que ses joues creuses paraissaient presque noires sous la lumière crue. L'Américain se tourna vers le plus jeune des policiers dont le col de la tunique s'ornait des insignes de sergent. « Avez-vous donné quelque chose à manger à ce pauvre hère ? » Bien que Franklin Bell n'occupât la fonction de vice-consul américain à Marseille que depuis deux ans, il parlait un français fort correct. Il était contrarié. C'était la veille de Noël et ses derniers invités s'apprêtaient à partir quand un gendarme était venu annoncer qu'on avait arrêté un Américain, un *Peau-Rouge.*

Le deuxième policier, un homme plus âgé, portait plusieurs rubans et trois médailles épinglées à sa tunique. C'était un petit homme soigné aux cheveux gris clairsemés, séparés par une raie au milieu. Une moustache broussailleuse aux reflets châtains ornait sa lèvre supérieure que surplombait un nez pointu. Il s'appelait Guy Vaugirard et c'était le chef de la police. Lui non plus ne dissimulait pas sa contrariété d'avoir été réveillé au milieu de la nuit pour une affaire aussi banale après un agréable réveillon passé en compagnie de ses petits-enfants. D'un ton ferme, il prononça quelques paroles brèves à l'intention du sergent qui claqua des talons et s'empressa de sortir. On entendit ses pas précipités s'éloigner dans le couloir, puis sa voix qui s'élevait tandis qu'il s'adressait avec autorité au policier de permanence.

« Pour quel motif cet homme est-il détenu ? » demanda Bell d'un ton légèrement agressif encore qu'empreint d'une note de prudence. Il n'ignorait pas que Vaugirard, héros de la guerre désastreuse contre la Prusse, bénéficiait du soutien des conservateurs de la Troisième République. Mais Bell était furieux qu'on eût appréhendé un Américain et, dans le même temps, il se sentait un peu coupable de ne pas avoir pris contact plus tôt avec le show de Buffalo Bill. Il avait attendu trois jours avant de câbler à Barcelone — il était confronté à un problème plus urgent à propos d'un désaccord entre un fabricant de savon marseillais et un distributeur américain —, mais à ce moment-là, la troupe s'était déjà embarquée pour Rome et Charging Elk, sorti sans prévenir de l'hôpital, avait disparu. Bell n'avait pas manqué d'être étonné que l'Indien, atteint par la grippe et, de surcroît, affligé de deux côtes cassées, eût pu ainsi s'évanouir dans la nature en l'espace de quatre jours. En revanche, il n'avait nullement été étonné que la police l'arrêtât à la première occasion. Il semblerait donc que Charging Elk eût commis un délit quelconque.

Vaugirard ouvrit un petit étui en cuir et offrit à Bell un de ses minces cigares noirs. « *Non, merci* », dit le vice-consul qui regarda le chef allumer le sien à l'aide d'un briquet en argent. Il se tourna ensuite vers Charging Elk qui avait les yeux fixés sur le cigare. Saisi d'une impulsion, il reprit : « Vous devriez peut-être en proposer un à votre invité. »

Le policier se contenta de rempocher son étui et son briquet. Le sergent revint alors dans la pièce. « On apporte tout de suite de quoi manger, déclara-t-il.

— Pourquoi cet Américain est-il détenu ?

— Pour *vagabondage*, monsieur le Vice-Consul, répondit le sergent. Nous l'avons trouvé qui errait place Saint-Victor devant la basilique. Il avait un comportement suspect et il n'avait pas de papiers. Mon homme a agi conformément à la loi. »

Bell avait fini par s'habituer à la loi en question depuis qu'il était en poste à Marseille. L'un des aspects désagréables de sa fonction consistait précisément à s'occuper de citoyens américains, en général des marins, qui enfreignaient ladite loi. En vertu du Code Napoléon, ils étaient considérés comme coupables tant qu'ils n'avaient pas prouvé leur innocence. Malheureusement, le système français se révélait tout aussi rigide que l'américain. « Vous lui avez demandé ses papiers ?

— Bien sûr, monsieur le Vice-Consul. Nous avons appliqué le règlement à la lettre.

— Et cet homme a-t-il compris ce qu'on lui demandait ?

— Je ne vous suis pas, *monsieur*...

— Et vous, le comprenez-vous ?

— Mais il n'a rien dit, pas un mot...

— Cet homme, Charging Elk, est un membre éminent de la troupe du Wild West Show de Buffalo Bill. Peut-être avez-vous assisté à l'une de ses représentations avec votre famille ? Ou lu quelque chose dans les journaux à ce sujet ?

— *Oui*, en effet, monsieur le Vice-Consul. Je n'ai pas eu l'honneur d'y assister en personne, mais mon beau-frère...

— Monsieur Charging Elk est un important citoyen américain. Il est tombé malade au cours d'une représentation et a dû être hospitalisé. Lorsque la troupe est partie pour l'Espagne, il était encore à l'hôpital. Je m'occupais de lui trouver un moyen de la rejoindre quand on m'a informé de son arrestation. » Bell se sentait mal à l'aise dans cette petite pièce nue. Il y était déjà venu pour tenter de faire libérer un marin afin qu'il puisse repartir le lendemain avec son bateau, mais il n'avait pas réussi. Le marin, après avoir comparu devant le tribunal pour ivresse sur la voie publique et destruction de biens, avait été condamné à six mois de prison. Le consulat avait été ensuite obligé de débourser soixante dollars pour le renvoyer chez lui à bord d'un vapeur, et son budget supporterait mal beaucoup de dépenses de ce genre.

Bell se tourna vers Vaugirard qui n'avait plus prononcé un mot depuis un moment et semblait ravi de laisser le sergent se débrouiller. Bell, cependant, n'était pas disposé à l'en tenir quitte à si bon marché. « Comme vous l'avez peut-être déduit, Vaugirard, monsieur Charging Elk n'a rien d'un vagabond. C'est un membre du Wild West Show qui a eu le malheur de tomber malade dans votre ville, victime de l'épidémie de grippe. Il ne demande qu'à être rapatrié avec ses camarades américains qui se produisent en ce moment à Rome. Si vous voulez bien avoir l'obligeance de me le confier, le consulat est prêt à vous garantir son départ immédiat pour l'Italie. »

Le sergent prit un cendrier sur le haut du classeur et le posa sur la table devant le chef de la police. Vaugirard leva les yeux vers lui et lui demanda : « Qu'en pensez-vous, Borely ? »

L'intéressé, étonné, haussa les sourcils, le regard fixé sur le cigare que son supérieur tapotait pour en faire tomber la cendre. Il avait l'esprit vif et il se ressaisit aussitôt. « Monsieur Charging Elk est accusé de *vagabondage*. De plus, nous avons été informés qu'il a quitté l'*Hôpital de la Conception* sans autorisation. Il me semble, *chef*, que nous sommes en face de graves infractions. Surtout avec l'épidémie de grippe qui sévit. Peut-être qu'il est encore contagieux. Quitter ainsi l'hôpital avant d'avoir été déclaré guéri et vagabonder dans les rues, voilà qui représente un danger certain pour la population de notre ville. »

Vaugirard continua de tapoter son petit cigare noir contre le bord du cendrier cependant qu'il réfléchissait. C'était un homme pondéré et il lui fallait prendre une décision. D'un côté, il serait facile de remettre le *Peau-Rouge* entre les mains du vice-consul. Quelques lignes sur le rapport officiel, et on n'en parlait plus. De plus, cela contribuerait à améliorer les relations avec les Américains qui étaient de grands consommateurs de produits français. Mais d'un autre côté, la loi était la loi, et cet homme appartenait à la justice. Sans compter que Vaugirard était réputé pour la confiance qu'il plaçait dans le professionnalisme de ses agents. Il lui arrivait très rarement de se mêler de leur travail ou d'intervenir dans leurs décisions, de sorte qu'il régnait en général un excellent moral dans la police de Marseille. Finalement, il ne voyait aucune raison de faire une entorse à ses principes.

« Comme vous pouvez le constater, monsieur le Vice-Consul, mon sergent a bien pesé les tenants et les aboutissants de cette affaire et je ne puis qu'être d'accord avec lui. S'il ne s'agissait que de *vagabondage*, je pense que nous pourrions passer l'éponge. Mais quitter l'hôpital sans autorisation est autrement grave. » Vaugirard écrasa son cigare et regarda Charging Elk pour la première fois depuis le simple coup d'œil qu'il lui avait jeté en entrant. « Nous n'avons pas d'autre choix que de maintenir votre compatriote en détention jusqu'à sa comparution devant le tribunal. Il n'y a pas d'alternative.

— Ne pouvons-nous pas au moins le ramener à l'hôpital pour qu'il reçoive les soins appropriés ? Ce serait une faveur fort appréciée par notre gouvernement ainsi que par le citoyen américain qu'il est. » Il apparut soudain à Bell que Charging Elk, en réalité, n'était nullement citoyen des Etats-Unis. En effet, à la suite des traités, les tribus indiennes formaient leurs propres nations au sein des Etats-Unis, encore que leurs membres fussent placés sous la tutelle du gouvernement, de sorte que, dans les pays étrangers, ils bénéficiaient de la représentation diplomatique américaine. Quelques mois plus tôt, en prévision de l'arrivée en France du Wild West Show, on lui avait fait parvenir des directives à ce sujet. « Je suis persuadé, reprit-il, que mon supérieur, le consul général, acceptera volontiers de confier monsieur Charging Elk aux soins d'un médecin, et dès qu'il sera déclaré guéri, nous nous engageons à l'envoyer aussitôt en Italie. » Bell tâcha de prendre un ton chaleureux et décontracté, comme si sa proposition devait régler le problème sur-le-champ afin qu'ils puissent tous rentrer chez eux satisfaits d'avoir trouvé une solution équitable à cette épineuse affaire.

Mais Vaugirard ne s'y laissa pas prendre. « Non, non, c'est impossible, monsieur le Vice-Consul. Il a déjà quitté une fois l'hôpital. Je pense qu'il serait préférable que monsieur Charging Elk restât avec nous.

— Mais c'est Noël et...

— J'en suis parfaitement conscient, *monsieur* », répliqua Vaugirard d'un ton plus sec qu'il n'en avait eu l'intention. Il tira sa montre de son gousset. Trois heures et demie du matin. Ses petits-enfants allaient se lever dans quelques heures pour déballer les cadeaux qui les attendaient au pied de la cheminée. Son fils unique, un chirurgien sans le sou établi à Orléans, avait rarement le temps et l'argent nécessaires pour venir le voir à Marseille. Bon, se dit-il, pas question de perdre une minute de plus avec l'histoire de ces Américains. « Le sergent Borely veillera à ce que votre compatriote ne manque de rien. Je suis sûr que le tribunal examinera son cas au plus tard la semaine prochaine et qu'il s'en tirera avec une simple réprimande. Bonne nuit, monsieur le Vice-Consul.

— Merci pour votre coopération, monsieur Vaugirard. Je suis persuadé que monsieur Charging Elk vous remercierait également s'il parlait votre langue. Joyeux *Noël*, monsieur Vaugirard. » Bell s'était voulu sarcastique, mais il ne maîtrisait pas assez bien les nuances du français.

Borely s'apprêta à sortir derrière son chef. Arrivé sur le

seuil, il pivota et déclara : « Je m'occupe de la nourriture, *monsieur.*

— Je vous remercie, *sergent.* »

Bell se tourna vers Charging Elk. L'Indien, les yeux fermés, se balançait presque imperceptiblement sur sa chaise en bois. Le vice-consul était incapable de dire s'il dormait ou s'il essayait simplement de se couper du monde.

Le consulat américain se trouvait boulevard Peytral dans le 6e arrondissement, non loin de la préfecture. Il était quatre heures et demie du matin et Bell rentrait chez lui. Il habitait un vaste appartement au premier étage d'une luxueuse résidence située à côté de son lieu de travail. Tout le mobilier était d'époque Empire. Bell ignorait comment le consulat avait pu acquérir ces antiquités, mais comme, en poste à Panama avant d'être nommé à Marseille, il avait vécu dans un immeuble pouilleux, il n'allait pas critiquer le cadeau qu'on lui faisait. Plus tôt dans la soirée, le dîner s'était déroulé fort agréablement — il avait même porté un toast à Napoléon pour avoir formé de si merveilleux artisans capables de fabriquer de si merveilleux meubles : « A l'empereur du bon goût et du mauvais jugement. » Ce qui, à son grand plaisir, avait fait rire Margaret Whiston. C'était l'attachée culturelle, et un beau brin de fille. L'une des rares célibataires de la ville, tout comme lui. Elle avait bien un fiancé en poste à l'ambassade de Constantinople, mais l'éloignement, de même que la réticence qu'ils manifestaient l'un comme l'autre à abandonner leurs fonctions respectives, avait provoqué dans leurs relations une crise que Bell n'était que trop heureux d'exploiter. Jusqu'à présent, ils n'avaient flirté qu'en paroles, mais elle n'avait pas encore refusé sa proposition d'aller passer le prochain week-end avec lui à Avignon. Elle faisait figure de jeune femme très hardie.

En dépit de l'heure tardive, Franklin Bell était plutôt de bonne humeur. Il avait promis à Charging Elk de revenir le lendemain et de lui apporter de quoi fumer et manger. Il lui semblait que l'Indien avait compris ce qu'il disait, mais il n'en était pas sûr. Le jeune homme s'était contenté de hocher la tête sans vraiment le regarder. De fait, l'Indien ne l'avait jamais regardé. C'était décidément un peuple étrange, se dit-il, qui essayait encore de vivre dans le passé avec ses plumes et ses perles. Peut-être pouvait-on comprendre cela dans la mesure où il ne possédait pas véritablement d'avenir. L'autre jour, il avait lu un article dans *La Gazette du Midi* à propos « des sauvages en voie de disparition », ce qui résumait parfaitement la situation. Dans l'état actuel des choses, ce n'était plus qu'un peuple pitoyable, et plus vite il disparaîtrait ou se fondrait dans l'Amérique, mieux cela vaudrait pour lui.

Il regrettait néanmoins de ne pas avoir assisté à une représentation du Wild West Show. Au cours de son enfance, quelque vingt ans auparavant, il avait lu *Buffalo Bill, Roi du Far West.* Il avait grandi à Philadelphie et, à l'instar de tous les gamins de l'époque, il aurait voulu partir dans l'Ouest combattre les Indiens. Et en 1869, il y avait encore plein d'Indiens à combattre.

Bell traversa le boulevard Peytral et leva les yeux sur son appartement. Une faible lumière brillait derrière la porte-fenêtre donnant sur le balcon en fer forgé. Il n'avait pas encore pris l'habitude de fermer chaque soir les volets à l'exemple des Français. Il détestait se réveiller le matin dans un appartement plongé dans le noir.

Pendant qu'il cherchait ses clés, il repensa à Charging Elk, mais de manière abstraite. Il avait donc fini par rencontrer un Indien, mais pas dans le feu de la bataille. A la place, il n'avait rencontré qu'un pauvre hère en manteau élimé trop petit pour lui et en chaussons d'hôpital trempés, un homme seul dans un pays dont il ne parlait pas la langue et qui, pour ne rien arranger, ne parlait même pas celle de son propre pays. Il allait croupir en prison au moins quatre jours en attendant la fin des vacances de Noël, et peut-être même davantage compte tenu de la charge des tribunaux français. Voilà ce qui restait du romantisme de la jeunesse ! Cet Indien était l'image même du vaincu.

Il glissa la clé dans la serrure et ouvrit la porte d'entrée. Si seulement Margaret était là qui l'attendait dans son lit... Qui sait, peut-être la semaine prochaine à Avignon. Adressant une prière muette en ce sens, il monta l'escalier qui conduisait à son vaste appartement meublé Empire et imprégné de l'odeur pénétrante de la délicieuse *bouillabaisse* que préparait sa propriétaire. Il dormirait aussi longtemps qu'il voudrait, et peut-être rêverait-il de Margaret et des appétissants présents qu'elle lui destinait. Après tout, c'était Noël.

4

Martin Saint-Cyr détestait Marseille l'hiver. Une fois par semaine au moins, il s'interrogeait sur le concours de circonstances qui l'avait conduit dans cette ville, sans jamais parvenir à une explication satisfaisante. En fait, il avait tout bonnement suivi une fille. En 1886, ses études à l'université de Grenoble achevées, la fille en question avait obtenu un poste d'enseignante dans un lycée de Marseille. Elle avait choisi un établissement situé dans le quartier du Panier, un vieux quartier ouvrier où venaient maintenant s'installer les immigrants des Etats barbaresques et du Levant qui assuraient les tâches les plus pénibles dans les usines de savon et de chanvre, les *abattoirs* et les tanneries.

Saint-Cyr, muni quant à lui d'un diplôme en économie, avait été accepté en faculté de droit à la Sorbonne, mais il n'avait pas compté qu'il tomberait amoureux d'Odile, quoique son instinct lui eût soufflé qu'ils n'étaient pas faits l'un pour l'autre. Profondément religieuse, elle se sentait obligée de consacrer une partie de sa vie à aider les défavorisés. Lui, au contraire, bien qu'élevé dans une famille catholique, n'était pas pratiquant. Au cours de sa troisième année d'université, il avait rejoint les rangs d'un groupe de socialistes qui, pour la plupart, étaient (comme lui) davantage attirés par l'idée de la classe ouvrière que par ceux qui la composaient. Saint-Cyr participait aux meetings et aux manifestations, distribuait des tracts et jouait un petit rôle dans les tentatives en vue d'organiser les travailleurs des abattoirs et les haquetiers grenoblois. Mais quand la police avait investi la place Saint-André où étudiants et ouvriers s'étaient rassemblés pour protester contre l'arrestation de trois meneurs, deux étudiants et un ouvrier des abattoirs, Saint-Cyr s'était réfugié dans le palais de Justice tout proche d'où il avait regardé les *gendarmes* armés de matraques charger les manifestants désarmés. Beaucoup de sang avait coulé par cette chaude après-midi d'automne, à la suite de quoi Saint-Cyr avait pris ses distances avec le mouvement avant de le quitter définitivement.

En réalité, ses idées n'avaient jamais été socialistes. Il annonça à ses amis qu'il partait étudier le droit afin de servir les objectifs du socialisme démocratique — lequel aurait toujours besoin de bons avocats dévoués à sa cause —, mais il continuait à croire en de nombreuses valeurs *bourgeoises*. Son père, un soyeux de Lyon et bon capitaliste, assurait à sa famille une existence plus que confortable.

Alors que faisait Saint-Cyr un mercredi matin, installé dans un minable bistrot de Marseille devant un *café au lait* et une *brioche* ? Il était incapable de répondre à cette question. Odile, devenue missionnaire, se trouvait à présent à Alger où elle vidait les bassins hygiéniques dans un hospice. Au bout d'un an, elle déciderait soit de poursuivre dans cette voie, soit d'épouser Saint-Cyr. Ces derniers temps, cependant, il s'interrogeait de plus en plus sur le mariage, hésitant à l'idée de s'engager pour une éternité sur terre. Sans parler du problème des rapports sexuels. Certes, ils avaient eu leurs moments romantiques — pique-niques le long de la Corniche, excursions en Camargue pour admirer les flamants et les taureaux noirs, orgueil des arènes provençales, week-ends à Avignon pour visiter le *Palais des Papes*, soirées à l'opéra ou au théâtre — mais sur le plan physique, rien, du moins pour Odile. Saint-Cyr avait beau vanter les plaisirs et les joies de la chose, la jeune fille demeurait inflexible : pas avant la nuit de noces, obligeant par conséquent Saint-Cyr à recourir aux services des prostituées de la rue Sainte. En fait, il avait rendu visite la veille à sa favorite, une brune plantureuse nommée Fortune qui sentait toujours la cigarette et le cassis.

Odile. La vertu contre la mauvaise Fortune — quel contraste, songeait Saint-Cyr. D'un côté une grande blonde au profil pur, mince et élancée comme un garçon si ce n'était la rondeur des hanches et des seins, une vierge, et de l'autre, une brune, bien en chair, la nudité ample, au parfum de musc, une putain.

Saint-Cyr soupira et termina son café au lait. Il commençait à se demander si, en définitive, il ne préférait pas les prostituées. Nul besoin de passer l'éternité avec elles, et elles étaient toujours disponibles rue Sainte. Il tira sa montre en or de son gousset, cadeau de son père pour sa licence, et souleva le couvercle. Huit heures et demie. Il était temps d'y aller. Il alluma une nouvelle cigarette, puis se leva et laissa quelques *sous* sur la table métallique. Il resta un instant planté sur le seuil, le regard fixé sur les nuages gris au-dessus des toits. Au moins le mistral s'était calmé durant la nuit après avoir soufflé trois jours d'affilée. Décidément, Saint-Cyr détestait bien Marseille en hiver, et peut-être même en toutes saisons. Il jeta sa cigarette dans le caniveau, puis traversa la chaussée humide de pluie en direction de la préfecture.

« *Bonjour*, sergent Borely. Ravi de vous voir, comme toujours. Beau temps, n'est-ce pas ? Auriez-vous quelque chose pour moi qui marquerait d'une pierre blanche cette splendide journée ? »

Borely baissa les yeux sur le jeune reporter. Assis sur une haute chaise derrière son comptoir, il dominait ses visiteurs alors qu'il était plutôt de petite taille. Il parvenait ainsi à intimider tout le monde, sauf ce galopin.

« Ah, *bonjour*, Saint-Cyr. Une matinée froide et pluvieuse, comme souvent à cette saison. Et je n'ai rien de passionnant pour vous. » Borely jeta un coup d'œil sur son registre. « Deux femmes battues, une bagarre à coups de couteau, les vagabonds habituels, et un tire-laine qu'un citoyen nous a amené après l'avoir tabassé. Il avait la figure *aubergine*, mais il survivra pour répondre de ses péchés. »

Saint-Cyr nota les détails de chacune de ces affaires à mesure que le *sergent* les lui communiquait : les deux cas de femmes battues s'expliquaient surtout par l'alcool, de même que l'agression à coups de couteau. Un ouvrier des tanneries levantin, ivre d'absinthe, avait tailladé au visage un marin algérien, lui tranchant presque le nez — le seul aspect inhabituel étant que l'Algérien était également soûl, ce qui n'arrivait pas souvent parmi les Nord-Africains, pour la plupart musulmans. L'histoire du tire-laine n'était pas inintéressante — les Marseillais aimaient que justice soit rendue. Saint-Cyr s'apprêtait à refermer son calepin. La pêche se révélait plutôt médiocre, mais les mardis, y compris les mardis soir dans le secteur du port, étaient en général assez calmes. « Rien d'autre, *sergent* ? Absolument rien ? *S'il vous plaît ?* »

Du haut de son perchoir, Borely examina un instant le jeune échotier. Il y avait chez lui quelque chose qui lui déplaisait. Saint-Cyr occupait ses fonctions depuis près de deux ans, et il n'avait jamais rien dit ni fait qui pût offenser le policier. Il se montrait toujours poli, affichait en permanence sa *joie de vivre*, semblait assez intelligent, et il ne déformait jamais les faits — ce qu'on ne pouvait pas dire de son prédécesseur. Pourtant, son côté fils de famille agaçait Borely — jusqu'à sa façon de s'habiller. Là, en plein hiver, il portait sous son costume un gilet écossais jaune, une lavallière écarlate et un ridicule chapeau à large bord avec lequel même un Italien aurait eu honte de sortir. Certes, c'était un joli garçon avec son bouc clairsemé mais soigneusement taillé, ses petites dents bien blanches, sa taille élancée et son allure de dandy. De fait, il irritait surtout Borely par ses manières et son indéfectible politesse qui trahissaient une bonne éducation et une existence de privilégié, ce qui se manifestait par une légère nuance de mépris à l'égard de tout ce qui représentait l'autorité.

Borely, pour sa part, avait rarement deux *sous* en poche, alors qu'il vivait avec sa femme et leurs six enfants ainsi que sa mère atteinte de phtisie dans un minuscule appartement derrière le cours Saint-Louis. La plomberie ne marchait jamais et la rue étroite était tout le temps jonchée d'ordures en provenance du *marché de plein air*. De plus, leur voisine menaçait d'appeler la police parce que son chat avait disparu et qu'elle était persuadée que le fils aîné de Borely l'avait jeté par la fenêtre. Vous vous rendez compte ! faire venir les *gardiens de la paix* pour interroger leur propre *sergent* ! A cette pensée, Borely secoua la tête.

« Eh bien, merci pour ces informations, *sergent.* » Saint-Cyr parut interpréter le geste de Borely comme une réponse négative. Il glissa son carnet dans sa poche et revissa le capuchon de son stylo à encre.

Borely le regarda faire, poussant un petit soupir presque affectueux. Finalement, il l'aimait bien ce jeune homme, en dépit ou peut-être à cause de ce qui l'énervait chez lui. Et en tant que petit reporter, il gagnait encore moins que lui. Mais peut-être avait-il besoin d'autre chose que d'argent. Aussi, il lui lança : « Il y a encore le *Peau-Rouge.* »

Saint-Cyr, qui se dirigeait déjà vers la porte, s'arrêta et se retourna, déconcerté.

« Le *Peau-Rouge,* poursuivit Borely avec un sourire Nous l'avons interpellé la veille de Noël, ou plus exactement de bonne heure le matin de Noël. Ah oui, j'oubliais, vous aviez pris quelques jours de congé, si je ne m'abuse ? » Pendant que je travaillais jour et nuit en cette période de fête de la Nativité, ajouta-t-il intérieurement.

« En effet. J'ai été passer Noël dans ma famille à Lyon. » Les mots semblaient presque abstraits, prononcés sans inflexion, tandis que Saint-Cyr reprenait son stylo. « Alors, ce *Peau-Rouge* ? Qu'est-ce qu'il a fait ?

— Ne vous bercez pas d'illusions, Saint-Cyr. Il est simplement détenu pour *vagabondage.* Et pour avoir quitté l'hôpital sans autorisation. »

Saint-Cyr se sentait à présent complètement dérouté. « Mais comment un *Peau-Rouge*... « Il s'interrompit. Le Wild West Show, bien sûr. Pourtant...

« Il faisait partie de la troupe de Buffalo Bill. D'après le vice-consul américain et les autorités de l'*Hôpital de la Conception,* il avait attrapé la grippe — et il souffrait de deux côtes cassées à la suite d'une chute de cheval. C'est pour ces deux raisons qu'il avait été hospitalisé. » Borely se tut afin de regarder une jeune secrétaire traverser la salle pour se rendre dans le bureau du *capitaine*. Elle portait un corsage blanc à manches longues avec des ruchés aux épaules et une longue robe noire qui effleurait le bout de ses chaussures pointues. Ses cheveux noirs ramenés en chignon étaient maintenus par des épingles à la chinoise. Mais c'était le devant du corsage qui avait attiré l'œil du sergent.

« Le *Peau-Rouge*, il est là ? en prison ?

— Il doit comparaître devant le tribunal la semaine prochaine, ou peut-être dans une quinzaine. Avec tous les délits commis par les fêtards, les tribunaux sont débordés, j'ai l'impression. » Borely eut une petite moue de dédain. « Ce n'est plus une époque consacrée à la prière, mais seulement un prétexte pour se soûler, battre sa femme ou poignarder un Nord-Africain, vous ne croyez pas ?

— Si, bien sûr. » Saint-Cyr s'était empressé de griffonner : *Peau-Rouge, vagabondage*, quitté l'hôpital — *Conception* — sans autorisation. Veille de Noël. Barré. Matin de Noël. « Cet Indien a-t-il un nom ? »

Borely feignit de consulter le registre, alors qu'il avait le nom sous les yeux. D'un côté, il se plaisait à prolonger le suspense et, d'un autre, il se sentait intimidé à l'idée de prononcer le nom américain. Ne voulant pas l'écorcher devant ce jeune privilégié, il finit par l'épeler.

« Charging Elk », dit Saint-Cyr qui avait étudié l'anglais à Grenoble. Son père lui avait affirmé que l'anglais devenait de plus en plus la *lingua franca* du commerce. Saint-Cyr, bien qu'il n'eût aucunement l'intention de devenir un capitaliste à l'image de son père, avait appris la langue pour lui faire plaisir. « Il parle anglais ? demanda-t-il.

— D'après le vice-consul, non. Il ne parle ni anglais, ni français. En fait, il n'a pas prononcé un seul mot depuis son arrivée. Il est peut-être muet. »

Saint-Cyr se tapota les dents du bout de son stylo. Il tenait son histoire ! Un Indien seul à Marseille, privé de la possibilité de communiquer avec qui que ce soit. Il ne parvenait pas à croire qu'elle lui tombait ainsi toute rôtie dans le bec ! « Vous voulez dire, sergent Borely, que le Wild West Show est parti sans lui ? Qu'on l'a abandonné ici ?

— Absolument. Le vice-consul nous a dit que la troupe se trouvait en ce moment même à Rome. Il voulait expédier ce... ce Charging Elk à Rome par bateau, mais naturellement, c'est impossible tant que son cas n'a pas été examiné. Vous comprenez, monsieur, que nous ne pouvons pas le relâcher sur la simple demande du vice-consul. »

Saint-Cyr, occupé à écrire dans son calepin, ne répondit pas. Il finit par lever les yeux sur Borely avec un petit sourire pensif qui découvrit ses dents régulières et bien plantées. « Serait-il possible de jeter un coup d'œil sur cet *Indien*, sergent ? J'aimerais faire un petit article sur lui, rien d'important, mais je pense que cela ne déplairait pas à mon rédacteur en chef. » Il émit un rire qu'il voulut charmeur. « Je veillerai à orthographier correctement votre nom, que je ne manquerai pas de citer dans le premier paragraphe. » Saint-Cyr n'espérait guère que le sergent accéderait à une requête aussi inhabituelle de la part d'un modeste reporter. Ni que son rédacteur en chef, qu'il ne connaissait d'ailleurs que de vue, accepterait davantage que deux ou trois lignes. Ou alors, il demanderait à un éditorialiste de rédiger un papier sur le sujet.

Borely, pourtant, parut réfléchir. Saint-Cyr ne le croyait pas vaniteux, mais peut-être que l'idée de voir son nom imprimé dans le journal le séduisait malgré tout. A la préfecture, le *sergent* régnait sur son petit univers, mais le soir, quand il rentrait chez lui et retrouvait ses vêtements civils et ses gosses qui se chamaillaient, il redevenait tout aussi anonyme que le docker habitant l'étage au-dessus.

Le sergent appela deux *gardiens de la paix* en faction dans le couloir qui conduisait aux bureaux et aux pièces où l'on menait les interrogatoires. Les deux hommes bavardaient tranquillement, mais au son de la voix de Borely, ils s'empressèrent d'accourir, et leurs talons claquèrent sur le sol de marbre.

« Dugommier, veuillez accompagner monsieur Saint-Cyr aux *cellules*. Dites au geôlier que *monsieur* désire voir le *Peau-Rouge.* » Borely se tourna vers le jeune reporter. « C'est une procédure des plus irrégulières, Saint-Cyr, mais compte tenu de ce que vous êtes en charge des faits divers et à ce titre attaché à la préfecture, il m'incombe de vous assurer, dans la mesure de mes possibilités, la coopération entière de nos services.

— *Merci beaucoup, sergent.* Mon journal apprécie toujours le concours de la police de Marseille. » Saint-Cyr maîtrisa son envie de rire devant le langage ampoulé de Borely. « Et puis-je vous demander votre prénom, sergent... pour mon article ? »

Saint-Cyr, cependant qu'il suivait le *gardien de la paix* dans l'étroit escalier en spirale qui s'enfonçait dans les profondeurs de la préfecture, songea qu'il n'aurait jamais associé à Borely le prénom d'Ambroise. Francis ou Jérôme, peut-être, ou à la rigueur Michel, mais sûrement pas Ambroise. Saint patron de... de quoi ? Des *sergents* de ville ?

Le sous-sol empestait l'huile rance, l'oignon et le chou, ainsi que le désinfectant. Le mélange n'était guère plaisant, de sorte que la *brioche* et le *café au lait* remontèrent à la gorge de Saint-Cyr. Il commençait à se demander, tandis que son regard englobait les murs sombres et suintant d'humidité de l'étroit couloir bas de plafond, si finalement son idée était aussi bonne qu'il se le figurait. On se serait cru dans les oubliettes de quelque château médiéval tout droit sorti de l'Espagne à l'époque de l'Inquisition. Il s'imagina une panoplie d'instruments de torture dans des salles peuplées d'hommes en robes à capuchons marron. Frappé de claustrophobie, il sentit de nouveau son cœur se soulever.

Par bonheur, le corridor déboucha sur un couloir plus large où se tenait un homme derrière un bureau éclairé par une lucarne. Il portait une chemise sans col aux manches retroussées, et sa tunique était drapée sur le dossier de sa chaise.

« *Monsieur* vient voir le *Peau-Rouge.* C'est d'accord avec le sergent Borely. »

Le geôlier était obèse. Un périodique était étalé devant lui, et on voyait une illustration représentant une jeune femme en corset et bas noirs qui laissaient le haut de la cuisse découvert. Elle tenait sur ses genoux une mante à franges.

« Et à quel titre *monsieur* vient-il ? » L'homme replia soigneusement son périodique et le posa sur un coin de son bureau. Il était clair qu'il avait la responsabilité de cet endroit et qu'il prenait ses ordres de personnes plus haut placées que Borely.

« Je suis reporter au *Petit Marseillais.* Je couvre les activités de la police, et on m'a envoyé interviewer le *Peau-Rouge* — avec l'aimable autorisation du sergent Borely, et naturellement, la vôtre, j'espère. » Saint-Cyr ne jugea pas utile de dire la vérité, à savoir que, quelques minutes plus tôt, il ignorait encore l'existence de Charging Elk.

Mais le gros homme n'écoutait plus. Il se leva lourdement, réajusta ses bretelles qu'il fit ensuite claquer avec satisfaction, sans cesser de marmonner pour se plaindre du manque de communication entre les privilégiés du dessus et les pauvres types comme lui condamnés à travailler dans de pareils culs-de-basse-fosse.

Il enfila sa tunique sans se donner la peine de la boutonner, puis il ouvrit une petite armoire située contre le mur derrière le bureau. Continuant sa diatribe contre les gens de là-haut, il décrocha un lourd trousseau de clés. « Des infâmes salauds », grommela-t-il en traversant le couloir en direction d'une porte en fer qu'il déverrouilla à l'aide de l'une des clés. Le grincement des gonds fit dresser les cheveux sur la tête de Saint-Cyr.

Le geôlier demanda au *gardien de la paix* d'attendre là, puis il lui claqua la porte au nez. Le couloir qui s'étendait devant les yeux de Saint-Cyr était encore plus sombre que celui qu'il avait emprunté pour arriver jusqu'au bureau du maître des lieux. Il n'y avait ni fenêtres, ni lumière du jour. Le seul éclairage provenait de quelques rares ampoules suspendues au plafond et protégées par un grillage. Le jeune reporter était assez surpris de constater que la prison possédait l'électricité. Il se serait attendu à y trouver plutôt un éclairage au gaz ou peut-être même des flambeaux qui, accrochés aux murs, auraient répandu une lueur vacillante.

D'un côté du couloir, il n'y avait qu'un mur de pierres nu, tandis que de l'autre, des portes métalliques dépourvues de fenêtres s'alignaient à intervalles réguliers. Saint-Cyr n'avait jamais eu l'occasion de descendre dans la prison, et il commençait à regretter sa visite. Il ramena son manteau autour de lui pour se protéger du froid humide. L'image de l'Inquisition s'imposa de nouveau à son esprit. Il avait toujours souffert de crises de claustrophobie — depuis le jour où, alors qu'il était encore au *lycée*, il avait visité en compagnie de sa classe un ancien *donjon* où ils avaient dû s'engager l'un derrière l'autre dans les étroits corridors et le petit escalier de marbre en spirale éclairé uniquement par les meurtrières percées dans les épais murs de pierres. Ressentant un début de panique, il se contraignit à fixer son regard sur le large dos du geôlier.

« Ce sont les portes des *cellules, monsieur* ? demanda-t-il.

— *Oui.*

— Il y a un prisonnier derrière chacune d'elles ?

— *Oui*, enfin, pas toutes. »

Saint-Cyr n'appréciait pas trop la brusquerie de l'homme, mais il savait qu'en retour, celui-ci n'appréciait pas non plus sa présence. A l'évidence, il n'aimait pas voir des civils débarquer dans son fief. C'était un râleur et un tyran parfaitement à sa place dans un endroit aussi sinistre. Saint-Cyr, cependant, se sentait réconforté par la vue du large dos devant lui.

Le reporter essaya de s'imaginer à quoi un Indien pouvait ressembler. Serait-il vêtu de plumes et de fourrures, couvert de peintures de guerre ? Afficherait-il un air féroce ? Et surtout, serait-il dangereux comme le barbare qu'il était, venu des terres sauvages américaines ? Saint-Cyr n'avait assisté à aucune représentation du Wild West Show de Buffalo Bill. Il ne s'intéressait pas spécialement à l'Ouest sauvage, ni aux cow-boys et aux Indiens — du moins jusqu'à la demi-heure précédente. Quand il était petit, ses camarades jouaient souvent aux soldats et aux Indiens, reproduisant les scènes de violence tirées des pages de leurs illustrés. Saint-Cyr, pour sa part, préférait sa collection d'insectes. Il possédait en effet une grande collection de papillons qu'il chassait pendant les vacances qu'il passait en compagnie de ses parents dans leur château du Périgord.

Le geôlier grogna quelques paroles inintelligibles et fit tinter ses clés. Saint-Cyr, plongé dans ses pensées, faillit se cogner au large dos. Il se recula d'un bond, effrayé par ces cachots à peine éclairés et leur cerbère. Bon Dieu, mais qu'est-ce qu'il fabriquait ici ? Il n'était qu'un petit échotier qui sillonnait la ville et visitait les commissariats en quête de simples faits divers. Tandis qu'il regardait le gardien insérer une clé dans la serrure de l'une des portes de fer, il fut saisi d'une terreur irrationnelle à l'idée que toute cette affaire n'était peut-être qu'un piège, et qu'on allait l'enfermer, si bien qu'il ne reverrait jamais le soleil.

La porte s'ouvrit et le gardien entra. Saint-Cyr eut la surprise de voir un rayon de lumière filtrer par l'entrebâillement. Il demeura néanmoins sur le seuil, se bornant à passer la tête à l'intérieur pour jeter un coup d'œil.

La lumière provenait d'une petite fenêtre située tout en haut du mur du fond. Elle était protégée par des barreaux, mais de toute façon, même debout sur une chaise, on ne pouvait pas l'atteindre. Saint-Cyr s'avança d'un pas, prêt à faire retraite au moindre mouvement suspect.

Le spectacle qui s'offrit à son regard n'avait pourtant rien d'effrayant : le puits de lumière, le geôlier qui se tenait tranquillement dans un coin, la tunique maintenant boutonnée afin de se protéger du froid, et une silhouette étendue sur une étroite couchette accrochée au mur. La cellule n'était pas grande, peut-être deux mètres sur trois, mais sa hauteur de plafond contribua à atténuer le sentiment de claustrophobie que Saint-Cyr éprouvait depuis son périlleux passage dans le couloir étouffant. Par habitude, il tira son carnet de la poche de son manteau.

« Voici votre *Peau-Rouge, monsieur* », dit le geôlier d'une voix toujours aussi rude mais d'un ton plus bas.

La première chose que Saint-Cyr remarqua, ce fut les cheveux noirs. Séparés par une raie au milieu, ils tombaient dans le dos de l'homme, presque jusqu'au creux de ses reins.

Même Fortune, sa prostituée préférée, n'en avait pas d'aussi longs.

« Charging Elk ? » demanda le reporter.

A l'appel de son nom, l'Indien se tourna, mais sans regarder directement Saint-Cyr. Il semblait fixer la porte derrière ce dernier. Il avait les yeux noirs et des creux sous les pommettes. Ses lèvres serrées faisaient comme une couture sur un gant de cuir bruni.

Saint-Cyr commença par se réjouir de ce que l'Indien ne paraissait en aucune manière menaçant — de fait, il n'avait même pas l'air capable de violence. Dans son manteau noir boutonné jusqu'au cou, son pantalon trop court et ses chaussons, il faisait presque pitié tellement il était maigre. Ses chevilles nues semblaient particulièrement vulnérables. Plus il l'examinait, plus le jeune reporter sentait croître son intérêt.

« Est-ce qu'il mange ? s'enquit-il.

— Avec un appétit d'oiseau, répondit le geôlier. Il mange sa soupe et boit son thé, c'est à peu près tout. Il laisse les légumes dans le bol et il n'a pas l'air d'aimer le pain. J'ai l'impression que les *Peaux-Rouges* ne mangent pas comme de vrais hommes.

— Je crois qu'il meurt tout bonnement de faim, *monsieur.* Regardez-le. Peut-être ne lui donnez-vous pas à manger ce qui lui convient. »

Le cerbère, qui se montrait presque courtois depuis qu'ils étaient entrés dans la cellule, se frappa la cuisse avec son trousseau de clés et souffla bruyamment, soudain furieux. « Nous ne tenons pas un restaurant ici, *monsieur.* Nous sommes de pauvres geôliers. Nous ne restons pas assis sur nos fesses derrière nos jolis bureaux à décider si nous allons servir de la *bouillabaisse* ou du *pot-au-feu* pour le déjeuner. Et peut-être de la *gigue de chevreuil* pour le dîner. Non, nous ne fonctionnons pas comme ça. Celui-là mangera ce que les autres mangent, sinon, tant pis pour lui. »

Saint-Cyr se tourna vers l'Indien. « Vous comprenez l'anglais ? » demanda-t-il dans cette langue.

Charging Elk faillit réagir au mot « anglais », mais, se rappelant Costume Marron, l'Américain, et son impossibilité de communiquer avec lui, il garda le silence.

« Que puis-je faire pour vous aider, Charging Elk ? Voulez-vous autre chose à manger ? Vous avez faim ? » Le reporter aurait voulu que l'Indien comprenne, aussi il avait parlé fort, lentement, s'attachant à la prononciation, mais l'autre, imperturbable, continuait à fixer la porte de son cachot.

Saint-Cyr, percevant l'impatience du geôlier, se douta qu'il ne disposait plus que de quelques minutes. Il n'avait aucune envie de partir et il voulait faire comprendre à l'Indien qu'il cherchait à l'aider. Le jeune reporter était lui-même surpris par sa réaction. Certes, il était sensible aux souffrances des autres — il donnait de temps en temps un *sou* aux mendiants ; chaque Noël, il offrait un cadeau à sa propriétaire ; il apportait au vieil homme habitant l'appartement d'en face et qui se mourait de phtisie des *pastilles* ainsi que des informations sur les nouveaux remèdes dont on parlait dans son journal —, mais on ne pouvait pas dire qu'en règle générale il compatissait aux malheurs de l'humanité.

Martin Saint-Cyr désirait de toutes ses forces venir au secours de Charging Elk. A l'évidence, l'homme n'allait pas tarder à mourir. Il pouvait disparaître d'ici quelques heures ou quelques jours, et on ne saurait rien de lui. Le brutal geôlier et ses aides balanceraient son cadavre dans une charrette qui le conduirait au *cimetière Saint-Pierre* où on l'enterrerait dans le quartier des indigents sans croix ni nom sur sa tombe.

Le reporter se demandait pourquoi il s'inquiétait ainsi du sort de cet Indien. Dans les autres cellules croupissaient sûrement des hommes dont la situation était tout aussi désespérée, des Français comme lui détenus dans des conditions tout aussi sordides et qui, peut-être, mouraient également de faim. Partout régnait une odeur d'humidité, une odeur de cendres, synonyme de maladie et de mort.

Peut-être voulait-il l'aider à survivre, du moins jusqu'à sa comparution devant le tribunal, parce que l'Indien ne parlait pas d'autre langue que la sienne et que son pays se trouvait à des milliers de kilomètres de l'autre côté de l'océan. Seulement, comme l'avait mentionné Borely, les tribunaux étaient surchargés et l'Indien semblait vraiment proche de la fin.

« Peut-être, *monsieur*, que si je vous laissais un peu d'argent, vous pourriez veiller à ce que le *Peau-Rouge* ait quelque chose de substantiel à manger ? Peut-être un peu de saucisse, de fromage et une miche de pain ? » Saint-Cyr puisa quelques pièces dans sa poche.

« Personne ne bénéficie de privilèges ici, *monsieur*. Il mangera comme tout le monde. »

Le jeune échotier s'était préparé à cette réponse. Il prit son portefeuille et en tira un billet de vingt francs. « Juste pour vous remercier du temps que vous m'avez consacré, *monsieur* », dit-il, tendant l'argent au geôlier.

Celui-ci, instinctivement, jeta un coup d'œil autour de lui, puis s'empressa d'empocher le billet et la monnaie. « Je verrai ce que je peux faire, dit-il.

— Rapidement ?

— *Oui, oui, monsieur*. Rapidement. »

Saint-Cyr n'avait aucune confiance en lui, mais il ne pouvait rien faire de plus. En revanche, lui-même pouvait tenter de faire quelque chose pour l'Indien. Pour Charging Elk. Il se força à prononcer en pensée le nom de cet homme. Il se força à le regarder bien en face. C'était un homme, un être humain, et s'il n'intervenait pas d'une manière ou d'une autre, cet être humain mourrait.

Pour l'instant, il ne pouvait que poser un paquet de cigarettes et une boîte d'allumettes sur le grabat, à portée de la main brune de Charging Elk. « Pour vous, dit-il en anglais. Ne vous inquiétez pas, je vais vous faire sortir de cette sinistre prison. Comptez sur moi, monsieur Charging Elk. »

Charging Elk entendit la clé tourner dans la serrure et le verrou se mettre en place avec un faible écho métallique, puis ce fut le silence. Il ramena les genoux sous son menton et regarda les grains de poussière soulevés par son mouvement danser dans le rayon de lumière.

Il n'avait pas la moindre idée du temps qui s'était écoulé depuis son arrivée dans la chambre de pierres de la maison de fer. Malgré le froid, il avait beaucoup dormi et rêvé de chez lui. Dans ses songes, il voyait les aigles royaux monter en flèche dans le ciel du Bastion, il entendait l'aboiement et le hurlement des coyotes dans la nuit, il sentait l'odeur de l'armoise portée par le vent printanier et celle des morceaux de gibier cuisant sur un feu automnal, il plongeait ses mains en coupe dans les rivières claires des Paha Sapa et l'eau glacée dont il aspergeait son visage en sueur lui coupait le souffle. Comme ses rêves étaient dans l'ensemble agréables, il continuait à dormir. Il voyait sa mère cueillir des baies dans les Bighorns et son père nettoyer son fusil-à-plusieurs-coups dans le tipi sur l'Herbe Grasse. Son frère et sa sœur jouaient avec des balles faites de chiffons dans le calme du soir au milieu du grand campement. Strikes Plenty et lui attrapaient des sauteuses ailées qu'ils lançaient dans l'eau à l'intention des nageurs glissants.

Ses rêves s'achevaient parfois dans les ténèbres de la nuit, parfois dans la lumière du jour dispensée par la haute fenêtre. Ils pouvaient se terminer agréablement, ou bien sur l'image des soldats attaquant le grand campement de l'Herbe Grasse, ou encore sur les siens qui descendaient dans la vallée vers Fort Robinson avec ses nombreux soldats et son drapeau de l'Amérique.

Une fois, il rêva de Crazy Horse. Le grand chef guerrier lui prédit qu'un jour, il irait dans le pays où le soleil se lève, de l'autre côté de la grande eau, le pays d'où venaient les *wasichus.* Crazy Horse ajouta qu'il ne pourrait pas l'accompagner, car il serait bientôt tué par des hommes de son propre peuple. Charging Elk voulut prendre le bras du *wicasa yatapika,* mais il avait disparu. Crazy Horse n'était plus qu'un nuage dans le ciel au-dessus des Mauvaises Terres.

Certains de ses rêves inquiétaient le jeune Indien, tandis que d'autres le réconfortaient, mais tous étaient bienvenus, car il se savait près de rejoindre ses ancêtres. C'était pour cette raison qu'il chantait son chant de mort toute la journée et qu'il rêvait de chez lui toute la nuit. Et chaque soir, il priait Wakan Tanka qu'arrive enfin celui où il ferait la traversée de la grande eau. Il priait même Blaireau de lui communiquer la force d'entreprendre le voyage, bien qu'il fût persuadé que son pouvoir n'opérait plus, que son animal-pouvoir ne pouvait pas l'entendre dans cette maison de fer si lointaine.

Comme il ramenait les pans de son manteau autour de ses jambes, sa main effleura le paquet de cigarettes. Le bleu de l'emballage lui rappela les ciels clairs au-dessus des Paha Sapa, et il pensa aux êtres sacrés qui les peuplaient. Il se souvint aussi des cérémonies au Bastion, présidées par le vieux *pejuta wicasa*, et qui commençaient toujours par l'herbe qu'on fumait.

Il prit l'un des bâtons à fumer qu'il pointa vers le ciel, vers la terre, puis vers les quatre directions, adressant tour à tour une prière à chacun d'eux. A l'exemple du saint homme, il pria les êtres sacrés et les ancêtres, puis les quatre-jambes et les ailes-de-l'air. Après quoi, il pria longuement Wakan Tanka, jurant avec ferveur de le servir toujours dans le monde réel au-delà de celui-ci. Il alluma la cigarette et la fuma à moitié avant de l'écraser sur sa paume. Il la fit ensuite rouler entre son pouce et son index, jusqu'à ce que tous les brins de tabac qui restaient lui tombent dans la main. Il les glissa alors dans la poche de son manteau pour avoir quelque chose à offrir à Blaireau quand il arriverait au pays.

Charging Elk se rallongea sur le lit de fer. Il n'avait plus froid et il se sentait en paix avec lui-même ainsi qu'avec le monde qui l'entourait. Il leva les yeux vers le haut plafond, et il s'entendit qui chantait. C'était un chant puissant, et il remercia Blaireau de le lui avoir donné. Il ferma les yeux et continua de chanter.

5

Deux jours après sa parution dans *Le Petit Marseillais*, l'histoire du « pauvre hère » perdu dans les « entrailles » de la préfecture n'avait toujours pas suscité beaucoup de réactions, à l'immense déception du jeune reporter. Dans ses rêves les plus fous, il avait imaginé qu'elle soulèverait une vague d'indignation et qu'on assisterait à des manifestations monstres devant la préfecture et sur la *place* du palais de Justice ainsi qu'à des défilés organisés par les syndicalistes et les socialistes, et peut-être même à la venue du ministre de la Justice, arrivé tout exprès de Paris. Plus sérieusement, il s'était au moins attendu à un sursaut d'indignation de la part des Marseillais qui se rassemblaient souvent afin de protester contre ceci ou cela, l'augmentation du prix du pain ou les limitations de la quantité d'ordures qu'on avait le droit de déposer au bord du trottoir.

Bien que l'article n'eût pas provoqué le scandale espéré, il amena cependant quelques personnes à se réunir devant la préfecture, conduites par un vieux prêtre qui évoqua le traitement honteux et inhumain infligé au *Peau-Rouge*, l'une des plus simples parmi les créatures de Dieu. Il parla de compassion et de pitié, de prière et de pardon. Il continua de discourir, gratifiant la petite foule d'un sermon qui concernait davantage le sort des sauvages et des barbares à travers le monde, qui figuraient tous parmi les plus simples des créatures de Dieu, que celui réservé à ce *Peau-Rouge* en particulier.

Saint-Cyr, se tenant légèrement en retrait, compta le nombre des personnes présentes qui, malheureusement, semblaient toutes approuver ce prêche. Elles n'étaient guère plus d'une vingtaine, ce qui ne fit qu'accroître sa déconvenue, aussi décida-t-il de doubler ce chiffre dans son prochain papier. Cinq *gardiens de la paix* montaient la garde devant les portes de la préfecture. Peut-être pourrait-il également aborder le sujet de la répression, de la violence latente, mais alors même qu'il prenait des notes, il se demandait s'il ne ferait pas mieux de tirer un trait sur ses ambitions de carrière journalistique.

Au début, son rédacteur en chef n'avait guère paru s'émouvoir de l'histoire de Charging Elk. Encore qu'on pût attribuer cela à un aspect de la personnalité de cet homme qui, en réalité, avait l'air de n'en posséder aucune. Et quand Saint-Cyr demanda s'il pouvait écrire l'article lui-même, alors qu'il n'était qu'un modeste échotier et qu'il s'attendait à se voir opposer un refus brutal accompagné peut-être d'un petit rire méprisant, le rédacteur en chef demeura silencieux durant ce qui sembla une éternité, les mains jointes devant son visage lugubre. Avec son costume noir et son crâne chauve qui luisait sous la lampe, on l'aurait pris pour un entrepreneur de pompes funèbres plongé dans ses pensées cependant que sanglotait autour de lui la famille endeuillée.

Au moment où Saint-Cyr s'apprêtait à sortir à reculons du bureau exigu, à rebrousser chemin comme pour effacer ces pénibles instants, le rédacteur en chef se leva et frappa son bureau du plat de la main, faisant sursauter le jeune reporter.

« Vous vous en sentez capable ? demanda-t-il de sa voix de croque-mort.

— Oui, bien sûr, monsieur Grignan. Je ferai de mon mieux.

— Parfait. » Le rédacteur en chef consulta le petit réveil posé devant lui. « Vous avez deux heures. Quand vous aurez fini, portez-le à Fauconnier et dites-lui de faire les ajustements nécessaires. »

Saint-Cyr constata ensuite avec plaisir que Fauconnier, un journaliste chevronné, ne jugea pas utile d'apporter trop de modifications à son texte. Il se contenta de barrer les adjectifs « bestial » pour décrire le geôlier (« Sinon, la prochaine fois, il risque de vous bouffer tout cru ») et « insensible » pour qualifier l'ensemble de la police marseillaise. (« N'oubliez pas qu'on doit continuer à travailler avec elle, même si ce n'est qu'une bande de salauds insensibles »).

A la fin, Fauconnier lui administra une petite tape sur l'épaule en disant : « J'ai l'impression que vous êtes tombé amoureux de cet *Indien.* » Ce que le jeune homme prit pour un compliment.

Le soir, il fêta l'événement par une bouteille de champagne devant un plateau de *fruits de mer*, suivie d'une visite à Fortune qui lui jura avoir vu l'autre jour le *Peau-Rouge* en train de fouiller les ordures près du quai de Rive Neuve. Enfilant son kimono, elle ajouta : « Il était petit, sec et nerveux, les cheveux raides, l'air d'un Levantin, sauf qu'il portait un costume en plumes. »

Le lendemain matin, Saint-Cyr lut son article et se reprit à croire en son avenir de journaliste. Il était paru tel que Fauconnier et lui l'avaient rédigé, si ce n'était que les typographes avaient oublié une lettre au prénom de Borely, transformé en Amboise. Eh bien, Amboise ne s'en offusquerait sans doute pas, car c'était un flic correct. Cependant, lorsque Saint-Cyr entreprit sa tournée habituelle des commissariats, il perçut une sourde hostilité dirigée contre lui. A son grand désappointement, Borely n'était pas de service à la préfecture, mais à mesure que la journée s'écoulait, il regretta de moins en moins de n'avoir pas eu à affronter le *sergent.* Après tout, c'était lui qui l'avait autorisé à descendre dans les cachots pour rendre visite à l'Indien.

Le jeune reporter avait mal évalué la réaction de la police à son papier. Ce qu'il avait pensé n'être qu'un appel à arracher un homme aux conditions inhumaines de sa détention, avait été ressenti comme une gifle par l'ensemble des policiers. On lui avait néanmoins communiqué les rapports, mais à contrecœur.

Devant la préfecture, légèrement à l'écart de la poignée de manifestants, il referma son calepin et, perdant de son assurance, il se demanda si cela valait bien la peine d'envisager d'écrire un deuxième article quand on voyait le peu de réactions suscitées par le premier. Même s'il doublait le nombre des personnes présentes et leur attribuait davantage d'enthousiasme, il n'y avait guère de quoi en faire un papier. De plus, il n'avait rien trouvé sur Charging Elk. Le *sergent* de permanence s'était borné à déclarer qu'il ne savait rien sur le *Peau-Rouge* et qu'il ne s'occupait pas des prisonniers.

Et s'il était mort ? Saint-Cyr connut un moment de panique et, en dépit de la fraîcheur qui régnait à l'ombre des immeubles, il sentit la sueur perler sur sa lèvre supérieure. Peut-être que le sergent voulait dissimuler le fait que Charging Elk était déjà mort et qu'on était en train de creuser sa tombe dans le quartier des indigents ! Oui, bien sûr, c'était ça. Voilà pourquoi l'homme avait refusé de donner la moindre information. Le geôlier, cette brute, n'avait pas utilisé l'argent pour améliorer l'ordinaire de l'Indien, il l'avait empoché pour s'acheter du vin et des magazines licencieux. A quoi Saint-Cyr s'était-il donc attendu ? A ce que la police accorde un régime de faveur au sauvage ?

Malgré son affolement et le nœud qui lui nouait l'estomac, le journaliste en herbe commença à composer son article dans sa tête : « Où est le Peau-Rouge ? Pourquoi la police a-t-elle interdit à un humble reporter de rendre visite au sauvage nommé Charging Elk ? Aurait-elle quelque chose à cacher ? Se pourrait-il que l'*Indien* fût mort de faim, ou plus vraisemblablement de tristesse, dans les sinistres culs-de-basse-fosse de la préfecture ? Les Marseillais exigent une réponse à ces questions. L'Eglise se mobilise, ainsi qu'en témoigne l'importante manifestation qui a eu lieu sur les marches de la préfecture, à la tête de laquelle on a remarqué la présence des pères spirituels de la ville. Des syndicalistes et des socialistes ont été vus parmi la foule — une alliance contre nature qui réunit les citoyens outrés exigeant la libération du *Peau-Rouge* ou, du moins, qu'il soit remis à une institution plus soucieuse des droits de l'homme. Il est évident, même aux yeux d'un observateur impartial, que les Marseillais prennent à cœur le sort de ce pauvre sauvage qui, selon les apparences, continue à croupir dans une cellule de la préfecture. Quoi qu'il en soit, il est du devoir de votre serviteur de signaler que plusieurs parmi les manifestants prônaient la violence au cas où celle-ci serait nécessaire pour obtenir justice. A la police de prendre cet avertissement en compte. »

Demeuré dans l'ombre des bâtiments en face de la préfecture, Saint-Cyr noircissait à toute allure les pages de son carnet. Il avait l'impression que son premier papier avait constitué une sorte de prélude à celui qui allait suivre. Dans sa hâte de tout noter, il avait oublié la petite foule qui écoutait religieusement le prêtre, lequel, à présent, était lancé dans l'histoire du Christ et des marchands du temple.

Le jeune homme se serait-il penché sur son propre cas, il aurait compris qu'une petite guerre se déroulait en lui. Il venait de passer trois années d'une existence morne et étriquée dans une ville qu'il n'aimait pas à attendre d'épouser une fille à qui il ne pensait plus qu'une ou deux fois par semaine, et à mendier des informations auprès de la police. Et voici qu'il tenait la chance de sa vie. Il avait tous les éléments en main — il n'arrivait même pas à écrire assez vite pour noter tout ce qu'il avait à dire. Cette fois, il ne s'agissait pas d'un homme qui battait sa femme, ni d'un Levantin ivre qui coupait le nez d'un musulman. Non, c'était l'histoire qui ferait de lui un journaliste de plein droit — et peut-être même un journaliste célèbre.

D'un autre côté, il avait été sincèrement ému par le spectacle de Charging Elk dans sa prison. Il ne parvenait pas à oublier ses yeux noirs profondément enfoncés dans leurs orbites, le vide de leur expression et la manière dont ils évitaient de le regarder. C'étaient les yeux d'une bête à l'agonie, d'une bête résignée à mourir. Et lui qui s'était toujours imaginé qu'en toutes circonstances les yeux des vivants reflétaient l'espoir !

Dans son état d'exaltation, le jeune reporter ne se rendait pas compte qu'il en était venu à considérer l'homme emprisonné comme un animal traqué. Et, d'une certaine façon, il s'intéressait davantage à l'animal qu'à l'homme. S'il avait eu affaire à un Français, il l'aurait tenu pour une malheureuse créature victime d'une injustice. Charging Elk, lui, comme le simple animal qu'il était, n'avait aucune idée de ce qui lui arrivait. Incapable de comprendre les raisons de sa présence dans ce cachot, il ne pouvait ni protester, ni fournir d'explications, ni présenter sa défense.

Saint-Cyr n'avait pas conscience de ce conflit intérieur entre le journaliste cynique et l'être humain inquiet pour la vie de l'un de ses semblables. Pas plus qu'il n'avait conscience de penser à Charging Elk comme à une espèce de créature inférieure. A partir de cette petite manifestation devant la préfecture, il forgeait une histoire qui, espérait-il, romprait le terrible isolement dans lequel se trouvait le *Peau-Rouge.* N'était-ce pas une noble mission ?

De temps en temps, des gens dont on ne voyait que les jambes passaient devant la haute fenêtre de la cellule de pierre où était enfermé Charging Elk. Il avait commencé par remarquer que des ombres apparaissaient quelquefois contre le mur du fond où elles formaient comme une tache floue à peine perceptible, et lorsqu'il finit par comprendre qu'elles provenaient de l'extérieur, il y prêta davantage attention. Il resta de longues périodes les yeux rivés sur la fenêtre, et son cœur faisait un bond dans sa poitrine chaque fois que des jambes se matérialisaient ainsi. Il guettait avec une impatience grandissante ces moments qui le rattachaient au monde du dehors, un monde de lumière et d'air pur, un monde d'arbres et de ciel, un monde d'êtres humains. Il s'imaginait les propriétaires de ces jambes qui grimpaient un escalier vers une pièce où régnait une douce chaleur, remplie de fauteuils rembourrés et de mets délicats, ou bien qui descendaient vers le port pour embarquer à bord de l'un des bateaux de feu qui appareillerait pour l'Amérique où les passagers retrouveraient les grandes plaines des Lakotas.

Trois sommeils s'étaient écoulés depuis la visite de l'homme aux cigarettes. L'inconnu l'avait appelé par son nom, et il portait un gilet jaune lui évoquant les poitrines-jaunes qui, les matins d'été, chantaient si délicieusement au Bastion. Ces matins-là où Strikes Plenty et lui se prélassaient devant le feu à boire du café, à parler de femmes, de jeux et de leurs bons moments, lui semblaient appartenir à un lointain passé, alors qu'ils remontaient à moins d'un hiver. Charging Elk, le regard toujours fixé sur la fenêtre, était heureux que Strikes Plenty — et ses parents — ne puissent pas le voir dans cet état.

Deux jours durant, étendu sur la plate-forme à dormir, il avait chanté son chant de mort. C'était un chant puissant qui le ramenait dans son pays. Il ne sentait plus le froid, ne voyait plus les murs de pierre qui l'emprisonnaient. Il ne remarquait pas la présence du *wasichu* qui lui apportait de la soupe ou venait vider son seau de toilette. Une fois, l'un des gardiens, le gros, l'avait empoigné par le col de son manteau pour le mettre debout, puis il lui avait hurlé quelque chose en faisant des gestes menaçants avec son poing. Charging Elk avait continué de chanter sans se soucier de la haine qui se lisait dans les petits yeux pâles. Mais aujourd'hui, au troisième jour, son chant s'affaiblissait de plus en plus, et il craignait qu'il ne perde son pouvoir. Il ne sentait plus sa *nagi* s'élever au-dedans de lui, prête à prendre son envol pour le long voyage jusque chez lui.

Vers midi, il se produisit un événement qui l'incita à abandonner son chant de mort. Un gardien, en effet, entra dans sa cellule, portant une petite plate-forme et un plateau. L'homme sourit et lui parla doucement, le doigt pointé vers la fenêtre, puis vers le rayon de lumière qui jouait sur le mur d'en face. Après quoi, il désigna le plateau en se frottant le ventre. Charging Elk regarda alors ce que l'homme indiquait ainsi, et il vit de la vraie nourriture. Un oiseau rôti, de petites pommes de terre, une grosse tranche de pain et un morceau de chocolat. Il y avait également l'habituelle tasse de thé clair, mais aussi une petite bouteille qui semblait contenir du *mni wakan*. Elle ne comportait pas de papier autour avec des mots écrits dessus en français, mais on devinait le liquide rouge au travers de l'épaisse paroi. A côté était posé un verre. Le gardien, remarquant que l'Indien s'intéressait au vin, montra la bouteille, appliqua son pouce contre sa lèvre inférieure, puis renversa la tête en arrière. Ensuite, il sortit en riant.

Charging Elk n'avait rien avalé de consistant depuis plusieurs jours. Il avait bu le liquide de la soupe ainsi que le thé parce qu'il avait toujours soif, mais il désirait mourir afin d'échapper à cette prison de pierre et à ce pays étranger. S'il lui avait été facile de laisser le pain aigre et rassis de même que les choses informes qui flottaient à la surface de la soupe, à la vue et à l'odeur de vrais aliments, il se surprit à ne plus regretter d'être en vie. Affamé comme il l'était, il se demanda néanmoins s'il pourrait encore manger. Il avait l'impression que son estomac était devenu tout petit et tout desséché, pareil à un sac de cuir racorni.

Il contempla l'oiseau un long moment avant de trouver la force de poser les pieds par terre pour se mettre debout. Aussitôt, la tête se mit à lui tourner et un voile noir s'abattit devant ses yeux, ce qui, l'espace d'un instant, lui ramena en mémoire la maison des malades et la première fois où il avait essayé de se lever du lit de l'homme blanc. Ses côtes ne lui faisaient plus mal, mais il se sentait tout aussi faible. Il demeura immobile dans l'attente que les ténèbres se dissipent, puis il se baissa pour effleurer l'oiseau du bout des doigts, comme pour une caresse. Il était tout doré et son odeur emplissait la cellule exiguë. Charging Elk déchira un bout de peau et la goûta. Il craignait qu'il ne s'agisse d'une ruse de *wasichu*, destinée à l'empoisonner. La peau, cependant, délicieuse et bien grasse, lui rappela qu'il n'avait pas mangé de véritable graisse depuis longtemps.

Il prit l'assiette et alla s'asseoir sur la plate-forme à dormir. A Paris, il avait mangé à plusieurs reprises du poulet, mais il n'avait pas spécialement aimé cela. La viande blanche ne possédait pas la puissance de la viande rouge de bison ou d'orignal. Là, dans sa prison, pourtant, il dévora toute la peau, léchant ses doigts pleins de gras, puis il arracha une cuisse et la dévora de même.

Après avoir fini le poulet, il s'attaqua aux pommes de terre qu'il engloutit une à une, pratiquement sans les mâcher. Il mangea le pain noir, puis, ne quittant pas des yeux la bouteille de vin, il avala en deux gorgées la grande tasse de thé tout juste tiède.

Il fouilla dans la poche de son manteau à la recherche du paquet de cigarettes et des allumettes que Poitrine Jaune lui avait laissés. Il restait une cigarette. Il en étudia un moment la forme presque parfaite — sa rondeur, ses extrémités bien coupées. Lui-même, ainsi que les autres Indiens de la troupe, utilisait du tabac à rouler et ne parvenait jamais à atteindre une telle perfection. Il la glissa entre ses lèvres et gratta une allumette. L'idée d'adresser des prières, de pratiquer la cérémonie de *yuwipi* avec le tabac ne lui vint pas à l'esprit. Et, pour la première fois depuis de nombreux sommeils, il se sentit réchauffé, satisfait de son existence, ne désirant plus y mettre fin. Il ignorait ce qu'il allait devenir, mais pour le moment, il était en paix et ne se souciait pas du lendemain.

Le jeune Indien s'adossa au mur de pierre et regarda la fumée monter en volutes vers la fenêtre, comme portée par le rayon de lumière. Au milieu, il voyait les yeux de Poitrine Jaune, des yeux inquiets, presque effrayés par ce qu'ils lisaient sur le visage de Charging Elk. Il lui avait donné son tabac pour qu'il puisse prier, et maintenant, il lui donnait un repas de vraie nourriture et une bouteille de *mni wakan.* Charging Elk la boirait après avoir fumé, car il savait que Wakan Tanka avait envoyé Poitrine Jaune à son secours. Il sourit. Le Grand Mystère avait failli l'emporter après l'avoir soumis à de si rudes épreuves. Il lui avait fait entonner son chant de mort pour qu'il mette fin à ses jours, mais à présent, Il voulait que Charging Elk vive et continue à respirer l'air de cet étrange pays parmi ses étranges habitants. Peu de temps auparavant, pareille pensée lui aurait causé une immense tristesse, mais là, il se sentait heureux de pouvoir fumer sa cigarette et d'envisager une existence au jour le jour. Quoi qu'il arrive, il survivrait. Et, le moment venu, il retournerait chez lui auprès de son peuple. Wakan Tanka y veillerait.

Madame Soulas était assise à côté de son mari dans le grand bureau que le capitaine Drossard occupait à la préfecture. Le capitaine parlait de la pêche de cet hiver qui n'avait pas été bonne — on ne trouvait que des *rougets* et des sardines, et à des prix astronomiques, qui plus est. Les *coquillages* étaient rares et fades, quant aux *crevettes*, elles coûtaient les yeux de la tête. Le capitaine était persuadé que les marchands de poisson se sucraient confortablement — ils avaient l'air de s'imaginer que non seulement ils attrapaient eux-mêmes les poissons, mais qu'en plus, ils les fabriquaient à partir de l'eau bleue. Bientôt, ce serait le tour des miches de pain fabriquées à partir du ciel bleu.

René, le mari de madame Soulas, protesta aussitôt. Il était poissonnier, et également membre actif de l'Association. Depuis le début de l'hiver, il subissait les récriminations tant des pêcheurs que des clients, car la saison était mauvaise et les prix s'en ressentaient. Ne serait-ce que ce matin, des hommes qui pêchaient au large du Vallon des Auffes avaient menacé de vendre leur pêche ailleurs si l'Association ne leur en offrait pas un prix équitable. Ils passeraient le reste de l'hiver à Toulon ou à Nice, où, disait-on, les pêcheurs recevaient leur juste part.

Monsieur Soulas tenta d'expliquer que s'ils baissaient trop leurs prix, les poissonniers seraient dévalisés au bout d'une heure et en faillite au bout de deux. Le capitaine, cependant, ne voulait pas en démordre. C'était le scandale de Marseille, et l'Association mériterait d'être soumise à une enquête.

Pendant ce temps-là, madame Soulas laissa ses pensées vagabonder. Elle demeurait opposée à l'affaire qui les amenait, mais René avait insisté, affirmant que c'était leur devoir de chrétiens. « Ma chère Madeleine, le Christ n'est-il pas mort pour nous sur la croix ? Allons-nous Le laisser là, pleurant de désespoir et appelant Son Père ? Serait-Il mort pour rien ? » Et, comme elle protestait qu'elle avait déjà deux jeunes bouches à nourrir et à peine la place de se retourner, il avait répliqué d'un ton empreint de piété : « Pour de vrais chrétiens, un tel sacrifice n'est rien. Le Christ ne nous a-t-il pas enseigné à secourir les malheureux ? N'est-ce pas la volonté de Dieu ? De plus, c'est uniquement pour un jour ou deux. »

Il n'était pas facile de discuter avec René en raison de sa nature sincèrement pieuse. C'était cette vertu qui avait d'abord séduit Madeleine. Ils avaient fait connaissance au cours d'une retraite en Ardèche organisée par la paroisse de

Saint-Laurent. Madeleine avait alors quinze ans, et René, seize. La jeune fille fréquentait une école religieuse dans un autre quartier de la ville, si bien qu'elle n'apercevait René qu'à l'église ou à l'étal de poissons tenu par le père du garçon. Le destin voulut que, durant cette retraite, elle tombât d'un arbre. Elle se fit mal à l'épaule et déchira sa robe sur une branche cassée. La vue de sa culotte blanche provoqua force gloussements chez les garçons aussi bien que chez les filles. Alors qu'elle était par terre, essayant de reprendre ses esprits, elle entendit une voix gronder sur un ton de réprimande. Elle crut qu'il s'agissait du jeune prêtre chargé de les surveiller, mais lorsqu'elle leva les yeux, elle vit, accroupi à côté d'elle, un garçon trapu aux cheveux drus et au nez légèrement épaté. Il avait un aspect sérieux, un visage neutre. Elle reconnut alors le fils du marchand de poisson.

Cela remontait à vingt et un ans. Cinq ans après l'incident, ils se mariaient. De fait, pendant les deux ans qui suivirent l'épisode ardéchois, ils n'eurent plus l'occasion de se parler. Madeleine apprit plus tard que René, cette même semaine, avait envisagé d'entrer au séminaire. Il était allé prendre conseil auprès du prêtre plus âgé qui les accompagnait, le père Daudet, lequel avait encouragé sa vocation et lui avait dispensé deux années durant des cours d'instruction religieuse en même temps qu'il terminait le *lycée.* Mais quelques jours avant d'entrer au séminaire, son père, alors qu'il achetait le poisson à la criée sur les *quais*, avait été tué par un marin pris de folie.

Madeleine accompagna ses parents à l'enterrement. A l'église, ils prirent place deux rangs derrière la famille en deuil. Elle eut la surprise de constater que René, au contraire des autres qui donnaient libre cours à leur chagrin, demeurait assis bien droit, les yeux secs, ne montrant apparemment aucune émotion.

Le lendemain, elle le revit, cette fois à la poissonnerie, travaillant aux côtés des autres marchands de poisson qui s'étaient portés volontaires pour tenir la boutique pendant que la famille se remettait de la perte cruelle qu'elle venait de subir. Depuis, il n'avait pas manqué un seul jour.

Madeleine fut choquée, et un peu fâchée, par l'absence d'émotion que manifesta le jeune René à la mort de son père. Etait-ce le même garçon que celui qui avait fait preuve de tant de sollicitude lors de sa chute et ménagé sa pudeur d'adolescente ? C'est seulement après leur mariage qu'il lui fit part du principe qui gouvernait sa vie : tout ce qui arrivait, bien ou mal, découlait de la volonté de Dieu. Même dans le malheur, il y avait du bon, car telle était la volonté de Dieu, et Dieu n'était-Il pas que bonté ? N'agissait-Il pas pour le bien de l'humanité, même si certains de Ses actes pouvaient parfois paraître terribles ? Madeleine eut beau s'efforcer de comprendre ce raisonnement simpliste, elle n'y parvint pas. Elle se considérait comme une bonne catholique — René et elle conduisaient les enfants à la messe tous les dimanches et pour toutes les fêtes religieuses — mais elle ne pouvait se résoudre à croire qu'elle devait accepter avec le sourire les drames qui se déroulaient autour d'elle au seul motif qu'ils ressortissaient à la volonté de Dieu. Elle songeait souvent que René aurait fait un excellent prêtre. Il était grave et ne se laissait pas abattre par les tragédies qui, au contraire, lui procuraient peut-être même un sentiment d'élévation morale.

Aussi, assise à côté de lui dans le bureau du capitaine, elle regrettait amèrement le jour où René et elle, accompagnés des autres paroissiens, avaient suivi le père Daudet sur la place de la préfecture pour manifester contre l'emprisonnement du *Peau-Rouge*. Elle s'était sentie méritante à prier ainsi pour que le ciel protège le sauvage. Comme l'avait dit le père Daudet, c'était l'une des plus simples parmi les créatures de Dieu. Et René avait raison, naturellement : c'était leur devoir de chrétiens que d'offrir un abri à l'un de leurs semblables. Elle n'y voyait aucune objection. Après tout, ils avaient logé pendant neuf mois un jeune homme de Montpellier qui faisait ses études d'ingénieur, et comme ils ne lui réclamaient que très peu d'argent en échange du gîte et du couvert, ils ne s'étaient guère enrichis, ce qui, de toute façon, n'était pas leur but. Après, il y avait eu la petite infirmière d'Apt.

Oui, mais là, il s'agissait tout de même d'un sauvage ! Dieu ne demandait certainement pas que les chrétiens et les sauvages vivent ensemble ! Madame Soulas secoua la tête et regarda son mari tenter d'expliquer avec patience comment le *mistral* et la *tramontane* interdisaient aux pêcheurs de sortir en mer autant qu'ils le désiraient. Le capitaine, lui, ne cessait de grommeler. On aurait cru que René avait commis un crime contre la République au lieu d'être simplement coupable de sottise.

Et la sottise, elle était près de se faire. Ils s'étaient déjà rendus au palais de Justice pour signer les documents nécessaires. Le *tribunal* les avait longuement interrogés — René, surtout. Etaient-ils en mesure de fournir au sauvage le confort matériel requis ? Comment les enfants s'adapteraient-ils à la présence d'une créature si exotique ? Comment, selon eux, un sauvage allait-il s'intégrer à un milieu civilisé ? Le *président du tribunal* avait fini par se tourner vers madame Soulas : « Et vous, madame, êtes-vous préparée à... comment dirais-je... à satisfaire les besoins inhabituels que ce sauvage pourrait exprimer ? » Elle se souvenait de l'expression de René à ce moment-là, un sourire à mi-chemin entre la joie chrétienne et l'appréhension, mais il n'avait pas à s'inquiéter. Elle était et elle resterait sa femme. Elle se demanda ce qui serait arrivé si elle avait répondu non. Sûrement que le *tribunal* aurait rejeté leur requête. Mais René, quelle aurait été sa réaction ? Elle ne parvenait pas à comprendre pourquoi il tenait à introduire cet *Indien* dans leur foyer. Cependant, il insistait avec un entêtement qui ne lui ressemblait guère, comme si sa propre famille ne lui suffisait pas. Sa piété, parfois, devenait un véritable fardeau.

Pour la énième fois en trois jours, madame Soulas se posa la même question : « Pourquoi nous ? » Il y avait d'autres familles, sans parler des organisations humanitaires et des institutions charitables, qui n'auraient été que trop heureuses d'accueillir le sauvage. Hier soir, par exemple, deux religieuses de la *Vieille Charité* avaient frappé chez eux. La plus âgée avait une allure stricte dans son habit, et la plus jeune portait d'épaisses lunettes à monture de fer qui faisaient paraître ses yeux trop grands pour son visage. Elles voulaient que les Soulas renoncent à héberger le *Peau-Rouge.* Elles avaient l'habitude des vagabonds et des orphelins, et c'était leur devoir de s'occuper des nécessiteux. Comme René avait étouffé un petit rire devant pareille affirmation, elles avaient menacé d'en référer au père Daudet et de dénoncer le manque de moralité des Soulas. Ce qui avait mis Madeleine autant en fureur que René, de sorte que c'est elle qui les avait reconduites. Bien que le capitaine Drossard eût contesté l'honnêteté de l'Association des Poissonniers, René était l'homme le plus vertueux qu'elle eût connu. Il ne trichait jamais avec la balance et n'omettait jamais de déposer sa dîme dans la sébile. De plus, c'était le père Daudet en personne qui avait recommandé au *tribunal* de leur confier l'*Indien* ! Voilà ce que Madeleine avait répliqué aux religieuses avant de leur claquer la porte au nez.

Plus tard, après s'être calmée, elle s'était prise à regretter que les choses n'eussent pas tourné autrement. Peut-être aurait-il été préférable que René se fût rangé au point de vue des nonnes, estimant qu'elles étaient mieux placées pour aider le sauvage. Ils auraient alors continué à mener une existence normale, les enfants se seraient sentis en sécurité et le sauvage aurait été bien traité. En outre, il avait été arrêté pour vagabondage, ce qui en faisait un candidat à la *Vieille Charité*.

Madame Soulas soupira. Le problème aurait pu être résolu dès hier, seulement René avait offensé les religieuses. C'était un homme bon, mais elle aurait parfois souhaité qu'il eût un peu plus de jugeote. Nous voilà dans de beaux draps ! songea-t-elle.

Tout cela parce que, un dimanche après-midi, ils étaient allés voir le Wild West Show de Buffalo Bill. Le spectacle avait fasciné René qui avait applaudi à tout rompre l'entrée de la diligence poursuivie par les *Indiens*. Puis il s'était à moitié levé de son siège pour encourager les *Indiens* chassant les bisons, et avait même poussé des cris de sauvage quand les *Peaux-Rouges* avaient massacré les braves soldats. Son comportement avait horrifié sa femme, jusqu'à ce qu'elle s'aperçoive que de nombreux spectateurs se conduisaient comme lui !

En réalité, elle s'était surtout inquiétée pour les enfants. Plusieurs numéros les avaient effrayés. Chloé avait pleuré quand les bisons, pourchassés par les sauvages à moitié nus et aux yeux cruels, avaient martelé le sol et fait trembler les gradins démontables. Aux détonations des fusils et aux cris des soldats qui tombaient, elle avait enfoui son visage dans les jupes de sa mère. Mathias, quant à lui, avait fait le fier, ainsi que ses treize ans l'exigeaient, mais elle n'avait pas manqué de noter qu'il sursautait chaque fois que l'action était trop proche de lui ou trop bruyante. Les Américains semblaient ériger la violence en mode de vie, mais les Français étaient différents.

Madame Soulas n'arrivait toujours pas à croire que l'un de ces *Peaux-Rouges* qui avaient chassé le bison et tué les soldats devait venir habiter chez eux. Qu'est-ce qui avait bien pu passer par la tête de René ? Et nos malheureux enfants ? La pauvre Chloé qui n'avait que neuf ans ! Et Mathias si impressionnable ! Avoir un sauvage assis à leur table, dormant dans leur maison ! Décidément, c'en était trop. Sans compter les voisins ! Est-ce qu'ils méritaient de côtoyer un sauvage qui risquait de terroriser leurs enfants ? Et mademoiselle Laboussier, acceptera-t-elle encore de venir donner à Chloé ses leçons de piano ?

Pétrifiée d'angoisse, désespérée, madame Soulas entendit soudain un bruit de pas dans le couloir. Son cœur se mit à battre la chamade tandis qu'elle se préparait à affronter le *Peau-Rouge.*

Or, la personne qui entra dans le bureau du capitaine était un homme grand en costume marron portant de longs favoris et une moustache bien taillée qui frisait de chaque côté de la commissure de ses lèvres. Malgré ses épais cheveux blond roux tout ébouriffés, il avait l'air de quelqu'un d'important. Il s'avança vers le bureau du capitaine et serra la main de celui-ci avec peut-être un peu trop de vigueur. Madame Soulas remarqua qu'il avait de petites oreilles collées contre son crâne et un visage délicat, pratiquement lisse. Il paraissait bien jeune pour être investi d'une telle autorité. Pendant que les deux hommes échangeaient les habituelles formules de politesse, elle constata que le nouvel arrivant parlait un français à la fois assez simple et assez mauvais. Il avait un vague accent du nord, mais les mots semblaient heurtés. A l'évidence, le français n'était pas sa langue maternelle.

Le capitaine le présenta à monsieur et madame Soulas comme Franklin Bell, le vice-consul américain, lequel tint à leur serrer la main à tous les deux. Hormis quelques marins en goguette autour du Vieux-Port et, bien sûr, Buffalo Bill et ses cow-boys, c'était le premier Américain que Madeleine voyait. Les autres ne fréquentaient pas le quartier où elle habitait et dont elle sortait rarement. « *Enchanté, madame* », dit-il. Il avait des yeux de la couleur du plafond de Notre-Dame-de-la-Garde, un bleu clair si beau qu'il en paraissait irréel. Madame Soulas sentit ses joues rosir tandis qu'il s'inclinait devant elle.

« Ainsi, *madame*, poursuivit-il, vous désireriez faire la connaissance de votre pupille ? C'est un sacré personnage — encore que, m'a-t-on rapporté, il mange comme un cheval. Il a dévoré un poulet entier à lui tout seul. »

Madeleine Soulas resta interloquée devant tant de familiarité. Elle était par ailleurs gênée qu'il se fût ainsi adressé directement à elle. Confuse, elle consulta son mari du regard. Elle n'était pas particulièrement timide et elle ne manquait pas de ressources — elle vendait le poisson aux côtés de René, bien qu'elle évitât de se mêler aux plaisanteries et aux insultes qu'échangeaient tant d'autres femmes du marché. Mais cet homme, cet Américain, se montrait par trop cavalier pour un étranger.

« Oui, naturellement, nous aimerions voir Charging Elk, monsieur Bell, mais ne pourriez-vous pas d'abord nous en apprendre davantage à son sujet ? » René jeta un coup d'œil anxieux à son épouse, puis il reprit à l'intention de l'Américain : « J'ai cru comprendre qu'il ne parlait ni français, ni *américain*.

— Ce n'est que trop exact, *monsieur*. Il sait cependant quelques mots d'anglais — Buffalo Bill, Wild West et, bien entendu, son propre nom, Charging Elk. Il parle la langue sioux, mais malheureusement, je n'ai pas réussi à trouver d'interprète. Et je ne pense pas que j'en trouverai. » Il eut une mimique de regret. « Je crains que tous les Sioux et leurs interprètes soient partis avec le Wild West Show.

— Dans ce cas, pourquoi ne pas l'envoyer les rejoindre ? » Les mots avaient instinctivement jailli de la bouche de madame Soulas. Elle sentit de nouveau ses joues lui cuire.

Bell la considéra un instant, affichant involontairement une expression où se lisait un mélange de contrariété et d'amusement. « Excellente question, *madame*. Excellente. Que je me suis du reste moi-même posée. Seulement, voyez-vous, *madame*... » Il s'interrompit et se tourna vers le capitaine. « J'ai bien peur que votre administration n'autorise pas monsieur Charging Elk à quitter le pays. Au début, parce qu'il devait comparaître devant un *tribunal* pour répondre de menus délits. Ce qu'il a fait. Et maintenant, on l'accuse d'être entré illégalement sur le territoire français, car il n'est pas citoyen des Etats-Unis et ne possède pas de passeport en règle, de sorte qu'il doit demeurer ici en attendant que la justice se prononce sur son cas.

— C'est la loi, madame Soulas, intervint le capitaine. Si nous ne surveillions pas nos frontières, la France serait envahie d'indésirables.

— Il ne sera donc jamais autorisé à rentrer chez lui ? » René semblait sidéré qu'on puisse ainsi interdire à un être humain qui n'avait apparemment commis aucun crime de regagner son pays.

Le capitaine haussa les épaules. « Je ne suis qu'un représentant de la loi, monsieur. Je dépends d'une autorité supérieure et j'ignore quelle décision sera prise en cette affaire.

— Mais dans le cas qui nous occupe, il s'agit d'une injustice, capitaine. Le *Peau-Rouge* est bien citoyen américain. C'est même un Américain d'origine. Buffalo Bill nous l'a expliqué. »

Le capitaine, lui aussi, avait assisté à une représentation du Wild West Show et il avait entendu le discours à propos des *Américains* d'origine, les *Indiens*. Sur le moment, il avait estimé que ce devait être vrai, mais le gouvernement venait de décréter que les *Indiens* n'étaient pas de véritables citoyens de leur pays, ce qui devait donc être également vrai. Tout cela était fort déroutant, mais il avait la responsabilité de faire appliquer les lois de son pays. Il allait de nouveau hausser les épaules quand l'*Américain* s'interposa.

« Nous finirons bien par régler le problème. Soyez assurés, *monsieur, madame*, que monsieur Charging Elk ne demeurera chez vous que pour une période très brève. Il ne tardera pas à recevoir l'autorisation de rejoindre son peuple, et nous pourrons tous reprendre le cours normal de notre existence. Entre-temps, permettez-moi, au nom de mon gouvernement, de vous remercier pour votre générosité. » Il se tourna vers le capitaine. « Puis-je introduire notre compatriote, à présent ? »

Madeleine Soulas se sentait un peu ridicule à remonter ainsi la Canebière à bord de cette luxueuse calèche, et elle espérait de toutes ses forces qu'en cette fin de matinée aucune de ses amies ne se promenait sur le boulevard. Elle savait néanmoins qu'en arrivant dans son quartier on ne manquerait pas de les remarquer, ce qui provoquerait aussitôt des commérages. D'un autre côté, elle appréciait le confort du siège de cuir noir, et le beau cheval blanc avec son harnachement noir qui cliquetait, et son pompon rouge sur la tête avait fière allure. Ses sabots résonnaient sur les pavés, et son trot élégant contrastait avec le lourd martèlement des chevaux de trait qui tiraient les fardiers et les omnibus.

Franklin Bell était assis en face de René et elle, dans le sens contraire de la marche, et à ses côtés se tenait le sauvage qui semblait ne rien regarder et ne rien voir. Au début, madame Soulas n'avait pu se résoudre à l'étudier franchement. Quand il était entré dans le bureau, elle lui avait jeté un coup d'œil à la dérobée, le temps de noter qu'il portait des chaussures de cuir noir brillantes, un costume gris avec un gilet assorti, une chemise blanche à col dur et une cravate noire. Les vêtements tombaient bien sur lui, encore que ses mains larges avaient l'air de pendre maladroitement, dépassant trop des poignets.

Lorsque, un instant plus tard, elle s'était risquée à examiner subrepticement son visage, madame Soulas avait été surprise de constater combien il paraissait calme et inoffensif. Ses cheveux, qu'on lui avait coupés, étaient séparés par une raie au milieu, son regard avait l'air plus impassible que menaçant, et ses lèvres minces demeuraient toujours serrées, formant une ligne indéchiffrable. Il donnait l'impression de ne réagir à rien de ce qui se passait autour de lui, si bien que madame Soulas s'était demandé s'il ne serait pas un peu attardé. Elle n'en aurait guère été étonnée à en juger par la manière dont ces sauvages se comportaient sur la piste, à pousser tous ces cris et ces hurlements, et à galoper sur leurs chevaux comme des damnés. Ils évoquaient davantage des bêtes que des humains.

La figure de René, en revanche, s'était éclairée à la vue du *Peau-Rouge*. Peut-être parce qu'il était habillé comme un homme normal, et même un peu mieux qu'un homme normal, pratiquement à l'image d'un important négociant ou de quelque personnage officiel. C'est seulement en regardant son visage brun, presque noir, avec ses pommettes hautes et ses yeux plissés qui semblaient absents, qu'on se rendait compte qu'il était loin d'être un homme ordinaire.

Et voilà que, maintenant, il se baladait en calèche, en beaux habits, le regard fixé au-dessus de la tête de madame Soulas en direction du Vieux-Port. Qu'est-ce qu'il pouvait bien penser ?

Madeleine Soulas devenait de plus en plus nerveuse à mesure qu'on approchait de son quartier, et quand la voiture quitta la Canebière pour s'engager dans l'étroite rue d'Aubagne, elle se mit à lancer des regards inquiets sur les passants, craignant de rencontrer quelqu'un de connaissance — et, comme de bien entendu, elle tomba sur mademoiselle Laboussier, le professeur de piano de Chloé. C'était une jeune femme d'un certain embonpoint qui se maquillait trop, portait des vêtements criards et parlait avec un débit rapide sur un ton sec comme un coup de trique. Chaque fois que s'élevait la voix staccato de mademoiselle Laboussier — *« Non, non, non, ma chère »* —, Madeleine était tentée de mettre fin aux leçons de sa fille, mais tant René qu'elle désiraient faire de Chloé une jeune fille assez accomplie pour, le moment venu, attirer un bon parti — un avocat, peut-être, ou un négociant —, un fils de la *bourgeoisie*. Certes, ils se satisfaisaient de leur condition de marchands de poisson, mais pour leur fils et leur fille, ils désiraient mieux.

Mademoiselle Laboussier, affichant une stupéfaction exagérée, contemplait les occupants de la voiture. Chose curieuse, son expression, bien sûr, déconcerta Madeleine, mais surtout, elle l'amusa au point qu'elle faillit éclater de rire devant le spectacle de la bouche en « O » tartinée de rouge, des yeux soulignés de bleu largement écarquillés et des joues trop fardées. Dans la rue inondée de soleil, la jeune femme ressemblait à une attraction échappée d'un cirque — la plus grosse femme du monde, peut-être.

Madeleine Soulas éprouva une fraction de seconde l'envie de la saluer de la main, et peut-être même de la héler, mais elle résista à la tentation, et effectua le reste du trajet les yeux fixés sur la nuque du cocher coiffé d'un haut-de-forme noir. Pour le moment en tout cas, elle se moquait de ce que les gens du quartier allaient penser. De fait, elle s'amusa même à s'imaginer qu'elle était le genre de dame que l'on promenait en calèche. Elle redressa le buste et affecta un doux sourire.

Franklin Bell eut du mal à cacher son étonnement en entrant chez les Soulas. Il n'avait pas la moindre idée de ce que pouvait gagner un marchand de poisson, mais leur maison était plutôt spacieuse et agréable, meublée de sièges de velours, de beaux rideaux munis de cordelières à glands, de tables et de meubles cirés, avec des napperons et des têtières disposés partout aux endroits nécessaires. Il y avait même quelques lampes électriques. On sentait le confort douillet d'un foyer uni.

Pendant que madame Soulas préparait le thé dans la cuisine, son mari conduisit les deux hommes à l'étage. Charging Elk portait un sac marin à moitié plein, et Bell, juste une petite valise. Ils longèrent un couloir éclairé au fond par une fenêtre. Arrivé devant la dernière porte à gauche, monsieur Soulas s'écarta. « *Voilà* », dit-il, les invitant d'un geste à entrer.

Bell s'exécuta le premier. « C'est parfait, *monsieur*. Tout à fait ce qu'il faut. »

La chambre n'était pas très grande, mais elle semblait d'une propreté presque excessive. Il y avait un lit en fer d'une personne couvert d'un édredon de couleur vive, un petit tapis de chanvre à côté, un bureau, un lavabo et un petit placard à moitié dissimulé derrière des rideaux de mousseline.

Charging Elk s'avança d'un pas hésitant, promenant son regard autour de lui, puis il se dirigea vers la fenêtre. Elle donnait sur une petite cour entourée d'un mur et, à sa surprise, il aperçut des cours semblables derrière les autres bâtiments, lesquels semblaient ne former qu'un avec la rue étroite interrompue cependant par un espace dégagé où l'on voyait des arbres et des buissons, des tables, des chaises et des parasols. A l'une des extrémités de la rue se trouvait même une remise adjacente à une écurie. Le cœur battant, Charging Elk compta sept chevaux attachés devant. La vue d'ici était bien différente de celle qu'offrait la haute fenêtre de la cellule de pierre.

Bell l'avait rejoint devant la fenêtre. « Belle vue, n'est-ce pas ? dit-il en anglais. Je sais que vous serez heureux ici, Charging Elk. Ce sont de braves gens — ils vont s'occuper de vous pendant quelques jours, et bientôt vous serez à bord d'un vapeur en route pour l'Amérique. Je vous le promets. »

Pour la première fois, Charging Elk regarda Bell dans les yeux. Son visage, un instant, parut refléter une émotion, mais le vice-consul fut incapable de dire s'il s'agissait de désespoir, de gratitude ou tout simplement d'incompréhension. Ne sachant quoi faire, Bell se contenta de lui tapoter l'épaule.

Après avoir fait le tour de la maison, ils prirent le thé dans le petit salon. Madame Soulas servit sur de petites assiettes de porcelaine des gâteaux au miel. L'*Indien* mangea le sien à l'aide de la fourchette disposée à côté, ce qui ne manqua pas d'étonner la maîtresse de maison. Elle ignorait que Broncho Billy et les Indiens de la réserve lui avaient appris à utiliser un couteau et une fourchette. Ils s'étaient moqués de lui quand il avait embroché un morceau de viande sur son propre couteau avant de le déchirer à belles dents. C'était Sees Twice qui lui avait montré comment mettre la viande sur l'assiette afin de la couper avec le couteau émoussé tout en la maintenant avec le pic à plusieurs dents. Cela se passait encore en Amérique, à la gare d'Omaha, et déjà, Charging Elk avait regretté d'avoir quitté le Bastion.

Franklin Bell regarda Charging Elk manger, surpris lui aussi par ses manières délicates. Il ne s'était pas jeté sur le gâteau, et il ne toucha pas à son thé avant d'avoir fini de manger. Ensuite, il le but à petites gorgées, replaçant soigneusement la tasse sur sa soucoupe.

Le vice-consul se demanda si tous les Indiens du Wild West Show se comportaient si bien à table. Ils s'étaient produits à Paris durant sept mois, et ils y avaient sans doute appris certains des raffinements de la civilisation. Oui, mais justement, que pensaient-ils de la civilisation de l'homme blanc ? La considéraient-ils comme une amélioration par rapport à leur mode de vie primitif ? Ils avaient sans doute apprécié l'argent et la nourriture — ainsi que les applaudissements, bien entendu —, mais le reste ?

Ce qui lui rappela soudain le problème financier. Il ne faudrait pas qu'il oublie de câbler aux responsables du Wild West Show pour demander s'ils ne devaient pas quelques semaines de paye à Charging Elk. La secrétaire du consul général tenait à ce qu'on rembourse le prix des vêtements achetés à l'Indien. Dieu merci, les Soulas, pour leur part, ne réclamaient rien — monsieur Soulas avait dit qu'il l'emploierait sur son étal au marché *en plein air.* Mais Charging Elk savait-il ce que c'était que travailler ? Charrier des caisses de poisson à cinq heures du matin et nettoyer après le marché n'avait pas grand-chose à voir avec galoper tous les jours à cheval en feignant de massacrer des personnes civilisées.

Bell tira sa montre de gousset de sa poche et la consulta avec ostentation. Il avait demandé à son cocher de revenir le prendre dans une heure et il ne disposait plus que de dix minutes.

« Bon, je dois bientôt partir. Il me semble que nous avons tout vu, dit-il, se tournant vers madame Soulas. Y a-t-il une autre question que vous désireriez aborder ? Les journées ont été longues et vous devez être fatiguée des bureaucrates. *Madame* ? »

Madeleine lança un coup d'œil en direction de Charging Elk, comme si elle venait de réaliser que d'ici un moment, ils allaient se retrouver seuls avec lui. Bizarrement, ses traits impassibles et son calme la trompaient au point de lui faire presque croire qu'il ne leur vaudrait pas d'ennuis.

« Je pense que tout est en ordre, monsieur, dit René. Je suis persuadé que monsieur Charging Elk ne nous causera pas de difficultés. *N'est-ce pas*, Madeleine ? »

Celle-ci, pour toute réponse, haussa les épaules. Devant le visage rayonnant de son mari, elle éprouva d'abord un sentiment de surprise — René était un homme si franc —, puis une certaine irritation. Elle ne parvenait plus à penser qu'aux désagréments qui les attendaient, la perturbation dans leur existence quotidienne, les regards curieux dont les voisins allaient les gratifier. Et lui, il était radieux ! Elle avait appris à se méfier de cette expression. Elle était certes agacée mais, dans le même temps, bien décidée à faire face de son mieux à la situation. Elle ne voulait pas jouer les harengères. N'empêche qu'il restait un tas de questions sans réponses. Mais le sauvage — elle se contraignit à prononcer son nom en pensée : Charging Elk — ne demeurerait que quelques jours chez eux. Ensuite, ils reprendraient le cours de leur vie normale.

Madeleine se rendit compte que les deux hommes, René et Bell, la regardaient, et elle se demanda soudain si cet *Indien* — Charging Elk — savait lire l'heure. Saurait-il quand se réveiller le matin ? Est-ce qu'il savait qui ils étaient, ce qu'ils faisaient, ce qu'on attendait de lui ? Elle se borna à répondre : « Nous veillerons de notre mieux au confort de monsieur Charging Elk, monsieur Bell. Nous sommes des chrétiens. » Puis elle ajouta : « C'est tout ce que nous pouvons faire.

— *Superbe !* » Le vice-consul se donna une petite claque sur la cuisse, puis se leva, tirant une petite carte de la poche de son gilet. « Voici ma carte de visite, monsieur Soulas. Vous avez l'adresse du consulat. S'il arrive quoi que ce soit, n'hésitez pas à me contacter. » Il rajusta son gilet et sa cravate. « Je reviendrai voir d'ici deux jours si tout se passe bien. C'est une bonne action que vous faites, monsieur et madame Soulas. *A bientôt, mes amis.* »

Dans sa hâte de partir, Bell omit de dire au revoir à Charging Elk. C'est seulement en montant dans sa voiture qu'il s'en aperçut. A présent, il était trop tard — il avait rendez-vous à son bureau avec un groupe de commerçants du Vaucluse qui désiraient exporter sur le marché américain leur essence de lavande. L'affaire ne présentait guère de problèmes — la lavande étant très appréciée des femmes — mais les fabricants de parfum américains voulaient être sûrs que le consulat veillerait sur leurs intérêts.

Depuis deux ans qu'il était en France, Bell en avait plus appris sur l'art de la diplomatie et de la conciliation que pendant les dix années passées dans des trous à rats du genre Panama, Lima ou Marrakech à marchander sur les cours du café, des bananes et des épices. Il se sentait prêt à occuper le poste de consul général, mais il craignait d'être nommé dans l'un de ces minables pays qu'il n'avait été que trop heureux de fuir. Marseille n'était peut-être pas le plus bel endroit du monde, mais c'était l'un des principaux ports français, ce qui lui permettait de parfaire ses connaissances dans le domaine des accords commerciaux.

Comme la voiture tournait sur la Canebière, il se lissa la moustache et regarda deux *boulevardiers* qui amusaient un petit groupe de jeunes femmes vêtues de robes longues, de manteaux et de chapeaux identiques, probablement des vendeuses ou des employées de bureau en uniforme. L'une d'entre elles, particulièrement jolie, petite mais bien faite, se tenait un peu à l'écart de ses amies qui ne cessaient de pouffer de rire. Quelle assurance, songea-t-il. Et quelle dignité. Pourquoi ne rencontrait-il jamais de filles pareilles ?

Bell se savait plutôt séduisant. Il avait toujours pratiqué des sports — le lawn-tennis et la boxe à Yale, et il avait même été membre du premier club de hockey sur gazon. Il se radossa dans son siège et sourit au souvenir de leur entraîneur, un Indien Seneca qui travaillait comme gardien de stade à l'université et qui, pour seules consignes, leur criait : « Foncez, les gars, foncez » ou bien : « C'est la guerre, jeunes gens ! C'est la guerre ! »

C'était drôle de voir à quel point le Seneca s'était intégré à l'Amérique : il en parlait la langue, s'habillait comme il convenait et se rendait tous les matins à la chapelle. Ce Sioux, par contre, ce Charging Elk, avait l'air d'un enfant perdu. Ce matin, il avait même dû lui montrer comment nouer ses lacets de chaussures ! Mon Dieu, pensa-t-il, et demain matin ? Combien de temps faudra-t-il à cet Indien pour qu'il apprenne à le faire seul ? Monsieur Soulas allait-il accepter une telle responsabilité au-delà de quelques jours ?

Bell éprouva soudain un sentiment d'appréhension. Les Soulas étaient des gens bien, mais c'est lui qui avait à répondre de Charging Elk. Et si l'Indien décidait de s'enfuir ? S'il atterrissait de nouveau en prison ? Ou bien connaissait un destin tragique ? Ou encore — il n'osait y penser — s'il usait de violence sur un citoyen français, sur un membre de la famille Soulas ? Cela lui retomberait dessus. Et, bien entendu, l'affaire figurerait dans son dossier qui, jusqu'à présent, était vierge de toute tache, sans toutefois être spécialement flatteur. Il savait qu'on n'hésiterait pas à l'envoyer s'enterrer dans quelque petit pays latin ou sud-américain — ou pire, en Afrique du Nord où le danger rôdait en permanence.

Il se tenait le dos raide et les poings serrés. Il n'ignorait pas qu'il suffisait d'une série de petites erreurs ou d'une seule grosse pour qu'on se retrouve exilé quelque part, ou même chassé du corps diplomatique. Et justement, se disait-il, sa grosse erreur avait été de ne pas impliquer davantage le consul général. S'il avait mis Atkinson au courant de la situation, tout écart de conduite de la part de l'Indien aurait eu des chances d'être couvert dans la mesure où la faute en aurait incombé autant au vieux qu'à lui.

Bell regarda d'un air morose les piétons qui circulaient sur les trottoirs de la Canebière. Un jeune couple entra dans une boutique dont la devanture s'ornait d'un œil peint. Des bougies brûlaient dans la vitrine, et un rideau rouge en velours quelque peu fatigué masquait l'intérieur. L'homme, coiffé d'un turban, était vêtu d'une culotte de cheval et de grandes bottes marron, et la jeune femme, d'une tournure aux couleurs criardes et si large qu'elle passait à peine par la porte. L'Américain était habitué au spectacle de toutes sortes de bizarreries dans ce port étranger, mais là, il se demanda ce que ce couple extravagant pouvait bien chercher chez une diseuse de bonne aventure. Lui-même n'avait jamais été en consulter. Il nota cependant l'adresse, au cas où cela pourrait lui servir à voir clair dans sa vie amoureuse.

La calèche prit le boulevard Peytral et vint se ranger devant le consulat. Bell songea qu'il faudrait qu'il passe chez les Soulas après-demain et ensuite peut-être tous les jours si son emploi du temps le permettait. Il allait avoir des tas de paperasseries à remplir, mais il avait bon espoir que le cas de Charging Elk serait résolu d'ici une semaine ou deux. En attendant, il veillerait sur l'Indien d'aussi près que possible.

« *Voilà*, monsieur Bell. »

Le vice-consul leva les yeux. Depuis un moment, il contemplait le bout de ses bottines marron. Elles avaient besoin d'être cirées.

« *Le consulat, monsieur.* »

Bell sourit. Après deux années, il savait tout de même où il était, mais il avait dû rester quelques minutes plongé dans ses pensées. « *Merci*, Robert. » Il descendit, et la voiture repartit. Le cheval blanc avec son pompon rouge, sentant l'écurie, parut trotter plus vite. A moins que Robert n'eût hâte de terminer son service.

C'était une belle journée d'hiver, et Franklin Bell, avant d'entrer retrouver les fabricants d'essence de lavande qui l'attendaient, jeta un dernier regard sur le ciel d'un bleu si pur et huma l'air salin du Vieux-Port. Puis, comme il poussait la lourde porte de bois, il repensa à la jolie petite Française, concluant que, en définitive, elle n'était pas aussi mignonne qu'il l'avait cru. Ce n'était qu'une agréable illusion, à l'image des *boulevardiers* de Marseille. Bon sang, comme il les enviait !

6

Charging Elk, debout devant la fenêtre de sa petite chambre, regardait l'écurie et les chevaux. Il faisait nuit et les animaux formaient des silhouettes sombres et indistinctes sous l'éclairage d'un unique bec de gaz. Dans les autres appartements autour de la cour intérieure, les volets fermés ne laissaient filtrer aucune lumière. L'un des chevaux marchait sans cesse le long de la barrière de l'enclos, tandis que les autres dormaient au milieu. Charging Elk pensa que, arrivé depuis peu, il devait encore être effrayé par son nouvel environnement. Peut-être venait-il de la campagne qui s'étendait entre Marseille et Paris. Tous les Indiens avaient été fascinés par le paysage qui défilait sous leurs yeux. Même la nuit, on distinguait parfois en bordure de la route de fer de petites collines plantées de rangées de vignes, ou bien un grand bâtiment de pierre entouré de bâtiments plus petits dont les toits brillaient comme de la glace sous la lune. Et chaque fois qu'ils traversaient une ville, ils observaient les gens et les chevaux avec une curiosité tranquille.

Le train s'arrêtait souvent pour prendre de l'eau. Broncho Billy expliqua que c'était l'eau qui faisait la fumée, et la fumée qui faisait marcher le train. Durant ces arrêts, les Indiens et les autres membres de la troupe étaient autorisés à descendre afin de se dégourdir les jambes. Charging Elk ne s'éloignait jamais beaucoup des wagons, et dès que le sifflet retentissait, il s'empressait de remonter.

Il apercevait parfois Buffalo Bill au bout du quai de pierre, généralement en compagnie de trois ou quatre hommes en beaux habits, et tous fumaient le cigare. De temps en temps, quand l'arrêt se prolongeait, il venait rejoindre les Indiens. Red Shirt et Rocky Bear descendaient alors de leur voiture pour servir d'interprètes, même si Broncho Billy, qui avait épousé une Lakota et qui parlait assez bien la langue, était là. Un jour, Buffalo Bill échangea quelques mots avec Charging Elk.

« Où as-tu appris à faire du cheval comme ça, jeune homme ? »

Après que Red Shirt eut traduit la question, Featherman répondit : « C'est un Indien sauvage des Mauvaises Terres. Il ne s'est jamais rendu.

— Ce n'est pas possible ! Ce jeune homme a sûrement accompagné Crazy Horse il y a douze ans, bon Dieu ! Tous les Oglalas se sont rendus !

— Quelques-uns n'ont pas accepté de suivre la voie des *wasichus*, intervint Sees Twice. Ce jeune homme n'était jamais entré dans une église avant Notre-Dame de Paris. » Sees Twice s'était exprimé en anglais, de sorte que Red Shirt traduisit pour Charging Elk.

« Eh bien, pour voir une église, tu as été servi, Charging Elk. C'est la plus grande église sur terre après la maison du pape. Tu comprendras de quoi je parle quand on arrivera au pays des Italiens. »

A cet instant, on entendit le sifflet. Buffalo Bill tapa sur l'épaule de Charging Elk. « Tu verras un tas de choses au cours de ce voyage, mon garçon, des choses qui te feront drôlement tourner la tête. Profites-en, mais n'oublie pas que quand tu entres en piste, tu es un Indien sauvage jailli de l'enfer ! »

Charging Elk le regarda se diriger vers son wagon d'une démarche nonchalante. Buffalo Bill portait un épais costume de laine et un chapeau gris au bord moins large que celui qu'il coiffait pour le spectacle. Si ce n'étaient sa moustache et sa petite touffe de poils au menton, on n'aurait jamais reconnu en lui le grand guerrier qui enflammait le public dans son costume en daim, ses gants ornés de perles et ses bottes noires brillantes qui lui arrivaient à mi-cuisses.

Le fait que, lors de chaque représentation, Buffalo Bill était le premier *wasichu* à découvrir les cadavres des Longs Couteaux sur l'Herbe Grasse ne manquait pas de laisser Charging Elk perplexe. En effet, aucun des membres indiens de la troupe, y compris ceux qui avaient combattu là-bas, ne se rappelait avoir entendu les Lakotas mentionner sa présence. Un grand homme comme lui, on en aurait certainement parlé, pourtant. Broncho Billy jurait que Pahuska avait été chasseur de bisons et éclaireur pour les Longs Couteaux. Maintenant encore, il était un grand chef de l'armée du Nebraska.

Charging Elk, immobile devant la fenêtre, ne quittait pas des yeux le cheval nerveux qui tournait en rond dans l'enclos. Quelque chose dans sa silhouette lui rappelait Grand Coureur. Il dominait les autres chevaux par sa taille et dressait la tête, comme s'il voulait respirer l'odeur des grands espaces perdus.

Il lui semblait qu'il s'était écoulé tout au plus deux ou trois lunes depuis qu'il avait tendu à son père les rênes de Grand Coureur en lui disant : « Grand Coureur est à toi, désormais. Il te donnera l'allure du porteur-de-chemise que tu es. » Les deux chevaux de Scrub étaient de couleurs ternes, avaient la croupe large et des sabots gros comme des bouses de bisons. Ils étaient faits pour tirer des chariots et non pas pour être chevauchés avec dignité. Charging Elk regrettait de ne pas avoir vu son père monté sur Grand Coureur, mais quand le cheval de fer s'était ébranlé et avait commencé à s'éloigner lentement de la gare dans une succession de grincements, les rênes étaient attachées à la roue d'un chariot et Scrub, debout sur le quai, chantait un chant de bravoure en compagnie des autres Indiens.

Charging Elk promena son regard au-dessus des toits hérissés de cheminées noires qui se découpaient dans le ciel nocturne. Elles lui rappelaient les souches dans les Paha Sapa que les *wasichus* laissaient quand ils prenaient les arbres pour construire leurs maisons et renforcer leurs mines. Un jour, Strikes Plenty et lui s'étaient aventurés loin à l'intérieur d'un puits noir à la recherche de l'or précieux, mais ils n'y avaient trouvé que des pierres humides, une pioche cassée et des morceaux de poutres. Plus tard, alors qu'ils retournaient au Bastion, ils sentirent la peur les gagner à la pensée d'avoir ainsi pénétré dans l'une des blessures que les *wasichus* infligeaient au sein de *maka ina*. Ils allèrent tout de suite trouver Bird Tail, le vieux *pejuta wicasa*, pour lui raconter ce qu'ils avaient fait. L'homme saint se contenta de contempler au loin les formes et les couleurs étranges des Mauvaises Terres — bien qu'il eût les yeux comme couverts de givre et qu'il dût être conduit par sa femme —, puis il demanda aux garçons de jeûner, de réfléchir à leurs agissements et de revenir le lendemain. Ni Strikes Plenty ni Charging Elk ne dormirent beaucoup cette nuit-là. Le lendemain matin, Bird Tail leur dit qu'il avait rêvé d'un bison qui, parcourant les forêts des Paha Sapa, arrivait devant une grotte creusée au flanc d'une paroi rocheuse escarpée. Le bison avait tourné quatre fois sur lui-même, comme un chien avant de se coucher, regardant à chaque fois le monde. Il semblait tout enregistrer, comme s'il voulait se souvenir de tout ce qui existait. Au travers des nombreux hivers de ses ancêtres, il avait longuement regardé les plaines, les rivières et les montagnes qu'ils avaient franchies ; il avait regardé les jours d'herbe grasse et les jours de famine ; il avait regardé les jours de guerre et les jours de paix ; et, enfin, il avait regardé le ciel et le soleil, puis ses yeux étaient devenus aussi blancs et aussi durs qu'une pierre polie. Alors, il avait pivoté et était entré dans la grotte.

Bird Tail prit sa pipe et l'alluma avec une allumette qu'il frotta sur un caillou rugueux. Après avoir tiré pensivement quelques bouffées, il poursuivit : « Je tiens à vous remercier, jeunes gens, d'avoir pénétré dans la blessure faite par les *wasichus* dans le sein de grand-mère. Vous l'ignoriez, mais vous n'avez pas été envoyés là sans raison. Wakan Tanka savait que vous me le raconteriez et que je rêverais du bison aux yeux de pierre. Telles sont les voies du Grand Mystère. Toute chose a sa raison d'être, mais Il préfère laisser Ses enfants la découvrir.

« Voyez-vous, mon rêve concerne l'avenir. Depuis longtemps, nous pleurons la disparition des bisons. Nous avons cru le cercle sacré brisé quand les *wasicuns* sont venus dans notre pays et que notre peuple a abandonné ses traditions. Mais maintenant, j'ai vu que les bisons ne sont pas partis pour toujours. Ils sont simplement retournés chez eux dans le cœur des Paha Sapa, et ils y resteront jusqu'à ce que le cercle redevienne *wakan*.

— Et comment sauront-ils que le moment est arrivé ? » demanda Strikes Plenty, à la fois excité et sceptique.

Le vieil homme sourit cependant qu'il tapotait sa pipe pour vider les cendres dans le feu qui couvait. « Ils sauront, jeune homme. Et ils nous le diront. » Il rangea la pipe dans son étui de perles, puis ouvrit une vieille sacoche de cuir peint en vermillon et orné de dessins verts tout délavés dans laquelle il prit une torsade d'herbe douce et une carotte de tabac ainsi qu'un chasse-mouches fait d'une queue de bison. « Et maintenant, garçons, aidez-moi à me lever. Nous allons nous rendre dans la loge à bain de vapeur et demander à *maka ina* de vous pardonner d'être entrés dans la blessure que les *wasichus* ont creusée dans sa chair. »

Ce soir-là, Charging Elk rêva qu'il retournait au Bastion. Il chevauchait Grand Coureur qui franchissait en dansant les Mauvaises Terres, pressé comme toujours de retrouver l'herbe grasse et les belles juments. Alors qu'ils grimpaient la haute butte, Charging Elk aperçut une petite foule qui, à cheval, en chariot ou même à pied, se dirigeait vers le Bastion. Quand il arriva en haut, il vit de nombreuses tentes et de nombreuses personnes qui dansaient en cercle. Il ne connaissait pas cette danse. Elle n'était pas rythmée et gracieuse comme celles d'autrefois. Les danseurs sautillaient et tournoyaient sur place. Les hommes criaient et gémissaient, les femmes hurlaient et sanglotaient. Les tambours ne cessaient d'accélérer la cadence, jusqu'à ce que les danseurs commencent à tomber. Certains demeuraient alors immobiles, tandis que d'autres se tordaient et se roulaient par terre comme s'ils cherchaient à s'échapper de leurs corps.

Le jour n'était pas encore levé quand Charging Elk entendit frapper. Couché sur la plate-forme à dormir et couvert d'un épais édredon, il ne rêvait plus. Après avoir beaucoup réfléchi, il avait conclu que les danseurs fous n'étaient pas des Oglalas, ni même des Lakotas. Ils venaient d'ailleurs. Mais qui pouvaient-ils bien être et que faisaient-ils au pays des Lakotas ? Femme Bison Blanc qui leur avait apporté la pipe sacrée et la Danse du Soleil avait promis aux Lakotas qu'ils prospéreraient tant qu'ils pratiqueraient correctement ses cérémonies et ses sacrifices. Mais avait-elle prévu l'arrivée des *wasichus* ? Et pourquoi n'avait-elle pas averti le peuple pour qu'il puisse s'y préparer ? S'ils avaient fait quelque chose de mal, quelque chose qui ait provoqué la colère de Wakan Tanka et l'ait poussé à se détourner de son peuple, pourquoi n'avait-elle pas plaidé en sa faveur ? Charging Elk s'efforça de comprendre tout en sachant que le Grand Mystère était au-delà de la compréhension. Il ne pouvait que jouer son rôle et espérer que le cercle redevienne *wakan* afin qu'il vive vieux parmi les siens. Repensant au rêve de Bird Tail à propos du dernier bison, il se dit que celui-ci devait errer dans les entrailles des Paha Sapa, peut-être à se reproduire, peut-être à apprendre de nouvelles cérémonies de Femme Bison Blanc. Qui sait si, un jour, il n'émergera pas en pays lakota à la tête d'un immense troupeau de grands animaux. A cette pensée, son cœur bondit dans sa poitrine, tout comme le matin où Bird Tail leur avait raconté son rêve. Quand, par la fenêtre au fond de la chambre, il distingua le mince croissant argenté de la nouvelle lune, il sut que c'était la-lune-du-givre-dans-le-tipi, la plus froide de toutes les lunes. Au Bastion, seuls les chasseurs et ceux qui se trouvaient à court de bois ou de bouses de bison se risquaient à sortir tôt. Quand Strikes Plenty et lui avaient de la viande, ils se blottissaient autour du feu et buvaient du café, les couvertures de peau drapées sur leurs dossiers. C'étaient de longues journées, rudes et solitaires. Parfois, lorsque le vent soufflait et que la neige s'amoncelait, ils demeuraient bloqués dans la tente cinq ou six sommeils d'affilée. Cinq hivers auparavant, alors que Charging Elk avait dix-huit ans, ils étaient restés ainsi prisonniers pendant presque toute la lune-du-givre-dans-le-tipi. N'ayant plus ni viande, ni café, ni tabac, ils avaient dû faire bouillir le cuir dont ils se servaient pour raccommoder leurs mocassins.

On dénombrait dix-sept tipis au Bastion cet hiver-là, et environ soixante-dix personnes. Il y avait des familles ainsi que des jeunes gens un peu plus âgés que Charging Elk et Strikes Plenty. C'étaient tous de « mauvais » Indiens et ils devaient se montrer prudents. Si jamais ils venaient à Pine Ridge, on les arrêterait. Les hommes seraient envoyés à Fort Randall, les femmes placées sous bonne garde, et les enfants emmenés par l'agent dans une maison-pour-de-nombreux-enfants. Au cours de cet hiver, pourtant, alors qu'ils manquaient de nourriture et de bois pour se chauffer, beaucoup auraient aimé se rendre, quelle que fût la punition qui les attendait. Mais c'était impossible. Le voyage qui prenait deux jours en temps normal aurait demandé au moins cinq sommeils, à condition de ne pas périr en route. Au cours de l'hiver, huit personnes moururent de faim — quatre enfants, trois anciens et un Sans Arc vagabond tué par un mineur. Bird Tail l'avait maintenu en vie l'espace de deux lunes grâce à sa médecine, mais le froid et la faim avaient fini par avoir raison de lui.

Le jeune Indien ferma les yeux afin de se couper des ténèbres. Il aurait volontiers donné dix hivers comme celui-là pour être chez lui en ce moment. Seulement cette fois, il resterait auprès de sa mère et de son père. Ensuite, il prendrait femme. Aujourd'hui, Strikes Plenty devait avoir trouvé sa *winyan* et fondé une famille au Camp du Tourbillon. Les jeunes filles à la recherche d'un mari ne manquaient pas.

Charging Elk ne se sentait plus tellement « sauvage ». Il se rappelait la fierté qu'il avait ressentie quand Featherman l'avait présenté à Buffalo Bill comme un Indien sauvage. Il avait alors cru que Pahuska appréciait le fait qu'il ne soit pas un Indien des réserves comme les autres. Peut-être était-ce le cas, mais où cela l'avait-il mené ? La majorité des autres Indiens parlaient la langue américaine et tous s'adaptaient mieux que lui à cette nouvelle existence, sans compter que tous étaient encore quelque part avec le Wild West Show à cette heure — peut-être dans la maison du pape, qui sait ?

Non, sa « sauvagerie » ne voulait plus rien dire. Il avait l'impression d'être comme le bateau de feu sur la grande eau, sans la moindre terre en vue. Rien que l'immensité et les flots agités qui jouaient avec le bateau devenu soudain tout petit.

Et Poitrine Jaune, où était-il ? Wakan Tanka le lui avait envoyé avec du tabac. C'était sans aucun doute une offrande, un signe destiné à faire savoir à Charging Elk que le Grand Mystère ne l'avait pas oublié. Il avait essayé de fumer la cigarette comme il convenait, mais il n'était pas un *pejuta wicasa* — il ne possédait pas de réel pouvoir dans le monde des esprits. Il était clair que son animal-pouvoir n'avait plus celui d'intercéder en sa faveur auprès de Wakan Tanka. Et maintenant, qu'allait-il devenir ? Poitrine Jaune l'aurait-il à son tour abandonné ?

Entendant de nouveau frapper, il ouvrit les yeux et se tourna vers la porte. Elle s'entrouvrit pour laisser filtrer un rai de lumière en provenance du couloir.

« *Bonjour,* Charging Elk. *Est-ce que vous avez bien dormi ?* »

La porte s'ouvrit un peu plus, et Charging Elk s'assit dans son lit. Il avait dormi avec son costume et sa chemise après avoir enlevé seulement son col, sa cravate et ses chaussures.

Une tête apparut dans l'entrebâillement, celle du Français qui habitait là.

« *Ah, très bien. Ça va ?* »

Un fil électrique s'alluma brusquement au-dessus d'eux, de sorte que la pièce eut l'air tout à coup vide et froide. Charging Elk se leva et plissa les yeux pour se protéger de l'éclat violent de la lumière.

Le petit homme râblé, vêtu d'un pantalon blanc et d'un chandail bleu, tenait à la main un lourd broc. Il sourit au jeune Indien, tout en considérant d'un œil critique le costume froissé. Apparemment tout excité, il fit de grands gestes accompagnés de paroles prononcées dans la langue des Français. Il désigna le sac de toile et la petite valise demeurés tels quels au pied du lit, puis sembla poser une question. Charging Elk lui lança un regard scrutateur.

L'homme devait avoir dans les trente-cinq hivers. Ses cheveux brillants et clairsemés étaient ramenés en arrière sur son début de calvitie. Charging Elk avait remarqué la veille qu'il avait des mains étonnamment larges pour sa taille. Dans la pâle clarté, elles paraissaient rouges et tout écorchées. Mais c'était son visage qui retenait surtout l'attention. Il n'avait ni barbe ni moustache, et même ses pattes étaient coupées court, arrivant tout juste à la hauteur du lobe de ses oreilles. Sans pouvoir se l'expliquer, Charging Elk n'éprouvait nulle gêne à détailler ainsi les traits du *wasichu.* Il avait le nez épaté et deux dents du bas qui manquaient, mais dans ses yeux se lisait quelque chose que le jeune Indien connaissait bien : cette espèce de sagesse empreinte de tristesse propre à certains des anciens. Son regard exprimait la gentillesse et l'indulgence pour les fautes d'autrui, des vertus acquises à la suite d'une vie de dur labeur. Il savait ce que les hommes devaient endurer afin de devenir meilleurs — ou, parfois, pires. Les yeux de ces anciens ne condamnaient pas. A l'exemple de ceux de ce petit homme qui parlait et gesticulait pratiquement sans arrêt.

Le jeune Oglala s'écarta pour laisser passer le Français qui alla verser le contenu du broc dans une sorte de cuvette encastrée dans un petit meuble à côté duquel pendait une étoffe suspendue à un crochet. L'homme jeta un regard autour de lui, poussa une exclamation, puis saisit le sac marin qu'il posa sur une caisse de tiroirs. Il les ouvrit, continuant de gesticuler, et s'écriant à chaque fois : *« Et voilà ! »* Il vida le sac dans les tiroirs, marmonnant sans cesse tandis qu'il rangeait. Il finit par trouver une longue chemise grise dépourvue de col et de boutons qu'il tendit à Charging Elk. Il prit ensuite un pantalon bleu tout neuf qui ressemblait beaucoup au sien, puis un chandail à rayures bleues et blanches. Et, comme par magie, il sortit du sac une paire de grosses chaussures ainsi qu'une veste en laine roulée bien serré. Après quoi, il ouvrit le tiroir du haut, en tira des chaussettes grises roulées en boule, puis considéra son hôte avec un sourire satisfait. Il pointa le doigt sur les vêtements, puis sur le grand Indien. Il versa encore un peu d'eau chaude dans la cuvette et fit le geste de se laver la figure. « Je vais attendre dehors », dit-il. Puis, repérant la petite valise, il ajouta : « Voyons. »

La valise contenait, entre autres, un peigne et une brosse, un rasoir et un cuir à rasoir, ainsi qu'une brosse à dents. *« Très bien, très bien, très bien »*, disait le petit homme, brandissant chacun des objets à la lumière avant de les ranger dans les tiroirs. Il produisit une glace à main qu'il plaça devant le visage de Charging Elk, puis il éclata de rire. « *Bel homme, n'est-ce pas ?* Bon, j'attends dehors. »

Charging Elk, soulagé, se débarrassa du costume. Il était chaud mais il lui grattait les jambes. Il passa les vêtements neufs et le pantalon qui, bien qu'un peu raide, ne grattait pas. Il enfila les chaussettes et les grosses chaussures, puis noua les lacets comme Costume Marron lui avait appris à le faire. Il fut heureux de constater qu'elles étaient plus grandes que celles qu'il portait la veille. Elles offraient davantage de place pour ses orteils qu'il agita avec volupté.

Après s'être lavé la figure à l'eau et au savon, il trempa la brosse à dents dans l'eau savonneuse et se brossa les dents. Malgré le mauvais goût, il se sentit mieux. Il alla ensuite prendre sur le dessus des tiroirs la petite glace dans laquelle il s'étudia attentivement. Il éprouva un choc à la vue de son visage encadré de cheveux courts. Bien sûr, depuis hier matin, il s'était souvent passé la main dans les cheveux, incrédule, mais au spectacle de ses oreilles dégagées, il fut envahi d'un sentiment de peur. Comment Wakan Tanka le reconnaîtrait-il à présent ? Il eut soudain honte de lui. D'Indien sauvage, il était devenu cette créature dans le miroir. Il baissa les yeux sur ses habits neufs, ses grosses chaussures. Qu'est-ce qui lui était arrivé ? Il y a tout juste quelques semaines, il avait encore le plastron en os de son père, son propre collier de griffes de blaireau, ses vêtements de peau et, surtout, ses longs cheveux qui n'avaient jamais été coupés. Même quand il mettait les chemises et les pantalons des *wasichus*, il gardait ses bracelets de cuivre aux bras, ses boucles d'oreilles et ses deux plumes d'aigle dans les cheveux. Il portait aussi ses mocassins et enroulait de la fourrure d'hermine et des rubans rouges autour de ses nattes. Et cette créature dont le miroir lui renvoyait l'image ne ressemblait plus en rien au jeune Oglala du Bastion. Son visage s'était aminci, son regard paraissait fuyant et sa bouche, amollie. Comment Wakan Tanka saurait-il que c'était Charging Elk ? Et comment Charging Elk redeviendrait-il l'homme qu'il était ? Aurait-il toujours cet aspect-là, cet air faible et lâche ?

Il reposa la glace sur les tiroirs, puis se dirigea vers la fenêtre. Il faisait encore noir et le cheval qui, toute la nuit, avait tourné en rond s'était arrêté. Tous les chevaux, à présent, dormaient sous la flaque de lumière du bec de gaz, formant une masse indistincte. Au-dessus, le mince croissant de la lune-du-givre-dans-le-tipi brillait sur la grande ville, pareille à l'alène dont sa mère se servait pour coudre les mocassins. Encore que, doutant qu'il s'agisse de la même lune, Charging Elk lui adressa une prière du matin. Il avait perdu la notion du temps, mais il pressentait que cette lune n'était pas encore arrivée dans son pays. Peut-être sa mère et son père sauraient-ils qu'il l'avait vue et prieraient-ils pour lui. Peut-être demanderaient-ils à Wakan Tanka de lui envoyer un rêve pour lui montrer le chemin qui le ramènerait chez lui.

Charging Elk mit cinq morceaux de sucre dans son *café au lait* et commença à remuer. René Soulas, qui l'observait, songeait que c'était un être humain de toute beauté. Même dans ses habits de travailleur, il semblait au-dessus de la simple condition de *prolétaire*. Avec sa manière de bouger, son port de tête, ses doigts longs et fins, il avait l'air d'un prince, un prince à la peau presque noire. René avait remarqué Charging Elk au cours du spectacle du Wild West Show, car il était beaucoup plus brun que les autres *Peaux-Rouges*. On aurait presque dit un *nègre*. En outre, c'était celui qui prenait le plus de risques, qui galopait au milieu des bisons lancés à toute allure comme s'il avait affaire à des animaux domestiques.

Hier à la *préfecture*, quand Charging Elk était entré dans le bureau du capitaine, René avait été stupéfié. Voilà que le seul *Indien* qui eût attiré son attention, en dehors des grands chefs Red Shirt et Rocky Bear, allait venir habiter chez eux ! Mais, avait-il aussitôt pensé avec tristesse, seulement pour peu de temps. Monsieur Bell, l'Américain, viendrait un jour prochain — demain ou peut-être dans une semaine — rechercher cet homme exceptionnel. Et ils n'auraient même pas eu le temps d'apprendre à communiquer. Il aurait pu raconter tant de choses à Mathias et à Chloé sur l'Ouest sauvage qui, à en croire Buffalo Bill, n'était même pas aux *Etats-Unis*, mais constituait quelque part au-delà un vaste territoire. Peut-être qu'un jour Mathias irait voir Charging Elk dans son *tipi* pour apprendre à survivre dans la nature. Ce n'était pas exclu. Mathias avait en effet le goût de l'aventure.

René regarda l'*Indien* manger sa tranche de pain tartinée d'une épaisse couche de confiture d'abricots. Il regrettait que les enfants ne soient pas là, mais Madeleine avait tenu à ce qu'ils passent cette première nuit chez ses parents. Elle était convaincue que sinon, ils auraient fait des cauchemars ou auraient eu du mal à s'endormir par crainte d'être scalpés. René s'était moqué de ses peurs, tout en reconnaissant que les scènes où, au cours du spectacle, les Indiens scalpaient leurs ennemis étaient particulièrement horribles. Il avait vu Chloé enfouir son visage dans les jupes de sa mère pendant que les *Indiens* dansaient en brandissant les scalps au bout de leurs lances. Mais ce n'était qu'un trucage. On voyait bien que les soldats « morts » avaient toujours leurs cheveux.

Il jeta un coup d'œil en direction de sa femme qui, debout devant le fourneau, faisait cuire le stockfish. René avait insisté pour qu'on serve au dîner de ce soir une *bouillabaisse* en l'honneur de leur invité. Après tout, il n'allait peut-être rester qu'un jour ou deux. René avait déjà donné une rascasse de belle taille à monsieur David, le vendeur d'épices, en échange d'un peu de safran et de poivre rose. Madeleine avait protesté que le safran était trop cher, mais comment préparer une bonne *bouillabaisse* sans safran ?

Pauvre Madeleine. Comme elle souffrait ! Et si inutilement. « Ne te complique donc pas l'existence et aie confiance en Dieu. » Combien de fois René avait pu lui répéter cela depuis leur mariage ! Et il avait raison. Même quand Chloé avait été malade de la grippe et qu'on avait dû appeler le prêtre pour lui administrer l'extrême-onction, René s'était contenté de prier toute la nuit, et le lendemain matin, leur fille s'était assise dans son lit pour boire un peu de bouillon et manger un morceau de biscuit.

René aimait encore davantage Madeleine aujourd'hui que par le passé. Elle lui avait donné deux beaux enfants, et elle était demeurée aussi jolie qu'avant. Il éprouvait toujours un sentiment de tristesse à la pensée que son père n'était plus là pour être témoin de son bonheur. Si Dieu n'avait pas jugé bon de le rappeler à Lui, il aurait approuvé son mariage avec Madeleine. Sa robe de mariée lui allait encore, et son cher visage était aussi lisse que le jour où il l'avait soulevée dans ses bras après sa chute du cerisier.

René Soulas était un homme heureux. Certes, cet hiver la pêche avait été médiocre et ils allaient devoir se serrer un peu la ceinture, mais cela ne viendrait en rien rompre l'harmonie du foyer. Et puis, le vent finirait bien par tourner — le *mistral* ne soufflerait pas éternellement — et l'agneau et le porc feraient leur retour sur la table familiale. En attendant, ils mangeraient quand même du poisson. Après tout, n'était-ce pas le poisson qui leur fournissait leur gagne-pain ? Il n'y avait aucun mal à se passer d'un petit profit. René soupira. Peut-être qu'en troquant une belle rascasse contre un peu de safran, il avait fait une mauvaise affaire, mais il s'agissait d'une occasion exceptionnelle. Et une *bouillabaisse* sans safran, ce n'était que du vulgaire poisson bouilli !

Il tira sa montre de la poche de son gilet : 5 heures 10. Il restait une vingtaine de minutes avant l'arrivée des premiers bateaux de pêche. « Venez, Charging Elk, il faut partir. Je vous montrerai comment je gagne ma vie. Peut-être pourrez-vous m'aider un peu, mon ami. » René ne savait pas encore s'il devait traiter l'Indien en invité ou en membre de la famille contribuant aux dépenses de la maison. Allait-il accepter de travailler ?

« Il ne comprend pas un mot de ce que tu lui chantes, dit Madeleine, le dos toujours tourné. Pas un traître mot. Tu ne t'en es pas encore aperçu ? L'Américain a dit qu'il ne parlait aucune langue habituelle. En plus, tu lui parles en français, et à moi, en provençal. Comment voudrais-tu qu'il apprenne ?

— Français, provençal, peu importe, mais j'ai l'impression que c'est un garçon très intuitif. Il paraît que les *Peaux-Rouges* sont doués d'un sixième sens. » René se leva, sitôt imité par Charging Elk. « Tu vois ? Il sait que c'est l'heure de partir.

— Tu es bien bête de le croire. Mais tu as déjà été bien bête de vouloir l'héberger. J'espère simplement qu'il ne va pas faire trop peur à Chloé. »

René contourna la table, plaqua les mains sur les épaules de sa femme, puis l'embrassa derrière l'oreille. « Et toi, tu es bien bête de t'inquiéter, ma chère épouse. Nos enfants vont avoir un souvenir qu'ils garderont toute leur vie. Ils pourront raconter à leurs petits-enfants qu'ils ont dormi sous le même toit qu'un *Indien* sauvage.

— S'ils vivent jusque-là. »

René éclata de rire. Puis, tout aussi soudainement, il devint sérieux. « Buffalo Bill a dit qu'ils étaient en voie de disparition — comme les bisons. Il a dit que leur culture se mourait et que bientôt, elle aussi aura disparu. C'est une véritable tragédie que des choses pareilles puissent se produire. »

Madeleine continua à hacher son oignon sur la planche installée devant elle. L'espace d'un moment, on n'entendit aucun autre bruit dans la cuisine. Puis elle s'interrompit et se retourna. Elle ne mesurait que quelques centimètres de moins que son mari, mais elle leva les yeux vers son visage et lui passa la main dans les cheveux. « Tu ne devrais pas penser à tout cela, René. Tu n'es qu'un marchand de poisson. Tu as une famille qui t'aime et que tu aimes, et elle te donne déjà assez à penser. » Elle s'était exprimée d'un ton calme et un peu moralisateur, mais dans lequel perçait une affection renforcée par des années de vie commune. Ils se disputaient souvent, à l'instar des Provençaux, mais cela n'entamait en rien l'amour qu'ils se portaient. Madeleine lui caressa un instant les cheveux, puis elle regarda Charging Elk. « Nous le traiterons avec tous les égards nécessaires — pendant le court laps de temps où il sera chez nous. Maintenant, va. Je te verrai à 8 heures et demie. Peut-être qu'on rapportera une autre rascasse pour ta *bouillabaisse.* »

René éclata à nouveau de rire, cette fois avec une franche

gaieté. Il savait que Madeleine lui en voulait d'avoir échangé une belle rascasse contre le safran, et voilà qu'elle suggérait de perdre le produit de la vente d'une deuxième pour régaler cet hôte dont la présence prouvait une fois de plus l'inconséquence de son mari. Il sourit à Charging Elk, puis il le prit par le coude pour le conduire vers la porte. « A tout à l'heure au marché, ma chérie. Et n'oublie pas la caisse.

— Est-ce que je l'ai jamais oubliée ? Tu me crois vraiment irresponsable, ou tu veux faire l'important devant un sauvage qui ne comprend même pas ce que tu racontes ? Allez, va-t'en et laisse-moi préparer en paix ta précieuse *bouillabaisse. A bientôt*, grand bêta. »

Il ne faisait pas encore jour lorsque les deux hommes tournèrent le coin de la rue d'Aubagne pour s'engager dans la Canebière en direction du Vieux-Port. Ils traversèrent le large cours Belsunce, puis le cours Saint-Louis le long duquel, d'ici quelques heures, les cafés grouilleraient de consommateurs. C'était le moment de la journée, ou plutôt de la nuit, cette aube indécise, que René préférait par-dessus tout. Il empruntait ce même trajet depuis vingt-cinq ans, alors que, petit garçon, puis élève du *lycée*, il accompagnait son père et son employé qu'il aidait à charroyer le poisson jusqu'au marché avant de partir pour l'école. Son père tirait la lourde charrette à bras, tandis que René et l'employé poussaient. Certains ne se rendaient pas compte à quel point la Canebière pouvait monter, mais le jeune homme, lui, était bien placé pour le savoir. Quand la pêche avait été bonne et que les Marseillais ne regardaient pas à la dépense, la charrette débordait de poissons qu'ils n'étaient pas trop de trois pour installer sur l'éventaire du marché en *plein air*.

Maintenant, René avait une charrette tirée par un cheval que son propre employé, François, remisait dans son champ à la périphérie nord de Marseille, non loin de la gare Saint-Charles. La grande jument louvette, un vieil animal de trait, n'avait rien de remarquable, mais elle était assez forte pour porter Mathias sur son dos tout en tirant un tombereau plein.

François, qui travaillait avec René depuis dix ans, lui apportait une aide précieuse. Il connaissait le métier, ne lambinait pas et suivait sans rechigner les instructions qu'on lui donnait. Dès l'aube, il était là avec la charrette. Les paniers étaient impeccablement nettoyés, le bloc de glace attendait au fond de la boutique, et les caisses de poissons étaient installées sur l'étal, légèrement inclinées afin que les clients puissent examiner à loisir leur contenu. René tenait à présenter le mieux possible ses poissons et ses crustacés. Il allait jusqu'à disposer artistiquement sur les lits de glace pilée des citrons coupés en deux, bien qu'à cette époque de l'année, ils fussent très chers car importés d'Afrique ou des pays du sud du Levant. Madeleine lui reprochait de les acheter pour les jeter à la fin du marché, mais René savait que c'étaient ces petites touches — comme mettre en valeur les rascasses sur un lit de glace ou arranger les crevettes de manière à ce qu'elles semblent déborder d'une corne d'abondance en osier — qui accrochaient l'œil des clientes. Quand il s'agissait d'attirer le chaland, il ne restait pas les bras croisés. Les femmes, qui constituaient la grande majorité de sa pratique, appréciaient particulièrement ses efforts.

Lorsque René et Charging Elk atteignirent la rampe de pierre au pied du quai des Belges, une douzaine de bateaux étaient déjà arrivés au port, que les pêcheurs commençaient de décharger. Les hommes, emmitouflés dans des vestes de laine et coiffés de casquettes, portaient des pantalons en toile cirée et des bottes. La plupart remontaient en silence la rampe, les bras chargés de caisses de bois. René eut une petite moue accompagnée d'un soupir. Depuis vingt-cinq ans qu'il les fréquentait, il avait appris à connaître les pêcheurs. Quand ils parlaient fort et plaisantaient, cela signifiait que les bateaux regorgeaient de poisson. Quand ils demeuraient pensifs et parlaient à voix relativement basse, c'était que la pêche avait été moyenne, plutôt décevante, sans toutefois être catastrophique. Et quand, comme maintenant, ils se taisaient, cela voulait dire qu'ils avaient pris si peu de poisson qu'ils s'inquiétaient pour leurs familles, leurs bateaux, leurs moyens d'existence.

René, suivi à quelques pas par Charging Elk, consacra quelques minutes à examiner le contenu des caisses, puis il porta son regard vers la mer et, entre les rangées de canots et de yachts amarrés, il aperçut d'autres bateaux de pêche qui, voiles déjà affalées, rentraient au port, se laissant glisser sur leur erre. Il cherchait à en repérer un en particulier, un bâtiment plus grand que les autres, *La Martine*, qui s'éloignait davantage de la côte et ramenait les plus gros poissons de même que les plus importantes quantités de sardines. Il ne semblait pas être là, ce qui n'avait rien de surprenant dans la mesure où il restait parfois en mer deux ou trois jours d'affilée.

« Il n'y a rien », dit un homme mince et assez jeune. Il avait un manteau boutonné jusqu'au col et les bras serrés contre lui pour se réchauffer. Ses lunettes à monture de fer brillaient à la lueur d'un réverbère. « Moins que rien, reprit-il. Ça ne pourrait pas être pire. »

René le connaissait. Il achetait le poisson pour une demi-douzaine des meilleurs restaurants autour du port, y compris le sien où il officiait en tant que chef cuisinier. Ni les pêcheurs ni les marchands de poisson ne l'aimaient à cause du mépris qu'il affichait pour leur travail. Quand la pêche avait été bonne, il se plaignait de la qualité des poissons, et quand la pêche avait été mauvaise, il mettait en doute la qualité professionnelle des pêcheurs. Ceux-ci, néanmoins, lui réservaient le meilleur de leur pêche. Voir son poisson finir sur les tables des plus grands restaurants de Marseille était un honneur, sans compter la publicité qu'on en retirait. Les marchands, pour leur part, lui en voulaient de ne pas se servir chez eux à l'instar des autres restaurateurs.

« Mais si, monsieur Breteuil, ça va s'améliorer, dit René, se demandant s'il le pensait réellement. Janvier a toujours été le mois le plus mauvais, surtout pour les crustacés. Vous verrez, dès que le *mistral* cessera et que la mer commencera à se réchauffer, ça ira mieux. »

Breteuil paraissait regarder un point situé derrière René. « Qu'est-ce que c'est ? » fit-il d'une voix soudain radoucie et un peu hésitante.

René se retourna. Il ne vit que Charging Elk et les autres marchands de poisson. Plusieurs charrettes étaient garées le long du trottoir, et les chevaux attelés entre les brancards avaient la tête plongée dans leurs sacs d'avoine. François s'avançait vers eux, les paniers en équilibre sur l'épaule. Il n'y avait rien qui sortît de l'ordinaire. Quand il reporta son attention sur Breteuil, il s'aperçut que celui-ci, en fait, fixait l'Indien.

« Mon nouvel employé », annonça René avec un sourire tendu qui découvrit ses dents du bas et l'espace vide laissé par les deux qui manquaient. Jetant un coup d'œil circulaire, il constata qu'un petit groupe de trois marchands de poisson dévisageaient également le jeune Oglala. Son sourire s'élargit. « Monsieur Charging Elk, *messieurs*, le présenta-t-il alors. Ancien membre du Wild West Show de Buffalo Bill.

— Mais comment est-il arrivé ici ? » s'étonna Breteuil.

Les trois marchands de poisson s'étaient approchés pour étudier de plus près l'étranger au visage presque noir. Bien qu'il eût perdu beaucoup de poids, Charging Elk, avec sa haute taille, ses larges épaules, ses longs bras et ses grandes jambes, composait encore une silhouette impressionnante.

« Présente-nous, René, dit l'un.

— Est-ce qu'il parle français ? » s'enquit un deuxième.

Quant au troisième, il se contenta de considérer l'Indien avec des yeux ronds.

René s'exécuta, et chacun vint serrer la main de Charging Elk.

« Il n'a guère de poigne, constata le premier, un homme corpulent qui vendait son poisson en bas du Panier. Un peu de travail ne lui fera pas de mal.

— Les *Peaux-Rouges* n'ont pas l'habitude d'échanger des poignées de main, Jean-Claude, expliqua René. Je crois qu'entre eux, ils se tapent plutôt dans le dos. Je les ai vus faire au Wild West Show. » Pour appuyer ses paroles, il assena imprudemment une claque dans le dos de Charging Elk. « Vous voyez ? » dit-il avec, cette fois, un large sourire qui, dans la pâle lumière, le fit ressembler à une gargouille hilare.

Il n'avait pas remarqué le regard acéré que lui avait jeté l'Indien, surpris par son geste.

Breteuil, lui, l'avait remarqué, mais il avait surtout remarqué la main à la fois large et déliée qui s'était glissée dans la sienne. Malgré sa mollesse, elle n'avait rien de doux. Il en devinait la force cachée, ce qui l'excitait et l'effrayait dans le même temps. Il avait ressenti un pareil frisson à la vue de certains des *Nègres* qui débarquaient des bateaux en provenance d'Afrique occidentale. Nombre d'entre eux étaient aussi grands et vigoureux que cet Indien, mais ils étaient à peine plus que des esclaves. Quelques-uns de ses amis qui avaient été avec des *Nègres* l'avaient incité à suivre leur exemple, mais voir ainsi les *Nègres* se laisser commander par les Arabes l'avait empli d'un sentiment de frustration et de mépris. Il ne comprenait pas comment ils pouvaient accepter une telle humiliation. Pourtant, il trouvait certains d'entre eux très beaux. Emergeant de ses pensées, il s'aperçut que l'Indien avait le regard rivé sur lui. Ses yeux étrécis brillaient à la lueur du réverbère, et Breteuil, pris de peur, réprima un mouvement de recul, tandis que, malgré le froid de l'aube, une chaleur naissait en lui.

A six heures et demie, tous les bateaux, y compris *La Martine* arrivé en dernier, étaient rentrés, et leur pêche alignée dans de grandes caisses en bois sur le quai des Belges. La cloche retentit et les enchères débutèrent.

La plupart des marchands de poisson étaient rassemblés autour des caisses en provenance de *La Martine*, dans l'espoir de pouvoir acheter de la rascasse, du thon ainsi que des sardines. Le bateau était équipé tant pour la pêche à la cuiller qu'à la seine. Dans les eaux où les sardines abondaient, le capitaine jetait les filets, et quand les thons venaient se nourrir au milieu des bancs de petits poissons, l'équipage lançait les cuillers de métal étincelant dans les remous. Les marchands de poisson s'intéressaient toujours à ce que *La Martine* ramenait.

Ce matin, René n'attendait pas grand-chose des prises du grand bateau. Il se dirigea de l'autre côté, où il eut l'agréable surprise de trouver plusieurs caisses à moitié pleines de sardines et de *rougets*, ainsi qu'une quantité honorable d'anchois. Les crevettiers, en revanche, n'avaient pas fait très bonne pêche, de sorte que la *langoustine* et la crevette étaient rares. De même, on ne comptait que quelques dizaines de poulpes.

Deux autres marchands s'avancèrent, et René se mit à l'ouvrage. Il aimait bien ce qui s'apparentait parfois à un jeu : acheter le meilleur marché possible et, de temps en temps, faire grimper les prix et laisser un de ses collègues payer le lot un peu trop cher, si bien que le lendemain, légèrement échaudé, celui-ci hésiterait peut-être à enchérir. Finalement, il réussit à acquérir vingt-huit kilos de sardines, dix-sept kilos de *rougets*, un panier d'anchois et un poulpe — surtout pour la décoration. Il le paya trop cher, mais il partirait sûrement à la fin du marché, même s'il devait le battre un peu pour l'attendrir. Il acheta également ce qu'il put de calamars et d'oursins. Breteuil avait eu en partie raison : ce n'était pas à proprement parler rien, mais ce n'était pas non plus la profusion. René calcula qu'il avait juste assez de poisson pour tenir à peu près deux heures sur les quatre que durait le marché, c'est-à-dire à peine de quoi empêcher les gens du quartier — du moins les lève-tôt — de trop rouspéter. En temps normal, il vendait plus d'une centaine de kilos, mais il lui faudrait se contenter de ce que Dieu voulait bien lui accorder. Avant de partir, il s'approcha de *La Martine* et parvint à acheter à la criée un thon de douze kilos qu'il découperait en darnes. Pendant qu'il comptait ses billets, satisfait d'avoir quand même un assortiment de poissons à offrir, il chercha Charging Elk du regard. Dans l'excitation des enchères, il l'avait oublié. Il vit François se diriger vers la charrette, portant deux lourds paniers. Son employé avait pour mission d'acheter des coquilles Saint-Jacques et des moules à l'autre bout du quai, et à en juger par le poids des paniers sous lequel il ployait, il devait s'être plutôt bien débrouillé.

René finit par repérer Charging Elk. L'Indien aidait Breteuil à charger ses achats sur une charrette. Maudit soit ce Breteuil ! C'était une abomination au regard de Dieu avec ses manières efféminées et son arrogance. René savait par ouï-dire quel genre de faune le célèbre chef fréquentait. Une bande de dépravés, tous voués à l'enfer dans l'autre monde

— mais dans ce monde-ci, ils étaient davantage qu'un simple objet de commérages : ils représentaient le mal incarné.

Après avoir payé le pêcheur, René se hâta d'aller poser le thon sur le panier d'anchois. Ensuite, courant presque, il se précipita vers la charrette de Breteuil. « Monsieur Breteuil ! Qu'est-ce que vous voulez à mon nouvel employé ? » Le cœur de René cognait dans sa poitrine. Il n'ignorait pas qu'il était sans doute plus énervé qu'il ne l'aurait dû. En fait, il se rendit compte qu'il était plutôt effrayé que réellement en colère. Charging Elk était pareil à un chiot. On pouvait le mener où l'on voulait en lui faisant miroiter la simple promesse d'une friandise. Il avait déjà un mince cigare fiché entre les lèvres.

« Il m'a proposé de m'aider, monsieur Soulas. Il m'a juste donné un petit coup de main. » Breteuil essuya ses lunettes avec un pan de sa veste. Il s'était mis à brouillasser et, instinctivement, René et lui levèrent les yeux vers le ciel. Tous deux parurent légèrement surpris de le voir si gris après le beau soleil d'hiver qui avait brillé la veille.

« Mais cela ne se fait pas, *monsieur*. Vous avez votre employé et vous n'avez pas à prendre le mien. » René eut un petit rire. Il se sentit soudain honteux de faire preuve d'une telle déférence envers ce dépravé. Il chercha à se reprendre : « Je ne veux pas que vous recommenciez, *monsieur*. Ce n'est pas dans les usages du quai des Belges. Regardez autour de vous. » Il montra d'un geste les hommes occupés à charger les charrettes.

Breteuil chaussa ses lunettes. « N'en faites pas toute une histoire, Soulas. Il était là, les bras ballants, aussi je lui ai simplement demandé de m'aider à porter mes achats. Mon employé avait été chercher des *langoustines* à l'autre bout. » Breteuil désigna l'extrémité du quai encore plongée dans la pénombre. « Je pensais qu'un peu d'exercice ne ferait pas de mal à votre *Peau-Rouge*. »

René ne l'écoutait déjà plus. Il prit Charging Elk par le coude pour le conduire vers ses paniers. « Il faut vous tenir à l'écart de cette créature. C'est un être malfaisant. Lui et ses semblables font leur proie des personnes naïves. Ce sont des suppôts de Satan, des démons envoyés par le diable qui induisent en tentation les jeunes gens de peu d'intelligence et de moralité... «

Charging Elk s'arrêta et dégagea son bras, puis il se retourna pour regarder Breteuil. Il trouva brusquement à qui celui-ci le faisait penser avec sa peau claire, son corps mince et ses lunettes. A Poitrine Jaune. Cet homme-là aussi lui avait donné de quoi fumer. Peut-être qu'ils se connaissaient, ou que Wakan Tanka les avait envoyés à son secours. Peut-être que c'étaient des *heyokas*, des clowns sacrés, venus lui indiquer le chemin. Le petit homme le tira de nouveau par la manche sans arrêter de jacasser, et Charging Elk se laissa entraîner loin du pâle *heyoka*. Il savait qu'il le reverrait. Il le guetterait, car il avait la certitude que Poitrine Jaune ou lui, un jour prochain, lui adresseraient un signe.

René était sous le coup d'une vive émotion. Il avait été très surpris de voir *l'Indien* se retourner pour examiner ce Breteuil. On aurait cru qu'il avait saisi ce que René lui disait et qu'il avait tenu à le vérifier de ses propres yeux. Ainsi, Charging Elk comprenait ! Madeleine avait tort de douter de son intelligence. *« Oui, oui, mon ami*, tu as l'esprit éveillé. Tu vois que je dis la vérité. C'est une dure leçon. Maintenant, viens, René Soulas va te montrer comment on vend le poisson. »

Vers le milieu de la matinée, il cessa de bruiner. Le vent chassa les nuages noirs vers le sud, et les premiers rayons de soleil vinrent éclairer les sinistres bâtiments qui se dressaient autour du port. A gauche du marché, là où la rue se rétrécissait, une femme accrochait son linge à l'aide de pinces sur un fil tendu entre deux immeubles.

Charging Elk la regardait faire avec un semblant d'intérêt, tout comme il observait les activités du marché. Debout sur le caillebotis derrière les tables sur lesquelles s'entassaient toutes sortes de créatures marines, il voyait le petit homme et sa femme saisir les poissons qui leur glissaient parfois des mains, les mettre dans un plateau métallique suspendu à un crochet, puis enfiler de lourds morceaux de métal sur une tige jusqu'à ce que le plateau et les morceaux soient en équilibre. Après quoi, ils hurlaient quelque chose à la cliente qui finissait par leur donner de l'argent en échange du poisson. Au début, tous ces cris ne manquèrent pas de troubler Charging Elk. Le comportement d'un homme habillé de blanc sous sa veste bleue le déconcerta davantage encore. En effet, il commença par crier contre le petit Français, par faire des grimaces, par gesticuler, puis il s'éloigna, la mine dégoûtée. Il ne tarda cependant pas à revenir, à pousser de nouveaux cris, et enfin à acheter plusieurs créatures différentes, à la suite de quoi le petit homme et lui se serrèrent longuement la main. Lorsque l'homme en blanc partit, ployant sous le poids de paniers pleins à ras bord, le petit Français lança un coup d'œil à Charging Elk et sourit.

Le jeune Indien savait que celui qui vendait les poissons s'appelait René et que l'autre, celui à la peau plus brune, s'appelait François. Le petit homme avait pointé le doigt sur Charging Elk en disant : « Charging Elk » avec un accent presque incompréhensible, puis il s'était désigné en disant : « René ». Et quand l'autre homme était arrivé avec la charrette, celui qui répondait au nom de René l'avait montré en disant : « François. » Il avait recommencé par deux fois, comme s'il désirait que l'Indien répète après lui. Et lorsqu'il avait essayé de reproduire ces sons étranges, Charging Elk avait été surtout étonné d'entendre sa voix, car il n'avait plus prononcé un mot depuis qu'il avait chanté son chant de mort dans la maison de fer. Il y avait combien de sommeils de cela ? Il avait alors pensé à la jeune fille de Paris qui, elle aussi, lui avait fait répéter son nom : Sandrine. Elle lui avait donné un grand pouvoir avec l'image de l'homme au cœur qui saigne. Broncho Billy lui avait ensuite expliqué que l'image était *wakan* et que cet homme était *wakan* pour les Blancs, mais que maintenant de nombreux Indiens aussi le vénéraient, tout comme ils vénéraient Wakan Tanka. Charging Elk aurait dû être en colère, car la fille l'avait amené par la ruse à adorer cet étrange *wasichu* barbu, mais il ne l'était pas. De fait, il la considérait même comme un donneur-d'esprit qui lui avait offert un *wotawe*, une amulette qu'il devait conserver toujours sur lui. Il n'avait pas besoin d'adorer l'homme, mais seulement le pouvoir de l'amulette.

A présent, tant la fille que le *wotawe* avaient disparu, et lui, il se trouvait ailleurs, dans un drôle d'endroit où les gens circulaient au milieu des étals, chargés de sacs et de paniers en osier dont certains étaient déjà remplis de choux, d'olives, de dattes et de pain bis. Juste à côté des Soulas, on vendait des fromages de toutes sortes et de toutes formes. Il y en avait des petits et ronds couverts d'une moisissure blanche, d'autres coupés en carrés ou en parts. Ils pouvaient être durs ou crémeux, blancs, jaunes ou orange. Une jeune femme se tenait derrière le comptoir, qui, profitant d'un rare moment de calme, fumait une cigarette, une liasse de billets à la main.

De son poste d'observation derrière les caisses de poisson, Charging Elk constata qu'elle avait une jambe plus courte que l'autre. Pour compenser, sa chaussure comportait une semelle plus épaisse, mais le pied semblait pareil à l'autre. A Paris, il avait vu des gens, en majorité des hommes, avec une jambe coupée. Une fois, Featherman et lui avaient failli se faire renverser par un cul-de-jatte qui se déplaçait sur une petite plate-forme de bois munie de roues qu'il propulsait à l'aide de ses poings, prenant appui sur le trottoir. Ses mains étaient enveloppées de chiffons sales et déchirés, mais sa barbe était bien taillée et sa veste et sa chemise, relativement propres. Il n'avait même pas eu l'air de remarquer les deux Indiens qui le regardaient filer à toute allure.

Charging Elk leva la tête et vit que la jeune femme avait les yeux fixés sur lui. Un sourire de guingois étirait ses lèvres entre lesquelles était glissée la cigarette. Agacé par la franchise de ce regard, il se détourna. Pourtant, il savait combien il devait paraître bizarre avec sa haute stature et son teint beaucoup plus mat que celui des gens d'ici. Sa taille, dont il avait tiré tant de fierté à Paris, faisait maintenant de lui un phénomène de foire, au même titre que l'homme sans jambes. Il jeta un coup d'œil sur ses vêtements neufs : la veste de laine, le pantalon bleu, le chandail rayé, les grosses chaussures dans lesquelles il avait à plusieurs reprises trébuché sur les pavés inégaux. Elles étaient raides et dures, et il ne sentait pas le sol sous ses pas. René l'avait à chaque fois rattrapé par le bras en riant et, tout au long du chemin, il n'avait pas arrêté de bavarder et de lui adresser ce large sourire qui dévoilait le trou laissé par les deux dents qui lui manquaient.

Le jeune Indien n'appréciait guère le contact des habits neufs, mais il était soulagé de voir que les autres hommes étaient vêtus comme lui. Si la veste et le pantalon avaient été un peu plus longs, il aurait presque eu l'impression d'être l'un d'entre eux. En tout cas, en se tenant parfaitement immobile, il avait le sentiment d'être plus ou moins invisible.

Soudain, l'esprit clair, il revit la parade du Wild West Show entre la gare et le chapiteau. Il se sentait fier alors, fier d'être un Lakota, fier d'appartenir à la troupe, fier de son apparence. Il attendait avec impatience l'occasion de montrer à ces nouveaux *wasichus* ce qu'il savait faire afin qu'ils ne l'oublient pas de sitôt.

Le petit homme — René — était en train de se disputer avec une vieille femme aux épaules drapées d'un châle noir, penchée au-dessus d'une pile de petits poissons argentés. Elle tendit un doigt crochu vers le marchand de poisson et dit quelque chose d'une voix chevrotante. René leva les bras au ciel, éclata de rire, puis ramassa un tas d'anchois à l'aide d'une mesure. La vieille femme surveilla la balance d'un œil soupçonneux, encore qu'elle paraissait avoir obtenu ce qu'elle désirait.

Le jeune Indien semblait à présent perdu dans ses pensées. Prenant conscience de la situation qui était la sienne, il avait éprouvé un choc aussi violent qu'une ruade en pleine poitrine. Pour se donner en spectacle, il s'était donné en spectacle, honteusement même. Pendant ses jeunes années — il y avait si peu d'hivers de cela — il était souvent tombé de cheval, mais sur la piste, jamais, sauf quand il se faisait « tuer » et qu'il devait simuler la chute. Et jamais il n'avait été malade au point d'être tout près de passer dans le monde réel. Et maintenant, au lieu de se trouver quelque part en compagnie de ses amis lakotas, il se tenait là, dans un marché qui empestait le poisson.

La veille, il avait un instant envisagé de s'enfuir. Il ne lui aurait pas été bien difficile de se glisser hors de la maison plongée dans le noir — l'homme et sa femme dormaient dans leur chambre de l'autre côté de l'escalier —, mais pour aller où ? Il avait eu un aperçu de ce qu'était la liberté après s'être échappé de la maison des malades. Il avait eu froid et faim sans pour autant être guéri. Si l'*akecita* ne l'avait pas emmené dans la maison de fer, il serait sans doute mort. Et la mort, il l'avait appelée un instant de tous ses vœux, seulement, comment dans ce cas sa *nagi* aurait-elle retrouvé le chemin de chez lui ? C'était ce qui, en définitive, l'empêcherait toujours d'accepter ou de rechercher la mort.

Charging Elk regarda le ciel devenu bleu, puis le petit marchand de poisson qui lui tournait le dos. Il ne se sentait pas prisonnier comme dans la maison de fer. Il n'y avait pas de verrou à la porte de sa chambre. Hier soir, quand le petit homme l'avait raccompagné dans le couloir après le dîner, il avait prêté l'oreille, mais il n'avait perçu que le léger bruit de la porte qui se refermait — pas de clé qui tournait dans la serrure, pas de verrou qui se mettait en place avec un cliquetis métallique. Mais que faisait-il chez ces gens ? Il avait l'impression d'être comme avec Strikes Plenty au Bastion, ou comme avec ses parents avant qu'ils capitulent et se rendent à Fort Robinson. Il se sentait libre, et pourtant il restait avec eux, comme si lui et eux étaient de la même famille.

Pourtant, il savait que la femme ne l'aimait pas. Il l'avait lu dans ses yeux, entendu dans sa voix. Dès qu'il était entré en compagnie de Costume Marron dans la grande pièce du chef *akecita*, il l'avait deviné à sa bouche pincée, à la manière dont elle avait détourné le regard. Et quelle raison aurait-elle de l'aimer ou de ne pas l'aimer ? Qu'était-il pour elle ? Ce qui l'étonnait, en revanche, c'était le comportement du petit homme qui s'occupait tout le temps de lui, qui ne cessait de jacasser dans sa langue alors qu'il devait bien savoir qu'il ne comprenait pas un traître mot de ce qu'il racontait. René semblait l'aimer beaucoup. Mais pourquoi ? Il n'était plus quelqu'un d'important, un homme que le public admirait bouche bée, les yeux écarquillés.

« Monsieur ? »

Charging Elk contemplait une tête de cheval dorée accrochée au-dessus d'une boutique située de l'autre côté de la rue. A l'intérieur, un homme vêtu d'un tablier blanc taché de sang, et qui n'avait qu'une couronne de cheveux, découpait des quartiers de viande rouge. Le spectacle faisait saliver le jeune Indien. La dernière fois qu'il avait mangé de la vraie viande remontait à si loin qu'il ne s'en souvenait même plus.

« Monsieur ? »

Il pivota. La marchande de fromages à la jambe plus courte que l'autre se tenait derrière la pile de caisses qui séparait les deux éventaires. Elle tendait vers lui sa main dans le creux de laquelle reposaient une blague à tabac en toile ainsi que du papier à cigarette. Elle le regarda et fit un petit signe de tête, désignant ce qu'elle avait dans sa paume. Charging Elk s'avança alors vers elle. Il était demeuré si longtemps immobile qu'il avait les jambes engourdies par le froid. Un rayon de soleil éclairait à présent l'étal de la jeune femme dont le visage baignait dans l'éclat doré. Il prit la blague et le tabac, se roula une cigarette, puis les lui rendit.

« Merci, madame », dit-il sans plus réfléchir. Broncho Billy leur avait expliqué qu'il s'agissait d'une formule de politesse. Il était lui-même étonné d'avoir prononcé les mots avec tant de facilité. « *Tabac*, reprit-il. *Merci beaucoup, madame.* »

La jeune femme gratta une allumette et lui présenta la flamme en disant quelque chose qu'il ne comprit pas. *« Merci, madame »*, fit-il de nouveau. Il laissa son regard s'imprégner des traits de la jeune femme, ce qui ne manqua pas de le surprendre également. Elle lui sourit, et il lui rendit son sourire. Son visage portait les traces de ce que les Indiens appelaient la maladie des croûtes blanches ou maladie de l'homme blanc, une maladie que beaucoup parmi la génération des parents de Charging Elk avaient eux aussi attrapée. Elle avait tué un grand nombre des gens de son peuple, dont la majorité des membres de sa famille. Charging Elk, en effet, n'avait pas connu ses grands-parents et, du côté de sa mère, il ne lui restait qu'un oncle et deux cousins. Après la bataille de l'Herbe Grasse, l'oncle en question avait épousé une Hunkpapa et était parti vivre parmi les siens à Standing Rock. Il n'avait revu ni son oncle ni ses cousins depuis l'âge de onze hivers. Douze autres hivers s'étaient écoulés, et il ne pensait presque plus jamais à eux, comme s'ils appartenaient à un passé trop lointain.

« Il n'y a pas de quoi », dit la jeune femme. Malgré sa peau grêlée, Charging Elk la trouvait plutôt séduisante quand elle souriait. « Marie-Claire », ajouta-t-elle, sans qu'il comprenne que c'était son prénom, car elle ne s'était pas désignée à l'exemple des autres. Elle répéta ces deux mots et il eut un petit sourire. Il aimait bien ses longs cheveux qui retombaient en cascade sur la mante à carreaux couvrant ses frêles épaules. Lisses et brillants, ils lui rappelaient l'obsidienne dans les Paha Sapa. Repensant à ses propres cheveux noirs, il esquissa le geste de les toucher, mais il se souvint à temps qu'ils dépassaient à peine de sous son bonnet. Il se sentit rougir de honte et il détourna la tête. Il tira sur sa cigarette, se demandant si on lui permettrait de se laisser repousser les cheveux. Peut-être que, en définitive, il était quand même prisonnier du petit Français si bavard. Il jeta un coup d'œil à la dérobée en direction de la marchande de fromages — il lui était soudain reconnaissant de n'avoir pas peur de lui —, mais elle était maintenant occupée avec la vieille femme au doigt crochu.

Ce jour-là, Madeleine Soulas avait quitté le marché de bonne heure. On avait besoin d'elle uniquement quand il y avait beaucoup de poisson et beaucoup de clients. François était un excellent employé, mais il ne possédait pas les qualités nécessaires pour faire un bon vendeur. Calme et renfermé, il préférait installer l'étal, préparer les poissons, ranger les caisses, piler la glace et nettoyer partout à fond. En tout cas, Madeleine aimait bien François, et quand elle faisait un gâteau, ce qui était assez rare, elle lui en réservait toujours une part. Il n'avait jamais mis les pieds chez eux, bien que René l'eût plus d'une fois invité. Peut-être que, en vieux célibataire qu'il était, il ne se sentait pas à l'aise au sein d'un univers familial.

Madeleine était en train de faire un cake. En général, elle se lançait dans la pâtisserie surtout quand elle était contrariée. Réunir les ingrédients, chacune des petites étapes, mesurer, malaxer, battre, décorer, lui permettait de laisser ses pensées vagabonder. Aujourd'hui, elle était trop préoccupée et avait trop de soucis en tête. Certes, Charging Elk ne resterait pas longtemps chez eux — et plus tôt il partirait, mieux cela vaudrait —, mais elle s'inquiétait de la réaction des enfants face à ce sauvage. En outre, elle en voulait à René de les exposer à un tel choc quand ils rentreraient de l'école. Dieu merci, elle avait eu la présence d'esprit de les envoyer hier soir chez leur grand-mère, sinon, ils auraient sans doute eu des cauchemars toute la nuit. Madeleine se les imaginait très bien : des sauvages peinturlurés pourchassant en hurlant de monstrueux bisons ou, pire, de braves pionniers inoffensifs. Tandis qu'elle fouettait les œufs avec une férocité inhabituelle, elle songeait : Bon, Chloé pourra dormir à côté de moi, cette nuit. Quant à René, il couchera où ça lui plaira. Du moment que les enfants sont en sécurité.

Elle écarta d'un revers de main une mèche de cheveux qui lui tombait devant les yeux. Je vous en prie, Sainte Vierge, je vous en prie. Elle eut la surprise, et la colère, de voir une larme s'étaler à la surface de la pâte.

7

Franklin Bell, installé dans un petit fauteuil Empire inconfortable, regardait Agnès Devoe, la secrétaire du consul général, préparer le thé devant un buffet. Il avait l'impression qu'il se préparait quelque chose. C'était peut-être en raison de l'heure inhabituelle : quatre heures et demie par une après-midi sombre et pluvieuse de janvier. En temps normal, Archibald Atkinson quittait le consulat vers le milieu de l'après-midi, soit pour aller prendre le thé avec des officiels américains venus en visite, soit pour se rendre à une réception donnée par telle ou telle organisation française — ou encore pour regagner son bel appartement de la rue de la République. C'était un vieil homme d'aspect sympathique aux capacités physiques limitées par l'âge et l'embonpoint qui rentrait souvent de bonne heure à son domicile afin de retrouver sa femme qui souffrait de nombreuses allergies. Il avait un jour confié à Bell que le médecin leur avait conseillé d'aller vivre sous un climat sec, car Marseille était sans doute l'un des pires endroits au monde pour les personnes atteintes d'allergies — climat sec mais beaucoup de pollens en été, climat humide et venteux en hiver. Ravi par cette nouvelle, Bell en avait naturellement déduit que le vieil homme s'apprêtait à quitter Marseille, ou peut-être même à prendre sa retraite et à retourner aux Etats-Unis. Mais un an et demi plus tard, il était toujours là et Bell était toujours vice-consul.

Il éprouvait un sentiment comparable à celui qu'il avait

éprouvé ce jour-là, une attente qui lui faisait battre le cœur. Comme il ne se passait pratiquement jamais rien au consulat en dehors du train-train quotidien, Bell avait appris à dominer ses espoirs et ses rares accès d'optimisme invariablement étouffés par la réalité des tâches routinières. Réprimant une grimace, il repensa à ses vains efforts en vue de conquérir l'adorable mais inaccessible Margaret Whiston. Il suivit des yeux Agnès qui posait une tasse de thé devant Atkinson.

Agnès, au moins, était quelqu'un à qui l'on pouvait se fier, fidèle comme un vieux cheval. Bien qu'elle n'eût que trois ou quatre ans de plus que lui, Bell la considérait comme une vieille fille, probablement parce qu'elle avait déjà assumé l'emploi de secrétaire auprès de trois consuls successifs sans avoir jamais manifesté le moindre signe d'attachement envers l'un d'entre eux — ou envers qui que ce soit, d'ailleurs. Elle était grande, maigre, raide comme un piquet, encore qu'elle possédât une luxuriante chevelure blonde qu'elle coiffait en chignon.

« Alors, Frank, où en sommes-nous avec les producteurs de chanvre ? » Le consul général, revenant des toilettes, était encore essoufflé. Bell estimait qu'il devait peser dans les cent vingt kilos. Son ventre débordait sur son pantalon, et avec sa petite tête au crâne rasé, son nez retroussé et ses doigts boudinés, on aurait dit un gros bébé rose affligé de rouflaquettes. Malgré son physique ridicule, il commandait le respect de tous ceux qui s'entretenaient avec lui au-delà de quelques minutes. A soixante-six ans, il avait l'esprit vif et pénétrant.

« Toujours au même point, répondit Bell. Monsieur Latrielle désirerait expédier le produit fini, mais les corderies de Boston ne veulent que la matière première. Pour le moment, nous sommes dans une impasse, mais nous nous efforçons de débloquer la situation. » Agnès posa une tasse de thé devant lui. Le dos de ses mains était sillonné de fines veines bleues et sa peau paraissait un peu plus cireuse — presque translucide — que dans son souvenir. « Merci, Agnès.

— Très bien, Frank. Il faut que nous parvenions à régler cette affaire le plus rapidement possible. Vous connaissez nos Irlandais, ils sont aussi têtus que les Marseillais.

— J'ai rendez-vous avec Latrielle demain à midi. J'ai l'impression qu'il est prêt à mettre un peu d'eau dans son vin, même s'il continue à soutenir qu'il n'est pas rentable d'expédier seulement la matière première. Je pense qu'il se livre à une ultime tentative. » Bell nota alors qu'Atkinson l'écoutait distraitement, ce qui ne lui ressemblait pas. Il se demanda si la santé de la femme du consul général ne se serait pas brusquement dégradée, et il fut une nouvelle fois empli d'un fol espoir auquel se mêlait cependant un léger sentiment de culpabilité. Il but une petite gorgée de thé afin de meubler le silence qui s'était instauré. Il s'attendait plus ou moins à entendre Atkinson prononcer une phrase du genre : « Je suis ici depuis trop longtemps, Frank. Il est temps pour moi de rentrer au pays, et je vous confie les clés de la maison. » Le moment était-il enfin arrivé ? Il jeta un coup d'œil à la dérobée sur Agnès qui, assise derrière le petit bureau, prenait des notes en sténographie.

En fait, Atkinson se borna à se pencher au-dessus de la surface cirée de son bureau en acajou pour faire glisser vers son vis-à-vis une feuille de papier tout en déclarant d'une voix lasse : « Nous avons un problème. »

La première chose que Bell remarqua, ce fut le nom figurant dans le coin supérieur gauche, inscrit d'une écriture soignée : Charging Elk. En dessous, il y avait un tampon : Ville de Marseille — Archives. A droite du nom et du tampon, en lettres capitales, trois mots accrochèrent son regard : ACTE DE DECES, suivis de : *de Charging Elk.* Il leva les yeux sur Atkinson dont il croisa le regard fixé sévèrement sur lui. Il s'empressa de retourner à la lecture de l'acte de décès : *« 6 janvier 1890... décédé à Marseille, ce matin, à quatre heures, à l'Hôpital de la Conception, âgé de trente-neuf ans. Indien de la troupe de Buffalo Bill. Célibataire ; né dans le Dakota (Etats-Unis d'Amérique) ; de passage à Marseille ; fils de... »* L'espace était laissé en blanc. A supposer qu'il se fût réellement agi de Charging Elk, comment aurait-on pu savoir qui étaient ses parents ?

Bell, soulagé, s'adressa à Atkinson avec un sourire : « Il y a eu une confusion. C'est Featherman. Il est bien mort le 6, et il avait bien trente-neuf ans. Je l'ai lu sur la fiche que les responsables du Wild West Show avaient fournie à l'hôpital. »

Le consul général, les coudes plantés sur les bras de son fauteuil en cuir, avait joint les mains devant son visage. Il avait les yeux mi-clos, les paupières lourdes. Bell, qui n'était pas habitué à le voir ainsi, éprouva soudain une vive inquiétude. Pourquoi Atkinson prenait-il un air si grave à propos d'une simple erreur d'identité ?

« Je me rendrai demain matin dès la première heure à l'hôpital pour demander qu'on rectifie. Ils ont dû intervertir les deux dossiers. Il n'y aura aucune difficulté. »

Atkinson croisa les doigts et fit craquer ses jointures. Après quoi, il prit sa tasse de thé et fit pivoter son fauteuil vers les larges fenêtres qui donnaient sur un jardin. Bell suivit la direction de son regard. Les branches d'un platane soigneusement élagué se dressaient dans le ciel. Les Français, au moins, étaient d'excellents jardiniers et les espaces publics étaient toujours fort bien entretenus.

« Je suis en poste dans cette ville depuis neuf ans, Frank. » Le vieil homme, profondément enfoncé dans son fauteuil, paraissait s'adresser au platane. « Et j'ai appris — souvent à mon grand amusement — que rien ici n'est jamais simple. Et si nous, je veux dire le consulat américain, existons, c'est précisément pour, dans la mesure du possible, rendre les choses simples. Nous nous efforçons de faciliter les échanges commerciaux, nous mettons de l'huile dans les rouages, nous veillons à ce que les Américains soient bien traités sans pour autant nous attirer les foudres des fonctionnaires, des industriels ou des cultivateurs. Parfois, il nous faut même recourir aux pots-de-vin, pas nécessairement sous forme de dessous-de-table, du reste, mais vous seriez surpris si je vous racontais tout ce que j'ai dû promettre à ces gens-là, Frank. » Bell entendit un petit bruit, presque un gloussement, s'élever du fauteuil d'où ne dépassait que le sommet du crâne chauve et luisant du petit homme replet. « Les choses finissent par se faire, mais quelquefois je me demande si le jeu en vaut la chandelle, Frank. »

Bell était maintenant plus dérouté qu'inquiet. Qu'est-ce

qui pouvait bien motiver ce discours ? L'histoire du certificat de décès ne posait pas de véritable problème. Peut-être que le vieil homme en avait assez des incessantes tracasseries, des efforts à déployer pour organiser les importations et les exportations, pour améliorer les relations entre Français et Américains. C'est vrai, Marseille ne ressemblait pas du tout aux autres endroits où Bell avait été en poste. Le Panama était encore virtuellement une colonie, mûre pour être pressée : les Américains achetaient pour rien la totalité des productions de café, de sucre et de bananes. De même, au Pérou, ils avaient quasiment le monopole sur le guano et les gisements de nitrate. Quant au Maroc, le pays ne possédait pas de ressources justifiant qu'on entre dans l'un de ces éternels conflits avec les Espagnols, les Français ou les Anglais. Marrakech avait donc été une sinécure, mais c'était là que Bell s'était rendu compte avec quelle facilité il aurait pu devenir l'un de ces zombis suffisants qu'il avait croisés tout au long de sa carrière au sein des services diplomatiques. Il y avait des pays, des climats qui semblaient encourager ce genre d'indolence, d'absence d'ambition, à n'importe quel âge, tandis qu'on se prélassait sur la véranda de quelque paradis lointain où les employés devenaient des domestiques et où, par les chaudes après-midi, les verres commençaient à défiler dès cinq heures.

Bell se permit un petit sourire en dépit de son désenchantement — il n'avait pas gravi les échelons comme il se l'était imaginé en rejoignant le corps diplomatique à sa sortie de l'université de Yale, encore que ce poste à Marseille marquât une étape dans la direction espérée. Il régnait dans cette ville une animation extraordinaire, des bateaux arrivaient, les cales bourrées de marchandises en provenance de tous les coins du monde, tandis que d'autres appareillaient vers de lointains pays, y compris l'Amérique. Depuis l'ouverture du canal de Suez une vingtaine d'années auparavant, Marseille était devenu l'un des plus importants ports d'Europe. Bell allait de temps en temps se promener sur les quais encombrés de tonneaux d'huile d'olive, de barriques de vin, de ballots de peaux tannées et de caisses de savon de Marseille qu'on chargeait à bord des bâtiments en partance. Il ne se lassait pas du spectacle de toute cette activité, et il désirait avec force rester ici quelques années de plus. Il se prêterait volontiers aux combines qui semblaient avoir usé le vieil homme. Lui, il possédait encore le *brio* nécessaire — ainsi que les connaissances à défaut de l'expérience — pour prendre la tête des affaires consulaires. Il suffirait qu'on lui donne enfin sa chance !

Dans la pénombre et le calme de la pièce aux riches lambris, éclairée par un unique lustre électrique suspendu au haut plafond, Bell demeura plongé dans sa rêverie. Il avait cependant conscience du grattement du crayon de la secrétaire qui lui paraissait davantage occupée à transcrire ses pensées qu'à remplir quelque tâche administrative. A l'idée qu'on puisse ainsi lire en lui, il revint à la réalité et fixa son regard sur le buste en plâtre de Benjamin Franklin qui, un peu plus d'un siècle auparavant, avait été le premier ambassadeur américain en France. Bizarrement, le crâne chauve familier et la frange de longs cheveux tombant sur le col de la redingote lui rappelèrent l'officine des cartomanciens sur la Canebière. Il avait en effet aperçu un buste dans la vitrine, juste devant les rideaux de velours rouge, mais ce n'était certainement pas celui de Benjamin Franklin.

Au moment où Bell se disait qu'on avait dû lui signifier sans qu'il s'en rende compte la fin de l'entretien, Atkinson fit tournoyer son fauteuil avec une énergie surprenante avant de reposer presque brutalement sa tasse sur la soucoupe. Bell sursauta.

« Si, si, Frank, nous avons un problème, déclara le consul général. Un sérieux problème. J'ai déjà envoyé quelqu'un — Horgan du service des affaires intérieures — à *La Conception*, et le médecin qui a signé ce papier... (Il pointa un index criblé de taches de rousseur sur le certificat de décès.)... lui a affirmé catégoriquement que l'homme décédé le 6 janvier était bien votre Indien, ce Charging Elk. »

Bell ne manqua pas de noter le « votre » Indien et la menace que cela impliquait : il était responsable de Charging Elk quoi qu'il arrive. Un frisson de peur lui parcourut l'échine. Il n'était cependant pas disposé à accepter les conséquences d'événements qui échappaient à son contrôle. « Il est clair que le médecin se trompe. Je vais aller le trouver. Nous savons parfaitement que c'est Featherman qui est mort le 6. » Bell avait utilisé le « nous » à dessein, afin de partager les responsabilités éventuelles. Mais il ne savait toujours pas où se situait le problème. Mon Dieu, qu'est-ce qui clochait dans cette affaire ?

« Vous ne comprenez pas, Frank, le médecin cherche à rattraper à tout prix sa connerie — excusez-moi, Agnès —, et il refuse d'admettre qu'il s'est trompé en signant le certificat de décès. Horgan m'a dit qu'il avait fait toute une histoire, nous accusant de mettre en doute son honnêteté, son professionnalisme, et cetera. Il a pratiquement fichu Horgan dehors. » Atkinson émit de nouveau ce curieux gloussement qui ne semblait en aucun cas exprimer la gaieté. Bell était étonné de ne pas avoir remarqué cette manie plus tôt.

« Donc, aux yeux de notre bon docteur, de la ville de Marseille et de la République française, naturellement, Charging Elk est bel et bien mort. » Comme quelques instants plus tôt, le consul général joignit les mains devant son visage, puis regarda Franklin Bell droit dans les yeux : « Alors, que comptez-vous faire à ce sujet, Frank ? »

L'intéressé ne savait quoi répondre. Le consul avait l'air de vouloir lui faire endosser la responsabilité de l'intransigeance du médecin. Il se demanda ce qu'on pouvait lui reprocher : peut-être, à la rigueur, le fait que Charging Elk se soit évadé de l'hôpital. Je suppose que le vieux s'imagine que c'est aussi ma faute, se dit-il. C'est vrai que j'ai été rendre visite à l'Indien à l'hôpital en compagnie de notre officier de liaison français, mais comment aurions-nous pu savoir qu'il ne parlait ni anglais ni français ? Bell, les lèvres pincées, reporta son attention sur le buste de Benjamin Franklin. Bon sang ! songea-t-il. Si seulement j'avais pu communiquer avec Charging Elk. Si j'avais pu lui dire qu'il retrouverait bientôt la troupe du Wild West Show, il se serait sûrement calmé et n'aurait pas quitté ainsi l'hôpital. Mais comment aurais-je pu ? Et de toute façon, comment aurais-je pu empêcher le médecin de décréter que l'homme décédé à La Conception était Charging Elk et non Featherman ?

Un curieux mélange d'appréhension et de colère envahit le jeune vice-consul. Jamais il ne s'était trouvé dans une telle situation. Il se rappelait toutefois avoir entendu dire de la bouche de quelque vieil employé du consulat que Atkinson se sentait frustré qu'on ne lui eût pas offert une ambassade dans un pays digne de ce nom. Il possédait d'excellents états de service et ne s'était jamais attiré le moindre reproche. Au début, il avait gravi rapidement les échelons, mais il était maintenant coincé à Marseille où il finirait vraisemblablement sa carrière. On se moquait de lui parce qu'il paraissait ignorer que les nominations relevaient surtout de la politique. Bien peu parmi les diplomates de carrière — et encore moins parmi ceux issus des services consulaires — accédaient à la fonction d'ambassadeur. C'était un fait qu'on ne pouvait pas nier. Et Bell, mécontent de servir en quelque sorte de bouc émissaire, éprouvait un profond sentiment d'injustice.

Il se sentait d'autant plus déçu qu'il se considérait comme le protégé d'Atkinson. Il en avait davantage appris sur le métier au cours de ses trois premiers mois ici que durant les neuf années passées au sein des services diplomatiques. Certes, Atkinson et lui n'étaient pas devenus des amis intimes, mais on ne s'attendait pas à établir des relations de cet ordre avec son supérieur hiérarchique, et en particulier lorsqu'il y avait une telle différence d'âge. Bell pensait qu'il existait cependant entre eux un respect et une compréhension mutuels, et peut-être même quelque chose qui pourrait ressembler à des rapports entre un père et un fils, ou, du moins, entre un mentor et son élève. Sa désillusion n'en était que plus vive.

« Dois-je comprendre, monsieur, que je suis accusé de... comment dire... de manque de jugement ? De n'avoir pas respecté les procédures habituelles ? Mais enfin, pour autant que je le sache, Charging Elk est vivant, logé temporairement dans une famille française dans l'attente de pouvoir rejoindre la troupe du Wild West Show. Je suppose que les autorités de ce pays font ce qu'il faut pour lui procurer les papiers qui lui permettront de partir le plus tôt possible. Tout me paraît donc en ordre. »

Au cours du silence qui suivit sa déclaration, Bell entendit le crayon d'Agnès crisser sur le papier. Par l'un de ces curieux détours que prend parfois l'esprit dans les situations délicates, il songea soudain qu'elle devait être française. Devoe était bien un nom français, non ? Son anglais, toutefois, était impeccable. De plus, on n'aurait sans doute pas autorisé un ressortissant français à occuper un tel poste de confiance auprès du consul général.

« Tout d'abord, je ne vous accuse de rien, Frank. En aucun cas. » Atkinson se radossa dans son fauteuil avec un sourire, puis croisa les mains derrière sa nuque. Son gilet se tendit sur sa bedaine, laissant apparaître entre les boutons des ovales de chemise blanche empesée. Il semblait tout à coup parfaitement à l'aise, et Bell, quelque peu étonné, se surprit à espérer que le pire était passé. Le vieil homme poursuivit : « Le problème auquel nous devons faire face est assez simple : selon les autorités françaises, Charging Elk est mort. Vous et moi savons, naturellement, qu'il n'en est rien, mais je crains qu'il ne nous faille les en convaincre. Et je crains également que ce ne soit pas tâche facile et que nous ayons à faire preuve de beaucoup de tact : il faudra éviter de froisser davantage ce médecin tout en l'amenant lui, ou peut-être la commission médicale si besoin était, à rectifier l'acte de décès. Sinon... (Atkinson baissa la voix, comme s'il avait peur que quelqu'un écoutât aux portes)... nous ne pourrons jamais obtenir les documents nécessaires pour le faire sortir de France.

— Et Featherman ? » Une idée germait dans l'esprit de Bell. « Il y avait deux Indiens à Marseille, l'un est mort, l'autre est vivant. Si Featherman était en vie, est-ce qu'on aurait pu lui fournir les papiers ?

— Bien raisonné, Frank. Oui, je présume que oui. A en croire le médecin qui, pour votre information, se nomme Durietz, l'Indien qui nous occupe est Featherman.

— Dans ce cas, qui pourra savoir que ce n'est pas lui ?

— Je vois où vous voulez en venir. Je ne sais pas. Et je ne suis pas certain que l'idée me plaise. » Atkinson fit de nouveau pivoter son fauteuil pour regarder par la fenêtre. Dans le soir qui tombait, on ne voyait presque plus les branches nues du platane qui évoquaient à Bell les chandeliers à sept branches aux fenêtres des maisons du quartier juif près de chez lui à Philadelphie.

« Je ne pense pas que les Français se soucient de savoir quel Indien est vivant et quel Indien est mort. Je suis désolé d'avoir à le dire, mais pour eux, un Indien en vaut un autre.

— Et pour nous, Frank ? demanda Atkinson d'une voix lasse. Vous croyez que c'est différent ? »

Bell comprit que sa remarque avait paru trahir un froid détachement et il s'empressa de corriger cette impression : « Bien sûr que oui, monsieur. Je cherchais simplement une solution qui permettrait à Charging Elk de rejoindre les membres de la troupe. A cette fin, ne vaudrait-il pas mieux qu'il endosse l'identité de Featherman plutôt que d'avoir à combattre les lourdeurs de l'administration ? Je prends sincèrement à cœur les intérêts de Charging Elk, et je suis persuadé qu'il souhaiterait être rapatrié le plus vite possible, quels que soient les moyens à mettre en œuvre. » Un autre argument lui vint à l'esprit, fondé sur davantage qu'une simple intuition. « J'ai aussi le sentiment que la famille Soulas aimerait que les choses s'accélèrent un peu. Nous leur avions laissé entendre que Charging Elk ne resterait chez eux que pour un court laps de temps — une question de jours —, et près de trois semaines se sont déjà écoulées. Madame Soulas, en particulier, semble commencer à s'inquiéter. »

Pour la première fois, les paroles de Bell eurent l'air de susciter une réaction favorable de la part du consul. Il se replaça devant son bureau, s'empara du certificat de décès, puis redressa lentement la tête pour dévisager son vis-à-vis. Cette fois, une lueur d'amusement, et peut-être même d'admiration, brillait dans ses yeux.

« Qui sait si vous n'avez pas raison sur ce point, Frank. Bon, voyez cela avec James, puis revenez m'en parler. Nous finirons bien par régler ce problème d'une manière ou d'une autre. »

Le jeune vice-consul étouffa un gémissement de désespoir.

Winton James, l'attaché aux affaires juridiques, était un quaker de l'âge de Bell, et un bureaucrate patenté. Jamais il n'accepterait d'entériner son plan. Atkinson pourrait passer outre à ses objections, mais il ne le ferait pas. Sa seule chance, c'était que James se figurât — et Bell ne manquerait pas de donner un petit coup de pouce en ce sens — que l'idée venait du consul général.

Atkinson enfilait déjà son manteau, un coûteux pardessus noir en cachemire avec un col en peau de phoque. Il s'étudia un instant dans la glace à côté de la porte, puis coiffa sa tête chauve d'un chapeau melon qu'il inclina selon l'angle voulu. Il prit son parapluie au pied du porte-manteau et, s'appuyant dessus, jeta un regard à Bell dans le miroir. « Bonne nuit, Frank. Voyez ce que James pense de votre idée. Elle pourrait être intéressante, je dirais. » Il ouvrit la porte et s'arrêta sur le seuil. « *A bientôt*, Agnès. Mettez le certificat de décès dans le coffre, voulez-vous ? Et n'oubliez pas votre parapluie. *Bonsoir*, tout le monde. »

Bell regarda le consul s'éloigner dans le couloir désert. Le stuc gris acier des murs semblait plus froid que de coutume sous la pâle lumière dispensée par l'unique lustre. Il se tourna pour prendre congé d'Agnès qui était en train de ranger le bureau du vieil homme. Son visage étroit au nez en bec d'aigle ne trahissait rien. Dans sa longue jupe et son corsage à col montant, elle avait un côté maîtresse d'école, et Bell se l'imaginait très bien qui effaçait un tableau noir après le départ du dernier élève.

« Bonsoir, Agnès.

— Bonne nuit, Mr. Bell. » Elle ne s'interrompit pas dans sa tâche.

Bell resta quelques secondes immobile sur le pas de la porte, sans savoir exactement ce qu'il voulait. Son regard effleura le bureau, puis alla se poser sur les longs traits de pluie qui sillonnaient les hauts carreaux. Il se demanda ce qu'Agnès pensait lorsqu'elle prenait des notes au cours de réunions comme celle-ci. Admirait-elle la façon dont les hommes conduisaient les affaires consulaires ? Considérait-elle au contraire que tout cela était stupide et que les hommes étaient des idiots ? Et surtout, que pensait-elle de lui ? N'avait-il pas montré à quel point il avait l'esprit tortueux ? Brusquement, il attachait de l'importance à l'opinion qu'elle avait de lui.

Elle s'empara du certificat de décès et se dirigea vers le gros coffre-fort logé dans l'alcôve derrière la porte ouverte. Remarquant alors la présence du jeune homme, elle dit, sans manifester la moindre surprise : « Vous êtes encore là ?

— Oui, je réfléchissais... » Bell se tortura les méninges. « Il... il pleut. Voulez-vous que je demande à Robert de vous héler un fiacre ? »

Le platane avait disparu dans les ténèbres qui régnaient au-delà des fenêtres dégoulinantes de pluie, mais Bell s'imaginait presque sentir l'odeur de bois humide et de terre détrempée. Il avait l'impression d'avoir été humilié tout en ignorant pourquoi. Cette histoire, en définitive, ne relevait que des affaires consulaires habituelles. Alors pourquoi éprouvait-il ce sentiment ? Il guetta un moment la réponse d'Agnès, puis il partit au pas de course.

8

C'était l'une des rares journées relativement chaudes de la mi-mars. Charging Elk se roulait une cigarette devant le marchand de tabac du cours Saint-Louis. Le ciel au-dessus des platanes bordant la large avenue était tout bleu, débarrassé du brouillard par le vent du nord qui soufflait depuis trois jours. Moins d'une lune auparavant, Mathias lui avait appris que ce vent s'appelait le mistral. Le garçon avait gonflé ses joues, soufflé bruyamment, puis agité les doigts en montrant du linge qui claquait sur un fil tendu entre deux immeubles. « *Mistral,* avait-il dit. *Le vent du nord. La bise.* » Il avait renouvelé son étrange pantomime et répété à plusieurs reprises le mot « mistral » comme s'il s'agissait d'un être vivant. Charging Elk avait fini par le prononcer, et Mathias lui avait souri, une lueur de triomphe brillant dans ses grands yeux noirs.

Charging Elk n'avait plus guère fréquenté d'enfants depuis que Strikes Plenty et lui avaient décidé de quitter l'école de Pine Ridge pour la liberté du Bastion. Bien sûr, ils étaient encore eux-mêmes des enfants, tout juste âgés de quatorze hivers, mais il ne leur restait pas d'autre choix — du moins le pensaient-ils à l'époque — que de vivre en adultes. Ils ne voulaient pas devenir des *wasicuns* comme les autres jeunes de leur âge ou même comme leurs propres parents. Ils avaient donc grandi très vite au Bastion, aidés par quelques adultes qui leur avaient fourni un tipi et de quoi manger jusqu'à ce que Strikes Plenty ait pu « emprunter » un fusil à un membre de sa famille installée au camp du Tourbillon. Plus tard, ils avaient volé à des mineurs des munitions et un deuxième fusil, mais ils s'enorgueillissaient surtout de leur adresse à l'arc et, de leurs flèches à pointe d'acier, ils tuaient des oiseaux et des lapins. La plupart des Indiens, y compris ceux du Bastion, avaient depuis longtemps renoncé à utiliser cette arme traditionnelle, de sorte que quand les balles venaient à manquer, ils devaient se serrer la ceinture.

Il avait encore du mal à croire que Strikes Plenty et lui aient réussi à devenir si tôt autonomes. Neuf hivers durant, ils avaient vécu une drôle d'existence, sans famille, sans amis. Parfois, on les invitait dans un tipi où se déroulait un festin ou un conseil, mais la plupart du temps, ils menaient une existence solitaire, raison pour laquelle Charging Elk se sentait mal à l'aise en présence d'une famille, et en particulier d'enfants. Ce garçon, Mathias, n'était pas endurci comme eux l'étaient à son âge. C'était un enfant mince et pâle aux yeux de biche et à l'épaisse tignasse châtain, mais il avait l'esprit vif et il aidait Charging Elk à apprendre de nouvelles choses. Deux sommeils plus tôt, il l'avait emmené dans un magasin qui vendait des livres et s'était arrêté devant une espèce de boule couverte de dessins et d'écrits étranges. Il avait désigné dessus la ville où ils se trouvaient, Marseille, puis la grande ville, Paris, et après, de l'autre côté de la grande eau — *« L'Atlantique, l'Atlantique, l'Atlantique »* —, la ville de New York où toute la troupe s'était embarquée à bord du bateau de feu il y avait tant de lunes de cela. Après quoi, il avait pointé l'index sur une figure en forme de peau de daim, cernée de bleu — *« L'Amérique, l'Amérique »* —, désignant ensuite Charging Elk jusqu'à ce que celui-ci comprenne, puis il avait posé le doigt au centre de *« l'Amérique »* en disant « Dakota. » Et Charging Elk s'était empressé de répéter : « Dakota. ». Les Dakotas, en effet, étaient parents des Lakotas. Tout excité, le jeune Indien avait demandé au garçon — en lakota — comment il pourrait rentrer chez lui, mais Mathias s'était contenté de sourire et d'écarquiller les yeux au son de cette langue inconnue.

Charging Elk gratta une allumette et alluma sa cigarette, puis il traversa la Canebière en direction du cours Belsunce. Il aimait ces rues larges aux trottoirs plantés d'arbres noueux. Il se postait devant les vitrines pour admirer les vêtements, les friandises, les couteaux et tout ce qu'un homme pouvait désirer. Il y avait aussi des cafés, mais il n'osait pas encore y entrer pour demander une petite tasse de ce *pejuta sapa* au goût amer. Par contre, il faisait à chaque fois halte devant un kiosque muni d'un auvent rayé de vert et de blanc où l'on achetait les minces feuilles de papier couvertes de l'écriture des *wasichus*. On voyait souvent des images dessus, des dessins qui représentaient la plupart du temps des hommes qui, à ses yeux, se ressemblaient tous avec leurs barbes et leurs cols empesés. Parfois, un dessin attirait plus particulièrement son attention : un cheval attelé à une carriole, un bateau ballotté sur l'eau, toutes voiles dehors. Il n'avait plus dessiné depuis l'école *wasichu* à Pine Ridge, mais un soir, assis à la grande table entourée de hautes chaises, il avait regardé la fille, Chloé, qui s'efforçait de dessiner un cheval. La tête était trop grosse, et les jambes mal proportionnées. Il la vit soupirer, marmonner, se passer nerveusement la main dans ses courts cheveux bruns pour, finalement, jeter par terre son bâton à colorier. Charging Elk le ramassa et dessina un cheval plus ressemblant que l'autre. Ce n'était malgré tout pas très bon — il se sentit gêné de ne pas être un meilleur faiseur de chevaux — mais il fut surpris par la réaction de la petite fille. Quand il lui rendit le bâton, elle sourit et écrivit un mot en dessous du dessin : CHEVAL. *« Cheval »*, dit-elle, pointant son doigt fin sur l'animal, puis sur le mot. Charging Elk suivit du regard le mouvement de l'index pâle, et une image surgit dans son esprit, celle d'une jeune femme en robe toute simple et bonnet blanc assise dans l'herbe sur la rive d'un lac immobile qui lui nommait les choses autour d'eux. Sandrine. Son cœur, comme ce jour-là, se serra. Il leva les yeux sur Chloé et, désignant le cheval, il dit : *« Sunka wakan »*, puis en anglais : « Horse. » Elle sourit et répéta : *« Cheval. »*

Depuis qu'il travaillait pour le marchand de poisson, il recevait chaque samedi après-midi un certain nombre de francs qu'il dépensait en tabac, en nougat et en réglisse pour lui et les enfants de René et de Madeleine. Bien qu'elle se refusât toujours à s'adresser directement à lui, Madeleine paraissait un peu plus à l'aise en sa présence. Au lieu de l'ignorer sauf pendant les moments où elle remplissait son assiette ou prenait son linge sale, elle se tournait quelquefois vers lui pour le regarder, en général lorsqu'elle discutait avec son mari. Charging Elk ignorait de quoi ils parlaient, mais aux coups d'œil qu'elle lui jetait de temps en temps, il déduisait qu'elle commençait à le considérer comme un être humain et non comme quelque étrange objet ou bête sauvage qu'on examine avec curiosité ou, peut-être, avec crainte. Il savait que certains Américains et certains Français réagissaient ainsi. Il l'avait lu dans les yeux écarquillés des spectateurs quand il fonçait exprès au grand galop sur les barrières pour les éviter au dernier moment, soulevant un nuage de poussière et parfois de boue.

Les enfants, c'était différent. Depuis sa première rencontre avec eux — au cours de ce désastreux repas de soupe de poisson où il avait dû monter en hâte dans sa chambre pour vomir dans le seau de toilette, à la suite de quoi il avait été malade toute la journée du lendemain —, ils devenaient chaque jour plus proches de lui. Mathias, notamment, passait souvent une heure ou deux en sa compagnie à lui apprendre des mots ou des phrases entières. Parfois, toute la famille restait après dîner pour écouter Chloé interpréter de petits morceaux au piano. Madeleine, les sourcils froncés, semblait marquer la mesure avec les longs bâtons servant à tisser des vêtements.

A neuf heures, tout le monde montait se coucher. A Paris, les Indiens des réserves avaient montré à Charging Elk comment lire l'heure des *wasichus*, si bien que lorsque la pendule au-dessus de la cheminée sonnait neuf coups, il savait que la soirée était terminée, et il éprouvait alors une vague déception à l'idée de ne pas revoir les enfants avant l'après-midi du lendemain. Il se réveillait très tôt — tâchant de se rappeler un geste que Chloé avait fait ou un nouveau mot que Mathias lui avait appris — et attendait que René frappe à sa porte alors que l'aube naissait à peine. Il en allait ainsi chaque jour à l'exception du dimanche. Le samedi, ils travaillaient aussi, mais la soirée se prolongeait plus longtemps et la famille paraissait plus gaie. Mathias chantait en s'accompagnant de son instrument de musique muni de cordes et d'un long manche. René et Chloé se joignaient quelquefois à lui, et il arrivait même que René se mette à danser. Un jour, il avait forcé le grand Indien à se lever et, lui tenant les mains, l'avait fait tournoyer sans cesser de fredonner. Il demandait tout le temps à Charging Elk de chanter, mais celui-ci était trop timide. Par ailleurs, les chants des Soulas n'étaient pas les siens. Strikes Plenty et lui chantaient souvent dans leur tipi, et même sur la piste, tout comme, au Bastion, ils jouaient du tambour et chantaient avec les autres. Ces chants, il les comprenait, de même qu'il comprenait le langage des tambours. Pourtant, au spectacle de cette famille heureuse, il se sentait presque heureux, lui aussi, quoique son bonheur vînt pour une part de ce qu'il se rappelait comment son peuple célébrait ce dernier été, celui de la bataille de l'Herbe Grasse, oubliant pour un temps son avenir précaire. Il se souvenait comment le campement, cet été-là, devenait de plus en plus peuplé à mesure que les Indiens fuyant la réserve se joignaient à eux au pays des bisons. Il se souvenait des nuits passées à chanter et à danser pour fêter la réunion du peuple. Et il se souvenait d'avoir pensé que cette belle vie durerait éternellement, que les chefs, Crazy Horse et Sitting Bull, le grand Hunkpapa, les mèneraient en un lieu où il n'y aurait pas de *wasichus*, où ils pourraient vivre en paix selon la voie des anciens. Puis il se souvenait de la faim et de la maladie, des combats et des exodes tandis que s'annonçaient l'hiver et les soldats. Quand il y repensait, Charging Elk se disait que les seuls moments où il s'était senti à l'aise parmi les *wasichus*, c'était lorsqu'il se produisait avec la troupe de Buffalo Bill. Pour la première fois de sa vie, il avait eu l'impression d'être d'une certaine manière protégé contre eux.

Sur le boulevard, il s'arrêta devant une petite boutique qui vendait des tas d'objets intéressants, dont une petite reproduction du grand arbre de fer de Paris qui se dressait non loin de l'endroit où la troupe de Buffalo Bill avait donné ses représentations. Charging Elk et quelques autres Indiens, accompagnés de Broncho Billy, avaient pris place dans une étroite cage de fer qui les avait conduits jusqu'à une espèce de poste de guet en acier entouré de barreaux afin d'empêcher les gens de tomber. Jamais il n'était monté si haut, pas même dans les Paha Sapa, et encore se trouvait-il à peine à mi-chemin du sommet de l'arbre de fer. Il se rappela comme ils étaient demeurés soudain silencieux — plus tard, tous avaient reconnu avoir eu peur qu'un grand vent se lève et abatte l'arbre de fer. Broncho Billy en personne, lui qui savait tout, avait paru plus pâle que d'habitude.

Le jeune Indien revint à ce qui, dans la boutique, avait attiré son attention. Près de la porte, sur un présentoir, il y avait de ces cartes-images qu'on pouvait expédier de l'autre côté de la grande eau. Plusieurs sommeils auparavant, il était passé devant et avait vu une carte-image représentant Buffalo Bill en compagnie de Red Shirt et d'un autre Lakota nommé He-knows-his-gun. Red Shirt portait son pantalon de daim bleu, une peau nouée autour de la taille et une chemise de calicot dans laquelle Charging Elk l'avait souvent vu. Ils posaient dans la maison du preneur-d'images, Buffalo Bill la main sur le cœur et les deux Indiens avec leurs pipes au creux de leurs bras croisés. Derrière eux, il y avait une toile décorée d'une grosse lune et de palmiers peints dessus. A Paris, Charging Elk lui-même s'était rendu dans la maison du preneur-d'images.

Il entra dans le magasin et s'adressa à un jeune homme vêtu d'une chemise sans col dont les manches étaient maintenues par des élastiques. « *Pardon, monsieur.* » Il montra le présentoir. « *Combien ?* » Mathias lui avait appris à demander le prix des choses, mais comme il ne connaissait pas bien les chiffres, cela ne lui était pas d'une grande utilité. Par bonheur, le jeune homme répondit : « *Trente centimes* », l'un des rares chiffres qu'il connaissait. Il paya et l'employé glissa la carte dans une petite enveloppe transparente. Charging Elk sortit, ravi de son achat. Il la donnerait à René et Madeleine.

Remontant le cours Belsunce, il s'arrêta pour observer un

homme qui mélangeait des cartes en les cachant, puis empochait l'argent que lui remettaient les gens groupés autour de lui. Charging Elk avait vu un jeu semblable à Paris, et Broncho Billy l'avait mis en garde, ainsi que les autres Indiens, affirmant que c'était de la tricherie. Certains ne l'avaient pas écouté et avaient perdu toute leur paye. Ils s'imaginaient qu'étant habiles à dissimuler les petits os pendant les parties de bâtonnets, ils n'auraient aucun mal à deviner la bonne carte.

Charging Elk, conscient des coups d'œil furtifs qu'on lui jetait, reprit son chemin. Même dans ses habits de travail, on le remarquait autant que pendant les jours ayant suivi son évasion de l'hôpital. Il commençait néanmoins à s'y habituer, et il avait presque retrouvé le sentiment de fierté qui l'habitait lorsque, en compagnie des autres Indiens de la troupe, il défilait dans les rues de Paris. Il avait pris du poids et se sentait de nouveau plein de force. Ses cheveux avaient repoussé, bien qu'ils ne fussent pas encore aussi longs qu'avant ce terrible jour où on les lui avait coupés. Cela prendrait du temps, mais déjà, il éprouvait la satisfaction d'être redevenu lui-même parmi tous ces étrangers.

Il était à Marseille depuis près de trois lunes et on était à présent dans la lune-des-neiges-aveuglantes, l'époque où, dans son pays, juste avant le dégel, le soleil brille sur les champs de neige lissés par le vent. Ici, il n'y avait que les rues, les immeubles et les gens — ainsi que la pluie. Bientôt les premiers orages allaient gronder au-dessus du Bastion et Bird Tail pratiquerait sa cérémonie afin de saluer tout ce qui recommence à pousser. C'était une vieille cérémonie destinée jadis à remercier Wakan Tanka d'avoir une nouvelle fois ramené les bisons. Aujourd'hui, on le remerciait seulement d'avoir permis au peuple de survivre à un autre hiver. Soudain, Charging Elk s'immobilisa. Est-ce au cours de ce printemps que Femme Bison Blanc et le bison aux yeux de pierre conduiront les troupeaux hors des entrailles des Paha Sapa ? Et les *wasichus* dans ce cas ? Qu'adviendra-t-il des trous qu'ils ont creusés dans *maka ina* ? Peut-être qu'ils découvriront tous les bisons avant qu'ils ne soient prêts à revenir. Peut-être qu'ils les tueront ou qu'ils les obligeront à s'enfoncer plus profondément dans le ventre de *maka ina.*

Les jambes tremblantes, Charging Elk dut s'adosser à un mur. La pierre était chaude contre son dos, mais pas assez pour atténuer le froid glacial qui lui étreignait le cœur. La vision de Bird Tail lui avait paru tellement concrète que chaque fois qu'il repensait au jour où le vieux *pejuta wicasa* la leur avait racontée à Strikes Plenty et à lui, il demeurait persuadé que le Grand Esprit veillerait à ce qu'il rentre au pays à temps pour être là au moment où elle se réaliserait. Maintenant, il n'en était plus aussi sûr, soit à cause des bisons, soit à cause de lui-même. L'idée que sa *nagi* puisse errer éternellement au-dessus de cet endroit étranger le remplit une nouvelle fois de terreur. Il ferma les yeux et attendit que passe cet instant de faiblesse qui, au fil des jours, le prenait de moins en moins souvent. Il arrivait que pendant plusieurs sommeils d'affilée il ne pense plus ni ne rêve plus à chez lui, ce qui l'étonnait beaucoup. Dans la maison des malades et ensuite, durant son errance à travers la ville, il ne pensait pourtant à rien d'autre. La nuit, il rêvait de sa mère et de son père, de sa vie au Bastion avec Strikes Plenty, des étendues sauvages dont il connaissait chaque pouce de terrain, comme s'il savait qu'il les parcourrait toujours. Il éprouvait alors la peur constante, effroyable, de ne pas regagner son pays, de rester à jamais parmi ces gens et de mourir ici.

Sentant à présent le soleil lui chauffer le visage, il remercia Wakan Tanka d'avoir semé les germes du plan qui mûrissait en lui depuis quelques sommeils, un plan qui paraissait d'une extrême simplicité : il travaillerait dur pour le marchand de poisson afin de mettre de côté assez d'argent pour payer le voyage de retour. Il attendrait d'avoir amassé des *francs,* puis il irait voir Costume Marron, Poitrine Jaune ou l'homme pâle aux lunettes qui achetait du poisson au bord de l'eau. L'un ou l'autre l'aiderait à trouver un bateau de feu qui l'amènerait en Amérique. Ils étaient *heyokas,* mais Wakan Tanka les avait envoyés à son secours.

Réconforté par ces images, Charging Elk avait fermé les

yeux. Il les rouvrit, se sentant tout ragaillardi. Trois petites filles étaient plantées devant lui, qui le dévisageaient.

« *Bonjour,* Charging Elk. *Ça va ?* »

C'était Chloé et deux de ses amies. Il était quelque peu surpris de les rencontrer hors de leur quartier qui, pourtant, ne se situait qu'à cinq ou six rues de là. Lui-même ne s'était aventuré dans les parages qu'à trois ou quatre reprises les samedis et dimanches après-midi.

« Bonjour, Chloé. Très bien, et vous ? » Il aurait voulu lui demander ce qu'elle fabriquait là, mais il ne disposait pas du vocabulaire nécessaire.

Chloé le présenta à ses amies, lui faisant répéter leurs noms. Sa prononciation amusa beaucoup les fillettes qui étouffèrent de petits rires, mais Chloé leur dit quelque chose d'un ton sec. Elles cessèrent de glousser et baissèrent timidement les yeux.

Ne sachant quel comportement adopter, Charging Elk tira la carte-image de sa pochette et la leur tendit. « Buffalo Bill, dit-il. Red Shirt. » Il désigna l'Indien sur la photo et répéta : « Red Shirt ».

Chloé se pencha pour l'examiner. « Red Shirt », dit-elle à son tour, puis elle adressa quelques mots à ses copines. Elles levèrent les yeux sur Charging Elk qui souriait. L'une d'elles, une gamine assez grande aux longs cheveux noirs qui paraissait fascinée par l'index brun pointé sur la carte postale, imita alors Chloé et dit : « Red Shirt. »

Charging Elk éclata de rire, puis il mit la carte-image sous les yeux de la troisième. Elle était plus timide que les autres. Une cicatrice rouge courait de sa lèvre supérieure à la base de son nez et lorsqu'elle essaya de prononcer le nom en anglais, elle ne réussit qu'à produire un bredouillis confus. Charging Elk comprit au son de sa voix qu'elle était affligée d'une infirmité. L'un de ses amis d'enfance, Liver, n'entendait pas et n'arrivait pas à articuler correctement. La petite fille ne se débrouillait guère mieux que lui.

« Très bien », dit-il en tapotant la tête de la fillette. Il trouvait drôle de savoir qu'elle ne parlait pas bien le français alors que lui-même le parlait encore plus mal.

Il emmena les gamines dans une confiserie où il leur acheta un paquet de nougat à partager entre elles. Il éprouva une certaine fierté après être parvenu à conclure ainsi sa troisième transaction de la journée. Il connaissait à présent le prix du tabac, des cartes-images et de deux cents grammes de nougat. Il accompagna les trois enfants jusqu'au début de la rue d'Aubagne et les quitta sur un : *« A bientôt, mes amies. »*

Les fillettes pouffèrent une nouvelle fois de rire au son de cette étrange voix rauque, puis elles le remercièrent et s'éloignèrent, la bouche pleine de nougat.

Debout sur le seuil de sa maison, René Soulas suivait des yeux le fiacre qui remontait la rue étroite. Il était allé à *l'épicerie* située juste au coin acheter un bidon d'huile d'olive et un petit bocal de câpres pour Madeleine. Il lui arrivait souvent de faire des courses pour elle, car il ne tenait pas en place et était toujours curieux de connaître les dernières nouvelles du quartier. Plusieurs garçons qui tapaient dans un ballon s'arrêtèrent pour laisser passer le fiacre. On en voyait rarement dans cette rue habitée en majorité par des ouvriers, aussi regardèrent-ils avec curiosité à l'intérieur. Le cheval continua à trotter sans paraître les remarquer.

C'était une belle journée de début mai, un peu venteuse et, dans le jardin des Soulas, les jonquilles étaient déjà en fleurs. Lorsque le fiacre ralentit et vint se ranger le long du trottoir devant lui, René était en train de penser à ses géraniums en boutons. La portière s'ouvrit et monsieur Bell descendit, lançant un chaleureux : « *Bonjour,* monsieur Soulas ! *Ça va ?*

— *Très bien,* monsieur Bell. Et vous ? Qu'est-ce qui vous amène ? Vous avez des nouvelles, je suppose. »

Les deux hommes échangèrent une poignée de main. L'Américain tendit ensuite un billet au cocher, lequel, impassible, porta la main à son chapeau, puis fouetta son cheval.

« Je vous en prie, entrez. Je crains que Charging Elk ne soit pas là. Il est parti se promener comme toutes les après-midi. » René s'écarta et Bell franchit le seuil, pénétrant dans le vestibule encombré de manteaux et de chapeaux suspendus à des patères. « Allez-y, je vous suis. » La visite du vice-consul l'inquiétait. Elle pouvait seulement signifier qu'il venait rechercher Charging Elk.

Bell entra dans le salon. Il n'y était pas revenu depuis le premier jour où il avait accompagné l'Indien, et il fut de nouveau impressionné par la pièce et son mobilier. Il vivait seul depuis si longtemps qu'il se sentait toujours un peu mal à l'aise quand il se rendait au domicile d'une famille française. Les odeurs — de cuisine, de tabac, celle du crin qui rembourrait les fauteuils et les divans — lui rappelaient toujours sa maison de Philadelphie où il ne retournait qu'en de rares occasions. Bien sûr, il avait des vacances, mais tout juste assez longues pour lui permettre de faire la traversée aller et retour à bord d'un vapeur, si bien que la simple idée du voyage l'épuisait par avance. Chaque fois qu'il recevait une lettre de sa mère, il éprouvait ce sentiment de culpabilité qui n'avait cessé de le tenailler au cours de ces douze dernières années. Il n'avait pratiquement pas quitté Marseille depuis sa nomination, excepté pour de brefs séjours en Provence, en particulier à Avignon et à Orange, un voyage sur la Costa del Sol où il avait espéré connaître quelque aventure amoureuse, et un long périple en train et bateau jusqu'à Londres pour y recevoir une formation en droit international.

« Vous préférez peut-être qu'on s'installe dans le jardin ? C'est très agréable à cette époque de l'année. Bientôt, il fera trop chaud, mais en ce moment, c'est l'idéal. Voulez-vous un thé... ou un café ? »

René le conduisit vers une grande porte vitrée au fond de la salle à manger. Bell tâcha d'identifier l'odeur qui émanait de la cuisine. Des agrumes, décréta-t-il, tandis qu'il sortait dans le jardin. Un doux parfum de printemps y régnait, un véritable bonheur après les appartements étouffants et un hiver qui n'en finissait pas.

« Voilà », fit René avec un large geste du bras.

Le jardin était petit, peut-être huit mètres sur six, entouré d'un muret de stuc couronné de briques. Le sol était en terre battue, et un grand platane aux bourgeons à peine éclos se dressait au fond. Un rang de lavande aux feuilles d'un beau vert foncé venait adoucir la surface rugueuse du petit mur. Mais c'étaient surtout les pots de géraniums alignés dessus qui ne tarderaient pas à donner au jardin son cachet, tous ces roses et ces rouges que Bell associait à la Méditerranée. Alors qu'il promenait son regard autour de lui, le jeune vice-consul se demanda négligemment ce que les gens du Midi deviendraient sans leurs géraniums.

« *C'est parfait, monsieur !* L'endroit rêvé pour passer la soirée après une journée de dur labeur au marché aux poissons. » Bell n'était pas venu pour bavarder, mais il y avait des formes à respecter. Il avait vu comment Atkinson réussissait par ses compliments à faire littéralement rougir de plaisir de coriaces hommes d'affaires marseillais. Au-delà des géraniums, on apercevait les cours intérieures des immeubles environnants qui donnaient sur les rues animées. Partout, les pots de géraniums n'attendaient que l'heure d'exploser de toutes leurs couleurs. « Je constate que vous aimez jardiner.

— Ce n'est rien, dit René avec un léger haussement d'épaules. Quelques fleurs pour mon épouse, un coin pour que les enfants puissent lire en paix. » Il était pourtant évident qu'il tirait une grande fierté de son travail.

Bell prit l'une des chaises entourant la table en bois massif — « Vous permettez... ? » — et il s'assit.

« Bien sûr, *monsieur.* Aimeriez-vous un anis ou un verre de vin, peut-être ?

— Ne vous mettez pas en frais pour moi.

— Mais ce n'est rien. Ce sera avec plaisir. » René s'excusa un instant et se hâta de rentrer dans la maison. Il se dirigea vers le pied de l'escalier et cria : « Madeleine, viens, c'est monsieur Bell, l'Américain. » N'entendant rien, pas le moindre raclement de chaise, pas le moindre bruit de pas, il appela de nouveau. Toujours rien.

Ah, cette femme, songea-t-il. Comment peut-elle s'absenter à un moment pareil ? Alors qu'il allait sans doute avoir besoin de son aide pour convaincre l'Américain que Charging Elk se sentait heureux chez eux. Ce qui était la stricte vérité. Voyant que les enfants l'avaient tout de suite adopté, Madeleine avait fini par faire la paix avec l'*Indien.* Certes, cela lui avait pris un mois ou deux, car elle ne revenait pas facilement sur ses premières impressions, mais à présent, elle désirait en toute sincérité qu'il reste. Il en était convaincu, bien qu'ils n'aient pas encore abordé la question de l'avenir à long terme.

René se rendit dans la cuisine où il prit une bouteille d'armagnac qu'il réservait aux visiteurs de marque. Et comme ceux-ci étaient plutôt rares, la bouteille était là depuis deux ans, à peine entamée. Cherchant deux verres à cognac, il eut une pensée qui le fit sourire. Charging Elk était un visiteur de marque, mais René n'avait jamais envisagé de lui servir de ce précieux alcool, d'une part parce que monsieur Bell lui avait recommandé de ne pas le faire, et d'autre part parce que Charging Elk était un être simple — du tabac, quelques friandises, un verre de vin avec les repas, il ne semblait pas en demander plus. Et quand il devait se passer de l'un ou de l'autre, eh bien, il s'en passait. On en arrivait presque à oublier qu'il avait été une célébrité au sein de la troupe de Buffalo Bill.

Debout sur le seuil de la cuisine, tenant un plateau sur lequel il avait disposé la bouteille, les verres et un petit bol d'amandes, René jeta un coup d'œil autour de lui, s'arrêtant sur la table de la salle à manger où Charging Elk regardait les enfants dessiner et faire leurs devoirs, sur le petit salon où ils se réunissaient parfois pour écouter Chloé jouer du piano, sur la cuisine elle-même où la veille, Madeleine avait préparé une épaule d'agneau et un excellent dessert en l'honneur du dixième anniversaire de Chloé. Charging Elk lui avait offert une petite figurine en céramique représentant un Chinois vêtu d'une robe rouge vif et coiffé d'un chapeau en forme de cône. René s'était demandé comment il avait su qu'on faisait des cadeaux à cette occasion. Quoi qu'il en soit, cela avait été le clou de la soirée.

Il nous manquera, pensa-t-il. Il y aura un grand vide dans la maison. Posant le plateau sur la table du jardin, il se contenta de dire : « *Voilà !* J'espère que vous aimez l'armagnac, monsieur Bell. C'est tout ce que j'ai trouvé.

— Ce sera parfait, monsieur Soulas. » Bell, regardant le

petit homme remplir à moitié les deux verres, remarqua qu'il n'y avait pas d'étiquette sur la bouteille. « Et comment vont les affaires ? Plutôt bien, non ? Il me semble avoir vu un peu plus de poisson au marché ces derniers temps.

— Pas encore aussi bien qu'on le voudrait, mais ça s'améliore de jour en jour. Je suis dans le métier depuis ma plus tendre enfance, quand j'aidais mon père, et je n'ai jamais connu un hiver pareil. Le vent, la mer démontée, les orages et les tempêtes. C'est un miracle qu'il n'y ait pas eu davantage de disparus. » Il tendit un verre à Bell. « Sept bateaux de pêche ont coulé entre ici et Toulon au cours de cet hiver, dont trois pendant la même tempête — perdus corps et biens. Il y aura à Notre-Dame-de-la-Garde plus d'ex-voto qu'on ne l'aurait souhaité.

— C'est une véritable tragédie, en effet. Soyez assuré que mon gouvernement aussi déplore la perte de ces vies humaines. *A votre santé.* »

René leva son verre. Les paroles du vice-consul lui parurent bizarres — et même un peu gênantes. Qu'est-ce que cela pouvait bien faire aux veuves et aux enfants, aux pères et aux mères des pêcheurs disparus que les Américains compatissent à leur douleur ? Ils continueront à vaquer à leurs occupations et à leurs affaires, tandis que les veuves pleureront leurs morts jusqu'au dernier jour de leur vie. René lui-même prenait pour règle de ne pas nouer de relations trop intimes avec les pêcheurs que, pourtant, il côtoyait pratiquement tous les matins. Ils faisaient un métier dangereux. Au fil des années, il était trop souvent arrivé sur le quai des Belges pour apprendre que l'un des bateaux manquait au port — en général l'une de ces petites barques qui pêchaient le loup et la rascasse près des rochers. Il réprima un frisson à l'évocation de l'eau qui remplissait les bottes et les poumons, du bateau qui s'enfonçait lentement, silencieusement, avant de se poser sur le fond, et des yeux blancs et aveugles, cependant qu'à la surface les vents se déchaînaient et soulevaient des vagues tumultueuses. C'étaient ces images-là qui peuplaient les rares cauchemars qui hantaient ses nuits.

« Eh bien, *monsieur*, je crains de ne pas avoir de bonnes nouvelles à vous annoncer. »

René cligna des paupières pour chasser ses noires visions. C'était donc cela. Heureusement que Madeleine et les enfants n'étaient pas là. Il se félicitait presque de s'y être préparé, et il se sentait fortifié par le fatalisme avec lequel il accueillait les joies et les peines de l'existence. « Ainsi, vous êtes venu nous enlever celui que vous nous aviez confié.

— Oui, en effet. Nous ne voulons pas vous imposer plus longtemps cette contrainte. Le consul général vous est infiniment reconnaissant du service que vous nous avez rendu au cours de ces derniers mois. Il m'a chargé de vous offrir un modeste dédommagement en échange de la générosité dont vous-même et *madame* avez fait preuve en accordant votre hospitalité à Charging Elk. Nous croyons comprendre qu'il a été heureux chez vous.

— Il va donc retourner en Amérique vivre parmi les siens ? » René essaya de se représenter ce que cela allait signifier pour Charging Elk de retrouver sa tribu, ses parents. Avait-il des frères et des sœurs ? Des grands-parents ? René éprouva un sentiment de tristesse à l'idée d'en savoir si peu sur la vie passée du jeune Indien. Alors même qu'il était sur le point d'en apprendre davantage ! Mathias lui avait enseigné de nombreux mots de français, et ce n'était plus qu'une question de jours avant que Charging Elk ne soit en mesure de leur ouvrir les portes de son monde. Il devait avoir tant de choses à leur raconter !

« C'est un peu compliqué, était en train d'expliquer le vice-consul. Nous avons eu affaire à des bureaucrates ineptes, pour ne pas dire idiots, si vous me promettez de ne pas le répéter, de sorte que le rapatriement de Charging Elk paraît poser quelques problèmes. Je ne vais pas vous infliger les détails, mais il semblerait, aux dernières nouvelles, que votre gouvernement le considère comme mort. C'est une histoire incroyable, monsieur Soulas. »

René avait buté sur le mot « inepte » qu'il entendait pour la première fois, si bien qu'il mit un peu de temps à enregistrer la suite de la phrase. Il leva les yeux sur l'Américain et demanda lentement : « Mort ?

— Oui, je le crains. Une espèce d'imbroglio, pour ainsi dire. Il y avait un autre *Peau-Rouge* à l'hôpital quand Charging Elk y a été admis. Cet autre *Indien*, un nommé Featherman, est mort à peu près au moment où Charging Elk est venu habiter chez vous. » Bell secoua la tête et, sous sa moustache, ses lèvres s'étirèrent en un sourire qui ressemblait davantage à une grimace. « C'est tout à fait regrettable. Ce Featherman parlait anglais, et s'il avait vécu, il nous aurait grandement facilité la tâche.

— Mais je ne comprends pas. Quel rapport y a-t-il entre la mort de ce Featherman et Charging Elk ? Lui, il est vivant, il va travailler tous les jours, il joue avec mes enfants, il mange à ma table...

— Eh bien, voyez-vous, cet imbroglio, cette confusion, si vous préférez, viennent de ce que le médecin qui a signé le certificat de décès s'est trompé. Il y avait deux *Indiens* hospitalisés en même temps, et comme je suppose qu'il ignorait que Charging Elk s'était évadé, constatant qu'un *Indien* était mort, il a dû présumer que c'était Charging Elk, lequel, pour autant qu'il le savait, était resté à l'hôpital jusqu'au moment de son décès. »

René, stupéfait, garda les yeux rivés sur sa main qui faisait machinalement tourner l'armagnac dans le verre à liqueur. Ainsi, quelqu'un, ou peut-être tout le monde, croyait que Charging Elk était mort ! Il finit par lever la tête pour demander : « Personne ne lit donc les journaux ? Est-ce que ce n'est pas Charging Elk qui a été détenu à la préfecture ? J'ai vu moi-même son nom imprimé dans *Le Petit Marseillais.* » Ou bien est-ce que je me trompe ? songea-t-il. Tellement de temps semblait s'être écoulé depuis que Madeleine et lui s'étaient tenus sur les marches de la préfecture en compagnie du père Daudet et des autres paroissiens. A quand cela remontait-il ? Au début de janvier. Et on était en mai. Cinq mois, déjà.

Il eut soudain mauvaise conscience à l'idée du bonheur dans lequel il avait vécu durant ces cinq mois. Sans compter qu'il n'avait pu s'empêcher d'espérer que, d'une manière ou d'une autre, les Américains oublieraient Charging Elk, de sorte que celui-ci resterait habiter chez eux, et peut-être pour toujours. De fait, ce dont il se sentait réellement coupable, c'était de ne pas vouloir que Charging Elk retourne chez lui, alors qu'il se doutait bien que ses parents et ses frères et sœurs, s'il en avait, devaient pleurer leur fils et frère disparu.

René s'arracha à ses pensées, mais non sans s'être promis de confesser son égoïsme ce dimanche même.

« Oui, naturellement, j'ai montré les articles aux représentants de la mairie et de l'hôpital de La Conception, mais vous comprenez, c'est moi qui ai identifié Charging Elk quand il était emprisonné à la préfecture — et auparavant, à l'hôpital. Et voilà à présent que ces bureaucrates affirment que j'ai dû me tromper. » Bell lâcha un soupir exaspéré, puis il but une gorgée d'armagnac. « Mais le bouquet, comme vous dites, c'est que maintenant ils prétendent qu'il n'y avait pas d'*Indien* détenu à la préfecture à la veille de Noël. Vous vous imaginez ? Vaugirard, votre chef de la police, déclare n'avoir aucun souvenir de la présence à la préfecture d'un nommé Charging Elk ! Au regard de votre administration, Charging Elk n'existe pas. »

René réfléchit. Contemplant ses géraniums, il crut voir une ombre de rouge au milieu du vert des boutons. Il leva une fraction de seconde les yeux au-dessus des toits. Les tuyaux de cheminée orange se détachaient sur le bleu du ciel et, l'espace d'un instant, il se figura que toutes les cheminées de Marseille étaient remplies de géraniums. Une pensée lui vint à l'esprit, et il finit par se tourner vers Bell. « Alors, dans ce cas, qui loge chez moi ? »

Le vice-consul éclata d'un rire grinçant. « Personne, monsieur Soulas. Absolument personne. Oubliez l'homme qui joue avec vos enfants, qui mange à votre table, il n'existe pas. A moins que ce ne soit un fantôme ! »

René attendit que l'Américain eût cessé de rire, puis il demanda : « Et ce Featherman ? Lui non plus n'existe pas ? Lui aussi est un fantôme ? »

Bell répliqua avec humour. « Certainement, *monsieur !* Mais lui, c'est un fantôme bien réel, enterré au cimetière Saint-Pierre quelques jours avant que Charging Elk vienne habiter sous votre toit.

— Je dois invoquer mon ignorance, monsieur Bell. Si ce Featherman est mort, pourquoi les fonctionnaires ne savent-ils pas que c'est lui et non Charging Elk qui est mort ? Je ne comprends pas qu'une chose pareille puisse arriver. Cette affaire semble pourtant très simple, même pour un pauvre marchand de poisson comme moi. »

Le vice-consul étudia un instant le petit Français, se demandant ce qu'il pouvait lui confier. Sans doute rien, car d'ici un jour ou deux, Charging Elk sortirait définitivement de la vie des Soulas. D'un autre côté, le marchand de poisson avait été si gentil, si patient, qu'il méritait une explication.

« Je ne vais pas y aller par quatre chemins, mon ami. Mon gouvernement soupçonne les autorités françaises de chercher à couvrir une bourde monumentale, à savoir qu'elles ont pris Charging Elk pour Featherman. *L'acte de décès* qui figure dans les archives sous le nom de Charging Elk est en réalité celui de Featherman. Comme je vous l'ai dit, le médecin qui l'a signé a commis une erreur. Ce n'est pas plus compliqué que cela.

— Mais il suffirait de rectifier, non ?

— D'une certaine façon, cela a été fait. Un peu plus d'un mois après la mort de Featherman, son certificat de décès est apparu dans les archives. Le problème, c'est que celui de Charging Elk s'y trouve également. Aux yeux de votre administration, tous deux sont maintenant décédés, et pour ce qui la concerne, l'affaire est close. Mettons qu'on a corrigé l'erreur à seule fin de sauver la face. Nous savons qu'il y a tromperie, mais nous ne pouvons pas le prouver. » Bell se pencha en avant et planta son regard dans celui de René. « Et malheureusement, nous avons un Indien en chair et en os sur les bras.

— Une nouvelle fois, *monsieur*, pardonnez mon ignorance, mais ne pourrait-on pas amener Charging Elk devant les fonctionnaires en question pour qu'ils le voient ? Ils se rendraient bien compte que c'est un *Peau-Rouge* et qu'il faisait partie de la troupe de Buffalo Bill. Sinon, comment un *Indien* aurait-il pu atterrir à Marseille ? »

Bell soupira. Décidément, le petit marchand de poisson lui plaisait de plus en plus. Pour la première fois depuis son arrivée à Marseille, il avait le sentiment de nouer de véritables relations humaines avec un Français et d'avoir avec lui autre chose en commun que des intérêts purement personnels. Il tendit la main vers la bouteille d'armagnac. « Vous permettez ?

— Oui, oui, bien sûr, monsieur Bell. Excusez-moi. »

Le vice-consul versa dans leurs deux verres une généreuse rasade d'eau-de-vie, puis il se cala dans sa chaise et, de nouveau, considéra longuement le petit homme qui lui faisait face. Un courant semblait passer entre eux, et Bell eut soudain l'impression que les choses pourraient marcher — si toutefois il ne se trompait pas dans son jugement. « J'ai deux sujets d'inquiétude, déclara-t-il alors, laissant inconsciemment tomber le masque du fonctionnaire zélé. D'abord, je suis à peu près certain qu'ils refuseront de reconnaître que l'homme qui se tient devant eux est Charging Elk. Et ensuite, je crains que même si par miracle ils le reconnaissaient, ils s'empresseraient de le jeter une nouvelle fois en prison. Voyez-vous, d'un côté comme de l'autre, nous sommes coincés. »

Bell se demanda un instant s'il s'était bien fait comprendre. René, pour sa part, paraissait lui aussi avoir réfléchi tout en écoutant l'Américain. « Et qu'est-ce que Charging Elk va devenir dans ce cas ? demanda-t-il.

— Eh bien, pour le moment, j'ai alerté notre ambassade à Paris. J'aimerais que l'affaire prenne une tournure internationale, car, comme vous pouvez le constater, nous sommes dans une impasse avec les autorités locales. » Bell vida son verre d'un trait. « Dans l'état actuel des choses, notre priorité est de trouver un autre lieu d'hébergement pour lui. Nous ne vous avons déjà que trop mis à contribution, et nous vous sommes infiniment redevables de votre coopération.

— Qu'est-ce que vous envisagez de faire ?

— Nous pensons le loger dans une petite chambre non

loin de chez nous. Maintenant que l'hiver est fini, il pourra faire de petits travaux pour le consulat. Je suis persuadé que nous parviendrons à régler la question d'ici deux ou trois semaines, et ensuite, nous renverrons ce pauvre diable chez lui, ou à défaut, rejoindre le Wild West Show qui se produit actuellement à Berlin ou à Vienne. » Bell se leva. L'armagnac lui avait donné un léger mal de tête. Sans regarder René, il murmura : « Mon Dieu, c'est fou la pagaille que peuvent créer les administrations. »

Le marchand de poisson avait entendu sa réflexion, et il eut un peu pitié de cet homme qui avait si manifestement bon cœur. « Vous savez, monsieur Bell, nous ne serions que trop heureux de garder Charging Elk avec nous jusqu'à ce qu'il puisse quitter Marseille. »

Bell se tourna vers lui, les yeux soudain brillants dans l'ombre de fin d'après-midi qui avait envahi le jardin. « Vous êtes sûr que cela ne vous dérangerait pas ?

— Absolument ! Cela ne pose aucun problème. Mes enfants l'aiment bien, et en ce moment même, ma femme lui tricote un chandail pour l'hiver prochain. Il travaille au marché avec mon employé et moi, et l'après-midi, il se promène. Il s'est adapté à notre mode de vie, et il a commencé lui aussi à prendre ses habitudes. Seul dans une chambre, ce serait comme le mettre en prison. » René avait haussé le ton, inquiet à l'idée que Charging Elk pût ainsi se retrouver seul. Comment se nourrirait-il ? Que ferait-il de ses soirées ? Ce garçon avait besoin de vivre dans une atmosphère familiale. « Nous prenons grand soin de lui », conclut-il, lui-même étonné par la note de défi qui perçait dans sa voix.

Bell dévisagea longuement le petit homme en silence. Il semblait peser son degré de sincérité. Un sourire, enfin, naquit sur ses lèvres. « J'espérais bien que vous réagiriez ainsi, dit-il. Je ne peux qu'abonder dans votre sens. Il est évident qu'il sera mieux chez vous. » Son sourire, cependant, se crispa et son front, au-dessus de ses yeux bleu clair, se creusa de rides. « Mais je dois vous avertir, reprit-il, j'ignore combien de temps cette affaire va durer, peut-être deux ou trois semaines, peut-être davantage. Il nous faut prouver qu'il existe, lui obtenir des papiers, et il n'a ni acte de naissance, ni passeport... Je n'ai aucune idée du temps que cela prendra. »

Ce fut au tour de René de sourire. « Le temps n'a pas d'importance, *monsieur.* Je connais ces bureaucrates. Prenez tout le temps qu'il vous faudra pour faire correctement les choses. Il sera ici comme chez lui. » Il crut entendre du bruit en provenance de la cuisine et il se demanda si Madeleine, rentrée à la maison, n'avait pas écouté toute leur conversation. Elle avait fini par accepter la présence de Charging Elk, mais il ne savait pas ce qu'elle dirait en apprenant que l'Indien allait rester chez eux plus longtemps que prévu. L'histoire du chandail était un mensonge. « Pour le moment, il n'a pas d'autre famille que nous, poursuivit-il, espérant ne pas paraître trop présomptueux. Ne vous faites pas de souci, monsieur Bell. » Il remplit leurs deux verres. « Vous pouvez dormir tranquille. »

Le vice-consul fixa de nouveau la rangée de géraniums. Il avait le pressentiment qu'ils seraient en fleur bien avant que Charging Elk ne puisse rentrer au pays... Si toutefois il rentrait un jour.

9

On était à la fin du mois d'août et une chaleur accablante pesait sur la ville. Le matin, les marchés restaient animés, mais dès onze heures, les rues étaient désertes à l'exception de quelques omnibus et voitures de livraison. Les chevaux eux-mêmes paraissaient perdus au milieu des vagues de chaleur soulevées par le soleil brûlant de la Méditerranée. A trois heures de l'après-midi, les ouvriers qui construisaient le nouvel immeuble de la rue de la République travaillaient encore, mais de plus en plus lentement. Les hommes portant des sacs de ciment sur le dos, des hottes pleines de mortier ou poussant de lourdes brouettes, les maçons ajustant de gros blocs de pierre, tous semblaient se déplacer au ralenti, comme s'ils marchaient, plongés dans l'eau boueuse du Vieux-Port. Avec leurs chiffons noués autour de la tête, leurs tricots de corps moulants, leurs pantalons courts d'un bleu délavé et leurs sandales poussiéreuses, on aurait dit des enfants épuisés à la peau brune.

Charging Elk, qui les observait, installé sur l'impériale de l'omnibus, remarqua que tous travaillaient l'échine courbée sous le soleil aveuglant, pratiquement sans se parler ni se regarder, sinon pour donner ou recevoir des ordres, ou bien partager une cigarette en profitant du moindre coin d'ombre. C'était une ville bourdonnante d'activité. Tout le monde travaillait, certains à l'abri des regards dans les boutiques, les fabriques ou les usines, d'autres — les ouvriers des chantiers navals et les dockers, les balayeurs et les livreurs — en plein air, même lorsqu'il faisait tellement chaud que l'on sentait les pavés brûlants sous la semelle des chaussures, comme si un feu couvait constamment sous la cité phocéenne. En ce mois d'août 1893, l'un des plus chauds dont on se souvienne, chacun semblait lutter pour sa survie — de fait, beaucoup de personnes âgées moururent. Les corbillards ne suffisant plus, il fallut utiliser des charrettes et des chariots pour transporter les cercueils jusqu'au cimetière Saint-Pierre. Le soir, quand il y avait un souffle d'air, les gens allaient déambuler le long de la Canebière, la démarche lente, presque hésitante, assommés par la canicule, ou bien sortaient dans leurs cours, allumant des bougies à la citronnelle pour éloigner les moustiques agressifs, ou encore s'installaient aux terrasses des cafés. Nombreux étaient ceux qui, attablés devant un *citron pressé* ou une *anisette* dans les cafés et les restaurants du Vieux-Port, regardaient passer les promeneurs et les grands bateaux silencieux. Depuis quatre mois, Charging Elk avait pris lui aussi cette habitude.

Le soleil qui lui tapait sur le sommet du crâne l'engourdissait et lui donnait sommeil. Il y avait déjà un moment qu'il suivait les progrès de l'immeuble en construction, depuis qu'il avait quitté la maison des Soulas pour emménager dans son propre appartement situé au cœur du Panier. Cela faisait huit mois qu'il travaillait dans une savonnerie des quartiers nord de la ville. Quand il partait pour l'usine à cinq heures du matin, les ouvriers n'étaient pas encore arrivés, et quand il revenait à trois heures de l'après-midi, ils se traînaient au milieu des gravats qui jonchaient le trottoir, ployant sous les lourds sacs de ciment, une toile épaisse drapée en travers de leurs épaules courbées. D'un jour à l'autre, on n'avait guère l'impression que le chantier avançait, mais en quatre mois, Charging Elk avait vu surgir deux étages. A présent, ils jetaient les fondations du troisième.

La semaine précédente, Charging Elk avait calculé qu'il était en France depuis quatre ans — dont presque trois et demi à Marseille. Ce n'était certes pas la première fois qu'il se livrait à cet exercice. Mathias lui avait appris à lire les chiffres sur la lourde montre toute ronde dont on lui avait fait cadeau un Noël. Il avait également appris à lire le calendrier, à compter les jours, les semaines, les mois... et les années. La vitesse à laquelle passaient les saisons ne manquait jamais de le surprendre : il faisait chaud, comme maintenant, puis frais, puis froid, puis de nouveau frais, et enfin de nouveau chaud. Il continuait à guetter les lunes et il les notait sur un petit bloc de papier acheté sur le cours Belsunce, chaque page figurant une lune : la lune-du-poisson-noir, le mois où il avait découvert que les poissons avaient une âme ; la lune-de-la-longue-marche, celui où, un dimanche, il avait marché jusqu'à la plage du Prado et retour ; la lune-de-la-vue-du-pays, quand il avait grimpé la colline desséchée vers Notre-Dame-de-la-Garde, la grande église, d'où l'on jouissait de la vue la plus étendue. En dépit de la présence de la mer bleue et de nombreux immeubles, il avait eu comme jamais le mal du pays. Les collines de grès dénudées qui s'élevaient au nord lui avaient rappelé les Mauvaises Terres et le Bastion. Il avait fait un dessin qui le représentait en selle sur Grand Coureur au sommet d'une butte aux arêtes vives. Avec l'aide de Mathias, il avait dessiné sa chronique des événements passés en commençant par la lune où il avait laissé ses parents sur le quai de la gare de Gordon dans le Nebraska.

Charging Elk se leva et s'engagea lourdement dans l'escalier en spirale à l'arrière de l'omnibus. On approchait de la place de la République et les chevaux ralentissaient. Tandis qu'il atteignait la plate-forme, il essaya de réfléchir à ce que ces dernières années signifiaient pour lui, mais il faisait trop chaud et il était trop fatigué pour penser à autre chose qu'aux marches qu'il allait lui falloir grimper pour arriver au Panier. Une femme le regarda un instant avant de saisir la barre et de monter dans l'omnibus. Le jeune Indien ne remarquait pratiquement plus les coups d'œil curieux que lui valaient son apparence et sa haute stature.

Il traversa la *place* déserte en direction des marches qui montaient au Panier. Une odeur de lessive, de graisse et d'huile de noix de coco, à la fois âcre et douce, imprégnait l'atmosphère. Charging Elk avait le cou et la figure tout gras, recouverts d'une pellicule de poussière de charbon mêlée à la sueur. Il avait hâte de quitter ses vêtements de travail et de se laver, puis de faire une petite sieste jusqu'à l'heure du dîner. Son appartement exigu — composé d'une seule pièce mais munie de deux fenêtres et d'une alcôve contenant un lit trop court et trop étroit — lui suffisait et, dans l'ensemble, se révélait plutôt confortable. Il y avait une lampe et un réchaud à huile sur lequel il pouvait se préparer à manger, quoique, sur ce point, il lui arrivait souvent de regretter d'avoir quitté la famille Soulas. Désormais, il ne prenait plus en leur compagnie que les repas du dimanche. La nourriture ne manquait jamais : du poisson en abondance, parfois de la viande, accompagnés de pommes de terre et de tomates assaisonnées à l'huile d'olive, le tout arrosé de *mni sha* et d'eau pétillante. Il aimait beaucoup ces déjeuners, et même le poisson à présent, mais il aimait surtout retrouver l'ambiance familiale de la maison. Il parlait maintenant un peu français, mais personne mieux que les Soulas ne le comprenait, en particulier Mathias et Chloé qui lui avaient enseigné la langue. Malheureusement, il n'avait pas d'ami intime comme Strikes Plenty, ni de femme qui auraient écouté d'une oreille attentive les mots qu'il prononçait avec un fort accent. Aussi, il se bornait à échanger quelques propos hésitants avec le boulanger et le charcutier de son quartier, ainsi qu'avec le vieux serveur du Royal, un petit café situé sur le Vieux-Port. Il travaillait aux côtés d'un jeune Français, alimentant le feu sous les grandes cuves d'huile et de graisse, et ils se parlaient très peu, se contentant des quelques mots que Charging Elk comprenait et que l'autre parvenait à saisir compte tenu de la mauvaise prononciation de l'Indien. Ils déjeunaient ensemble dehors, à l'ombre du quai de chargement, et même l'air immobile leur paraissait une véritable bénédiction après la fournaise qui régnait à l'intérieur. Le jeune homme se nommait Louis Granat et il était originaire d'un village dans les montagnes appelées les Alpes, qui se trouvaient quelque part vers le nord-est. Il était arrivé à Marseille dans l'intention de devenir marin et de voir le monde, mais, tombé amoureux d'une blanchisseuse, il s'était fait embaucher à la fabrique afin de demeurer près d'elle. Louis Granat avait tracé dans l'air étouffant une silhouette aux courbes voluptueuses en disant *« Mal d'amour »*, puis il avait envoyé un baiser du bout des doigts. Deux semaines plus tard, Charging Elk apprenait que la blanchisseuse avait quitté son ami : Granat avait posé la main sur son cœur et courbé la tête en signe de chagrin. Alors que l'Indien se sentait pris de pitié pour lui, le jeune Français avait relevé la tête, affichant un large sourire. Puis, avec une petite moue, il avait simplement déclaré : *« Fini. C'est dommage. »*

Charging Elk, ravi de constater que son ami se remettait si vite de son chagrin d'amour, commençait à s'interroger sur lui-même. Il n'avait jamais été amoureux, n'avait jamais éprouvé les émotions mimées par Louis Granat. Avec Strikes Plenty, ils avaient souvent évoqué l'amour, mais ni l'un ni l'autre ne l'avait connu. Le jeune Indien se demandait à présent s'il trouverait un jour une femme à aimer, une femme avec qui avoir des enfants. Il se rendait compte qu'il ne pourrait jamais mener une existence normale dans cette ville, dans ce pays. Comment pourrait-il y rencontrer une femme qui serait heureuse auprès de lui ? Même Marie-Claire, celle qui tenait l'étal à côté de celui des Soulas, lui semblait inaccessible, alors que, pourtant, il savait très bien que les Français, qui en général ne se privaient pas de faire la cour aux jeunes femmes, ne la jugeaient pas séduisante. Personne ne flirtait avec elle et cependant, Charging Elk ressentait une pointe de regret quand, en compagnie d'un couple assez âgé qui apparaissait silencieusement vers la fin du marché, elle emballait ses fromages et se préparait à partir. Une autre pensée lui traversait alors l'esprit, qui ne contribuait qu'à le déprimer davantage : malgré leurs plaisanteries grossières sur les femmes, malgré les regards admirateurs dont les gratifiaient les spectatrices, malgré leurs vantardises, aucun des Indiens de la troupe n'avait seulement approché une femme française, pas même Featherman qui avait espéré fonder un foyer avec l'une d'entre elles et devenir français.

Aussi Charging Elk se résignait-il presque à vivre une existence privée de l'amour d'une femme. Il s'installa dans la routine : six jours de travail par semaine, déjeuner le dimanche midi chez les Soulas. Le soir, la plupart du temps, il descendait les escaliers à pic du Panier pour se rendre au Vieux-Port où il s'installait à l'une des petites tables rondes à la terrasse du Royal pour boire une *anisette* en regardant passer les jeunes femmes qui se promenaient bras dessus, bras dessous avec une amie ou un jeune homme qu'il enviait. De temps en temps, un geste ou un rire, une mèche de cheveux rejetée en arrière ou une ondulation des hanches faisaient naître en lui une bouffée de désir, mais lorsqu'il remontait les marches du Panier, il ne ressentait plus qu'une calme et pesante solitude.

Louis Granat et lui continuèrent à travailler ensemble jusqu'au jour où, juste avant l'heure de partir, l'un des patrons prit le jeune Français à part. Charging Elk les observa du coin de l'œil, inquiet à l'idée qu'on puisse réprimander ou renvoyer son ami, mais au sourire qui éclaira soudain le visage de celui-ci, il devina que le lendemain Louis Granat ne serait plus à ses côtés pour alimenter les chaudières. Une semaine plus tard, il apprit que le jeune homme avait été transféré dans l'atelier où l'on découpait les plaques de savon pour en faire des pains — l'un des postes les plus convoités de la fabrique. Ils se croisaient de temps en temps, mais se montraient un peu cérémonieux. Le nouveau chauffeur, un Turc, n'ouvrait pas la bouche.

Charging Elk faisait ce travail depuis huit mois. Il ne lui avait pas été facile de quitter l'univers des Soulas, mais il s'était rendu compte qu'il devenait pour eux comme un enfant, lui qui avait vécu en homme son adolescence, indépendant et libre de toute autorité. Quand il annonça à René qu'il désirait habiter seul et avoir un travail à lui, le marchand de poisson resta un long moment silencieux. A vrai dire, Charging Elk désirait surtout pouvoir tranquillement se chercher une femme. Il se plaisait en la compagnie de Marie-Claire, et il n'avait pas mis longtemps à oublier qu'elle boitait et que sa figure était marquée des séquelles de la maladie des croûtes blanches. Il aimait la regarder plaisanter avec les clientes, parfois les gronder, parfois rire de concert avec elles, parfois les deux en même temps. Ils échangeaient des cigarettes, elle lui apprenait les noms des fromages et lui donnait de petits morceaux découpés dans les grosses meules. René avait dit en blaguant qu'elle devait avoir des vues sur lui, mais tous les jours à la fin du marché, le couple âgé venait l'aider et repartait avec elle. Charging Elk ne savait pas où elle habitait, ni à quoi ressemblait sa maison.

René, bien qu'il en voulût un peu au jeune *Indien* de l'abandonner ainsi après tout ce qu'il avait fait pour lui, l'avait présenté un dimanche à un homme corpulent vêtu d'une jaquette noire et d'un pantalon rayé. Il portait en outre une lavallière maintenue par une épingle en or, et ses cheveux argentés soigneusement pommadés et coiffés en arrière retombaient en boucles huileuses juste au-dessus de son col sous le bord de son haut-de-forme. Il avait une moustache en croc aux extrémités frisées. Charging Elk n'avait encore jamais vu à Marseille un homme qui portât aussi beau. Il lui rappelait Buffalo Bill quand il se mettait sur son trente et un pour rencontrer les grands chefs de France.

Charging Elk attendait sur les marches de l'église que les Soulas sortent à la fin de la cérémonie. Il venait souvent les chercher là pour les accompagner ensuite jusqu'à leur domicile. René, par bonheur, n'insistait plus pour qu'il se joigne à eux dans la maison sacrée. Pourtant, il avait souvent envie d'entrer voir à quoi leur cérémonie ressemblait, mais il résistait à la tentation, car il craignait que, dans ce cas, Wakan Tanka ne s'occupe plus du tout de lui. Il continuait à croire que le Grand Esprit avait un plan qui lui permettrait, le moment venu, de rentrer au pays. Mais les lunes succédaient aux lunes, et il n'avait pas encore réussi à économiser beaucoup d'argent. Le petit Français lui donnait juste assez pour qu'il puisse s'offrir du tabac et des bonbons ainsi que, de temps en temps, une *anisette* ou un *café*. Il n'avait mis que vingt-quatre francs de côté, et il savait par Mathias que la traversée pour l'Amérique coûtait infiniment plus, peut-être mille francs ou même davantage.

Aussi, quand René le présenta à l'homme qui lui rappelait Buffalo Bill, Charging Elk se prit-il à espérer. Il devinait que cet homme détenait une puissante médecine et qu'il viendrait peut-être à son aide. Il était plus important que Costume Marron ou Poitrine Jaune, et même que Buffalo Bill.

Trois sommeils plus tard, il commençait à travailler à la savonnerie. Ce matin-là, René l'accompagna en omnibus jusqu'à la fabrique. Pour la première fois depuis l'âge de seize ans et la mort de son père, il ne se rendit pas au marché, laissant Madeleine et François s'occuper de l'étal. Les événements prenaient une tournure qui ne lui plaisait pas, mais un soir qu'il coupait les fleurs fanées de ses géraniums, il réfléchit et comprit qu'il ne devait pas s'opposer à ce que l'homme à la peau brune franchisse l'océan pour rejoindre les siens.

Malheureusement, René ne pouvait pas payer suffisamment Charging Elk pour que celui-ci économise le prix de la traversée, plus celui du billet de train pour se rendre de l'autre côté de l'Amérique, et il n'était pas lui-même assez riche pour, le cas échéant, lui avancer l'argent. Par contre, il siégeait au diocèse aux côtés de monsieur Miroux, l'opulent savonnier, qui rétribuait convenablement ses ouvriers et qui s'était aussitôt montré intéressé lorsque René avait mentionné que Charging Elk était non seulement un solide travailleur, mais aussi un *Peau-Rouge*, un ancien membre de la troupe du Wild West Show. Et quand l'industriel le vit sur les marches de l'église de la Sainte-Trinité, il fut impressionné par sa stature, son visage au teint bistre et aux pommettes hautes qui dissimulaient presque ses yeux bridés, et ses longs cheveux noirs noués par un ruban rouge. Il avait l'air d'un vrai sauvage, mais d'un sauvage vêtu d'un costume de laine froissé et d'une chemise blanche toute propre dont le col s'ornait d'une lavallière. Monsieur Miroux, qui avait bâti sa fortune en partant de zéro et qui employait à présent deux cents ouvriers dans sa fabrique, serra la main de l'*Indien* et lui demanda de se présenter à la savonnerie dans trois jours.

Gravissant l'escalier au pied de la place de la République, Charging Elk se remémorait cette rencontre. Il était alors plein d'espoir. A l'idée de gagner assez d'argent pour pouvoir retourner chez lui, de vivre enfin seul et de se trouver peut-être une femme, il avait cru étouffer de bonheur. Le soir, il avait jeûné et adressé de longues prières à Wakan Tanka afin de le remercier d'avoir mis fin aux malheurs de son enfant en détresse.

Après sa première semaine de travail, une immense déception l'attendait quand il s'avança au guichet pour recevoir sa paye et apprendre qu'il n'avait gagné que vingt-quatre francs. À en croire René, monsieur Miroux possédait une immense fortune, et Charging Elk s'était imaginé qu'il lui donnerait au moins autant que Buffalo Bill. Il ne connaissait pas encore très bien la valeur de l'argent, mais il savait que les billets verts américains valaient davantage que les francs. Les trente billets verts qu'il gagnait chaque lune avec la troupe représentaient plus que l'équivalent en francs de quatre semaines de travail.

Un soir, Mathias avait calculé combien de temps il lui faudrait travailler pour acheter un billet sur un bateau de feu. Après avoir aligné des chiffres sur une feuille de papier, il avait annoncé : « Trois ans en tout. A condition que tu ne dépenses pas un sou, ce qui est complètement impossible. »

Charging Elk arriva à son immeuble du Panier, situé rue des Cordelles, une rue étroite qui bruissait des conversations tenues dans tout un mélange de langues, principalement d'origine nord-africaine ou levantine. Les enfants qui jouaient dehors jusque tard dans la nuit l'empêchaient parfois de dormir, mais la plupart du temps, il puisait un certain réconfort au son de leurs rires, de leurs cris et des aboiements des chiens, comme si ce concert de voix lui prouvait qu'il n'était pas seul. S'avançant le long du trottoir, il regarda un petit groupe de filles en jupes longues et écharpes de laine (malgré la chaleur) qui pratiquaient une sorte de jeu avec une petite balle de caoutchouc et une pile de cailloux. Le Panier était de loin le quartier le plus animé de Marseille. René prétendait que les Nord-Africains aimaient davantage la vie que la majorité des gens parce qu'ils pensaient moins. Charging Elk avait remarqué que les hommes discutaient beaucoup en faisant de grands gestes, tandis que les femmes ne cessaient de crier et d'attraper leurs enfants, ce dont nul ne paraissait s'offusquer. Il ne savait pas si c'était le signe qu'ils aimaient la vie ou qu'ils pensaient moins, en tout cas, ils donnaient l'impression de tous s'entendre à merveille. D'une certaine manière, ce quartier lui rappelait le village au Bastion. La cuisine elle-même, bien que la nourriture fût différente, comportait des ressemblances. Il allait quelquefois dans un petit restaurant sombre au coin de la rue où l'on entrait par un rideau de perles tenant lieu de porte. La première fois, il avait commandé un plat nommé « couscous » que, à l'inverse des autres clients, il n'avait pas osé manger avec les doigts. Les dîneurs, avec leurs rires, leurs plaisanteries, leur façon de manger et même leurs chiens qui attendaient patiemment, couchés aux pieds de leurs maîtres, dans l'espoir de récolter un croûton de pain ou un peu de peau de poulet, lui évoquaient les festins au village. En dépit des mises en garde de René, il ne regrettait pas d'avoir choisi d'habiter le Panier dont la population lui rappelait davantage son peuple que tous les gens qu'il avait eu l'occasion de fréquenter depuis son départ de Pine Ridge.

Quand Charging Elk se réveilla, le crépuscule tombait déjà. Baigné de sueur, il demeura un instant allongé sur son lit. Les deux fenêtres étaient ouvertes, mais la petite brise qui, en général, se mettait à souffler peu après le coucher du soleil ne s'était pas encore levée. Comme d'habitude, sa première pensée fut pour la nourriture. N'ayant pas de glacière, il devait décider chaque soir s'il allait descendre à la *charcuterie* ou à *l'épicerie* acheter un bâton de viande — ou, parfois, du poulet rôti — ainsi que du pâté et du pain frais. Sinon, il lui fallait se contenter de fromage dur et suintant, d'une grenade ou d'une orange. Il avait l'impression de ne jamais avoir assez de provisions chez lui, aussi finissait-il presque toujours par sortir faire des courses.

Pendant qu'il réfléchissait, il se souvint brusquement qu'on était samedi. Il était tellement abruti par la chaleur et une semaine de travail qu'il en avait oublié qu'il venait de toucher sa paye et que demain, il ne travaillait pas. Il se leva et alla prendre son pantalon qu'il avait jeté sur un petit banc placé devant l'une des fenêtres. Il tira d'une de ses poches une poignée de monnaie et de billets qu'il défroissa et compta ainsi que les pièces qu'il empila soigneusement : vingt-huit francs et trente centimes. Croyant avoir fait une erreur, il recompta mais arriva à la même somme. Le caissier derrière son guichet se serait-il trompé ? Ou alors, aurait-il été augmenté ? De plus de quatre francs, ce qui représentait la moitié de son loyer de la semaine ?

Revenu de sa surprise, il comprit soudain que cela procédait du plan que Wakan Tanka avait élaboré à son intention. Il voulait que son enfant rentre chez lui plus tôt que prévu.

Charging Elk se sentit alors empli d'une énergie et d'une excitation qui le firent frissonner en dépit de la chaleur. Il n'avait pas revu Costume Marron depuis plus d'un hiver, ou peut-être même deux, ni Poitrine Jaune qui ne s'était plus jamais manifesté après lui avoir rendu visite dans sa cellule de pierre, et c'était maintenant Wakan Tanka en personne qui veillait à ce que son enfant rejoigne bientôt les siens. Glissant l'argent dans un portefeuille qu'il rangeait au fond de son sac marin, Charging Elk adressa à Wakan Tanka une prière de remerciements. Après une seconde de réflexion, il reprit le portefeuille et en tira un billet de cinq francs. Ce soir, il allait fêter sa bonne fortune.

Le Petit Zinc était un modeste restaurant situé quai de Rive Neuve, non loin du quai des Belges où Charging Elk, à peine huit mois auparavant, aidait encore René à porter les caisses de poissons. Monsieur Valentin, le propriétaire du restaurant, était un proche parent de Madeleine, peut-être même son frère croyait-il se rappeler. Charging Elk y avait quelquefois mangé avec la famille Soulas, et il ne connaissait pas d'autre restaurant à Marseille en dehors du bouiboui nord-africain du Panier.

Il était installé à une petite table en terrasse, près d'une basse clôture décorée de pots de géraniums qui séparait les clients des passants. En face partait l'avenue qui menait aux bateaux ancrés dans les eaux saumâtres du Vieux-Port. Pendant la journée, les filets étaient étalés sur le quai, que des hommes, et parfois des femmes, assis sur des pierres, raccommodaient. Le soir, c'était un lieu où l'on venait se promener en famille, entre amis ou en amoureux.

Le jeune Indien fumait une cigarette en attendant son dessert. Il se sentait très bien et ne souffrait nullement de la solitude. Il se laissait même aller à imaginer son retour. Ce n'était certes pas pour demain — il n'avait réussi à économiser que quatre-vingt-cinq francs, et il faudrait encore du temps pour arriver jusqu'à mille —, mais avec son augmentation, l'échéance lui paraissait moins lointaine. Aussi, quelque peu béat, il regarda approcher une calèche ornée de dorures et munie de lanternes en cuivre. Tandis que les sabots du cheval résonnaient sur les pavés, il songeait que Mathias s'était peut-être trompé — la traversée coûtait peut-être moins que le garçon ne le pensait. Il nota dans son *cante iste* de demander à Mathias de l'aider à trouver un bateau de feu en partance pour l'Amérique. Ainsi, ils pourraient connaître le prix exact du voyage.

Charging Elk, âgé à présent de vingt-sept hivers, n'était plus ce jeune homme qui avait traversé la grande eau en compagnie de Buffalo Bill, de Featherman et des autres. Récemment, il avait repensé à Black Elk et au soir où celui-ci était apparu au camp installé dans le bois de Boulogne. Les Oglalas l'avaient accueilli chaleureusement, et pourtant, il paraissait hanté, presque effrayé par tout ce qu'il avait vu. Ses yeux avaient l'air jeunes et craintifs, mais son corps, faible et voûté. Charging Elk était maintenant absent de chez lui depuis bien plus longtemps que Black Elk ne l'avait été. Alors, à quoi ressemblerait-il le jour de son retour à Pine Ridge ? Ses parents seraient-ils heureux de le revoir ? Ils s'imagineraient sûrement qu'il revenait d'entre les morts. Et si eux-mêmes étaient morts ? Non, pas en l'espace de quatre années. Ils seraient simplement un peu plus âgés, eux aussi. Sa mère le serrerait dans ses bras en pleurant, puis elle préparerait un grand repas de bœuf rôti accompagné de ces pommes de terre qu'ils devaient sans nul doute cultiver désormais. Son père aussi le serrerait dans ses bras, puis il lui parlerait de

Grand Coureur pendant qu'ils boiraient du *pejuta sapa.* Quant aux autres membres de la tribu, ils le fêteraient par des chants d'honneur, lui donneraient peut-être un nouveau nom, mais le connaîtraient-ils encore ? Peut-être qu'à force de vivre parmi les étrangers, il avait plus changé qu'il ne le croyait.

Le serveur posa devant lui une part de tarte aux abricots. Charging Elk était si profondément plongé dans ses pensées qu'il ne remarqua pas que l'homme le dévisageait sans vergogne, s'attardant sur ses pommettes hautes à la peau presque noire et sur ses cheveux longs. L'aurait-il remarqué, sa seule réaction eût été un léger amusement. Le serveur ôta les miettes de pain sur la nappe à l'aide d'un couteau, puis il prit la carafe et le verre vides ainsi que l'assiette de fromages, le regard toujours rivé sur la face émaciée au teint bistre.

Après avoir terminé son dîner à *prix fixe*, le menu à deux francs vingt, Charging Elk, de nouveau perdu dans ses pensées, alla marcher le long du quai de Rive Neuve. La nuit était maintenant tombée, et d'un seul coup, de sombres images lui revinrent en mémoire. Ce n'était pourtant pas la première fois qu'il se promenait dans le quartier. Comme d'habitude, le quai était bruyant, animé, mais plus le jeune Indien avançait, plus les passants se faisaient rares, ce qui lui avait soudain rappelé une certaine nuit d'hiver glaciale. Il pleuvait alors, et les pavés mouillés luisaient à la lumière des becs de gaz. Charging Elk était faible ce soir-là, et ses côtes l'élançaient à chaque battement affolé de son cœur.

Il s'immobilisa soudain et leva les yeux sur une rue latérale qui partait du Vieux-Port. Il distingua un bassin plein de petits bateaux aux mâts repliés et, au loin, une lueur jaune. Il sut alors où il était.

Une vague de peur déferla sur lui, menaçant de balayer la *bouillabaisse* et la tarte cependant qu'il se remémorait cette nuit-là, sa dernière nuit de liberté avant la chambre de pierre dans la maison de fer. Il se souvint de la procession d'hommes saints portant la statue de la femme en bleu. Il se souvint des torches qui oscillaient au-dessus des têtes tandis que les gens montaient les marches conduisant à la haute église. Et il se souvint de la voix dans les ténèbres derrière lui : *« Pardon, monsieur. »*

Dans la chaude soirée d'été, un flot d'images surgissait : la maison des malades, son évasion, son errance à travers la ville à la recherche de la troupe de Buffalo Bill qui s'était achevée à la gare du Prado, les rails déserts qui se perdaient dans l'obscurité, puis la petite pièce éclairée par une unique lumière, l'*akecita* et Costume Marron, et enfin la froide cellule de pierre. Il s'entendit alors chanter, ou plutôt gronder, tandis qu'il prononçait à voix basse les paroles de son chant de mort.

Il avait désiré mourir alors. Il avait chanté son chant de mort pendant deux, trois, quatre sommeils dans l'espoir que Wakan Tanka l'appelle. Mais il avait eu peur aussi, peur que sa *nagi* ne retrouve pas le chemin de chez lui et erre à jamais dans ce pays d'étrangers. Il sentit le rouge de la honte ramper sur son visage comme une colonie de fourmis au souvenir de sa pathétique tentative en vue de pratiquer une cérémonie à l'aide de l'une des cigarettes que Poitrine Jaune lui avait données. Il n'était pas *wicasa wakan* et n'avait pas d'autre droit que celui de chanter son chant de mort et de prier.

Charging Elk se sentit bouleversé à l'évocation de ces souvenirs. À partir du moment où il avait été accueilli au sein de la famille Soulas, il s'était efforcé de ne plus penser à ces temps difficiles. Lorsque cela se produisait malgré tout, sous le coup de la peur et de la honte, il faisait des cauchemars qui le laissaient épuisé au matin. C'était pour cela — et aussi dans la mesure où il devait se lever de très bonne heure pour accompagner René au quai des Belges — qu'il tâchait de chasser ces images de son esprit.

Il réprima un haut-le-cœur et fit demi-tour pour retrouver la foule et les lumières. Contrairement à son habitude, arrivé au Vieux-Port, il ne s'arrêta pas au Royal. Il continua son chemin, monta les marches en direction du Panier et rentra directement chez lui. Une fois dans sa chambre, il se hâta de se débarrasser de ses vêtements trempés de sueur, puis il s'assit sur le banc devant la fenêtre. Il resta longtemps ainsi, baigné par le clair de lune, jusqu'à ce que disparaisse le kaléidoscope des images de solitude et de désespoir. Alors seulement, il se glissa dans son lit étroit logé dans l'alcôve. Il avait les jambes lourdes et le dos raide comme tous les soirs après une journée passée à alimenter les fourneaux sous les cuves à grandes pelletées de charbon. Il craignit un instant de ne pouvoir s'endormir par crainte que les cauchemars viennent hanter son sommeil, mais à peine eut-il posé la tête sur le traversin et fermé les yeux pour se protéger de l'éclat argenté de la lune qu'il s'enfonçait dans les ténèbres bienfaisantes de l'oubli.

Le samedi suivant, après une autre semaine de chaleur accablante où il n'avait fait que travailler, manger et dormir, Charging Elk serra sa paye, qui se montait de nouveau à vingt-huit francs et trente centimes, dans le portefeuille qu'il glissa dans le sac de toile.

Il alla au fond du couloir remplir son broc au robinet, prêtant à peine attention à l'odeur pestilentielle qui s'échappait des toilettes situées en face. Bien qu'il eût grandi en respirant l'air pur des plaines, il avait fini par s'habituer aux odeurs d'égout, ainsi que de viande, de fruits pourris et d'ordures qui s'empilaient au bord des trottoirs. Le Vieux-Port sentait particulièrement mauvais à cause des eaux usées qui s'y déversaient. Le spectacle des chalands ancrés d'un côté du port qu'on remplissait de déchets de toutes sortes, cadavres de rats, de chiens et autres et qui allaient ensuite vider au large leur chargement d'immondices ne le choquait plus. Il fallait quelque chose d'inhabituel pour qu'il le remarque — comme le cadavre de bébé qu'il avait découvert dans une ruelle un peu plus tôt cet été. L'odeur l'avait attiré, car elle était à la fois douce et âcre. Quand il s'était approché, il avait étouffé un cri d'horreur. Et, tandis qu'il disait une prière pour le nouveau-né tout gonflé, il avait noté une chose curieuse : l'enfant qui gisait, jambes et bras en l'air, lui rappelait celui qu'il avait vu dans les vitrines et les marchés à l'époque de Noël, l'Enfant Jésus. René et sa famille en avaient un eux aussi, entouré de ses parents, qui n'étaient pas vraiment ses parents, ainsi que de bergers, d'animaux et d'hommes en turban. A chaque Noël, ils installaient les immuables figurines devant la cheminée. C'était la saison où l'on honorait le nouveau-né.

De retour dans sa chambre, il chassa de son esprit l'image de l'enfant mort, puis il se lava à l'aide d'un linge trempé dans l'eau savonneuse. Il y avait un établissement de bains au coin de la rue, mais la seule fois où il s'y était rendu, les autres hommes l'avaient regardé avec des yeux ronds, comme s'il était une espèce de géant, de sorte qu'il préférait se livrer à ses ablutions dans sa chambre. Il lui fallait au moins trois ou quatre cuvettes d'eau pour se débarrasser de la poussière de charbon incrustée dans ses cheveux et les pores de sa peau, encore qu'il fût devenu expert dans l'art d'économiser l'eau.

Le temps qu'il boutonne sa chemise blanche propre, il transpirait déjà. Malgré la terrible expérience qu'il avait vécue la semaine précédente, il se préparait à descendre de nouveau au Vieux-Port, mais cette fois, il dînerait à la brasserie bon marché sur le quai du Port, à côté du Café Royal. C'était un vaste restaurant fréquenté surtout par les marins et la faune habituelle des ports, des hommes en costumes froissés ou des femmes en robes défraîchies, mais tous assez riches pour s'offrir le restaurant. Un soir, après avoir bu son *anisette* au Royal, il avait étudié le menu et identifié les lettres pour « agneau » et « porc ».

Charging Elk regrettait souvent de ne pas savoir lire. Il lui arrivait d'acheter des illustrés afin de regarder les images, mais quand il s'efforçait de comprendre ce que les légendes disaient, malgré tout ce que Chloé et Mathias lui avaient enseigné avec patience, il se perdait dans les minuscules caractères écrits à l'encre noire. Un jour, voyant une image de *tatanka*, il reconnut le mot « bison » figurant en dessous. Il apporta le magazine à Mathias. L'article, lui apprit le garçon, expliquait que tous les bisons avaient disparu et qu'il n'en restait plus que les squelettes et les souvenirs. Mathias était très inquiet à cette idée car, bien qu'il n'eût que dix-sept ans à peine, il voulait aller en Amérique avec Charging Elk voir les Indiens et peut-être en devenir un lui-même. Charging Elk, en effet, lui avait promis qu'un jour, il irait dans le pays des Oglalas et que, grâce à une cérémonie, il deviendrait un de leurs frères. Charging Elk le rassura, affirmant que les mots sous l'image se trompaient et que lui, il savait où les bisons étaient partis. Au début, il refusa de lui en dire davantage, car on doit se garder de raconter ses rêves aux autres, mais comme Mathias semblait de plus en plus abattu, il finit par lui confier l'histoire de Bird Tail qui avait rêvé que les bisons s'étaient tous réfugiés dans une grotte des Paha Sapa. Après quoi, il lui fit jurer le secret.

Le Cherbourg était une brasserie vaste et bruyante. Charging Elk, installé à une table bancale près d'une fenêtre ouverte qui donnait sur le Vieux-Port, admirait le ballet des serveurs qui circulaient à toute allure, brandissant au-dessus de leurs têtes des plateaux chargés d'assiettes et de bouteilles de vin. Il s'émerveillait de leur adresse à se faufiler entre les tables et à éviter un bras qui se tendait inopinément, un autre serveur ou un marin à moitié ivre. La plupart des clients étaient des hommes, dont une majorité de marins, certains accompagnés de jeunes femmes qui paraissaient apprécier cette animation. C'était surtout le bruit qu'aimait Charging Elk — le bourdonnement incessant des conversations, les accents de l'accordéon d'un musicien ambulant et, parfois, l'entrechoquement des assiettes ainsi que les toasts portés d'une voix tonitruante. Quoique dînant seul, il avait l'impression de faire partie de la foule joyeuse.

Il commanda le *rôti de porc*, car il avait réussi à lire les deux mots « rôti » et « porc. » La plupart des autres plats, il les connaissait mal, encore qu'il fût persuadé que Madeleine lui en avait servi un jour ou l'autre — en particulier ceux qui figuraient sous le terme de *« poisson »*. A présent, il en mangeait souvent le dimanche chez les Soulas. Il avait d'ailleurs presque fini par apprécier certains des poissons que cuisinait Madeleine, surtout ceux à la peau craquante et à la chair blanche et ferme, sinon, il n'en mangeait jamais. Il avait dans sa chambre un petit réchaud à huile dont il se servait uniquement quand il pouvait s'offrir une pièce de bœuf.

Lorsque le garçon lui apporta son demi-litre de vin rouge

et lui en versa un verre, Charging Elk leva les yeux en disant : *« Très bien, monsieur, merci »*, mais le garçon lui tournait déjà le dos pour regagner les cuisines. Le jeune Indien n'avait vu de lui qu'une main aux doigts courtauds et un bras velu dépassant de la manche roulée.

Sirotant son vin dans l'attente de son repas, il examina les gens autour de lui. Il savait maintenant reconnaître les marins. En général, ils se déplaçaient par groupes de trois ou quatre, habillés d'une manière qui suggérait une existence en mer — pantalons et chaussures de toile, chemises rayées sans col, ou, s'il s'agissait d'Arabes, longues robes blanches. A mesure qu'il étudiait les dîneurs, il se rendait compte qu'il n'y avait ici que des *wasichus*. Ils avaient le teint hâlé par le soleil, mais c'étaient tous des Blancs, à l'exemple des mineurs dans les Paha Sapa et de tous ceux qu'il avait croisés à New York et à Paris. Aucun d'entre eux n'avait la peau foncée des *nègres* ou des Indiens.

Charging Elk commençait à se sentir mal à l'aise. Il s'était à ce point habitué aux Marseillais et à sa propre singularité qu'il ne pensait pas à lui en terme de couleur de peau. Il n'avait personne à qui s'identifier, aucun groupe auquel il appartenait, de sorte qu'il se figurait être quelqu'un sans couleur, un fantôme presque, même si sa haute stature et son teint bistre attiraient sur lui l'attention tant des gens à la peau claire qu'à la peau brune. Dans cette brasserie, par contre, il avait l'impression de ne pas être à sa place. Il but une gorgée de *mni sha*, regardant par la fenêtre un jongleur au visage peint qui faisait son numéro au bord du quai, entouré d'une petite foule de spectateurs. Charging Elk avait envie de quitter discrètement cet endroit — il était tout près de la porte —, mais il savait que s'il se faisait prendre, on le renverrait dans la maison de fer. Il resterait donc, expédierait son rôti de porc et partirait tout de suite après avoir réglé l'addition.

Il entamait son repas quand un jeune marin vint se planter devant sa table, les bras croisés. Charging Elk, à présent sur ses gardes, l'avait vu approcher, mais il décida de faire comme si de rien n'était. Il piqua sa fourchette dans un morceau de viande qu'il saupoudra de sel, l'air absorbé dans sa tâche, mais son regard ne perdait rien de ce qui se passait. L'homme se tenait si près qu'il distinguait le renflement de son sexe sous le pantalon de toile, une grosse boucle de ceinturon en argent et une chemise bleue aux manches retroussées ouverte sur un torse puissant. L'inconnu avait des avant-bras musclés dont l'un portait une cicatrice résultant sans doute d'un coup de couteau, et l'autre, un tatouage flou ressemblant à un aigle.

Charging Elk mâcha lentement sa viande et, quand le marin s'adressa à lui, il l'avala avec une gorgée de vin. L'homme ajouta quelques mots sur un ton interrogatif. Il répéta sa phrase, et Charging Elk leva la tête. L'inconnu possédait un visage étonnamment jeune, un visage rond et rougi par le soleil, barré d'une petite moustache blonde au-dessus de lèvres minces. L'Indien savait que l'autre cherchait à le provoquer, mais il ne comprenait pas ce qu'il disait. L'homme ne s'exprimait pas en français, mais dans une langue qui lui paraissait vaguement familière.

Charging Elk haussa les épaules et, l'air déconcerté, déclara : *« Je ne comprends pas votre langue.*

— J'ai dit que t'étais un sale Indien. »

Charging Elk reconnut le mot « Indien ». Le jeune marin l'avait prononcé comme Costume Marron et les autres Américains.

Malgré l'attitude agressive de l'inconnu, Charging Elk, l'espace d'un instant, fut envahi d'un fol espoir. « Indien, oui, moi, dit-il, se désignant d'un geste du pouce. Oglala. Américain. Buffalo Bill. » Il chercha d'autres mots, mais ne trouvant que « Broncho Billy », il se tut.

Le marin se tourna vers ses compagnons assis à une table juste derrière Charging Elk. « Un putain d'Indien, et ignorant comme un âne en plus. Je vous l'avais bien dit !

— Demande-lui de pousser son cri de guerre, Teddy, hurla l'un d'eux.

— Vas-y, cogne-le, si t'as des couilles », lança un autre.

Charging Elk s'était tourné sur sa chaise et leur souriait. Il se disait qu'étant des marins américains, ils sauraient comment gagner l'Amérique. Peut-être qu'ils naviguaient sur un bateau de feu en partance pour l'Amérique. Peut-être même qu'ils l'aideraient. Il se doutait bien qu'il se berçait d'illusions, mais peut-être qu'ils pourraient au moins lui dire combien coûterait la traversée. « *Bonsoir*, fit-il. America. »

Voyant leur expression et sentant la présence menaçante de celui qui se dressait au-dessus de lui, il comprit qu'ils n'avaient rien d'amicaux. Il était accoutumé à un certain degré d'hostilité. Il la devinait parfois dans le regard des ouvriers de la savonnerie, dans la manière dont il arrivait que les commerçants l'ignorent, ou que les femmes l'évitent sur le cours Belsunce ou la Canebière, mais là, c'est de la haine qu'il lut sur la figure ronde du marin. Les lèvres serrées et les yeux étrécis lui rappelaient les mineurs qu'il avait rencontrés dans les Paha Sapa, ceux qui voulaient les tuer, Strikes Plenty et lui. A l'époque, Charging Elk pouvait les défier et les railler avant de filer au grand galop se mettre à l'abri. C'étaient des hommes rudes sans femme, sans famille, sans maison sinon une tente équipée d'un simple tuyau de poêle ou une cabane en planches. Ils détestaient les Oglalas et se seraient fait un plaisir de les massacrer s'ils avaient pu s'emparer à temps de leurs fusils.

Charging Elk, dérouté, demeura un moment assis sans bouger, contemplant son assiette à moitié vide. Il comprenait pourquoi les mineurs *wasicuns* des Paha Sapa le détestaient, mais quelles raisons ces marins avaient-ils de le haïr ici, à Marseille ? Il y avait des gens de toutes les couleurs dans cette ville. Alors, pourquoi s'en prendre à lui ? Il avait passé ces trois derniers hivers à se rendre invisible, et pourtant ils l'avaient tout de suite repéré. Il chercha le serveur du regard. Le bruit qui régnait à l'intérieur de la brasserie lui sembla soudain assourdissant et il se tendit. De nombreux marins s'étaient tournés vers eux. Certains criaient quelque chose à l'intention du jeune homme. Ils évoquèrent brusquement à Charging Elk la foule dans les gradins durant les représentations du Wild West Show, les gens qui, les yeux écarquillés, poussaient des hurlements pendant qu'il pourchassait les bisons.

Seulement, on n'était pas au spectacle et personne ne l'acclamait. Le marin s'était légèrement écarté pour s'adresser à la salle. Charging Elk entendit les mots « putain » et « Indien ». « Putain », il connaissait. Les *wasichus* le disaient quand ils étaient en colère, et cela amusait beaucoup les Indiens de la troupe. Et quand Featherman le disait, tous éclataient de rire. Il disait aussi « merde » et « putain de merde », provoquant de même l'hilarité générale. Mais là, ni les marins ni les autres dîneurs ne riaient.

Charging Elk voulut se lever, mais l'homme pivota et le repoussa brutalement dans sa chaise. Furieux, l'Indien agrippa la table pour se mettre debout, mais il se sentit soudain décontenancé par cette crise de colère inattendue. C'était la première fois qu'il éprouvait une telle rage depuis près de quatre hivers qu'il était en France. D'une certaine façon, cela lui faisait du bien — il s'était montré trop passif, et même soumis, après son départ du Bastion —, mais c'était également troublant. Comment pourrait-il exprimer sa fureur dans cet endroit plein de *wasichus* ? Il n'avait qu'un couteau, et il était seul. Sa colère s'apaisa aussi vite qu'elle était montée, remplacée par un sentiment de peur. Jetant un regard sur tous ces visages de Blancs qui l'entouraient, il se mit à craindre pour sa vie. Et pour sa *nagi.* Si jamais ils le tuaient, que deviendrait-elle ? Elle ne retrouverait jamais le chemin du pays. Il ne voyait pas d'issue. Il commença à chantonner, doucement d'abord, puis d'une petite voix de fausset, puis de plus en plus fort comme s'il n'y avait personne autour de lui, comme s'il s'était ancré au sol à l'aide de son écharpe de guerre pour livrer son dernier combat, comme s'il était seul sur les plaines, cerné par les ennemis, calme et déterminé, comme s'il désirait en emporter le plus possible avec lui dans la mort. Il se leva.

Le jeune marin à la figure ronde et aux avant-bras impressionnants s'était reculé d'un pas. Ses compagnons attablés dans la salle, incrédules, cessèrent leurs rires et leurs sarcasmes. L'accordéoniste, comme s'il avait d'un seul coup oublié les airs qu'il interprétait par cœur tous les soirs, lâcha les touches de son instrument qui émit un soupir désaccordé.

Le serveur et un homme en costume blanc informe s'approchèrent. Chacun d'eux prit Charging Elk par un bras pour le diriger prudemment vers la porte. Ils craignaient, mais à tort, un accès de violence de la part du grand Indien à l'imposante stature. Celui-ci, en effet, était ailleurs, dans un pays tranquille, rendu fort par la viande et le chant. Il s'était souvenu qu'il était un homme, et un homme qui chante son chant de mort comme il convient est un homme avec qui il faut compter.

Dehors, l'inconnu au costume blanc, un peu nerveux, lui débita un flot de paroles en français sur un ton à la fois d'excuse et de mise en garde. Charging Elk comprit qu'il lui disait de ne pas revenir à la brasserie, mais cela lui était égal. Il se sentait léger, même dans la nuit encore étouffante à cause de la chaleur de la journée accumulée dans les pavés du quai, et il se sentait bien, différent d'une certaine manière. Se tournant vers le jongleur à la figure peinte qui lançait en l'air des bâtons enflammés, il constata que l'homme le regardait au travers de l'arc-en-ciel de feu.

La lune-des-cerises-noires luisait au-dessus du Vieux-Port. Charging Elk leva vers elle son visage et lui adressa une prière.

10

Après l'incident de la brasserie, Charging Elk s'enhardit. Il commença à sortir plus souvent pendant la semaine. Il restait dehors plus tard, fréquentait d'autres cafés que le Royal. En fait, il préférait même éviter ce dernier, non parce qu'il se trouvait à côté du Cherbourg que les marins fréquentaient le week-end, mais parce qu'il ne tenait pas à ce que le vieux serveur le voie boire plusieurs verres de vin à la place de son *anisette* habituelle. Ils ne se parlaient pas beaucoup, mais l'Indien en était venu à considérer le vieil homme à la moustache gris acier et au visage buriné comme une espèce de gardien, un peu à l'image de René. Il se montrait toujours poli, s'enquérait toujours de la santé de son client (« Comment allez-vous, ce soir ? ») et se livrait toujours à des remarques sur le temps (« Il va de nouveau faire chaud, j'en ai peur », ou encore : « Ce soir, on va bien dormir »). Par contre, à l'inverse de René, il laissait Charging Elk seul devant son *anisette* et ses pensées, tout en n'étant jamais très loin, occupé à servir d'autres consommateurs ou bien déjà à son poste près de la porte.

L'affaire de la brasserie lui donnait à réfléchir. Il savait qu'il avait eu de la chance, que son chant de mort avait désorienté les marins, si bien qu'il avait pu s'échapper avant qu'ils n'aient repris leurs esprits. Il pensait aussi que son chant avait eu un effet magique. Il n'était pas devenu invisible comme il l'avait espéré, mais le chant avait paralysé les marins, les privant du pouvoir de lui faire du mal. Il le prenait un peu pour une arme surnaturelle plutôt que pour un moyen de le rendre fort et brave en face d'une mort certaine. Il n'ignorait pas que le but du chant avait été détourné, de sorte que, sans qu'il sache bien pourquoi, il était devenu un instrument de défense qui, cette fois, avait fonctionné, alors que tel n'avait pas été le cas dans la maison de fer. Peut-être que son destin était de vivre, et de vivre ici, au bord de la grande eau qui le séparait de chez lui. A moins que chez lui, ce ne soit désormais ici.

En conséquence de quoi, il se comportait avec plus d'assurance. Il commençait à regarder les gens dans les yeux, à fréquenter l'établissement de bains au coin de sa rue et à manger dehors pratiquement tous les soirs. Au travail, il se sentait plus fort, et il s'appliquait davantage à se faire comprendre. Grâce à l'épisode de la brasserie, il ne craignait plus qu'on le remarque, et il marchait la tête haute comme lorsque, en compagnie des autres Indiens de la troupe, il défilait dans les rues des grandes villes pour annoncer le spectacle. Il troqua même son bonnet contre un feutre qu'il acheta dans cette même boutique devant laquelle il s'était tenu quatre ans plus tôt au cours de cette nuit pluvieuse, juste avant que l'*akecita* ne l'arrête. Il prit plaisir à entrer dans le magasin et à essayer plusieurs chapeaux, tandis que le vendeur et les autres clients échangeaient des coups d'œil nerveux. Il voulait un chapeau pareil à ceux qu'on portait sur la réserve, mais il lui sembla que ceux à bord mou lui allaient mieux et lui conféraient presque autant d'allure qu'un *boulevardier*. Le même jour, au marché aux puces de la rue Saint-Ferréol — non loin de la préfecture où il avait été emprisonné —, il fit l'acquisition d'une canne noire dont le pommeau argenté représentait un bec de canard. Ainsi équipé, il se promenait le soir dans les rues de Marseille, s'attablait à la terrasse des cafés, imitant de son mieux les jeunes gens à la taille bien prise qui attiraient les regards admirateurs des filles. Et, en vérité, sa prestance n'avait rien à envier à la leur, seulement elle n'était pas de celles que les jeunes filles trouvaient à leur goût. Elles le voyaient plutôt comme un grand et peut-être dangereux Nord-Africain ou Turc, une espèce de brute contre laquelle leurs mères — tout en se signant et en priant la Vierge Marie — ne cessaient de les mettre en garde.

Un soir de la mi-octobre, durant la lune-du-vent-qui-fait-tomber-les-feuilles, Charging Elk se retrouva dans un quartier qu'il ne connaissait pas. Ce n'était qu'à trois ou quatre rues du Vieux-Port, mais ses pas ne l'avaient jamais conduit dans cette direction. Il passa devant le monumental Opéra et, à mesure qu'il s'aventurait un peu plus loin, il remarqua que les réverbères se faisaient de plus en plus espacés et les rues, de plus en plus sombres et étroites. Il nota avec surprise qu'elles étaient encore éclairées au gaz, alors que la plupart de celles autour du Vieux-Port l'étaient par des lampadaires électriques qui dispensaient une lumière blanche et froide.

A la lueur vacillante des becs de gaz, il parvint tout juste à distinguer le nom de la rue située à deux pâtés de maisons de l'Opéra : rue Sainte. Les mots « rue » et « sainte » lui étaient familiers, mais il ne les avait jamais vus ainsi accolés. Il demeura un instant planté devant la plaque avant de faire demi-tour, car il venait de décider de se rendre dans un grand café occupant le coin du quai des Belges et du quai de Rive-Neuve. Il aimait bien s'installer à la terrasse pour regarder les passants et les consommateurs. Les soirées étaient à présent plutôt fraîches, mais de nombreux braseros brûlaient entre les tables et, de toute façon, après un été caniculaire, les Marseillais n'avaient rien contre un peu de fraîcheur.

On était dimanche soir et, sauf autour du Vieux-Port, le calme régnait dans la ville. La rue Sainte ne faisait pas exception. Elle était déserte, et les portes et les volets étaient fermés. Au moment où il s'apprêtait à revenir sur ses pas, Charging Elk aperçut, un peu plus loin devant lui, trois ou quatre rectangles de lumière qui se découpaient dans la pénombre. Intrigué, il s'avança. La brise qui se levait désormais tous les soirs avait forci et soufflait de la mer. Charging Elk resserra d'une main son manteau à col de fourrure autour de lui et, de l'autre, maintint son feutre qui menaçait de s'envoler. Il n'aimait pas trop l'hiver dans cette ville portuaire — le vent, la pluie qui se transformait parfois en neige fondue, l'humidité qui faisait luire les pavés la nuit et qui se dissimulait dans le moindre recoin, même par les journées ensoleillées. C'était à cette époque de l'année que le Bastion lui manquait le plus. Il n'avait rien oublié des terribles blizzards, de l'épaisse couche de neige qui cantonnait les siens dans leurs tipis pendant des jours et des jours, mais il se remémorait surtout les journées où le soleil brillait, quand les membres de la tribu s'asseyaient devant les tentes et regardaient les enfants jouer à leurs jeux d'hiver. Strikes Plenty et lui s'installaient souvent avec quelques-uns des hommes sur les peaux couvrant le sol pour fumer et parler de tout sous le soleil. Ou bien, ils partaient vers les ravines et les canyons des Mauvaises Terres afin de faire prendre un peu d'exercice à leurs chevaux, tout en caressant l'espoir de débusquer un ou deux lapins ou même un cerf. Le souvenir de ces journées où le soleil leur chauffait le dos ne quittait jamais Charging Elk cependant qu'il subissait le froid et l'humidité de Marseille. Il aurait donné tout ce qu'il avait pour se retrouver là-bas.

S'arrêtant devant la première porte ouverte, il chassa de son esprit ces images nostalgiques. Son regard engloba une salle étroite comportant d'un côté un long bar et de l'autre, quelques tables et chaises. C'était ce que René appelait un bar américain, parce que les gens, et en particulier les mauvais garçons, venaient y boire de l'alcool. Deux hommes étaient accoudés au comptoir, qui fumaient et buvaient de la bière. Une femme en tricot rayé très moulant se tenait derrière le bar et essuyait les verres avec un torchon. Elle avait les cheveux relevés sur la tête, mais des mèches qui s'échappaient de son chignon venaient lui effleurer la nuque et les oreilles. Charging Elk l'examina un instant, fasciné par le tricot de marin — jamais il n'avait vu une femme porter un vêtement aussi osé —, puis il repartit.

L'établissement suivant était la réplique du premier, sinon qu'il n'y avait pas de clients et que le barman — un petit homme trapu affublé de petites lunettes à monture de fer —

était penché au-dessus d'un journal. Un chat était perché sur le comptoir à côté de lui. Charging Elk eut un instant la tentation d'entrer boire un verre de vin, mais il n'aimait guère les chats. Ils infestaient le Panier, miaulant et se battant presque tous les soirs. Le matin, quand il partait travailler, il les voyait qui, tapis dans les embrasures de portes ou sur les rebords des fenêtres, l'observaient. La manière qu'ils avaient de le regarder ne lui plaisait pas du tout.

Il se dirigea à pas vifs vers la troisième porte, devant laquelle était tiré un rideau opaque. A côté, une large fenêtre laissait filtrer de la lumière au travers d'un voilage vaporeux. Il colla son nez à la vitre pour distinguer l'intérieur, une pièce chaude et accueillante meublée de divans et de fauteuils. Deux lustres électriques éclairaient les murs orange et les sièges tendus de rouge. Un petit bar en bois occupait un pan de mur, au-dessus duquel une grande glace reflétait les lumières scintillantes des lustres. Alignées sur une étagère devant la glace, on voyait de jolies carafes remplies de liquides dorés et ambrés.

Charging Elk crut d'abord qu'il s'agissait du salon d'un petit hôtel, mais il n'y avait ni inscription sur la vitre, ni panneau au-dessus de la porte. Serait-ce alors une maison comme celle des Soulas ? Peut-être la demeure d'un homme riche, mais dans ce cas pourquoi resterait-elle ainsi ouverte ? Et pourquoi n'y avait-il personne dans la pièce ? Il conclut que, en dépit de son curieux emplacement, c'était probablement un magasin de meubles de luxe dont le propriétaire avait dû oublier d'éteindre les lumières et de baisser le rideau avant de partir.

S'apprêtant à retourner vers le Vieux-Port, il lança un dernier regard par-dessus son épaule. Il aperçut alors un quatrième rectangle de lumière au coin de la rue, juste après le magasin de meubles. Sans doute un autre bar minable. Toutefois, sa curiosité aiguisée, il décida d'aller voir. Par la fenêtre à petits carreaux près de la porte, il constata que c'était en effet un bar, faiblement éclairé et enfumé, mais qui n'avait rien de minable. Le comptoir était en bois foncé soigneusement ciré et les lustres, faits de verres multicolores.

Quant aux hommes qui se trouvaient là, ils étaient vêtus de longs manteaux noirs et coiffés de hauts-de-forme ou de melons. Charging Elk les observa un moment, puis, jetant un coup d'œil circulaire, il distingua une rangée de petites tables autour desquelles d'autres clients étaient installés qui, penchés les uns vers les autres, parlaient, riaient et fumaient.

L'un d'eux regarda dans sa direction, mais l'Indien savait qu'il ne pouvait pas le voir. Lorsque l'homme se tourna pour reprendre sa conversation, Charging Elk, surprenant l'éclat d'une paire de lunettes, retint son souffle. Il approcha son visage de la fenêtre au point que son haleine laissa un petit rond sur le carreau glacé. L'homme alluma un mince cigare avec un briquet à pierre. Oui, c'était bien lui ! Le pâle restaurateur qui achetait du poisson sur le quai des Belges. Le *heyoka*, le clown sacré, qui, s'était-il un jour imaginé, pourrait lui venir en aide. Il fit un pas en arrière. Mais pourquoi lui ? Wakan Tanka aurait-il conduit son enfant dans cette rue sombre afin qu'il retrouve le *heyoka* ? Charging Elk avait depuis longtemps abandonné l'idée que cet homme à lunettes, ou même Poitrine Jaune, fussent réellement *heyokas*. Il pensait que c'étaient simplement des hommes qui n'avaient fait que passer dans sa vie avant de disparaître. Ils n'étaient ni plus ni moins *wakan* que l'Enfant Jésus mort qu'il avait découvert dans la ruelle.

Debout devant la fenêtre, il commençait cependant à croire qu'il s'était trompé. Ils ne semblaient rien avoir de sacré, mais il en était ainsi avec les *heyokas*. Ils se comportaient parfois de manière irrationnelle, mais au fond d'eux-mêmes, ils possédaient un grand pouvoir. Il fallait les respecter et les craindre.

Charging Elk se sentait de plus en plus dérouté. Une rafale de vent rabattit le bord de son chapeau contre son visage. Devait-il entrer et se présenter devant cet *heyoka* ? L'homme se souviendrait-il de lui ? Le matin où Charging Elk l'avait aidé à porter son poisson jusqu'à la carriole avant d'accepter un cigare en remerciement, René l'avait fait attendre auprès de François pendant qu'il allait acheter son poisson à la criée.

De plus, René avait traité le *heyoka* d'un tas de noms tout en affichant une mine dégoûtée.

Pendant qu'il s'interrogeait sur la conduite à tenir, Charging Elk entendit un bruit de pas. Il pivota et vit deux hommes qui remontaient la rue. Il reprit alors sa marche, tourna le coin et attendit un instant derrière l'immeuble abritant le bar. D'un côté, on apercevait la colline rocailleuse plantée de pins rabougris au sommet de laquelle Notre-Dame-de-la-Garde se dressait comme un phare au-dessus de la ville, et de l'autre, la forêt de mâts squelettiques des bateaux ancrés dans le Vieux-Port. Cette vue le réconforta. Il s'avança vers la petite fenêtre latérale. Il se trouvait à moins de deux mètres du pâle *heyoka* et il distinguait l'éclat de ses lunettes au-dessus de sa bouche ouverte sur un grand rire, ainsi que le mince cigare — pareil à celui qu'il avait donné à Charging Elk ce matin-là — qu'il serrait entre ses doigts fins.

L'Indien se retira vivement, repassa le coin et se dirigea à grandes enjambées vers la sécurité du Vieux-Port. Il pressentait que cet endroit était *sica*, c'est-à-dire mauvais, et que l'homme qu'il prenait pour un *heyoka* était en réalité un *siyoko*, un esprit malfaisant. Il sentait le mal lui étreindre le cœur, aussi sûrement que s'il venait à lui dans un cauchemar, et il avait l'impression que les griffes du pâle *siyoko* se refermaient sur lui.

Il se courba sous l'assaut d'une nouvelle rafale de vent. Le bord de son chapeau claqua devant son visage. Il leva les yeux juste à temps pour éviter de se cogner aux deux hommes qu'il avait aperçus un instant auparavant et qui se tenaient sur le seuil du magasin de meubles. Au moment où il les contournait, la porte s'ouvrit. Un petit homme replet en costume noir et en chemise et cravate blanches immaculées apparut qui, un sourire aux lèvres, les accueillit par ces simples mots : *« Bonsoir, messieurs. Bienvenue, mes amis. »* Ils entrèrent aussitôt.

A la hauteur du premier bar, Charging Elk ralentit le pas, puis regarda derrière lui. La rue était maintenant déserte. Il jeta un coup d'œil à l'intérieur du bar. Les deux hommes étaient toujours accoudés au comptoir, et la femme aux mèches folles mangeait quelque chose avec ses doigts.

Il demeurait indécis. Il avait envie d'un verre de *mni sha*, mais il hésitait entre le boire ici ou sur le Vieux-Port. Plus il réfléchissait, plus il se disait qu'il devrait regagner sa chambre du Panier. La soirée avait quelque chose d'étrange, comme si le perfide *siyoko* l'avait attiré dans cette rue pour lui faire du mal ou peut-être même lui voler sa *nagi*. Que pourrait-il lui arriver de pire ?

Alors même qu'il se livrait à ces pensées, il avait fait demi-tour et se dirigeait à pas mesurés vers le magasin de meubles tout en sachant qu'il ne s'agissait pas d'un magasin de meubles, mais d'un endroit ouvert à tous. Peut-être que le *siyoko* habitait cette maison et qu'il l'avait ainsi meublée avec luxe pour prendre dans ses filets les hommes comme Charging Elk.

Il s'arrêta devant la fenêtre au voilage vaporeux et jeta un regard autour de lui. On ne voyait que les rectangles de lumière jaune qui se découpaient à l'emplacement des portes. Les deux inconnus auxquels il avait failli se heurter un peu plus tôt, assis sur un divan, buvaient une liqueur ambrée dans des verres ballons. L'un fumait une cigarette et parlait au petit homme rondelet qui se tenait devant lui, les mains jointes sur son ventre. Il paraissait être le propriétaire des lieux. Il se tourna vers le fond de la pièce et frappa trois ou quatre fois dans ses mains. Charging Elk perçut l'écho des claquements et se recula légèrement, courbé en deux pour lutter contre le vent. Quand il redressa la tête, il vit un rideau s'écarter et cinq femmes pénétrer l'une après l'autre dans la pièce. Vêtues de longs déshabillés chatoyants, elles marchaient lentement, l'air un peu abattu, comme si on les menait à la maison de fer. Elles s'immobilisèrent, et le petit homme, d'un geste de la main, les fit pirouetter sur elles-mêmes. L'un des hommes assis sur le divan se leva pour aller les examiner. Quant à l'autre, il se cala au milieu des moelleux coussins rouges et, croisant les jambes, souffla un panache de fumée. Les jeunes femmes ne semblaient pas du tout l'intéresser.

Charging Elk, en revanche, était formidablement intéressé. Il venait de comprendre. A Paris, certains des *wasichus* qui travaillaient pour le Wild West Show fréquentaient des endroits pareils. Broncho Billy avait recommandé aux Indiens de rester à l'écart des femmes de mauvaise vie, mais la plupart d'entre elles, arpentant les trottoirs ou se tenant sur le pas des portes, cherchaient à attirer les Indiens quand ils passaient. En dépit des mises en garde de Broncho Billy, lequel les avait prévenus qu'ils risquaient d'attraper des maladies et aussi de se faire dévaliser par les « hommes » de ces femmes, quelques-uns étaient montés. A leur arrivée à Paris, Buffalo Bill en personne avait fait un discours sur les tentations de la grande ville. Il avait raconté l'histoire d'un Indien, un Shyela, qui avait été avec l'une de ces « putains » à Londres, la grande ville de Grand-Mère, et qui, en revenant, n'était plus qu'un sac d'os couvert de plaies. On l'avait enterré quelques jours plus tard dans le pays de Grand-Mère. Ses bras et ses jambes s'étaient complètement dissous.

Le jeune Oglala se trouvait donc devant ces mêmes putains qui transmettaient aux hommes d'horribles maladies. Pourtant, elles avaient l'air tout à fait charmantes. Elles ressemblaient aux jeunes femmes qu'il désirait le jour et dont il rêvait la nuit. A cet instant, l'une d'entre elles écarta les pans de son déshabillé bleu et tourna lentement sur elle-même. Elle ne portait en dessous qu'un petit caraco blanc, des bas noirs et des bottines à lacets. Lorsqu'elle lui fit face, il distingua le renflement de ses seins au-dessus du liseré de dentelle du caraco et la chair blanche de ses cuisses tranchant sur les jarretières rouges. Il déglutit, tandis qu'une érection venait tendre le tissu de son pantalon. Elle n'avait guère dépassé l'âge de l'adolescence, mais ses formes étaient pleines et son visage était joli sous la masse de boucles brunes qui cascadaient sur ses épaules. Elle avait le front ceint d'un bandeau de velours noir et des lèvres peintes d'un rouge sombre. Charging Elk se disait qu'il n'avait jamais contemplé tableau plus magnifique que cette fille à moitié nue aux cuisses amples. A Paris, il avait vu des photographies de femmes blanches nues qu'on achetait dans les kiosques. Featherman en possédait toute une collection qu'il permettait de regarder en échange de quelques centimes. Les jeunes Indiens faisaient circuler les photographies, s'émerveillant devant la chair pâle de ces femmes.

Embarrassé par son état, Charging Elk jeta un coup d'œil inquiet autour de lui. La rue, heureusement, était toujours déserte. Quand il regarda de nouveau par la fenêtre, deux des filles avaient pris place à côté des hommes, tandis que les trois autres, dont celle qu'il avait trouvée si séduisante, se dirigeaient vers le rideau par où elles étaient entrées. Elles marchaient avec la même lenteur et le même air vaincu que tout à l'heure. Charging Elk les suivit des yeux jusqu'à ce que le déshabillé bleu eût disparu derrière la tenture.

Il était triste de ne plus la voir. Il l'avait désirée avec tant de force qu'il se figurait presque goûter sa chair crémeuse comme l'on goûte une *glace à la vanille* par une chaude journée d'août. Il éprouvait l'envie irrésistible de la lécher... et de la baiser. Machinalement, il baissa les yeux, mais son érection était dissimulée par l'épais manteau de laine. La baiser ! Il étouffa un rire. « Baiser » était l'un des mots qu'il avait appris à Paris. La plupart des jeunes Indiens, que ce soit pendant qu'ils jouaient aux cartes ou pendant qu'ils attendaient en selle sur leurs chevaux le moment d'entrer en piste, parlaient de baiser. Ils se vantaient, bien entendu. En présence des femmes blanches, ils se montraient réservés et même un peu craintifs.

Charging Elk repensa alors à la jeune femme de Paris, celle qui se prénommait Sandrine. Il savait à présent que c'était une personne sainte et que la carte qu'elle lui avait donnée était une image de Jésus, le sauveur des *wasichus*. Il les avait sauvés en leur disant de vénérer son père appelé Dieu Tout-Puissant qui, selon Sees Twice, possédait plus de pouvoir encore que Wakan Tanka. Sur le moment, il n'avait pas cru Sees Twice, mais maintenant, il commençait à se poser des questions. Après tout, les *wasichus* régnaient sur le monde.

Sandrine. Il essaya de se la représenter dans son *cante iste* ce jour-là au bord du lac, vêtue de sa robe toute simple et coiffée de son bonnet, mais l'image qui lui revint en mémoire fut celle de la stricte robe grise et du chapeau surmonté de la tête de canard. Longtemps, il avait été persuadé qu'il ne l'oublierait jamais, or il s'apercevait à présent avec un léger sentiment de honte qu'il n'avait plus pensé à elle depuis tant de lunes qu'il ne parvenait même plus à en tenir le compte. Il ferma les yeux et revit la jeune femme en déshabillé bleu, la courbe de ses seins, ses cuisses blanches, le bandeau de velours qui lui ceignait le front. Son désir se fit plus impérieux encore.

Dans les semaines qui suivirent, Charging Elk se fit un devoir d'éviter la rue Sainte. Après le travail, il restait la plupart du temps dans sa chambre, sauf pour descendre s'acheter de quoi manger et se rendre aux bains publics au coin de la rue. Il continuait à prendre ses repas du dimanche chez les Soulas et il trouvait toujours autant de plaisir à converser avec Mathias et Chloé, mais les deux enfants grandissaient et avaient de plus en plus de centres d'intérêts dont il était exclu. Tout en sachant que c'était ridicule, il souffrait d'entendre Chloé parler de ses sorties avec ses amies ou Mathias de son voyage en train avec sa classe pour aller voir les taureaux sauvages de Camargue. Il écoutait poliment, comprenait à peu près tout ce qu'ils disaient, mais leur regard, cependant qu'ils lui contaient leurs nouvelles aventures, venait confirmer qu'ils le considéraient un peu comme un étranger.

Après déjeuner, René et lui partaient se promener sur le cours Belsunce et s'arrêtaient en chemin boire une *anisette* au café favori du petit marchand de poisson. Là, René échangeait invectives et plaisanteries avec ses amis, tandis que Charging Elk fumait une cigarette dans son coin, guettant l'occasion de s'éclipser.

Etrange retour des choses, c'est avec Madeleine qu'il se sentait le plus à l'aise durant ses visites dominicales. Quand il la regardait le servir à table, lui repriser ses chaussettes ou bien lui préparer un petit paquet de bonbons, il se rendait compte qu'ils étaient enfin devenus amis. Un jour, il lui apporta une petite boîte entourée d'un ruban de satin. Lorsqu'elle l'ouvrit et sortit le châle brodé plié à l'intérieur, il vit ses yeux briller de plaisir. Et lorsqu'elle se dressa sur la pointe des pieds pour l'embrasser sur les deux joues, il se dit, empli d'un sentiment de bonheur, qu'il ne connaissait pas meilleure femme à Marseille. Cette pensée le surprit lui-même.

Dans l'ensemble, pourtant, ce ne fut pas une période très rose dans la vie de Charging Elk. Son travail ne le satisfaisait pas — pelleter du charbon à longueur de journée était devenu plus qu'une corvée. Il détestait rentrer chez lui couvert de poussière de charbon, empestant l'huile et la lessive. Depuis que Louis Granat, le garçon des Alpes du Sud, avait été muté à un autre poste, il ne s'était pas fait d'ami à la fabrique. Bien que René ne cessât de lui répéter qu'il avait de la chance de travailler pour quelqu'un comme monsieur Miroux, il souhaitait de toutes ses forces trouver autre chose. Mais comment s'y prendre ?

D'autre part, il était découragé en voyant le peu d'argent qu'il parvenait à mettre de côté. Il n'avait que cent quarante francs cachés au fond de son sac marin, et il savait, grâce à Mathias, qu'il lui faudrait encore au moins deux ans, si ce n'est trois, pour économiser la somme nécessaire à payer son voyage de retour jusque chez lui. Il commençait à douter sérieusement qu'il reverrait un jour son pays et son peuple.

Et surtout, il en avait assez de vivre seul dans une pièce, de manger des poulets filandreux en provenance de la rôtisserie ou du mauvais pâté de campagne et du fromage de chèvre sur des tranches de pain. Une fois par semaine, il descendait au petit restaurant nord-africain en bas de chez lui et commandait invariablement le couscous accompagné de pain arabe, mais de cela aussi il se lassait. Et puis, il détestait les soirées glaciales où, assis dans sa chambre, il attendait, fumant cigarette sur cigarette, l'heure d'éteindre la lampe à huile et de se glisser entre les draps froids. La seule satisfaction lui venait des instants où, avant de s'endormir, il laissait ses pensées vagabonder. Alors, il revoyait le soleil clair du matin dissiper la brume qui masquait le sommet des collines déchiquetées des Mauvaises Terres, ou bien un aigle royal qui décrivait des cercles au-dessus des plaines et dont le cri aigu était si obsédant qu'il se redressait en sursaut dans son lit — pour ne percevoir que les miaulements des chats qui se battaient ou bien un bruit de pas qui s'éloignaient sur les pavés. Sur le moment, ces souvenirs qui le ramenaient au pays lui réchauffaient le cœur, mais ensuite, ils ne lui faisaient que davantage sentir le poids de sa solitude.

Par un froid samedi soir de début décembre, pendant la Lune-des-arbres-qui-éclatent, Charging Elk, fatigué de l'existence morne et confinée qu'il menait, décida qu'une promenade du côté du Vieux-Port lui ferait le plus grand bien. Il sortait de l'établissement de bains, mais il paracheva sa toilette en prenant son couteau de poche pour nettoyer ses ongles qui étaient toujours un peu noirs à cause du charbon. Il enfila une chemise propre et noua lâchement sa lavallière. Après quoi, il s'appliqua sur les joues et dans le cou un peu du parfum qu'il avait acheté du temps où il jouait les dandys, et il tira d'abord cinq francs, puis, à la réflexion, cinq autres du portefeuille rangé au fond du sac. Il mit ses plus belles chaussures, puis son long manteau et son chapeau. Il s'étudia un instant dans la glace au-dessus du lavabo, s'attardant avec satisfaction sur son visage à la peau brune et aux traits finement ciselés, un visage qui avait perdu de sa rondeur adolescente, ainsi que sur ses cheveux noirs et brillants qui retombaient en souples ondulations sur ses épaules.

Il faisait nuit de bonne heure à présent, et les larges marches de l'escalier qui descendait du Panier luisaient sous les becs de gaz. Elles lui parurent glissantes cependant qu'il les dévalait deux par deux, de plus en plus excité à l'idée de passer un samedi soir dehors, au milieu de la foule, au milieu des odeurs de marrons grillés et de braseros ainsi que des rires et des bruits de voix qui montaient vers lui. Noël approchait et le Vieux-Port était illuminé par des guirlandes de lumières accrochées aux mâts des plus gros bateaux et aux sapins qui décoraient les devantures des magasins. Et puis, le froid étouffait la puanteur qui s'élevait en général des égouts.

Charging Elk s'arrêta brusquement au pied de l'escalier, à une rue du quai du Port. Une sombre pensée venait de l'assaillir, de celles qui l'emplissaient d'une terreur familière.

C'était au jour près l'époque de l'année où, quatre hivers auparavant, il était entré dans la maison des malades, où il avait failli perdre la vie et où ses camarades de la troupe étaient partis, l'abandonnant à son funeste sort. Il se rappelait les gémissements des hommes alités, les nuits glaciales dans les rues après son évasion, la gare du Prado déserte, la main du *gendarme* qui s'abattait sur son épaule... « *Pardon, monsieur...* » Et il se rappelait aussi le moment où, couché dans la chambre de pierre, il avait chanté son chant de mort.

Depuis qu'il n'habitait plus chez les Soulas, il restait presque tout le temps seul avec ses pensées, ses souvenirs, les bons ainsi que les mauvais. Il ne connaissait pas le plaisir que pouvaient procurer, par exemple, des enfants qui, comme Mathias et Chloé, le bombarderaient de questions, une femme comme Madeleine qui se moquerait de ses ambitions comme elle se moquait de celles de René, et un homme comme René qui n'arrêterait pas de parler même quand on aurait eu besoin d'un peu de silence. Il ne marchandait pas avec le poissonnier ou l'épicier, n'échangeait pas de plaisanteries ou de railleries avec ses collègues de travail. Il écoutait mais ne parlait pas et ne pouvait pas parler comme les autres. Il ne possédait pas de véritable langue qui aurait pu lui permettre de communiquer avec ces *wasichus.* Aussi, il portait seul le fardeau de ses pensées et de ses souvenirs, parfois avec joie, parfois avec exécration.

Voulant profiter de sa soirée, il s'efforça de refouler les images qui lui étaient venues à l'esprit, mais, alors qu'il entreprenait de se rouler une cigarette, il s'aperçut que ses mains tremblaient. Agacé, il jeta le papier et le tabac. Inutile de sortir ce soir. Partout où il irait, ses pensées l'accompagneraient. Au moment où il s'apprêtait à remonter l'escalier, il entendit une espèce de lamentation derrière lui, semblable à quelque miaulement d'un des chats du Panier. Au comble de l'exaspération, il se retourna pour l'écarter d'un coup de pied, mais il suspendit son geste à la vue d'une mince silhouette vêtue de haillons, toute tordue, comme si elle souffrait d'une malformation. L'examinant de plus près, il s'aperçut qu'en fait, elle portait comme un petit ballot sur la hanche. La silhouette émit une nouvelle plainte et tendit une main minuscule en forme de serre.

Charging Elk fut pris de violents frissons, presque incontrôlables, comme si une bouffée d'air glacé s'élevait soudain des pavés de la rue étroite. Il n'avait pas eu aussi froid depuis son évasion de la maison des malades. La silhouette était celle d'une femme jeune dont le visage luisait de crasse. Sa paume était pâle et délicate, et le bébé qu'elle tenait sur la hanche n'était guère plus gros que l'Enfant Jésus mort que Charging Elk avait découvert dans la ruelle.

Sa première impulsion fut de fuir, de grimper l'escalier aussi vite qu'il l'avait descendu. Puis il eut un peu honte d'éprouver une telle peur devant cette femme et son enfant, mais il ne pouvait s'empêcher de penser que sa brusque apparition constituait un mauvais présage. Il craignait qu'elle ne possédât une partie du pouvoir du *siyoko.* Peut-être que l'homme aux lunettes l'avait envoyée pour lui nuire. Il connaissait bien les gitans. Il avait vu des femmes mendier autour du Vieux-Port. Certaines étaient âgées qui, courbées sur leurs cannes, marchaient comme si elles avaient des jambes de pierre, et d'autres étaient jeunes, comme celle-ci, en général accompagnées d'enfants. Quant aux hommes, ils étaient capables de vous voler votre bourse et de disparaître avant même que vous vous en soyez aperçu. Un jour, Charging Elk avait entendu crier et vu un *gendarme* pourchasser un gitan au milieu de la foule qui circulait sur la Canebière. L'homme se faufilait parmi les piétons avec l'agilité d'un félin, et d'un seul coup, il s'était évanoui comme par enchantement.

Charging Elk en était resté tout ébahi. René lui avait expliqué que les gitans commandaient aux *esprits malfaisants.* Ils pouvaient lire dans les pensées des gens, prédire l'avenir et jeter des sorts. Sur le chemin de la criée du port, René et lui passaient chaque matin devant une officine de voyants, et le marchand de poisson ne manquait jamais de se signer de la manière qui rendait les Français *wakan.*

Il parvint à se reprendre et se tourna vers l'étrange apparition. Elle avait de grands yeux noirs, pareils aux mares à l'odeur musquée que les castors creusaient dans les Paha

Sapa. Sa petite main griffue effleurait le revers du manteau de l'Indien. Il jeta un regard sur le bébé dont les paupières closes paraissaient comme scellées par une pâte blanchâtre. La peau tendue du visage épousait la forme du crâne, et on aurait dit la figure d'un vieillard.

Charging Elk éprouva de nouveau un sentiment de honte. Comment pouvait-il avoir peur d'une femme si frêle et de son enfant ? Il fouilla dans sa poche et glissa la première pièce qu'il trouva dans la paume offerte, refermant dessus les doigts pareils à des pattes d'oiseau. C'était une pièce de un franc, beaucoup plus que ce que l'on donnait d'ordinaire à un mendiant, mais il se sentait presque heureux d'avoir établi un contact humain dans cette rue déserte plongée dans le noir. *« Voilà, madame, pour votre bébé Jésus. »*

La gitane baissa la tête et se recula, poussant une plainte à fendre le cœur. Le jeune Indien reconnut alors la façon qu'avaient les femmes oglalas de pleurer la perte d'un mari ou d'un enfant. Sa propre mère avait gémi ainsi quand le frère puis la sœur de Charging Elk étaient morts de la maladie de la toux. La réaction de la bohémienne devant sa générosité l'étonnait cependant. Peut-être n'aurait-il pas dû la toucher.

Quoi qu'il en soit, regardant la jeune femme s'enfoncer en claudiquant dans les ténèbres, il reprit courage. Il avait l'impression d'avoir passé une épreuve et, pour la première fois depuis bien longtemps, d'être de nouveau libre de marcher dans les rues — et, peut-être, de devenir un homme à part entière.

Lorsqu'il s'engagea dans la rue Sainte, Charging Elk commença cependant à avoir des doutes. La foule, composée en majorité de marins en goguette, se bousculait sur le trottoir. A l'intérieur des deux bars louches se pressaient des hommes en cabans, dont certains coiffés de bérets à pompon, qui riaient et parlaient fort. Des verres de bière pleins ou à moitié vides s'alignaient sur le comptoir. D'autres clients en manteaux longs, chapeaux melons ou hauts de forme, sirotaient du vin en observant les marins.

Un peu plus tôt, longeant l'opéra, Charging Elk se sentait sûr de lui mais, quand il repensa à l'incident de la brasserie Le Cherbourg, aux marins hostiles et aux railleries des femmes, ses craintes renaquirent. René lui avait à plusieurs reprises conseillé de se tenir à l'écart des bars américains. En effet, on pouvait y faire de mauvaises rencontres, ou même y risquer sa vie. Marseille grouillait d'individus peu recommandables venus de tous les pays du monde, des hommes prêts à vous égorger si votre tête ne leur revenait pas. En disant cela, René avait fait le geste de se trancher la gorge, et Charging Elk avait tout de suite compris. Aussi avait-il soigneusement évité ces lieux mal famés. Du moins jusqu'à présent.

Les hommes étaient si occupés à se soûler ou titubaient déjà tellement sur la chaussée que le jeune Indien avait de nouveau le sentiment de devenir invisible, de sorte qu'il recouvra son assurance. Il regrettait cependant de ne pas avoir pris sa canne au lourd pommeau en bec de canard.

Il s'avança avec aplomb au milieu de la rue, passant rapidement devant les deux bars à marins, jusqu'à ce qu'il parvienne à la hauteur de la maison close. Il se fraya alors un chemin au milieu de la foule presque exclusivement masculine, monta sur le trottoir et jeta un coup d'œil à l'intérieur.

La pièce était telle qu'il se la rappelait avec ses murs peints d'une teinte chaude, ses beaux lustres, sa grande glace derrière l'élégant bar en bois et ses divans rouges capitonnés. Et, telle qu'il n'avait cessé de se la représenter des semaines durant dans la solitude de son petit logis, il y avait la fille en déshabillé bleu. Assise sur l'un des divans, elle contemplait le verre de liquide ambré qu'elle tenait sur ses genoux. Son front était ceint du même bandeau de velours noir, et les boucles brunes qui s'en échappaient lui dissimulaient en partie le visage. Elle avait les jambes croisées, et on apercevait la chair blanche de ses cuisses au-dessus de ses bas noirs.

Elle n'était pas seule. Ce soir, de nombreux hommes en manteaux longs et cravates se pressaient autour des filles. Certains étaient en habits noirs semblables à ceux que portaient les hommes riches quand ils escortaient leurs femmes à l'opéra ou qu'ils dînaient dans les grands restaurants du

Carré Thiars à quelques pas du Vieux-Port. Il ne semblait y avoir aucun de ces marins et de ces mauvais garçons qui fréquentaient les autres établissements de la rue Sainte.

Plusieurs jeunes femmes étaient assises avec les hommes, par groupes ou bien seules, l'air beaucoup plus animé que la première fois où Charging Elk les avait vues. L'une d'elles avait des cheveux courts d'un blond doré qui s'harmonisaient à sa robe couleur pêche. Elle était entourée de cinq ou six hommes qui, penchés vers elle, paraissaient boire son rire argentin. Elle tenait un porte-cigarette dans une main et une petite coupe dans l'autre. Charging Elk se disait qu'elle devait posséder un pouvoir quelconque pour fasciner ainsi ces hommes élégants. C'était peut-être ses cheveux. Il n'avait jamais vu à Marseille des cheveux aussi blonds.

Un jeune homme avait pris place à côté de la fille en robe bleue. Il semblait lui parler à l'oreille, mais elle ne levait pas les yeux de son verre. Il posa la main sur son genou, remonta le long de sa cuisse, mais elle le repoussa et se tourna vers la fenêtre. Charging Elk, tout en sachant qu'elle ne pouvait pas le voir à travers le rideau, eut l'impression qu'elle le regardait. Il ne bougea pas. C'était peut-être l'animation de la rue qui le rendait audacieux, devenu invisible aux yeux de la fille et de la foule qui se bousculait autour de lui.

Il franchit les deux pas qui le séparaient de la porte, la poussa et entra, s'immobilisant sur le seuil. La chaleur de la pièce le frappa en plein visage. Il se rendit alors compte que depuis qu'il s'était engagé dans la rue, il avait les muscles tétanisés, et pas seulement à cause du froid. Pourtant, il avait chassé de son esprit toute idée de mal. Il ne désirait qu'une chose : être près de la fille en bleu.

« Puis-je vous aider, monsieur ? »

Ce n'était pas le petit homme replet de l'autre soir. Celui-ci n'était guère plus grand, mais il avait un torse de lutteur sous sa chemise blanche et son nœud papillon. Les manches de son costume noir épousaient ses biceps impressionnants, et une cicatrice barrait son visage mat, courant de l'oreille au coin de la bouche. Ses lèvres minces étaient entrouvertes sur un léger sourire qui sonnait faux.

Charging Elk ne s'était pas préparé à ce qu'on l'interpelle ainsi. Il promena son regard sur la pièce, tâchant de repérer la fille, mais elle semblait avoir disparu, de même que l'homme qui était avec elle.

« Monsieur est peut-être perdu ? »

Charging Elk continua à regarder autour de lui. Ses yeux se posèrent sur le bar en bois. « Je désirerais prendre un verre de vin, dit-il.

— Mais c'est impossible, monsieur. Vous êtes dans un club privé et je crains que nous ne puissions vous servir. »

A cet instant, le petit homme que Charging Elk avait vu l'autre soir par la fenêtre descendit de son tabouret au bout du bar. Son crâne chauve luisait sous le lustre tandis qu'il s'avançait. « Que se passe-t-il, Gérard ? Pour l'amour du ciel, fermez la porte. Mes filles ont la chair de poule.

— J'expliquais à monsieur qu'il était dans un club privé. Il insiste pour boire un verre et je m'apprêtais à le reconduire. »

Le nouveau venu étudia un instant le visage de Charging Elk, puis il l'examina de la tête aux pieds. L'Indien ôta son chapeau et le tint contre sa poitrine. A l'instar de la plupart des gens de sa classe sociale, il affichait un profond mépris pour l'autorité, tout en sachant, comme les autres, qu'il lui fallait malgré tout la respecter. Quoi qu'il en soit, il planta ses yeux dans ceux de l'homme qui devait être le propriétaire des lieux.

Celui-ci, néanmoins, eut l'air satisfait de son examen. Il s'enorgueillissait de savoir juger les hommes et il trouvait que l'inconnu, en dépit de ses piètres tentatives pour paraître élégant, de son manteau qui tombait mal sur lui, de ses chaussures bon marché, de son chapeau ridicule et de ses poignets de chemise effilochés avait quelque chose de presque *distingué*, un côté curieusement séduisant. C'était sans nul doute un étranger, et le petit homme rondelet n'admettait que très rarement les étrangers dans son établissement. Mais cet inconnu ne manquait pas d'allure et se révélerait peut-être intéressant, ce qui le changerait un peu de ces membres de la *haute bourgeoisie* gonflés d'importance qui venaient faire les beaux et coucher avec ses filles.

« Soyez le bienvenu au Salon, monsieur. Gérard, prenez le manteau et le chapeau de monsieur. Et traitez-le avec tous les égards qu'il mérite. N'oubliez pas qu'il y a seulement deux ans, vous étiez encore obligé de monter sur le ring pour gagner votre pitance. Je n'aimerais pas que vous vous croyiez supérieur à notre clientèle. »

Charging Elk, comprenant que le petit homme réprimandait son employé, se sentit mal à l'aise. De fait, maintenant qu'il était dans cette pièce enfumée si confortable, il ne désirait plus que s'en échapper au plus vite. Il n'y avait ici que des gentlemen qui ne tarderaient pas à le percer à jour et à deviner qu'il n'était qu'un modeste chauffeur dans une fabrique de savon.

Le patron le prit par le coude et le pilota vers le bar. « Permettez-moi », dit-il. Il fit signe au barman et, le temps que ce dernier s'approche, il se présenta : « Je m'appelle Olivier. Et vous êtes... ? »

Charging Elk allait donner son nom, mais il se ravisa. Chaque fois qu'il le prononçait, les gens réagissaient avec surprise, puis s'efforçaient en vain de le répéter. « Je... » Le premier nom qui lui vint à l'esprit fut celui de l'homme qui secondait René au marché aux poissons. « Je... je m'appelle François. »

Il serra la main moite du petit homme qui avait jailli d'une manchette ornée de dentelles et il sentit sous ses doigts une grosse bague. Baissant les yeux, il vit qu'il s'agissait d'une pierre rouge sombre enchâssée dans un anneau d'or.

« *Enchanté*, François. Je suis ravi de faire votre connaissance. »

Le barman posa devant eux deux verres en forme de coupes munis de pieds très fins qu'il remplit à ras bord d'un liquide pétillant. Le nommé Olivier leva le sien, attendit que Charging Elk eût fait de même, puis déclara : « Bienvenue au Salon. A votre santé. »

Le jeune Indien eut l'impression que la boisson dansait dans sa bouche. Il parvint avec difficulté à avaler et, saisi d'une quinte de toux, il sentit les bulles lui remonter dans le nez. Les yeux larmoyants, il souffla par le nez pour essayer d'en chasser les bulles et fut de nouveau pris d'une quinte de toux qu'il n'arriva pas à maîtriser.

Trois hommes qui jouaient aux dés à deux pas de là s'étaient interrompus pour le regarder, d'abord intrigués par son étrange allure et maintenant amusés par son comportement plus étrange encore.

« Olivier, vous devriez apprendre à votre ami à boire par la bouche comme tout gentleman, dit l'un deux.

— C'est votre dernier béguin, Olivier ? demanda un autre.

— Grand et fort, tout à fait votre type, non ? » surenchérit le troisième.

Olivier les gronda gentiment : « Ne vous moquez pas, messieurs. Cet homme appartient à une culture étrangère à la nôtre. » Son visage s'éclaira soudain d'un large sourire, et il ajouta : « Ce gentleman est un prince d'Orient. »

Les trois hommes, les sourires moqueurs figés sur leurs lèvres, se tournèrent vers Charging Elk.

Celui-ci, un peu gêné, mais ayant à présent récupéré, leva son verre. *« Bonsoir, messieurs. Enchanté. »*

Les joueurs, machinalement, l'imitèrent, mais ils ne burent pas. « Si c'est un prince, moi je suis la reine Victoria d'Angleterre », dit le premier. Il ramassa les dés, et ils reprirent leur partie. « C'est peut-être un prince, mais il est habillé comme un gueux.

— Olivier devrait profiter de ce qu'il baise une de ses putains pour brûler ses vêtements. Ce serait un acte de salubrité publique.

— Tâchons de repérer laquelle il choisit. C'est peut-être elle qu'il faudra brûler. »

Leurs commentaires se voulaient insultants, mais Charging Elk comprit seulement qu'ils parlaient d'habits et de feu. De toute façon, il ne leur prêtait pas grande attention. Il cherchait la fille.

« Ce sont des porcs, mais leur argent vaut bien celui des autres. Je suis obligé de l'accepter, mais je n'en aime pas pour autant leurs manières », dit Olivier en riant. Il prit un cigare dans une boîte derrière le bar et l'offrit à Charging Elk. « Malheureusement, ce sont presque toujours des hommes comme eux qui viennent ici. Ils sont de bonne famille, et sans eux, je ferais faillite.

— Des porcs, répéta Charging Elk, se penchant sur la flamme de l'allumette que lui tendait Olivier. Des porcs de la campagne ? »

Olivier leva les yeux et le dévisagea un instant. Il se rendit brusquement compte qu'il ignorait la nationalité et même la race de cet homme. Il n'avait jamais rencontré qui que ce soit de semblable à Marseille. Il n'avait pas assisté aux représentations du Wild West Show au cours de l'hiver 1889 — de tels spectacles n'étaient pas dignes d'un homme comme lui — et les seuls Indiens qu'il avait vus, c'était sur des illustrations qui les représentaient avec des plumes et des peintures de guerre. Des sauvages tout ce qu'il y avait de plus détestable !

Il s'interrogeait aussi sur la langue maternelle de l'inconnu. Son français était rudimentaire, teinté d'un fort accent, et il avalait la plupart des mots. Il se demandait ce qu'il avait en réalité compris de ce que disaient les trois butors. Peut-être que, en définitive, il venait bien d'Orient, ou des mers du Sud — ou même d'Amérique.

A cet instant, sentant un courant d'air, il jeta un coup d'œil vers la porte pour voir qui entrait, une habitude dont il ne se départait pas depuis les douze ans qu'il tenait cette maison. Son sang s'accéléra, lui faisant battre les tempes. C'était Breteuil. Mon Dieu, se dit-il, il est toujours aussi séduisant. Lors de leur première rencontre, Breteuil n'était encore que jeune aide-cuisinier dans un médiocre restaurant du Vieux-Port. Devenu par la suite le chef le plus célèbre de Marseille, et peut-être de toute la Provence, il accueillait dans son petit restaurant de luxe de la rue des Catalans tous les hommes politiques véreux, les faux aristocrates et les représentants de la *haute bourgeoisie* marseillaise. Olivier les détestait, lui qui avait derrière lui une carrière politique en tant que député du quartier du port — le plus peuplé de la ville. Seulement, on l'avait surpris en *flagrant délit* en compagnie d'un petit Arabe dans un coin du quai de Rive-Neuve. Bien que lui-même membre de la bourgeoisie, mais réprouvé pour ses inclinations sexuelles, il avait dû démissionner, accablé d'opprobre — ce qui n'empêchait pas tous ces hypocrites de fréquenter son établissement et, pour certains d'entre eux, dont Breteuil, d'avoir recours aux faveurs des jeunes garçons d'Olivier dans les petits salons. Quand je songe qu'il fut autrefois mon amant, continua Olivier, perdu dans ses pensées. Il éprouvait toujours un mélange d'amertume et de tristesse en introduisant Breteuil dans les petits salons, mais être de nouveau près de lui ne serait-ce que l'espace d'une minute ou deux valait bien cette humiliation.

« Excusez-moi, François. Finissez votre champagne, mon ami. » Olivier, courant presque, s'avança au-devant du grand et beau restaurateur aux lunettes qui brillaient.

Charging Elk ne vit pas Olivier et le pâle *siyoko* qui, bras dessus, bras dessous, se frayaient un chemin en direction des petits salons situés derrière une tenture. Il guettait la réapparition de la fille en bleu. Une demi-heure plus tard, elle revint, l'air un peu lasse, et se laissa tomber sur un divan en poussant un profond soupir.

Pendant qu'il attendait, le salon s'était peu à peu vidé. Il ne restait plus qu'une dizaine d'hommes et quatre ou cinq femmes. Charging Elk écoutait jouer le pianiste en manches de chemise maintenues par des élastiques. Au début, il n'avait pas entendu la musique noyée par le brouhaha des conversations, d'autant qu'il n'avait guère quitté des yeux la femme aux cheveux si blonds toujours très entourée. Elle n'était partie avec aucun des hommes qui paraissaient se contenter de lui présenter la flamme de leurs briquets et de la regarder rire.

Charging Elk patienta encore quelques minutes, observant la fille en bleu du coin de l'œil, puis, après avoir constaté qu'aucun des hommes présents ne semblait s'intéresser à elle, il se décida à quitter le bar. Ignorant comment l'on procédait, il n'avait rien préparé. Il lui restait huit francs. Est-ce qu'il devait lui donner directement l'argent, et dans ce cas, quelle serait sa réaction ? Peut-être qu'elle choisissait. Peut-être qu'elle aurait peur de lui.

Il avait maintenant pleinement conscience de ses vêtements élimés, de sa peau brune, de ses longs cheveux qui tombaient librement sur ses épaules. Dans les rues sombres, il pouvait peut-être jouer les dandys, mais sous la lumière des lustres, on ne manquait pas de remarquer ses chaussures éculées et ses poignets de chemise effilochés. Il craignait que tous les regards se fixent sur lui tandis qu'il traversait la pièce, mais il était bien déterminé à aborder la fille, car il savait que la prochaine fois, on ne le laisserait sans doute plus entrer. Il soupçonnait que le petit homme replet le considérait simplement comme l'attraction de la soirée.

Il s'assit à un mètre d'elle, mais il aurait pu tout aussi bien se trouver à des kilomètres. Le divan était circulaire, de sorte que, tournant pratiquement le dos à la fille, Charging Elk faisait face à la porte et à Gérard, le solide cerbère, qui, le visage inexpressif, le surveillait d'un œil torve.

Le jeune Indien se roula une cigarette, l'alluma, puis jeta l'allumette éteinte dans un cendrier sur pied qui, impeccablement nettoyé alors que de nombreux fumeurs s'étaient succédé là tout au long de la soirée, étincelait sur le sol brillant comme du marbre. Il chercha ce qu'il pourrait dire, quelque chose de poli qui ferait cependant comprendre ce qu'il désirait. Il finit par se déplacer un peu pour être au moins en mesure de distinguer son profil. Il huma un lourd parfum de lavande et sa bouche se dessécha. Curieusement, il pensa à Strikes Plenty. Il revit le visage rond de son ami et crut entendre son rire moqueur : « Allons, tu as peur d'une femme, maintenant ? »

« *Bonsoir, mademoiselle,* dit-il sans oser la regarder. Vous êtes fatiguée ? »

Elle garda le silence, les yeux rivés sur le bar. Les trois hommes qui jouaient aux dés étaient partis et le pianiste buvait à présent un verre de vin, accoudé seul au bout du comptoir, sa sacoche contenant les partitions posée à ses pieds. Personne ne lui prêtait attention. Ce n'était qu'un employé en redingote lustrée aux coudes, en pantalon noir qui faisait des poches aux genoux, un homme qui ne comptait pas dans une maison fréquentée par les nantis et les riches oisifs.

Marie écoutait souvent le pianiste qui, dans un coin de la grande pièce, jouait un air après l'autre, et à qui personne ne s'intéressait au milieu du bruit, des rires et des allées et venues continuelles entre le bar et les petits salons. De temps en temps, un client réclamait néanmoins une chanson particulière, ou bien quelques joyeux fêtards se groupaient autour du piano pour brailler une ou deux chansons populaires, et au moins une fois par soir, quelqu'un se levait pour interpréter une version lugubre de *La Marseillaise.* Le pianiste se pliait obligeamment aux demandes, et ses accords plaqués avec force faisaient vibrer les verres sur le bar. Ensuite, les hommes ivres se mettaient à pleurer ou à s'assener de grandes claques dans le dos en signe d'amitié virile. Après quoi, le pianiste retournait à son anonymat.

La jeune fille ne voulait pas regagner sa chambre, sauf pour y dormir. Elle n'avait que dix-neuf ans, et elle était là depuis trois ans déjà. Elle ne pouvait ni ne désirait tenir le compte des hommes à qui elle avait offert son corps. Elle espérait seulement oublier un jour cette période de sa vie à laquelle, devenue une vieille *grand-mère,* elle repenserait peut-être comme à une espèce de jardin secret. Mais elle n'avait aucune perspective d'avenir et c'était toujours mieux que de faire des ménages ou de travailler comme ouvrière dans l'une des grandes usines de textile, ou pis, de s'occuper de quelque riche vieille dame qui la maltraiterait. En raison de sa situation présente, elle n'avait aucune chance de pouvoir se marier ou même de devenir la maîtresse d'un homme riche. De plus, elle n'était pas assez jolie — au contraire d'Aimée et d'Héloïse que, à les entendre, les hommes ne demandaient qu'à couvrir de beaux vêtements et de bijoux, et même qu'à installer dans leurs luxueux appartements, tout cela à condition qu'elles leur réservent leurs faveurs. Marie ne savait pas si elle devait les croire — pourquoi rester pensionnaire d'une maison close quand on pouvait vivre comme une reine ? — mais elle était sûre d'une chose : personne ne lui ferait jamais de telles propositions.

Elle avait remarqué un peu plus tôt l'homme de haute stature à la peau brune qui se tenait au bar. Tout à l'heure, elle était montée avec ce jeune idiot qui prétendait être le fils du plus riche tanneur de Marseille. Qu'est-ce que cela pouvait bien lui faire ? Elle avait probablement couché une fois ou deux avec le père en question. En outre, cet imbécile ne lui avait même pas laissé un petit billet en plus sur la commode, ainsi qu'il était d'usage. Elle avait eu sa revanche, cependant Elle l'avait fait jouir rien qu'en le guidant en elle trop sensuellement, une petite caresse par-ci, une petite caresse par-là, et l'affaire avait été terminée sans qu'elle ait eu besoin de se démener.

La jeune fille était fatiguée, mais elle avait peur d'Olivier, lequel avait renvoyé plus d'une fille dans la rue pour avoir manifesté un manque d'enthousiasme trop évident. Il se montrait plein de déférence à l'égard de ses clients, mais impitoyable à l'égard des filles. Certaines avaient suggéré qu'il n'aimait pas les femmes, même sur le plan des simples relations. Tout le monde savait qu'il était homosexuel et qu'il couchait souvent avec l'un ou l'autre des jeunes garçons. Et alors ? Nombre de tenanciers de maisons closes avaient des tendances similaires.

Elle jeta un coup d'œil en direction de la porte. Gérard aidait un homme à enfiler son manteau. Elle le vit glisser d'une main un billet de un franc dans sa poche, tandis que de l'autre, il époussetait le col du client. Il était là pour accueillir les gens, pour maintenir l'ordre si nécessaire, et aussi pour surveiller les filles. Un mot de sa part, et Marie se retrouverait à faire le trottoir.

« Vous aimeriez venir avec moi, monsieur ? »

La chambre était beaucoup plus petite que Charging Elk ne l'aurait imaginé. Etant donné les dimensions du salon, il aurait pensé que les chambres seraient plus spacieuses, mais il y avait tout juste la place pour un lit étroit, une commode, une petite armoire et un lavabo. En outre, la pièce était dépourvue de fenêtres, et la seule lumière provenait d'une petite lampe posée sur la commode, munie d'un abat-jour en perles. Elle diffusait cependant une chaude lumière aux nuances roses dans laquelle baignait le couvre-lit rouge. A l'exception de cette lampe et du dessus-de-lit, la chambre lui rappelait sa cellule de pierre dans la maison de fer, sinon que celle-ci, au moins, comportait une fenêtre, même si elle ne permettait que de distinguer les jambes des passants.

Il avait déjà donné six francs à la fille, presque l'équivalent d'une semaine de loyer, qu'elle avait aussitôt remis à quelqu'un qui attendait devant la porte. La transaction avait rendu le jeune Indien circonspect, mais il avait été rassuré en entendant ensuite le bruit des pas décroître dans le couloir faiblement éclairé.

La fille se débarrassa de sa robe bleue qu'elle suspendit à une patère derrière la porte. Elle dit quelque chose au sujet des vêtements de Charging Elk, désignant un portemanteau au pied du lit. Une cape blanche était déjà accrochée à l'une des branches incurvées. Hormis une petite statue de la sainte femme et une croix nue sur le mur au-dessus du lit, c'était le seul élément personnel. Charging Elk se demanda si elle habitait vraiment cette chambre.

Il commençait à comprendre comment tout cela fonctionnait, ce qui l'emplit d'un mélange de peur, d'excitation et de désir. Il n'avait plus été avec une femme depuis la folle du Bastion plus de quatre ans auparavant, sans compter que c'était la seule qu'il eût connue. Il éprouva un sentiment de honte à la pensée que les deux femmes avec lesquelles il aurait couché avaient exigé un paiement en échange de leurs faveurs. Néanmoins, le désir l'emporta et il se hâta d'enlever ses vêtements qu'il suspendit au portemanteau.

Lorsqu'il se retourna, la fille le regarda ou, plutôt, regarda son sexe. Appuyée contre le lavabo, elle ne laissa rien paraître de ses sentiments. « Viens ici », dit-elle, enfilant un gant de toilette qu'elle plongea dans l'eau de la cuvette.

En deux enjambées, Charging Elk fut près d'elle, mais durant la fraction de seconde que cela prit, une centaine d'émotions différentes l'assaillirent, parmi lesquelles l'angoisse et l'émerveillement. Pendant qu'elle savonnait le gant, il avait presque le visage enfoui dans sa chevelure. Il huma de nouveau un parfum de lavande qui l'amena au bord de l'évanouissement. Il se pencha davantage pour respirer l'odeur de ses cheveux, comme s'il voulait s'en imprégner à jamais, puis il sentit le contact froid du gant sur son sexe. Il eut d'abord la même impression que lorsqu'il se jetait nu dans une rivière des Paha Sapa. Le souffle coupé, il voulut se reculer, mais la caresse de la main à l'intérieur du gant, le glissement du savon, les effluves de lavande lui firent tant d'effet qu'il dut se concentrer sur la statue de la femme sainte pour ne pas connaître un accident embarrassant. Afin d'occuper son esprit, il pensa ensuite au cheval qu'il avait dessiné pour Chloé, puis à son propre cheval, Grand Coureur, et aux serpents venimeux des Mauvaises Terres. Il n'osait pas baisser les yeux de crainte de ne plus pouvoir se contrôler au spectacle de ce qu'on lui faisait.

Finalement, la fille, après l'avoir séché à l'aide d'une mince serviette, lui demanda de se coucher sur le lit. Il commença par s'asseoir au bord, et fut aussitôt pris de nausées, comme s'il avait bu trop de *mni wakan*. La fille le poussa doucement jusqu'à ce que, à moitié malade, la tête lui tournant, il se retrouve allongé sur le dur matelas, la tête coincée contre le mur et les pieds dépassant de plusieurs centimètres. La fille se mit sur lui à califourchon et lui, malgré son état, il regretta qu'elle n'eût pas ôté son caraco. Il aurait voulu voir ses seins, les caresser peut-être. Mais dès qu'il sentit la petite main saisir son sexe pour le guider en elle, il oublia tout. Les cuisses lisses de la fille effleuraient ses hanches, et il se les imagina, blanches comme la crème que faisait Madeleine pour ses gâteaux. Il était à peine revenu de son étonnement d'avoir évoqué pareille image que ses pensées se mettaient à tourbillonner comme les créatures vertes qui chantent après une bonne pluie. Quatre années durant, il avait agi pratiquement sans réfléchir, et maintenant son esprit bouillonnait tandis que son sexe s'enfonçait dans les profondeurs chaudes et douces de la fille.

Il la regarda. Elle aussi le regardait, et il se plongea dans ses grands yeux marron. Elle, c'était la première fois qu'elle le regardait vraiment. Quelques instants plus tard, elle ferma les paupières et commença à onduler des hanches, d'abord lentement, puis plus vite, puis de nouveau lentement, tout en poussant de petits gémissements tels que Charging Elk n'en avait jamais entendu. Il se cambra et sentit sa semence lui échapper pour gicler en elle qui lâcha un cri soudain, dressée sur lui, avant de s'abattre contre sa poitrine. Il retomba sur le lit et ferma les yeux pour se protéger de l'éclat de la lampe.

Marie Colet, assise à la longue table de la cuisine, écoutait d'une oreille distraite les autres filles parler des hommes avec qui elles étaient montées la veille. Il était à peine plus de midi et, comme d'habitude, elle dormait encore à moitié.

« Regardez mes bras. Et là... » La fille en face d'elle, Aimée, se leva et écarta les pans de sa robe de chambre. *« Voilà »*, reprit-elle, désignant un bleu à l'intérieur de sa cuisse parfaite, une lueur de triomphe dans les yeux.

« Tu devrais le dire à Olivier, ou à Gérard. Ces beaux messieurs ne peuvent pas nous maltraiter comme ça.

— Bah, autant aller raconter à un singe que tu n'aimes pas ses puces. Ça ne servirait à rien.

— Et maintenant, il va falloir que je m'achète une nouvelle robe parce qu'il a déchiré la seule de bien qui me restait. Un juge, en plus, vous vous rendez compte ?

— Passe-moi le beurre, Chantal. Et ne mange pas tous les croissants. Tu es déjà assez grosse comme ça. »

Marie, l'air absent, remua son *café crème* qui était maintenant froid. Elle était plus fatiguée que de coutume et craignait de couver quelque chose. Elle se prenait presque à espérer que c'était le cas, car ainsi elle n'aurait pas à travailler ce soir. De toute façon, cela n'en valait guère la peine. Les dimanches soir étaient toujours très calmes. Les bons bourgeois dînaient en famille et se préparaient pour la semaine à venir. Seuls se présentaient les timides ou ceux qui préféraient tenir leur identité secrète. De plus, ils allaient la plupart du temps avec les garçons. Tant mieux, d'ailleurs. Leur manière furtive d'entrer et de sortir la rendait mal à l'aise

Elle repensa au grand homme brun aux vêtements élimés. Elle n'arrivait toujours pas à croire que Gérard l'ait laissé entrer, et plus étonnant encore, qu'il l'ait choisie elle et qu'elle ait accepté de monter avec lui. D'un autre côté, elle y était obligée, n'ignorant pas qu'elle risquait de sérieux ennuis si elle se mettait à refuser des clients.

La jeune fille ne se souvenait pas avoir eu réellement peur d'un homme, et pourtant, quand il s'était tourné vers elle, nu et la verge dressée, elle avait eu peur. Il paraissait si grand, si tendu de désir. Naturellement, elle avait dissimulé ses sentiments — une nécessité dans cette profession. Devant ce corps massif à la peau très brune, elle avait éprouvé une brusque inquiétude. Elle s'était doutée qu'il n'avait pas beaucoup l'expérience des femmes, ce qui avait contribué à l'effrayer. Elle n'aidait jamais les hommes, sauf quand ils étaient trop soûls et qu'elle devait les réveiller. En général, elle parvenait à les stimuler, et elle tenait ensuite à garder la maîtrise de la situation en se plaçant au-dessus. Hier soir, cet immense corps presque noir l'avait emplie d'appréhension. Un an auparavant, une fille avait été trouvée morte et, selon la rumeur, son dernier client avait été un géant levantin. Marie n'y avait pas cru, car Gérard ne les laissait jamais entrer, mais maintenant, elle n'était plus aussi sûre. L'homme d'hier soir n'était certainement pas un bourgeois.

Seulement, il avait réussi quelque chose que peu avant lui avaient réussi : la faire jouir. Elle eut un petit sourire penaud.

« A quoi tu penses, Marie ?

— A quoi je pense ?

— Oui, je connais ce sourire. Tu nous caches quelque chose. » Aimée la guettait à la manière d'un chat qui guette une souris.

« Tu as trouvé un protecteur ? demanda Laurence, la plus jeune des filles qui était à peine plus âgée que Marie lorsque celle-ci avait débuté dans le métier.

— Bien sûr que non. Ne sois pas stupide, ma petite. »

Pendant que les filles recommençaient à exprimer leurs doléances, Marie s'efforça de comprendre ce qui avait bien pu l'exciter chez cet homme au point de l'amener à l'orgasme. En réalité, il n'avait pas fait grand-chose, sinon demeurer allongé comme une statue, le sexe en érection, pendant qu'elle accomplissait tout le travail. En deux ans et demi, elle avait couché avec des centaines d'hommes, et jamais elle n'avait succombé au plaisir. Elle s'y refusait, car ainsi, elle pouvait se sentir presque virginale — comme si elle faisait simplement son métier à l'exemple d'une fille de cuisine qui récurerait les sols ou d'une ouvrière qui coudrait des robes ou des chemises. Machinalement, elle continua à remuer son café au lait froid, regardant la mince pellicule de crème tourbillonner puis disparaître dans le liquide couleur caramel. A la réflexion, cela ne pouvait venir que de la peur qu'elle avait éprouvée, une peur qui, à un certain moment, et sans qu'elle sache pourquoi, s'était métamorphosée en une jouissance telle qu'elle n'en avait jamais connue.

De toute façon, elle avait la conviction qu'elle ne reverrait jamais cet homme dont la présence ici restait un mystère, et c'était tant mieux. Pourtant, à cet instant même, dans cette cuisine brillamment éclairée, tandis qu'elle écoutait distraitement ses amies bavarder et se plaindre, elle sentit une agréable chaleur l'envahir qui lui colora les joues et lui picota les bras. Elle eut alors l'intuition qu'elle n'aurait rien à craindre de cet étranger de haute stature au cas improbable où il reviendrait un jour dans cette maison.

11

Charging Elk ne connaissait toujours pas grand-chose à l'amour, à ses complications, ses peines et ses récompenses, mais il en avait appris assez pour que la vie lui fût devenue presque insupportable, encore qu'il entretretînt une faible lueur d'espoir. Depuis qu'il avait quitté les Soulas, il avait l'impression que le désir avait occupé toutes ses pensées, et maintenant que la fille en bleu lui avait fait découvrir le plaisir, il en réclamait davantage. Il la revoyait sans cesse alors qu'elle le chevauchait, il se remémorait le parfum de lavande de ses cheveux, le contact de ses petites mains alors qu'elle le lavait. Il pensait tout le temps à elle, que ce fût dans l'omnibus qu'il prenait pour se rendre au travail et rentrer chez lui ou pendant qu'il alimentait les chaudières à grandes pelletées de charbon ou bien pendant qu'il déjeunait de pain et de fromage ou qu'il se savonnait à l'établissement de bains publics. Et c'était chaque soir son image qu'il emportait avant de sombrer dans le sommeil.

Il consacra la moitié de ses économies à s'acheter un costume sur mesure, deux chemises et une paire de chaussures. Les seules à sa taille étaient marron et plutôt moins belles que celles que portaient les beaux messieurs. De fait, elles lui parurent jurer un peu lorsque, une semaine plus tard, il les essaya avec son complet noir. En tout cas, elles étaient neuves, bien cirées, et représentaient une nette amélioration par rapport aux anciennes qu'il s'empressa de jeter dans cette même ruelle où il avait trouvé l'enfant mort. Elles serviraient peut-être à l'un des vagabonds qui avaient l'habitude de dormir là.

Le dimanche soir, Madeleine lui apprit à faire un nœud de cravate. René se livra à des commentaires grivois sur la vie amoureuse de Charging Elk jusqu'à ce que sa femme le chasse de la pièce. Le jeune Indien prit plaisir à se placer devant la glace pendant que Madeleine lui montrait comment procéder. Après cinq ou six tentatives, et avec son aide, il parvint à un résultat satisfaisant. Elle le laissa ensuite essayer seul à deux ou trois reprises, et, tandis qu'il s'admirait dans le miroir, elle demanda : « Alors, c'est vrai, tu as une amoureuse ? »

Charging Elk sentit le rouge de la honte lui brûler les joues. Il ne s'était pas attendu à ce que René et Madeleine devinent que c'était pour une fille qu'il voulait ainsi jouer les dandys. Et comment leur annoncer de surcroît que la fille en question était une prostituée ? Sans se retourner, il répondit à Madeleine : « Peut-être, je ne sais pas. C'est encore trop tôt. »

Il lui jeta un coup d'œil à la dérobée dans la glace et vit une ombre de sourire naître sur ses lèvres. Il aimait la voir sourire, ce qu'elle ne faisait malheureusement pas souvent, et c'était toujours un sourire aussi fugace que celui-ci, presque indéchiffrable.

Elle dit alors : « Il faudra que tu nous l'amènes à dîner. Dimanche prochain, peut-être. Mais d'abord, tu dois obtenir la permission de ses parents. »

Dans les jours qui suivirent, Charging Elk repensa plusieurs fois à l'invitation de Madeleine. Il se demandait si les prostituées étaient autorisées à quitter la maison de passe et à sortir avec des hommes, et si elles aussi devaient demander la permission à leurs parents. Madeleine avait sans le savoir semé un germe dans son esprit, un germe qui grandit jusqu'à ce que le jeune Indien se mette à promener son regard autour de son petit appartement, imaginant la fille assise sur le banc près de la fenêtre, debout devant le lavabo en train de se laver la figure ou allongée sur le lit dans sa chemise blanche

— ou même nue ! Il se la représentait occupée à cuire une belle pièce de viande sur le fourneau à l'instar de sa mère à Pine Ridge pendant que, installé à la petite table, il épluchait les pommes de terre ainsi qu'il lui arrivait fréquemment de le faire pour Madeleine.

Un soir, il fit un rêve. En se couchant, il espérait toujours rêver de la fille, parce que dans les rêves, les désirs se réalisent souvent. Mais celui-là tenait plutôt du cauchemar, et il ne concernait pas la fille à la robe bleue. Debout au bord de l'une des falaises à pic du Bastion, il est en larmes. Il veut sauter dans le vide, mais à chaque fois, une violente rafale de vent le repousse. Il fait quatre, cinq, dix tentatives, mais en vain. Il est épuisé, et lorsqu'il s'approche de nouveau du bord, trop faible pour seulement essayer de sauter, il baisse les yeux et voit tous les siens qui gisent au pied de la falaise. Ils gisent dans toutes les positions et toutes les directions, hommes, femmes, enfants et même vieillards. Ils gisent comme les troupeaux de bisons que les chasseurs ont poussé à basculer par-dessus le bord de la falaise. Charging Elk comprend alors pourquoi il pleure. Tandis qu'il contemple son peuple tout en bas, il entend le vent gronder à ses oreilles comme un millier de bisons au galop martelant le sol, et au milieu de ce grondement, une voix s'élève, une voix familière, une voix de Lakota qui dit : « Tu es mon seul fils. » Et lorsqu'il retourne dans son village du Bastion, il n'y trouve plus rien, ni êtres humains, ni chevaux, ni tipis, ni même les cercles de pierres qui maintenaient les peaux des tentes, ni même les cendres d'un feu. Tout a disparu.

Lorsqu'il s'éveilla de son rêve, Charging Elk était couché sur le dos, scrutant les ténèbres. Il lui semblait qu'il n'avait pas dormi et que son rêve n'en avait pas été un. Pourtant, il avait l'impression d'avoir réellement vécu la scène. Il se revoyait alors qu'il voulait sauter et que seul le vent l'en empêchait. Il revoyait les siens tout en bas. Il entendait le rugissement du vent et le murmure de la voix à son oreille. A qui appartenait-elle ? Et pourquoi l'avait-on choisi, lui ?

Il passa le reste de la nuit assis sur le banc, enveloppé dans son édredon, à fumer cigarette après cigarette en contemplant le ciel noir derrière la fenêtre. Il n'y avait pas de lune, pas de constellations pour lui rappeler son pays, mais il n'en avait pas besoin. Son cœur n'était pas ici, pas plus qu'il n'était là-bas, au Bastion. Il se trouvait dans un endroit auquel il ne pouvait pas encore attribuer de nom, de même qu'il ne pouvait pas encore attribuer de nom à la voix familière.

Le rêve l'obnubila des jours durant. Il ne s'agissait pas de le comprendre, mais de ne pas y croire. Au Bastion, Bird Tail, le vieux *wicasa wakan*, interprétait les songes à l'intention de Charging Elk et des autres. Avec Strikes Plenty, ils en parlaient souvent pour s'apercevoir que les rêves apportaient leur part de vérité. Le jeune Indien savait ce que Bird Tail aurait dit de son cauchemar, mais il ne voulait pas y croire. Il le repoussa dans un coin de son esprit. Il en avait assez de se tourmenter. Cela durait depuis plus de quatre ans, depuis qu'il avait quitté la sécurité du Bastion.

De temps en temps, cependant, au moment où il s'y attendait le moins, quand il épongeait la sueur qui ruisselait sur son front devant les fourneaux, quand il faisait la queue à la boulangerie, le cauchemar revenait le hanter. Il entendait la voix qui chuchotait au milieu du mugissement des rafales et, détenteur d'un terrible savoir, il se mettait à trembler.

Pour lutter contre ces images, il s'efforçait de concentrer ses pensées sur la fille en bleu, si bien qu'elle l'obséda davantage encore, au point qu'il entreprit de répéter ce qu'il lui dirait lors de leur prochaine rencontre. Il se plaçait devant la petite glace toute piquée et s'exerçait à prononcer les phrases en français — « D'où êtes-vous originaire ? Je m'appelle François et je viens d'Amérique. C'est une nuit splendide ! » —, agréablement surpris de constater que les mots coulaient sans difficulté. Mathias et Chloé seraient contents de lui, mais peut-être pas de la personne à qui ces paroles étaient destinées.

A présent, Charging Elk ne désirait pas seulement la fille physiquement, il la voulait auprès de lui. C'était la femme qu'il attendait depuis quatre ans, et qu'elle fût une putain n'entamait en rien sa résolution. Ce n'était qu'une complication de plus. Comment la convaincre de le suivre ? Comment lui faire la cour ? Il n'avait pratiquement aucune expérience en ce domaine. Au Bastion, Strikes Plenty et lui avaient bien flirté avec quelques filles, mais en général, il restait à l'écart, se contentant d'écouter. Après, Strikes Plenty ne manquait jamais de se moquer de lui : « Elle te dévorait des yeux, tout le monde le voyait. Si tu continues comme ça, devenu un vieillard, tu seras encore à t'astiquer. » Charging Elk aurait souhaité avoir le courage de demander conseil à René, mais il n'ignorait pas qu'il lui faudrait alors subir les questions et les plaisanteries du petit homme.

Un jeudi, dix jours après sa première visite au Salon, Charging Elk s'engagea d'un pas décidé sur le quai des Belges en direction de la maison de tolérance de la rue Sainte. Il portait son costume noir neuf, une chemise blanche au col amidonné, une cravate grise soigneusement nouée, ses nouvelles chaussures marron et sa canne au pommeau en bec de canard. Les chaussures, quoique plus souples que les vieilles, lui faisaient encore mal aux talons. Il avait laissé son pardessus à la maison, car il était trop râpé et ne tombait pas bien. L'ayant essayé sur le complet neuf, il s'était rendu compte combien il avait dû paraître ridicule la dernière fois en si brillante compagnie.

Il régnait une atmosphère de fête autour du Vieux-Port. Une petite fanfare jouait des airs de Noël, le jongleur au visage peint en blanc lançait ses bâtons enflammés et les rattrapait dans un kaléidoscope d'étincelles colorées, et un peu plus loin, deux acrobates en collants et tricots de corps exécutaient leurs exercices d'équilibre et d'adresse. Sur des tables étaient offertes à la vente de petites figurines que, comme Charging Elk le savait à présent, on appelait des *santons*. Des guirlandes accrochées dans le gréement de quelques-uns des bateaux jetaient des reflets dorés sur les eaux troubles du port. Noël était dans deux sommeils, et Charging Elk, sans bien savoir pourquoi, redoutait de passer cette longue journée en compagnie des Soulas. D'un autre côté, les boutiques et les cafés allaient être fermés et les rues, désertes. Il se souvenait du Noël où il avait erré à travers les rues de Marseille, seul et désespéré. Finalement, il aurait peut-être besoin de la chaleur que lui apporteraient René, Madeleine et les enfants.

Charging Elk envisagea un instant d'entrer au Royal souhaiter un *joyeux Noël* au vieux garçon de café ainsi que le faisaient auprès de leurs proches les Soulas et leurs amis. C'était une fête liée à la naissance de l'enfant sacré qui deviendrait ensuite l'enfant du dieu *wasichu* et s'assiérait à ses côtés en un lieu nommé paradis. L'Indien se demandait pourquoi Wakan Tanka n'avait jamais pris un vrai enfant pour lui tenir compagnie avant de devenir son égal. Du reste, ces derniers temps, il s'interrogeait beaucoup au sujet de Wakan Tanka. Le seul véritable contact qu'il avait eu avec le Grand Esprit, c'était dans le rêve que celui-ci lui avait envoyé. Et pourquoi, s'il avait voulu aider Charging Elk, lui aurait-il envoyé un rêve si triste ? Et pourquoi tous ces gens étaient-ils si heureux avec leur dieu ? Il jugea plus prudent de ne pas poursuivre le fil de ses pensées.

Il se borna à songer au vieux serveur qui semblait savoir tant de choses tout en étant si peu loquace. Il pressentait que le vieil homme possédait les réponses à ses questions. Mais la fille à la robe bleue l'attendait et il accéléra le pas. Il souhaiterait un *joyeux Noël* au serveur demain soir.

La fille n'était pas là. Charging Elk resta deux heures au bar, consultant toutes les cinq minutes la grosse montre douillettement nichée dans la poche de son gilet. Le petit homme replet non plus n'était pas là, et la femme aux cheveux si blonds ne trônait pas à sa table, entourée de tous ses élégants admirateurs. De fait, la maison close était étrangement silencieuse. Certes, les filles disparaissaient de temps en temps avec un client, mais dans l'ensemble, elles demeuraient assises sur les divans ou bien arpentaient le salon seules ou deux par deux.

Le jeune Indien pensa une seconde s'enquérir de la fille en bleu auprès de l'homme trapu aux larges épaules qui gardait l'entrée, mais sachant que ce dernier ne l'aimait pas et qu'il se montrerait sans doute cassant, si ce n'était désobligeant, il préféra s'en dispenser. Il se contenta de demander au barman pourquoi c'était si calme ce soir.

« C'est l'approche de Noël, répondit celui-ci sans lever les yeux de son journal. Nos habitués sont très religieux. Ils ne veulent pas avoir un *péché* sur la conscience en ce moment. »

Ah, *le péché* ! Sees Twice leur avait expliqué de quoi il retournait. Selon lui, forniquer avec les filles de Paris était un péché aux yeux du dieu des *wasichus*. Quand Featherman avait dit qu'on se sentait pourtant bien après avoir forniqué, Sees Twice avait répliqué que c'étaient les œuvres du diable. Le diable voulait que les Oglalas prennent leur plaisir avec les filles blanches de Paris afin de pouvoir ensuite s'emparer de leurs *nagis*. Charging Elk et quelques autres avaient ri, mais aucun Indien n'était allé avec les filles.

Terriblement déçu, il souhaita une bonne nuit au barman toujours plongé dans sa lecture puis, abattu, la démarche pesante, il reprit le chemin de sa chambre. Peut-être que la fille était malade, ou alors qu'elle ne couchait pas avec les hommes le jeudi. Après tout, c'était normal de prendre une journée de congé. En réalité, il craignait surtout qu'elle se fût lassée de forniquer ainsi et qu'elle eût décidé de quitter le Salon. En tout cas, c'est ce qu'il choisit de croire. Il glissa la main dans la poche de son pantalon et referma les doigts autour du petit écrin de velours marron contenant un camée qu'il avait acheté au marché aux puces de la rue Saint-Ferréol dans l'intention de le lui offrir. Il s'était imaginé lui passant le ruban de velours bleu autour du cou et la regardant ensuite s'admirer dans le miroir au-dessus de la commode. Il n'avait pas pensé qu'il pourrait rentrer chez lui en l'ayant toujours en poche. Il se sentit tout triste.

Le Vieux-Port était maintenant pratiquement désert. Le jongleur, les acrobates et la fanfare étaient partis. Les tables des *santons* avaient été empilées dans un coin, et les guirlandes décorant les grands bateaux étaient éteintes. Il y avait encore de la lumière au Royal, mais Charging Elk n'avait pas le cœur d'aller souhaiter un *joyeux Noël* au vieux garçon de café. Cette soirée n'avait rien de joyeux ni de sacré. Il suffirait au serveur de le regarder pour s'en rendre compte.

Le jour était levé, froid et sec, et Charging Elk fut envahi d'un profond sentiment de nostalgie. En ce matin de Noël, le ciel clair et le soleil qui filtrait par la fenêtre pour déposer une flaque de lumière jaune sur le sol en ciment lui rappelaient les matinées au Bastion au cours de la lune-des-feuilles-qui-tombent quand, sa peau de bison ramenée autour de ses épaules, il baignait dans la lumière diffuse du tipi en toile. C'était toujours à qui, de Strikes Plenty ou lui, se lèverait pour allumer le feu. Lorsqu'ils se décidaient enfin à sortir de leur tente, le soleil réchauffait déjà la terre, tandis que leur haleine formait encore de petits nuages. Charging Elk s'imagina apercevoir au loin les silhouettes dorées des buttes couvertes de givre, sentir l'herbe sèche craquer sous ses pieds, humer l'odeur du givre qui commençait à fondre et les effluves musqués cependant qu'il mettait sa bride à Grand Coureur en prévision de la journée de chasse qui s'annonçait.

Le tintement de la cloche de la petite église située à une rue de là le rappela à la réalité, une réalité pas trop déplaisante, d'ailleurs. Aujourd'hui, il ne travaillait pas, ce qui comptait davantage pour lui que l'aspect religieux. Depuis quatre ans qu'il était ici, il n'avait eu comme congés que les jours de Noël et de Pâques. Les autres jours fériés, alors que de nombreux ouvriers restaient chez eux, il continuait à entretenir le feu sous les cuves en fonte. Il préférait encore cela plutôt que d'errer dans les rues désertes.

Il jeta un coup d'œil sur la montre de poche posée sur le tabouret à côté du lit. Sept heures et demie. Il se souleva sur un coude pour vérifier. Cela faisait des mois qu'il n'avait pas dormi si tard. Sa première idée fut de sauter du lit, d'avaler un bol de soupe avec un peu de pain, puis d'aller faire une longue promenade, peut-être jusqu'à la plage en bas de la Corniche. C'était toujours fascinant, et un peu triste, de regarder les bateaux prendre la mer en direction d'autres ports — des ports d'Amérique ? — ou de suivre des yeux les petites barques de pêche ballottées par les courants, pareilles à de minuscules épaves, et entourées d'un halo argenté. Oui, ce serait agréable, mais il avait des obligations, des obligations auxquelles il se soumettait avec de plus en plus de réticence à mesure que les années s'écoulaient.

De son lit, il distinguait un carré de ciel bleu au-dessus de l'immeuble de l'autre côté de la rue. Entendant un enfant crier quelque chose, il songea que pour celui-ci, il s'agissait d'une journée comme les autres. Il était en effet d'une famille de Nord-Africains, des païens comme disait René. Aujourd'hui, Charging Elk les enviait. Un deuxième enfant répondit. Le jeune Indien pensa à la fille de la rue Sainte, et il se demanda comment elle allait passer cette journée de fête.

La vieille mère de René, veuve depuis longtemps, assistait au repas de Noël, de même que les parents de Madeleine qui étaient relativement plus jeunes. Charging Elk aimait bien madame Soulas mère, une petite femme toute menue au nez proéminent, toujours vêtue d'une robe noire informe et coiffée d'un chignon disparaissant sous un châle noir. Elle habitait au coin de la rue et venait dîner chez son fils tous les vendredis soir. Elle n'avait jamais éprouvé la moindre peur, ni même la moindre appréhension, en présence de l'Indien. Dès le début, elle avait manifesté pour lui un grand intérêt et s'était mise à s'adresser à lui comme s'il pouvait la comprendre. Quand Madeleine lui expliqua qu'elle avait affaire à un sauvage qui ne parlait pas provençal et ne possédait que quelques mots de français, elle recourut à une espèce de langage des signes que Charging Elk trouvait en général tout aussi obscur. Les rares fois où une lueur de compréhension brillait dans le regard du jeune Indien — par exemple le jour où, après l'avoir désigné, elle avait fait un V renversé avec l'index et le majeur d'une main, puis de l'autre, agitant ensuite les doigts pour figurer un homme à cheval —, elle partait d'un petit rire aigu mais néanmoins sincère, et recommençait son manège, riant jusqu'à en avoir les larmes aux yeux. Elle se remettait alors à bavarder dans cette langue étrange qui n'était pas du français mais du provençal, comme s'il existait entre eux une complicité scellée par une bonne blague au sujet des autres membres de la famille.

Naturellement, Charging Elk ne comprenait pas un traître mot de ce qu'elle racontait, mais il partageait de manière confuse sa gaieté. Les parents de Madeleine étaient bien différents. Ils venaient beaucoup moins souvent — au cours des deux ans qu'il avait passés chez les Soulas, Charging Elk les avait vus à peine une dizaine de fois. Ils s'installaient avec raideur sur le canapé ou sur leurs chaises autour de la table et, en bons citoyens, ne parlaient que français, bien que tous deux fussent originaires du Midi. Ils étaient très attachés à Mathias et à Chloé à qui ils apportaient des cadeaux coûteux, leur caressant maladroitement la tête ou les serrant dans leurs bras chaque fois qu'ils arrivaient à les attraper. Ils ignoraient Charging Elk de leur mieux, mais ils ignoraient aussi René, ce qui ne semblait pas déranger outre mesure celui-ci. Monsieur Daviel était un fabricant de meubles qui employait une quinzaine de compagnons et un certain nombre d'apprentis. Il disait souvent que son affaire grandissait trop vite, de sorte qu'il lui faudrait bientôt prendre sa retraite au risque de devenir fou. On voyait bien que monsieur et madame Daviel se considéraient comme des bourgeois et qu'ils plaignaient leur fille d'avoir épousé un simple marchand de poisson, après l'éducation qu'ils lui avaient donnée.

Madeleine avait préparé une belle *rascasse* ainsi qu'un jambon entier aux lentilles. René déclara en plaisantant qu'ils allaient avoir du jambon jusqu'à Pâques et qu'il leur suffirait ensuite d'en acheter un autre pour tenir jusqu'au prochain Noël. Comme à son habitude, Madeleine lui fit les gros yeux et lui demanda s'il aurait préféré qu'elle ne donnât qu'un maigre chapon à grignoter à ses parents. Le dîner, néanmoins, se passa bien. Même monsieur et madame Daviel semblèrent se détendre un peu sous l'effet du bon vin (acheté spécialement pour eux) et de la présence des enfants. Mathias était d'excellente humeur, d'autant que ses grands-parents lui avaient offert une coûteuse longue-vue à l'aide de laquelle il pourrait observer les oiseaux perchés dans les arbres et les buissons du parc Borely ainsi que les voiliers sous les remparts du fort Saint-Jean. Chloé, moins démonstrative, s'intéressait cependant beaucoup à sa lanterne magique qui projetait des images des grands monuments de Paris, y compris de l'extraordinaire tour Eiffel. Charging Elk lui avait un jour dessiné l'arbre de fer, mais son œuvre ne soutenait pas la comparaison.

A côté, les cadeaux que Charging Elk avait apportés pour les enfants faisaient piètre figure. Il avait consacré une large part de l'argent serré dans son portefeuille au fond du sac marin à l'achat de vêtements et de boissons. Depuis peu, en effet, il buvait du vin dans sa chambre. Certes, c'était du vin bon marché, rien à voir avec celui de ce soir, mais chaque bouteille lui coûtait près d'un demi-franc. Excédé de porter tous les jours les mêmes habits crasseux, il avait par ailleurs fait l'acquisition de nouveaux vêtements de travail. A l'exception du costume et des chaussures, ses achats pris séparément ne représentaient pas une somme énorme, mais ajoutés l'un à l'autre, ils avaient sérieusement entamé ses économies.

Pour Chloé, il avait choisi une imitation grossière de peigne espagnol. L'adolescente le remercia, puis le laissa dans la boîte sans plus y prêter attention. Quant aux crayons de couleur destinés à Mathias, ce n'était même pas un cadeau pertinent, car le garçon ne manifestait aucun intérêt pour le dessin. Madeleine s'était exclamée devant la jolie boîte d'abricots confits fourrés aux amandes et René avait admiré le bel ouvrage de la tabatière d'occasion, mais il n'avait pas échappé à Charging Elk que, de fait, ils s'efforçaient de cacher leur déception. L'année dernière, par exemple, il avait offert à Madeleine une broche en argent filigrané et à René, un gros chandail de pêcheur pour remplacer le vieux qu'il portait tout le temps et qui était troué aux coudes et raccommodé de partout.

Le jeune Indien avait honte de lui dans son complet neuf et ses chaussures vernies marron. De son peuple les Oglalas, il avait appris à partager avec les autres, que ce soit la douleur après la disparition d'un enfant ou d'un mari, ou bien la viande et les baies sauvages lorsqu'elles abondaient. Et voici qu'en cours de route, il avait perdu le goût de partager et ne se préoccupait plus que de lui-même et de ses propres désirs. Son sentiment de honte s'accrut lorsqu'il déballa le cadeau que madame Soulas mère lui avait apporté : une chaîne de perles noires sacrées avec la petite croix en argent au bout. Il n'avait rien prévu pour elle et, s'apercevant que tout à la joie de donner, elle n'y attachait aucune importance, il sentit son malaise augmenter.

Après dîner, René, monsieur Daviel et lui passèrent au salon où ils fumèrent des cigares en sirotant une eau-de-vie de prune. Les enfants aidèrent Madeleine et madame Soulas à débarrasser et à faire la vaisselle pendant que madame Daviel s'installait au piano pour jouer des chants de Noël. Elle était assise bien droite, un peu guindée, mais ses doigts dansaient sur le clavier tandis qu'elle tirait du piano des sonorités si riches qu'on aurait cru l'instrument doté d'une voix à lui. Avec Chloé, au contraire, il émettait des notes creuses et abruptes. Peut-être était-il doué d'une volonté propre. Après avoir écouté la musique et la conversation, laquelle se résuma pour l'essentiel aux récriminations de monsieur Daviel à propos du manque de bon bois séché au four et des salaires exorbitants des ouvriers, Charging Elk éprouva soudain le besoin de prendre l'air. Jusqu'à présent, il avait toujours attendu l'autorisation de René pour partir, mais ce soir, il se leva simplement et souhaita bonne nuit aux deux hommes. Il se rendit ensuite dans la cuisine pour dire au revoir au reste de la famille. Chloé l'embrassa et le remercia de nouveau pour le peigne, Mathias lui serra la main, affirmant que les crayons de couleur conviendraient parfaitement pour dessiner des cartes, Madeleine lui planta un baiser sur chaque joue, lui souhaita un *joyeux Noël*, puis lui remit un paquet contenant un gros morceau de jambon. Après quoi, il se baissa pour embrasser madame Soulas mère. C'était la première fois qu'il se le permettait et la vieille dame, les manches de sa robe noire élimée retroussées et les mains ruisselantes d'eau de vaisselle savonneuse, se contenta de rire et de faire un geste qui ressemblait de manière quelque peu gênante à celui que les Lakotas employaient pour désigner l'acte sexuel.

Une semaine après Noël, Charging Elk se dirigeait de nouveau vers la rue Sainte sous un véritable déluge. Ses chaussures étaient trempées, de même que le bas de son pantalon de costume. Le parapluie, par bonheur, protégeait le haut de son corps, mais de brusques rafales de vent rabattaient parfois la pluie vers lui, et il resserrait le col de son manteau pour éviter que sa nouvelle écharpe de soie, cadeau de Madeleine et de René, ne soit mouillée. Le sentiment de culpabilité qui pesait sur lui depuis le soir de Noël avait cédé la place à une certaine appréhension à l'idée de revoir la fille au déshabillé bleu. Repensant à son récent désappointement, il avait cependant décidé que s'il ne l'y trouvait pas, il ne retournerait plus au Salon.

Elle était là, assise sur ce même divan rouge. On était samedi soir et la grande pièce résonnait du bruit des conversations, de la musique et des rires. La femme aux cheveux blonds occupait sa table habituelle, entourée de sa cour composée d'hommes de tous âges. Dans son coin, le pianiste, le dos tourné à la salle, interprétait les mêmes airs que la dernière fois. L'une des pensionnaires conduisait un homme en tenue de soirée vers le rideau qui menait aux chambres.

Charging Elk, après avoir tendu son manteau et son parapluie à l'homme aux larges épaules qui n'avait pas daigné le saluer, s'avança vers le bar, mais à mi-chemin, ayant pris sa décision, il se dirigea droit vers le divan rouge. Il s'aperçut alors qu'il avait encore son écharpe blanche, mais il était trop tard pour s'en débarrasser.

« *Bonsoir, mademoiselle,* dit-il s'inclinant devant la jeune fille. Je ne sais pas si vous vous souvenez... je m'appelle François. Comment allez-vous ?

— Bien, dit-elle sans vraiment le regarder. Et vous, monsieur ?

— Je suis très content.

— Eh bien, j'en suis heureuse pour vous.

— Oui, j'ai une belle écharpe neuve et de nombreux amis. »

Cette fois, étonnée, Marie le considéra avec attention. Le visage brun aux yeux bridés et aux pommettes hautes semblait sur le point de s'éclairer d'un sourire. Pourtant, il paraissait dans le même temps tendu, impassible, à l'exemple d'un masque.

Charging Elk ne parvenait pas à croire en sa bonne fortune. D'abord parce qu'il la trouvait seule, et ensuite parce qu'il avait réussi à prononcer les phrases qu'il s'était entraîné à répéter. Et elle avait compris ! « Puis-je m'asseoir près de vous ? » demanda-t-il d'une voix tremblante d'émotion. Il débordait d'une joie telle qu'il n'en avait connu que lors de leur précédente rencontre, et sous le coup de laquelle il avait bien cru étouffer.

Il prit donc place à côté d'elle et continua à parler. Parfois elle lui répondait, parfois elle fixait ses mains croisées sur ses genoux ou encore se tournait vers le coin de la salle où jouait le pianiste. Une femme en robe longue noire et chemisier blanc s'approcha avec un plateau contenant un verre à pied rempli de ce vin pétillant pour lui et un grand verre rempli d'un liquide ambré pour la fille. Charging Elk, bien que surpris dans la mesure où il n'avait rien commandé, paya sans broncher les deux francs, puis il prit son verre, imité par la fille. Tous deux se taisaient. L'Indien but quelques gorgées qui, ajoutées au parfum de lavande qui émanait de la fille, lui firent inopinément tourner la tête, de sorte qu'il ferma un instant les yeux. Lorsqu'il les rouvrit, il vit qu'elle le regardait.

Marie Colet, assise au bord du lit, défaisait les lacets de ses bottines. François était son cinquième client de la soirée, et il serait sans doute suivi de huit ou neuf autres, y compris les deux ou trois qui aimaient conclure une nuit de beuverie par une partie de jambes en l'air. Elle détestait cela. En général, soit ils s'écroulaient et pleurnichaient sur son épaule, soit ils se montraient agressifs parce que l'alcool les rendait impuissants. Et lorsque les filles se plaignaient auprès d'Olivier et lui demandaient de mettre ces ivrognes dehors, il se fâchait. Ces gens-là appartenaient aux meilleures familles de la ville, s'écriait-il. Et que deviendrait son affaire sans leur clientèle ? Si elles n'étaient pas contentes, elles n'avaient qu'à aller faire le trottoir rue Sainte comme les putains de bas étage. Gérard les aiderait volontiers à boucler leurs valises avant de les raccompagner jusqu'à la porte. Au revoir et bon débarras !

Marie posa ses chaussures côte à côte entre la commode et l'armoire, mit ses bas par-dessus, puis jeta un coup d'œil sur le nommé François qui suspendait son pantalon mouillé au portemanteau. A la vue de ses robustes épaules et de ses bras musclés, elle éprouva un léger frisson de peur. Il était sobre et poli, timide même, mais si grand et fort ! Il ne portait pas de sous-vêtements longs comme la plupart des hommes, mais un simple caleçon qui lui couvrait juste les reins. Dans la pâle lumière, sa peau brune faisait paraître lumineux le blanc de l'étoffe. Marie hésita un instant, puis elle passa sa chemise par-dessus sa tête, espérant qu'il ne remarquerait pas le bleu qui marquait son sein droit, là où la semaine dernière un de ces soûlards l'avait mordue jusqu'au sang.

Elle attendit. François se retourna. Il tenait quelque chose à la main. Il s'avança vers elle, à moitié en érection, bien loin de ce qu'il avait montré la première fois. Reconnaissant un écrin de velours marron, elle leva les yeux d'un air interrogateur.

« Pour vous, mademoiselle. » Et, avec un sourire, il poursuivit : « En hommage à votre beauté. »

Marie saisit le coffret, souleva le couvercle. Sur un coussin de satin bleu reposait un camée blanc. Elle le prit par le ruban d'un bleu un peu plus foncé et admira un instant le profil pur du visage sculpté dessus. Puis elle regarda de nouveau François.

« Je ne peux pas accepter, dit-elle. C'est trop beau. » Elle caressa du pouce le profil en relief du camée niché au creux de sa paume. Comment avait-il pu savoir qu'elle rêvait depuis toujours d'en avoir un ? « Vous feriez mieux de l'offrir à votre femme. » Elle faillit ajouter avec une ombre d'amertume : « plutôt qu'à votre putain ».

François éclata d'un rire qui jaillit comme un sourd grondement du plus profond de sa poitrine. Il s'assit à son tour au bord du lit, à côté d'elle, et lui prit le camée des mains. Elle se plaça de trois quarts et sentit sur sa peau nue le contact froid du bijou cependant que l'homme lui nouait le ruban autour du cou. Elle se tourna de nouveau. « Mais c'est destiné à une jolie femme, murmura-t-elle, gardant la tête baissée.

— Allez vous regarder », dit-il, désignant le miroir au-dessus de la commode.

Elle se leva et franchit les quelques pas qui la séparaient de la commode. Il la rejoignit et se tint derrière elle. La lumière de la lampe à abat-jour rouge en perles tombait juste sur le camée et le ruban bleu qui encerclait le cou de la jeune fille. Elle porta une main hésitante vers le bijou. L'homme, alors, fixa son regard sur ses seins dont les larges mamelons bruns éveillèrent en lui un violent désir. Il n'avait pas encore touché la fille. Il aurait tout le temps pour cela. Pour le moment, il lui suffisait de contempler dans la glace les yeux noirs qui brillaient d'un mélange de joie et d'incrédulité.

Charging Elk ne s'était jamais senti aussi fier de sa vie.

A trois heures du matin, Marie regagna sa chambre pour y dormir. En bas, il ne restait plus qu'Olivier, Gérard et deux des filles. Dehors, la rue était déserte et noire, mais la pluie avait cessé et quelques étoiles scintillaient dans le ciel.

D'habitude, Marie se sentait épuisée et triste à cette heure-là. D'habitude, elle s'effondrait sur son lit sans même se donner la peine de se laver ou de changer les draps. D'habitude, cette pièce exiguë à l'atmosphère confinée la déprimait et elle enviait à Aimée sa chambre en coin jouissant d'une large fenêtre qui donnait sur le petit jardin à l'arrière de la maison. Et d'habitude, avant de sombrer dans le sommeil, elle revoyait le défilé de corps blancs et nus et de sexes dressés dont les hommes paraissaient tirer tant de vanité.

Ce soir, en revanche, Marie n'était pas fatiguée, et les lourds relents de sexe n'offensaient pas son odorat. Au bout de quelques semaines, elle avait fini par s'y accoutumer et elle n'en pensait plus rien. Ils faisaient partie de son environnement au même titre que son eau de toilette à la lavande ou l'odeur des cigares et des alcools. Pourtant, en cet instant, elle haïssait cet aspect de sa vie qui, de fait, était devenu toute sa vie et ne consistait qu'à attendre sur un divan, à parler d'amour avec une gaieté forcée, puis à monter en compagnie d'un homme bedonnant au souffle court et, ensuite, à s'armer de courage en vue de la prochaine passe.

En chaussons de laine et chemise de nuit en flanelle sous une robe de chambre en chenille afin de se protéger du froid du petit matin, Marie était couchée sur son lit, adossée à un oreiller, et l'écrin de velours marron reposait sur ses genoux. Elle ne voulait pas l'ouvrir. Elle ferma les paupières et se revit debout devant le miroir, admirant le camée tout en examinant à la dérobée le visage farouche à la peau presque noire qui semblait flotter au-dessus d'elle dans la glace. Les yeux n'avaient plus l'air aussi sauvage et les lèvres s'étiraient sur un vrai sourire.

Marie, caressant le coffret de velours, s'efforça d'analyser les sentiments qu'elle éprouvait pour François. A dix-neuf ans, elle était déjà trop cynique pour croire en l'amour — du moins pour ce qui la concernait. Laurence qui, elle, n'avait que seize ans, semblait tomber amoureuse tous les soirs. Marie laissait parfois la jeune fille dormir avec elle, et celle-ci ne cessait de parler de tel ou tel homme qui lui avait promis d'en faire sa maîtresse. Certes, Laurence était jolie, dotée d'un corps épanoui pour son âge, mais elle apprendrait à ses dépens qu'il ne fallait pas se fier aux promesses et que les filles, même la belle Aimée, ne quittaient les maisons que quand elles étaient devenues trop vieilles et qu'elles avaient perdu leurs attraits. On les employait ensuite comme servantes ou blanchisseuses (à condition qu'elles aient la chance d'avoir un endroit où habiter). Parfois, on les envoyait même mendier dans les rues. Bien que Marie fût jeune encore, il lui arrivait de se voir en rêve qui errait dans une ville qu'elle reconnaissait vaguement. Elle n'avait que des haillons sur le dos et les enfants lui lançaient des quolibets. Le rêve s'achevait toujours au moment où elle parvenait à un carrefour plongé dans le noir, ne sachant laquelle prendre des quatre rues identiques qui s'ouvraient devant elle — chacune était déserte, sinistre, et lui paraissait familière. Elle se réveillait en sursaut dans l'obscurité et, saisie de panique, mettait un moment avant de réaliser où elle était. Elle avait alors envie d'appeler quelqu'un, n'importe qui, pour la réconforter. Mais le seul réconfort qu'elle puisait dans sa situation, c'était de se dire que, si tout allait bien, elle pourrait encore faire la putain une bonne dizaine d'années. Durant tout ce temps-là, elle aurait au moins un travail et un toit. Son avenir immédiat n'était pas si sombre, en définitive.

Seulement, il y avait maintenant ce grand homme brun qui l'avait touchée, et cela de plus d'une manière. C'était sans nul doute un doux géant, ce qui la changeait de ses clients habituels, de vrais animaux en rut qui semblaient prendre plaisir à l'étouffer à moitié. Lui, au contraire, il était timide et s'était montré plein de délicatesse pendant qu'ils faisaient l'amour, pesant à peine sur elle tandis que sa poitrine lisse effleurait le bout de ses seins. Bien que cette fois elle n'eût pas joui, trop consciente du contact froid du camée contre sa gorge, elle avait ressenti une pointe de déception lorsqu'il s'était retiré d'elle, ce qui l'avait étonnée davantage encore que l'orgasme qu'elle avait connu avec lui. Elle avait rarement éprouvé quoi que ce soit pour un homme, et surtout pas de la déception en ne le sentant plus en elle. Qu'il s'agisse d'un étranger bizarre à la peau si sombre, voilà qui la troublait. Elle avait toujours estimé avoir de la chance de travailler dans une maison qui n'acceptait pas les étrangers, et en particulier les Noirs. Alors... qu'est-ce que cela voulait dire ?

Elle soupira. Rien, cela ne voulait rien dire, pensa-t-elle, soulagée d'être redescendue sur terre. C'était un client comme les autres. Il lui avait offert un cadeau, il avait couché avec elle et il était parti, probablement rejoindre sa femme en se sentant peut-être un peu coupable mais ravi d'avoir tiré son coup. Marie savait que certains hommes avaient besoin de putains, et elle était là pour satisfaire ce besoin. Leurs épouses étaient bien trop convenables pour les laisser se jeter sur elles, suant et excités comme des bêtes. Celui-là manifestait simplement un peu plus de considération que les autres.

Marie se leva et ôta sa robe de chambre qu'elle drapa sur la tête de lit, puis elle s'agenouilla devant la commode pour ouvrir le tiroir du bas où elle rangeait ses petites affaires —

sa trousse à couture, une pile de lettres rédigées pour ses parents par le maître d'école et qu'elle ne pouvait pas lire, un sac à main orné de perles ayant appartenu à sa *grand-maman*, trois petits *santons* qu'elle posait sur la commode à l'époque de Noël et sa bible à la couverture blanche. Elle avait décidé de ne plus regarder le camée et, alors qu'elle glissait l'écrin de velours dans le tiroir, elle se rappela que l'homme lui avait demandé son nom. « Marie », avait-elle dit, et il l'avait répété à plusieurs reprises, comme pour le mémoriser. Jamais elle n'avait entendu prononcer son nom avec un tel accent de vénération.

Elle se souvenait également qu'au moment où il s'apprêtait à sortir, elle l'avait rappelé : « François. » Et lorsqu'il s'était retourné sur le seuil, elle avait ajouté : « Merci, François. » Cela aussi constituait une première. Jamais elle n'avait remercié un client pour quoi que ce soit. Même quand ils lui laissaient un petit pourboire sur la commode, elle préférait conserver un silence réservé.

Marie avait beau tenter de faire preuve de cynisme, elle savait que, curieusement, François l'intéressait. Tandis qu'elle se tournait pour éteindre la lumière, se couchait et se pelotonnait entre les draps froids, elle se demanda à quoi pouvait ressembler son appartement, quel effet cela ferait d'y être et, qui sait, de se réveiller le matin à ses côtés. Malgré ce qu'elle s'efforçait de croire, elle se doutait bien qu'il n'était pas marié. Alors, quel effet cela ferait... de se réveiller à côté de lui ?

Elle ferma les paupières et pensa au magnifique camée. C'était le premier véritable cadeau qu'elle recevait d'un homme qui n'avait pas d'attaches avec elle. Qu'est-ce qu'il pouvait bien lui vouloir ?

12

Depuis maintenant trois mois, Charging Elk voyait Marie une fois par semaine. En ce début de soirée, assis sur le banc devant sa fenêtre ouverte, il cirait ses chaussures marron qui n'avaient jamais retrouvé leur lustre et leur souplesse après le soir où elles avaient pris l'averse. Il aurait voulu que les choses fussent un peu différentes. D'abord, il vivait désormais au jour le jour, sans plus songer à faire d'économies. Il s'achetait du vin, mangeait dehors plus souvent, portait chaque semaine ses chemises à laver et à repasser, faisait des cadeaux à Marie, encore que moins coûteux que le camée, si bien que le portefeuille dans le sac marin était vide. Quant à son rêve de revoir un jour son pays et son peuple, il devenait de plus en plus lointain. Certes, il pensait assez souvent à ses parents, à sa mère qui devait broder des perles ou se tenir devant son poêle de fonte, à son père qui prenait peut-être le soleil en compagnie des autres hommes, à moins qu'il ne chevauche Grand Coureur pour le seul plaisir. Il pensait aussi à Strikes Plenty qui devait maintenant planter des pommes de terre, entouré de ses enfants — il avait cependant du mal à se représenter son *kola* marié à une femme de sa tribu, vivant dans son propre pays et regardant tous les matins se lever le même soleil sur les mêmes animaux, veillé par les distantes et fidèles Paha Sapa. Il songeait à tout cela et à son peuple, mais à chaque fois, son cauchemar venait se glisser parmi ces images et le glaçait d'horreur.

Le cauchemar aurait dû l'inciter à tout faire pour essayer de rentrer chez lui afin de savoir s'il reflétait la réalité. Dans ce cas, ce serait une catastrophe inconcevable. *Tu es mon seul fils.* A qui appartenait cette voix ? A Bird Tail ? A son père ? Ces derniers temps, après qu'il avait une nuit rêvé de Crazy Horse, il avait commencé à croire que le chef de guerre l'avait contacté depuis le monde réel. Scrub, son père, lui avait appris que Crazy Horse, déjà avant sa mort, vivait dans le monde des rêves et des visions. Peut-être que le vent qui l'avait empêché de sauter provenait lui aussi du monde réel, et ne voulait pas le laisser rejoindre son peuple, ses ancêtres. *Tu es mon seul fils.* Aujourd'hui encore, la voix et le vent lui faisaient passer des frissons dans le dos, comme pour le mettre en garde contre la vie indigne qu'il menait.

Charging Elk possédait néanmoins un antidote à son cauchemar : il se contraignait à penser à Marie. Il ne savait toujours pas grand-chose à son sujet, sinon qu'elle travaillait dans la maison close depuis trois ans et qu'elle était originaire d'un petit village non loin de Marseille. En revanche, il connaissait son corps et il connaissait ses yeux, la manière dont ils s'illuminaient quand il arrivait ou qu'il lui offrait un cadeau, puis dont ils s'assombrissaient quand elle s'installait à côté de lui dans le salon, observant la foule des hommes qui tournaient autour des filles ou se groupaient autour du piano pour chanter. Il savait qu'elle n'aimait pas être parmi eux, même si cela faisait partie de ses obligations. Le jeune Indien quittait toujours l'établissement après être monté avec elle, car il ne voulait pas être témoin de sa détresse. Et, tandis qu'il regagnait le quartier du Panier, il éprouvait un sentiment de frustration qui se muait petit à petit en colère confuse.

Pourquoi restait-elle dans cette maison ? Il ne parvenait pas à le comprendre. En réalité, il était surtout furieux contre lui-même, parce qu'il n'avait pas le courage de lui proposer de venir vivre avec lui, dans son appartement. Par ailleurs, il avait honte de ne pas oser lui demander de sortir se promener ou aller au café avec lui. Il connaissait les mots nécessaires pour formuler sa requête, mais il n'avait pas le cran de les prononcer. Depuis son départ du Bastion, il était devenu lâche. Il n'aimait guère se rappeler que, encore adolescent, il avait provoqué les mineurs dans les Black Hills, les avait volés, s'était glissé la nuit à Pine Ridge pour voir ses parents alors qu'il n'ignorait pas que si les *wasichus* l'attrapaient, ils l'enverraient au loin. Rien de tout cela ne l'effrayait à l'époque. Il vivait comme il se figurait que vivaient autrefois les Oglalas, sans crainte, prêt à courir tous les risques au nom de l'aventure. Et aujourd'hui, il avait peur du plus insignifiant des obstacles placé en travers de son chemin.

Il laça ses chaussures marron, puis il se leva et mit la veste de son costume fraîchement repassée. Il rectifia sa coiffure devant la glace. Depuis peu, il se faisait une espèce de chignon qu'il attachait à l'aide d'un ruban bleu, lequel ressemblait beaucoup à celui du camée. A peine entrée dans sa chambre, Marie prenait le bijou dans le tiroir de la commode et le passait autour de son cou. Le fait que tous deux portent un ruban bleu paraissait étrangement les exciter. Charging Elk se remémorait toujours avec étonnement comment elle se tortillait sous lui et prononçait dans un murmure des paroles sans suite, lui enserrant les flancs de ses cuisses, jusqu'à ce qu'elle entame cette sorte de mélopée qui allait crescendo et le poussait à accélérer la cadence avant qu'il ne s'écroule sur elle, épuisé et défaillant de plaisir.

Comme il était en avance pour son rendez-vous avec Marie et que la soirée était douce en ce début avril, le mois de la lune-de-l'herbe-rouge-qui-pointe, Charging Elk s'arrêta au Royal boire une anisette. Il n'y était pas allé depuis plusieurs lunes — depuis les grosses chaleurs de l'été —, et il avait envie de voir le vieux garçon de café ou, plutôt, envie de se faire voir de lui avec son complet et sa nouvelle coiffure.

Mais ce fut un jeune serveur aux cheveux noirs calamistrés séparés par une raie au milieu et à la fine moustache aux pointes frisées selon la dernière mode qui vint prendre sa commande. L'homme considéra d'un air perplexe ce client à la carrure imposante et à la peau très brune vêtu d'un costume impeccable et d'une chemise blanche au col amidonné.

Il ne comprit pas tout de suite ce que Charging Elk lui demandait.

L'Indien répéta du plus distinctement qu'il put : « Votre prédécesseur, le vieux garçon, mon ami.

— Ah, Lachaisse, vous voulez dire. » Le serveur posa l'anisette devant Charging Elk. « Il est parti depuis longtemps.

— Où ?

— Il paraîtrait qu'il habite maintenant chez sa sœur à Arles ou à Nîmes. Depuis l'automne dernier. » Il arracha de son carnet une feuille sur laquelle était inscrit le montant à payer. « C'était vraiment un ami à vous ? »

Charging Elk se tourna et regarda un instant les bateaux ancrés dans le port. Avec le retour de la chaleur, les relents d'ordures auxquels se mêlait l'odeur saline de la mer étaient déjà forts. Il n'avait jamais su le nom du vieux serveur. « Oui, un vieil ami », répondit-il, regrettant d'être passé au Royal.

Au début, Breteuil se sentit surtout choqué. Il n'avait pas l'habitude de fréquenter le bar du Salon. Il détestait les hommes qui venaient ici mais, comble de l'ironie, c'étaient ces mêmes hommes qui faisaient de son restaurant le plus huppé de Marseille. Breteuil, néanmoins, arrogant comme il l'était, se considérait différent de ses clients, membres pour la plupart de la *haute bourgeoisie* — inférieur par son éducation, mais supérieur par ses manières. C'était le genre d'hommes qui buvaient trop de vin et qui considéraient ses plats comme de la simple nourriture de paysan, tout juste destinée à les caler afin de leur permettre d'ingurgiter de nouveaux verres. Bien sûr, étant toujours complet, il avait aussi des clients qui devaient patienter un mois ou davantage pour rendre hommage à sa créativité. Ceux-là, il venait les saluer quand, à la fin des repas, il sortait de sa cuisine, à peine décoiffé, pour faire le tour des tables. Les porcs du genre de ceux qui se bousculaient à présent au bar, il leur adressait à peine la parole. D'ordinaire, il se rendait directement au petit salon de derrière où l'attendait le beau Miguel, un jeune Espagnol qui acceptait avec empressement ses manifestations d'affection. Aujourd'hui, il avait rendez-vous avec un représentant en coutellerie parisien qui avait insisté pour le retrouver ici, désirant ainsi faire d'une pierre deux coups.

L'homme de haute taille à l'allure exotique et à la peau très foncée assis à côté de la putain aux cheveux bruns l'intriguait. Il lui disait quelque chose. Serait-ce un amuseur public ? Un hercule de foire ? Ou un comédien peut-être ? Il possédait une sorte de beauté sauvage, un peu effrayante. Breteuil était maintenant sûr d'avoir déjà vu ce visage — ces yeux bridés, ces pommettes saillantes, ces lèvres minces qui s'étiraient sur un léger sourire pendant que la putain lui parlait. Qu'est-ce qu'il pouvait bien fabriquer ici ? Le restaurateur promena son regard autour de lui. Hormis un homme roux à la peau claire et le beau travesti aux cheveux blonds coupés courts, tous les hommes se ressemblaient : barbus ou moustachus, impeccablement vêtus, jeunes ou vieux, ils se ressemblaient tous. Il reconnut même un juge, un petit pète-sec qui organisait souvent de grands déjeuners à son restaurant, ainsi qu'un marquis qui avait vendu son titre mais tenait à ce que l'on continuât de le lui donner.

Breteuil but une gorgée de champagne, puis tourna le dos à la salle. Dans la glace, il continua d'observer l'homme à la peau brune. Pourquoi Olivier admettait-il dans son établissement un personnage aussi bizarre ? Il fallait qu'il fût célèbre. Ou riche.

Il vit l'inconnu se lever puis, lorsqu'elle l'imita, tendre la main à la prostituée afin de l'aider. Excellentes manières. Tout cela pour une putain, et pas spécialement jolie de surcroît. L'homme paraissait encore plus grand maintenant qu'il était debout. Breteuil pivota sur son tabouret et les suivit des yeux cependant que, la fille marchant devant, ils quittaient la salle. Quelles épaules ! Et quelle taille élancée ! L'homme se tourna légèrement pour se glisser entre les tentures de velours rouge et jeta un coup d'œil vers le bar. Breteuil faillit recracher son champagne. Il en renversa un petit peu sur le revers de son veston, mais ne le remarqua même pas. Il était sous le choc. Quelque chose dans ce regard, dans ces yeux qui semblaient ne rien voir, l'avait frappé comme s'il venait de recevoir sur la tête un coup assené par l'un de ses propres maillets à attendrir la viande. Il contempla un instant les rideaux de velours, puis il fit signe au barman.

« Ce géant à la peau brune, vous le connaissez ? »

Le barman haussa les sourcils, l'air de ne pas comprendre.

« Celui qui vient de partir avec l'une des putains », précisa Breteuil.

Bien qu'idiot, le barman ne pouvait pas ignorer à qui il faisait allusion. Il n'y avait qu'un seul homme répondant à ce signalement.

Le barman souleva le verre de Breteuil et essuya le bar. « Le grand type aux yeux bridés ? dit-il. Je ne le connais pas. Il vient tous les samedis soir à peu près à cette heure-là et monte tout le temps avec la même fille. Marie. Drôle d'allure, hein ? Un Turkmène peut-être. Ou je ne sais quoi. »

Breteuil ne se donna pas la peine de répondre. Il savait maintenant de qui il s'agissait. En fait, il lui était arrivé à plusieurs reprises de penser à lui. C'était, il y a quoi... trois ou quatre ans ? Il se rappelait la poignée de main de cet homme, curieusement molle pour quelqu'un de sa force. Il se rappelait l'avoir examiné des pieds à la tête et l'avoir jugé dangereux — et désirable. C'était l'employé du pauvre petit marchand de poisson, le Peau-Rouge membre de la troupe du Wild West Show de Buffalo Bill qui était resté à Marseille. A mesure que ses souvenirs lui revenaient, Breteuil ressentait une excitation croissante qui le laissa pratiquement au bord de l'évanouissement. Le Peau-Rouge l'avait aidé à charger le poisson dans sa charrette et avait accepté ensuite un cigare. A un moment, il avait fixé Breteuil droit dans les yeux, l'obligeant à détourner le regard, et c'était bien la première fois que cela lui arrivait. Il se savait séduisant et n'ignorait pas que les hommes aussi bien que les femmes l'admiraient et, souvent, le désiraient. Il se plaisait à leur faire baisser les yeux, les rendant soudain confus et intimidés. Il aimait jouir de son pouvoir, humilier les gens, en particulier en présence de leurs amis. Mais ce Peau-Rouge l'avait dévisagé, lui Armand Breteuil, comme s'il le scrutait jusqu'au tréfonds de l'âme.

Le restaurateur poussa sa coupe vers le barman qui, lui aussi impressionné par ses traits fins et aristocratiques, et notant sa pâleur soudaine, ne l'avait pas quitté des yeux. « Vous vous sentez bien, monsieur ? » demanda-t-il. Il versa un peu de champagne dans le verre, attendit que la mousse retombe, puis le remplit.

« Bien sûr, aboya Breteuil sans daigner lever la tête. Mêlez-vous donc de ce qui vous regarde. » Il ôta ses lunettes et se frotta les paupières. Qu'est-ce que ce maudit représentant fichait ? Il n'avait qu'une hâte : conclure l'affaire et quitter ce bar. Des hommes s'étaient déjà groupés autour du pianiste et chantaient des marches militaires.

Charging Elk. Soulas avait prononcé le nom avec une telle fierté. Breteuil se rappelait avec une pointe de satisfaction que ce matin-là, il avait bien failli faucher son nouvel employé au petit marchand de poisson. Et s'il avait su à quoi l'utiliser, il l'aurait sans doute fait. Charging Elk semblait si perdu alors, si vulnérable. Breteuil était persuadé que dans d'autres circonstances, le Peau-Rouge l'aurait suivi. Comme un chiot égaré. Charging Elk. Qu'est-ce que ce nom pouvait signifier ?

Plongé dans ses souvenirs, il ne sentit pas la main qui lui effleurait le dos. Il rechaussa ses lunettes, s'étudia un instant dans la glace, craignant qu'on eût remarqué son malaise et son étrange comportement, et surprit le visage rond d'Olivier qui le considérait d'un air inquiet. Ainsi, on s'en était aperçu ! Furieux, il lança sans se retourner : « Qu'est-ce que vous voulez, Olivier ? »

Celui-ci se recula d'un pas. « Juste vous dire bonsoir, Armand, bégaya-t-il. Prendre des nouvelles de votre santé, cher ami.

— Je me porte à merveille et je ne suis pas particulièrement de bonne humeur.

— Mais que faites-vous là ? » Olivier balaya la pièce d'un geste du bras. « En temps normal, vous ne vous attardez pas au bar.

— Ce soir, rien n'est normal. Un représentant qui désirait me vendre des couteaux et baiser vos filles en même temps m'a posé un lapin. Vous vous rendez compte ? » Breteuil, bien sûr, faisait référence au lapin.

Olivier comprit différemment : « On peut vendre et on

peut baiser, mais pas en même temps. Il y a un lieu et un temps pour tout, seulement il faut faire preuve d'un peu de discernement. »

Breteuil pivota et considéra d'un air méprisant le petit homme pathétique avec sa chemise froissée, ses effluves de parfum de luxe, ses cheveux clairsemés plaqués sur son crâne et sa fine moustache. Il n'arrivait pas à croire qu'ils aient pu autrefois être amants. Il était pauvre alors et Olivier était amoureux de lui. Il semblait d'ailleurs l'être toujours. Cette pensée lui remonta un peu le moral. « Et pour vous, Olivier, les affaires vont bien ? demanda-t-il.

— Constatez vous-même, Armand. Mes filles sont les plus jolies de la ville. » Il sourit à Breteuil, moustache frémissante. « Et mes garçons ne sont pas mal non plus, n'est-ce pas ? »

Le restaurateur éprouva une brusque bouffée de haine. Même s'ils aimaient tous deux les garçons, Olivier n'était qu'un banal pédéraste, alors que lui, Breteuil, était capable d'un amour plus pur, plus noble, plus conforme à son tempérament d'artiste. Il regardait les six francs qu'il payait pour Miguel davantage comme une manifestation de sa largesse que comme le prix d'un amour tarifé. Il savait en outre qu'il n'avait pas le temps de chercher par lui-même : il passait six jours par semaine à son restaurant, se levait aux aurores pour acheter le poisson, la viande et les légumes, puis se mettait aux fourneaux jusque vers onze heures du soir. Il ne dormait guère plus de quatre ou cinq heures par nuit. Il aurait peut-être aimé avoir quelqu'un auprès de lui toute la journée du lundi, son jour de fermeture, mais finalement, il préférait consacrer son temps à se promener, à lire et à rattraper son sommeil en retard. Bien que son restaurant marchât à merveille — le représentant en coutellerie avait promis de lui apporter un article du *Figaro* qui présentait « La Petite Nani » (baptisé ainsi d'après sa grand-mère) comme la meilleure table de toute la Provence — Breteuil n'était pas heureux. Depuis peu, il ne cessait de crier après son aide-cuisinier et son maître d'hôtel, et même après ses serveurs. Il contrôlait tout, et c'était grâce à cela que son établissement était le meilleur. Il faudrait pourtant qu'il ralentisse, qu'il soit un peu moins tendu, sinon il risquait que quelque chose explose en lui. Déjà, ces trois dernières semaines, il s'était senti comme rongé de l'intérieur, sujet à des espèces de brûlures qui lui rendaient difficile de seulement goûter ses propres plats.

Il soupira, puis réussit à sourire à Olivier. « J'ai remarqué une de vos filles tout à l'heure, plutôt trapue, les cheveux bruns, déshabillé bleu. Elle était avec un homme il y a un instant. Elle me rappelle quelqu'un. »

Le tenancier jeta un coup d'œil par-dessus son épaule. Il y avait une trentaine d'hommes et six ou sept filles dans la salle. Au total, il employait douze filles, et en ce samedi soir, elles travaillaient toutes. Soudain, son regard s'éclaira. Il était ravi de rendre service à Breteuil. « Ah oui, je vois. Marie. Pas très distinguée, mais saine. Il y a des hommes qui aiment cela.

— Je... je présume que celui qui était avec elle doit maintenant profiter de ses charmes. Une curieuse créature — pas le genre que l'on trouve d'ordinaire chez vous, Olivier. »

Le petit homme replet émit un léger rire, sorte de gloussement aigu que Breteuil ne connaissait que trop bien. « Il a débarqué ici un soir il y a quelques mois de cela. J'ignore pourquoi, mais il m'a plu. Je m'étais dit que peut-être... mais non, il aime les filles, et en particulier Marie. En tout cas, il est inoffensif, aussi pourquoi ne le laisserais-je pas entrer ?

— Il vient souvent ?

— Tous les samedis soir. Avec une régularité de calendrier.

— Et il s'appelle comment ? » Breteuil tâtait le terrain.

Olivier fronça les sourcils, devenu soudain soupçonneux. Et jaloux.

« Simple curiosité », s'empressa de le rassurer Breteuil. Il se tourna vers le bar et but une nouvelle gorgée de champagne. Il congédiait ainsi Olivier, ou du moins en donnait l'impression.

Celui-ci hésita un instant sur la conduite à tenir. Le petit Espagnol dans le salon de derrière, c'était une chose, mais un de ses clients... Il connaissait Breteuil et se doutait bien que rien de bon ne résulterait de cette histoire. Néanmoins, il répondit : « Il s'appelle François. C'est un Oriental, je crois. Vous avez remarqué ses yeux ? »

Breteuil garda le silence. Il alluma un de ses minces cigares et regarda la volute de fumée monter vers le plafond avant de se joindre à celles qui s'élevaient des autres cigares et cigarettes. Oui, il avait remarqué les yeux noirs de ce François. C'étaient les mêmes que ceux qui l'avaient littéralement mis à nu quatre ans auparavant sur le quai des Belges, un matin où il faisait encore presque nuit.

13

Le long du cours Saint-Louis, les feuilles des platanes élagués, déjà d'un beau vert foncé, se découpaient sur le ciel orange, et le soleil n'allait pas tarder à se coucher derrière les toits. On était début mai et Charging Elk, contemplant le store vert au-dessus du kiosque de fleuriste, se sentait encore rempli d'espoir et d'émerveillement. Ce qui attirait son attention, c'était l'inscription : NAISSANCES MARIAGES FUNÉRAILLES. Une femme était occupée à arranger un bouquet dans un vase de porcelaine. Les fleurs provenaient des immenses serres situées pour la plupart dans l'arrière-pays niçois. En cette saison, il y avait surtout des œillets ainsi que des iris et des roses, et même un peu de lavande, le tout disposé dans des bacs de forme conique. Un petit chien blanc qui semblait appartenir à la fleuriste était assis à côté. Il se leva et se gratta le ventre avant de se mêler aux passants. Il avait l'air habitué à trottiner au milieu de l'animation qui régnait sur le trottoir.

Charging Elk fêtait son nouveau travail à la savonnerie. Installé à une petite table, il regarda le chien courir après des pigeons qui s'égaillèrent, s'envolèrent, puis décrivirent un cercle avant de revenir se poser cinq ou six mètres plus loin. Le chien renifla longuement le pied d'un platane, puis leva la patte.

Cinq sommeils plus tôt, alors que Charging Elk accrochait son manteau, son chef était arrivé et lui avait demandé de le suivre dans une autre partie de la fabrique, un vaste atelier éclairé par de nombreuses fenêtres où il le présenta à un homme qui, naturellement, avait déjà entendu parler de lui. En effet, bien qu'il assurât la tâche la plus pénible et la moins qualifiée de l'usine, tout le monde le connaissait sous le nom du Peau-Rouge d'Amérique, car même dans une entreprise aussi importante que celle de monsieur Miroux, les nouvelles se répandaient vite. Certains se moquaient de lui, d'autres poussaient ce qu'ils se figuraient être des cris de guerre quand ils le croyaient hors de portée de voix et d'autres encore le considéraient avec appréhension ou même avec haine en raison de sa différence. Et tous, à l'exception de Louis Granat, avaient tendance à l'éviter.

L'autre homme, un certain monsieur Billedoux, déclara : « On m'a signalé que vous seriez prêt à changer de poste, Charging Elk. Nous verrons bien. Mais ce matin, je vous demande simplement d'observer et de faire ce que je vous dirai de faire. C'est un travail fatigant, mais beaucoup moins salissant que les fourneaux. »

Charging Elk remarqua que son interlocuteur parlait lentement et distinctement, de sorte qu'il comprenait la plupart des mots et le sens général. Cette attention le toucha.

Ainsi, il regarda pendant qu'on déversait dans des moules métalliques le savon liquide qui ressemblait à une crème au parfum d'amandes. Une fois solidifié, on le malaxait, puis on le découpait en pains que des ouvriers jetaient sur un tapis roulant devant lequel se tenaient deux hommes qui, de temps en temps, prenaient un pain défectueux qu'ils jetaient dans un bac posé à leurs pieds.

Billedoux conduisit ensuite Charging Elk vers une table où deux autres hommes estampaient les savons des deux côtés à l'aide de presses métalliques. Billedoux prit un savon et cria pour couvrir le bruit d'une machine : « Vous voyez ? » On lisait PRÉ DE PROVENCE sur le pain et, en dessous, Charging Elk distingua, parfaitement représenté, un oiseau en vol qui tenait un rameau fleuri dans son bec. Billedoux retourna le savon. Là étaient inscrits dans un ovale les mots SAVON DE MARSEILLE et en dessous, en plus petit, 250 g. Billedoux tendit le savon à Charging Elk en disant : « Nous en vendons dans le monde entier, y compris dans votre pays ! »

Le jeune Indien ne dissimula pas son étonnement. Comment l'homme pouvait-il le savoir ? Il approcha le savon de son visage et le huma. Il sentait l'huile d'amandes, mais sous cette odeur agréable, Charging Elk percevait celle de la soude qui bouillonnait dans les cuves dont il alimentait les fourneaux. Peut-être que ses parents eux-mêmes utilisaient ce savon. Il avait cependant du mal à l'imaginer. Encore qu'avec les bateaux de feu et la route de fer tout fût possible. René lui avait raconté que le savon de Marseille était connu dans le monde entier, mais Pine Ridge lui semblait appartenir à un autre univers.

A la fin du tapis roulant, quatre hommes rangeaient soigneusement les pains dans des caisses posées sur un chariot de métal. Ils travaillaient vite et bien.

« Suivez-moi. » Monsieur Billedoux, âgé d'environ trente-cinq ans, était un homme maigre aux cheveux châtains ondulés et à la barbiche impeccablement taillée. Malgré sa blouse bleue et son béret, il paraissait déplacé dans la fabrique. Charging Elk trouvait qu'il ressemblait davantage aux messieurs qui fréquentaient le Salon qu'aux ouvriers de l'usine. Peut-être s'agissait-il d'un grand patron qui s'habillait en ouvrier. Il y avait quelque chose dans la vivacité de ses gestes et dans la mobilité de son visage qui suggérait l'autorité. Néanmoins, il prenait le temps d'expliquer toutes les étapes du mystérieux processus de fabrication, et Charging Elk, bien qu'il ne comprît pas grand-chose, y était sensible.

Tenant toujours le pain de savon, il allongea le pas pour se maintenir à la hauteur de Billedoux. Par l'un de ces curieux chemins que prend parfois l'esprit, il se mit soudain à envier le savon. Peut-être que celui-ci allait traverser la grande eau et atterrir à Pine Ridge. Peut-être que dans une lune ou deux, sa mère s'en servirait pour se débarbouiller, ou son père pour se laver les mains après avoir planté des pommes de terre.

Ils franchirent une voûte de pierre et pénétrèrent dans une vaste salle au plancher en bois. Trois rangées de tables en occupaient le centre, autour desquelles se tenaient plusieurs femmes. Charging Elk avait beau en avoir vu arriver le matin à l'usine parmi les hommes, il était étonné de les voir là. Il ne s'était jamais demandé en quoi pouvait consister leur travail. A ses yeux, c'étaient simplement des femmes tout aussi inaccessibles que celles qu'il croisait dans les rues de Marseille.

« C'est l'atelier d'emballage. De là, les caisses partent pour le quai de chargement. Maintenant, regardez bien. »

Les deux hommes se placèrent à l'extrémité de l'une des tables. Les femmes enveloppaient chaque pain dans du papier de soie qu'elles pliaient d'un geste vif et précis, puis elles collaient une petite étiquette juste au milieu. Après en avoir fait ainsi une douzaine, elles les empilaient soigneusement dans des caisses de bois posées à leurs pieds, mettant une couche de copeaux entre chaque rangée. Ensuite, elles recommençaient.

Charging Elk n'avait jamais vu des gens travailler aussi vite et aussi efficacement. Chaque emballage était parfait, de sorte que les pointes du papier plié se rejoignaient de manière impeccable sous l'étiquette. Il avait eu l'occasion de voir des pains de savon dans les pharmacies, mais il n'avait jamais pensé aux différentes opérations nécessaires avant qu'ils arrivent ainsi dans les rayons. Il se rendait compte à présent que sans cette visite, il aurait pu continuer à pelleter du charbon en ignorant tout du processus qui permettait d'obtenir des savons lisses parfaitement découpés et serrés dans leurs jolis emballages.

Billedoux le présenta à madame Braque, la contremaîtresse, une femme assez corpulente âgée d'une quarantaine d'années aux cheveux teints en roux ramenés en chignon et dotée d'un visage rond plutôt avenant. Avec sa blouse blanche et ses chaussures blanches, elle rappelait à l'Indien les aides-soignantes qui lui faisaient manger sa soupe dans la maison des malades il y avait si longtemps de cela.

« Vous ferez ce que madame vous dira de faire. A partir de maintenant, c'est elle votre chef. »

Ainsi, Charging Elk commença son nouveau travail. Il prenait les pains de savon au bout du tapis roulant et les portait aux femmes qui les emballaient. Il clouait ensuite les couvercles des caisses pleines et les empilait sur un chariot qu'il roulait jusqu'au quai de chargement. Là, un homme collait une large étiquette sur chaque caisse et lui indiquait où la poser. Charging Elk s'efforçait de les déchiffrer, mais en général, elles ne lui disaient rien, jusqu'au jour où il tomba sur : NEW YORK, ÉTAT DE NEW YORK, ÉTATS-UNIS D'AMÉRIQUE. Il s'écria : « *Amérique !* Je suis d'*Amérique.* Du Dakota. »

L'homme se contenta de lui lancer un bref coup d'œil, de marmonner quelque chose, puis il s'éloigna. Charging Elk ne s'en formalisa pas outre mesure. Son nouveau travail lui plaisait. Il était tout le temps à courir d'un endroit à l'autre en charriant de lourdes caisses, mais quand il sortait de l'usine, il n'était plus couvert de suie et de poussière de charbon, ni trempé de sueur grasse, et il avait les mains relativement propres. Il était certes fatigué, mais sans plus. Par surcroît, il aimait bien être avec les femmes qui, après le mouvement de curiosité du premier jour, ne faisaient plus guère attention à lui.

Charging Elk, sirotant son anisette, s'interrogeait sur sa vie. Au cours des quatre années qui venaient de s'écouler, il n'avait cessé de se poser des questions, tellement sa situation lui semblait évoluer de jour en jour. Sans savoir exactement comment, et grâce en partie aux leçons de Mathias et de Chloé, il avait fini par apprendre assez de français pour obéir aux instructions de madame Braque avec la même célérité que quiconque. Mais avoir une femme pour patron et travailler en compagnie de femmes ! Cela, il avait du mal à le comprendre. Jamais il ne s'était trouvé ainsi entouré de femmes. Au début, il avait plus ou moins eu honte de lui. Bien que son travail fût différent du leur, il craignait que les ouvriers de l'usine, et en particulier ceux qui occupaient un poste le long du tapis roulant, s'imaginent qu'il accomplissait des tâches de femmes. Jusqu'à présent, il avait toujours eu des hommes pour chefs, tant au Wild West Show que René ou le contremaître responsable des fourneaux, de même qu'il avait toujours travaillé avec des hommes. Et pourtant, pour la première fois depuis qu'il était à Marseille, il partait pour le boulot avec plaisir.

Charging Elk regarda le petit chien blanc manger quelque chose qu'il avait ramassé sur le trottoir. La fleuriste finit de ranger et entreprit de fermer son kiosque. L'Indien leva de nouveau les yeux sur le store. MARIAGES. Ce soir, l'idée ne lui paraissait plus aussi farfelue.

Lorsque le bel homme au teint pâle vint s'asseoir à côté d'elle, Marie demeura sans voix. Naturellement, elle l'avait déjà remarqué, car il ne passait pas inaperçu au milieu d'une foule. Seulement d'ordinaire, il s'empressait de traverser la salle pour se diriger vers le petit salon où attendaient les garçons. Grâce aux bavardages, elle savait même que son favori était ce jeune Espagnol qui s'appelait... comment déjà ?... Miguel ? Les garçons n'habitaient pas sur place, de sorte que Marie n'avait pas eu l'occasion de lier connaissance avec eux, mais Miguel frappait par sa beauté ténébreuse. Le croisant dans la rue, elle l'aurait pris pour un peintre ou peut-être un musicien. Il paraissait doué d'une telle sensibilité. L'une des filles prétendait qu'il était fils de diplomate, une autre que son père était un noble, mais Aimée affirmait pour sa part que c'était un clandestin et que si on le surprenait ici, les gendarmes ordonneraient la fermeture de l'établissement, si bien qu'elles se retrouveraient toutes à faire le trottoir.

Marie n'osa pas regarder l'homme en face. Elle sentait les effluves de son eau de Cologne qui lui semblaient très complexes, évoquant plutôt ceux d'un parfum. Ils lui faisaient tourner la tête et lui donnaient presque l'impression de suffoquer. Elle gardait les yeux rivés sur les mains fines mais puissantes qu'il tenait croisées sur un genou, et dont les ongles brillaient sous l'éclairage du lustre, comme s'ils étaient vernis.

L'homme conservait le silence, promenant son regard sur la salle. Marie s'arracha au spectacle de ses mains et s'intéressa au groupe qui entourait le pianiste, lequel jouait un chant de troubadour provençal qui parlait de taureaux de combat camarguais. C'était une vieille chanson que son père leur avait souvent chantée à ses frères et sœurs et à elle, et que les trois hommes accoudés au piano reprenaient en chœur avec la même fougue.

Il était onze heures et cette soirée du jeudi s'annonçait des plus calmes. Marie n'était montée qu'avec deux hommes et, avant que ce dandy au teint pâle ne vienne s'asseoir près d'elle, elle avait caressé l'espoir de se coucher tôt. Elle ne savait pas si elle devait se sentir soulagée ou inquiète. Se tournant vers le bar, elle vit Olivier qui, de sa place habituelle, la regardait, ce qui ne manqua pas de la surprendre, mais pas autant que de constater qu'il n'affichait pas son sourire cauteleux coutumier. Elle en conçut une vive alarme. Aurait-il noté qu'elle n'avait fait que deux clients ce soir ?

Brusquement paniquée, elle s'adressa à l'homme d'une petite voix : *« Bonsoir, monsieur »*, dit-elle.

Il tira une profonde bouffée d'un mince cigare qu'il venait d'allumer et envoya la fumée vers le plafond. Il avait l'air de profiter d'un moment de détente, et Marie regretta aussitôt de s'être permis de l'apostropher ainsi. Voyant du coin de l'œil qu'Olivier continuait à la surveiller, elle se sentit complètement perdue.

L'homme, à cet instant, se tourna vers elle avec un sourire qui lui glaça le sang. Ses yeux bleu clair étaient si largement écartés que ses petites lunettes rondes semblaient inadaptées. Il avait de longs cils blonds, des sourcils parfaitement dessinés et un nez aquilin aux narines très évasées. Sur tout autre visage, ce nez et ces yeux seraient passés pour des imperfections, mais à lui, ils conféraient une expression sensuelle. Par ailleurs, son sourire, ses lèvres entrouvertes et ses petites dents bien plantées firent malgré elle battre le cœur de Marie. Jamais elle n'avait contemplé des traits aussi fascinants.

« Bonsoir, Marie. »

Elle vit son nom sortir des lèvres qu'elle fixait du regard mais, d'une certaine manière, ne l'entendit pas.

« Je vous observe depuis deux semaines. Je m'intéresse beaucoup à vous.

— A moi ?

— Vous êtes du même pays que moi, j'en suis sûr. Vous êtes originaire du Vaucluse, c'est bien cela ?

— Oui, répondit-elle, étonnée qu'il le sache, et étonnée aussi, elle venait de s'en rendre compte, qu'il connaisse son nom. De Cavaillon.

— Ah, et votre père cultive-t-il les fameux melons ?

— Oui, et également des asperges, des cerises et un peu de pommes, mais en petites quantités.

— Pas de vignes ?

— Non, monsieur. Il n'a qu'un lopin de terre.

— Et depuis quand êtes-vous... à Marseille ? »

Marie n'arrivait toujours pas à comprendre que cet homme pût s'intéresser à elle. Tout le monde savait qu'il aimait les garçons. Elle se sentit tout à coup plus intimidée que jamais. Et un peu effrayée aussi. Qu'est-ce qu'il lui voulait ?

« Vous avez entendu ma question ? » Il dressa la tête et ses lunettes étincelèrent sous le lustre, de sorte qu'on ne distinguait plus ses yeux.

« Depuis trois ans, monsieur.

— Et vous avez toujours fait la putain ? »

Marie, hypnotisée par les narines évasées et les lèvres délicatement ourlées qui découvraient les petites dents blanches, baissa brusquement les yeux, blessée par la cruauté contenue dans sa question. Contemplant alors ses propres mains si grossières, ses doigts courts et trapus, elle se sentit soudain toute gauche et lourdaude. Une petite flamme s'alluma en elle : non, elle n'avait pas toujours fait la putain. Un jour, elle avait été à Fontaine-de-Vaucluse et avait vu l'eau sourdre mystérieusement de la grotte, et puis elle avait été trois ans à l'école, avait joué avec ses sœurs, cueilli des melons et des cerises, flirté avec un garçon de la ferme voisine, croqué des graines de pavot et rêvé d'amour, d'avoir un jour des enfants, de mener une vie simple et heureuse. Aujourd'hui encore elle rêvait à cette vie, mais elle ne voyait devant elle que des rues sombres et désertes, sans nulle part où aller.

« Eh bien ?

— *Oui, monsieur.* Mais pas toujours. »

L'homme éclata d'un rire cristallin, mais sans joie, un rire qui évoquait le carillon qu'elle entendait parfois sonner dans la nuit et qu'elle n'était jamais parvenue à localiser.

Elle leva les yeux sur le visage au teint pâle. L'homme semblait regarder quelque chose derrière elle. Instinctivement, Marie se retourna. Olivier s'était écarté du bar et, les mains croisées sur sa bedaine, il affichait une étrange expression de fureur.

« Alors, Marie, pouvons-nous maintenant monter dans votre chambre ? »

Elle eut soudain envie de s'enfuir, de monter en effet dans sa chambre, mais pour s'y enfermer, se glisser sous les couvertures et dormir d'un sommeil sans rêves. Elle n'avait aucune idée de ce que cet homme pouvait lui vouloir, mais sur son visage aux traits fins et séduisants, elle avait vu les yeux devenir froids et les lèvres prendre un pli dur, comme si sa sensualité s'était brusquement figée en un masque impénétrable. Pourtant, le parfum qui imprégnait l'atmosphère autour d'elle et dans lequel son corps entier semblait baigner lui donna le vertige quand elle se leva.

« Oui, monsieur », dit-elle. Sa voix lui parut venir de très loin, pareille à un faible écho. « *Oui, monsieur,* répéta-t-elle. Comme il vous plaira. »

Marie, assise au bord de son lit, encore en chemise blanche, bas noirs et bottines, fixait la petite pochette de papier cristal qu'elle serrait entre ses doigts. L'homme était parti depuis une vingtaine de minutes après être resté tout juste un quart d'heure avec elle. Lorsqu'elle avait voulu enlever sa chemise, il l'avait arrêtée : « Ne vous donnez pas cette peine. Votre corps ne m'intéresse pas. Je désire seulement vous parler. »

La requête de l'homme l'horrifia. Elle secoua violemment la tête : « Non, non, monsieur, je ne peux pas faire ça. C'est impossible. » Même quand il laissa tomber un billet de dix francs sur le lit, elle continua à refuser avec détermination. Et quand il ajouta un deuxième billet, elle les jeta par terre. « Reprenez votre argent, je n'y consentirai jamais », dit-elle, le défiant du regard.

Il fit alors un pas en avant et la gifla, pas trop fort cependant, et la joue ne lui en cuisit qu'à peine. Des hommes l'avaient déjà frappée plus brutalement sous le coup de la frustration lorsque, rendus impuissants par l'alcool, ils se vengeaient sur elle. Elle baissa la tête et la secoua de nouveau en signe de refus avec une telle vigueur que ses cheveux bruns volèrent autour de son visage comme la robe d'un derviche.

Il la traita de salope, de pute, de connasse, et elle demeura inflexible. Il lui lança qu'elle était imbaisable, qu'elle n'était qu'une grosse vache que même le plus malingre des taureaux de son Vaucluse natal ne voudrait à aucun prix monter.

Ensuite il la prit par les sentiments. Il s'excusait, il était en colère pour des raisons qui n'avaient rien à voir avec elle. Elle était très séduisante et il comprenait pourquoi les hommes la désiraient. Et puis quelle jolie chambre... quelle jolie lampe !

Marie ne réagit ni aux injures, ni aux compliments. Les insultes l'avaient profondément blessée : elles ne faisaient que confirmer ce qu'elle pensait d'elle-même dans ses moments de cafard, quand elle se disait qu'aucun homme bien ne voudrait jamais d'elle. Et voilà justement qu'au moment où un homme bien était apparu dans sa vie, ce type infâme au visage crayeux lui demandait de l'aider à faire du mal à François. Dans quel but, elle l'ignorait, mais l'idée d'être l'instrument de ce monstre l'horrifiait.

Etendue sur son lit, elle entendait la voix à présent presque enjouée vanter ses formes épanouies à la Rubens, sa luxuriante chevelure. Elle aurait voulu pleurer, mais elle n'y arrivait pas. Elle se sentait simplement vidée, comme si cet homme venait de la souiller.

Il y eut un moment de silence. Elle devinait qu'il la regardait, réfléchissant à ce qu'il allait faire, mais elle tourna la tête vers le mur et garda les yeux fermés. Elle l'entendit soupirer et espéra sans trop y croire qu'il avait renoncé.

« Très bien, finit-il par déclarer. Je constate que vous refusez. Je comprends. » Il se dirigea vers la porte, puis s'arrêta et reprit : « Je crains d'être obligé de dire à Olivier que vous n'avez pas satisfait mes désirs. Il sera sans doute extrêmement fâché. » Il marqua une pause, comme s'il lui laissait une chance de changer encore d'avis. Puis sa voix s'éleva de nouveau : « Voyez-vous, il est amoureux de moi, mais je le trouve à peu près aussi séduisant qu'un crapaud. Je suis sûr que vous pensez la même chose. Quoi qu'il en soit, vous devrez en répondre devant lui. Peut-être qu'il vous renverra dans le Vaucluse auprès de votre famille. »

Au moment où il tournait le bouton de la porte, Marie se redressa brusquement. « Attendez un instant, monsieur. Je vous en supplie... attendez. »

L'homme était maintenant parti et Marie, agenouillée devant le dernier tiroir de la commode, en fixait le contenu du regard. Elle ouvrit l'écrin de velours et passa le doigt sur la pierre froide du camée, sentant le profil en relief du beau visage de femme. Qui était-elle ? Avait-elle réellement existé ? Elle referma le coffret et prit sa bible qu'elle ouvrit à une page marquée d'un signet. Ses yeux tombèrent sur un passage souligné à l'encre. Elle ne savait pas lire, mais elle s'imagina entendre la voix du prêtre le récitant : « Pourquoi n'as-tu point tenu le serment de Dieu et le commandement que je t'ai donné ? » Le commandement que je t'ai donné ! Le Seigneur ne lui pardonnerait jamais ce manquement. Elle glissa la pochette de papier cristal ainsi que les deux billets de dix francs entre les pages, puis referma la bible.

Peut-être irait-elle demain à l'abbaye de Saint-Victor prier la Vierge Noire de lui pardonner. Depuis qu'elle était devenue prostituée, Marie n'allait plus à l'église, sauf à l'occasion des fêtes religieuses importantes, d'une part parce qu'elle avait du mal à se lever le dimanche matin après la nuit du samedi qui était toujours longue et agitée, et d'autre part parce qu'elle se sentait indigne d'entrer dans une église, remplie de honte à l'idée de confesser ses péchés et craignant d'encourir la colère de Dieu. Elle avait grandi au milieu d'histoires qui parlaient d'un Dieu impitoyable et vengeur punissant ceux qui ne Le glorifiaient pas. Elle frémissait de terreur rien qu'à y penser. Elle n'allait à la messe que les jours où certaines des autres filles s'y rendaient aussi. Peut-être s'imaginaient-elles que le nombre leur assurait la sécurité. Marie ne posait pas de questions. La religion était une affaire personnelle.

Elle referma le tiroir, puis elle se releva et s'examina dans le miroir. Elle se farda les joues et se mit du rouge à lèvres. Elle préféra ne pas se faire les yeux. Elle appréhendait de descendre, mais il ne restait plus que deux ou trois heures. Elle avait encore un travail et un toit. Quant à samedi soir, elle ferait ce qu'on attendait d'elle et François disparaîtrait de sa vie à jamais. Elle en était certaine. De toute façon, il n'avait pas réellement fait partie d'une vie telle qu'elle la désirait. Tout cela n'avait été qu'un rêve.

Charging Elk était surpris de la froideur que Marie lui manifestait. Alors qu'ils se trouvaient sur le divan, leurs cuisses se frôlant, elle lui paraissait si lointaine. Quand il lui parla de son nouveau travail et de l'augmentation de trois francs par semaine qu'on lui avait accordée, elle réagit avec indifférence. Quand il lui annonça qu'il envisageait de prendre un plus bel appartement, plus vaste, assez grand pour deux (encore qu'il ne sût pas très bien comment il fallait procéder), elle détourna les yeux et dit simplement : « J'en suis très heureuse pour toi. »

C'est alors qu'il se rendit compte qu'elle ne l'avait pas vraiment regardé depuis qu'il était arrivé. Elle restait assise toute droite, les yeux dans le vague, l'air perdue dans ses pensées, à moins qu'elle ne pensât tout bonnement à rien.

« Tout va bien dans ta famille ? » demanda-t-il. Ils n'avaient jamais parlé de ses parents, mais il ne trouva rien d'autre à dire. En venant, il avait décidé de lui apprendre comment il s'appelait réellement, puis de lui parler de Buffalo Bill, de son peuple et de son pays. Un soir, il lui avait dit qu'il était américain, mais rien de plus. Il lui expliquerait également, si toutefois il y arrivait, comment il avait atterri à Marseille. Il se demandait cependant si elle comprendrait. N'en déduirait-elle pas qu'il n'était qu'un sauvage l'ayant trompée avec ses cadeaux et ses bonnes manières ?

« Je n'ai pas souvent de leurs nouvelles, répondit-elle d'une voix lasse en marmonnant, alors que d'habitude elle s'efforçait toujours de bien détacher ses mots quand elle s'adressait à lui.

— Je pense que tu devrais partir d'ici », déclara-t-il un peu trop brusquement.

C'était aussi ce qu'il avait eu l'intention de lui dire, mais la phrase parut déplacée dans le cadre de la vaste pièce. Six sommeils durant, depuis qu'il occupait son nouveau poste à la savonnerie, il s'était entraîné à répéter le discours par lequel il lui demanderait de venir vivre avec lui dans son nouveau logement. Ils pourraient se marier et avoir des enfants. Elle lui préparerait de bons repas. Il lui achèterait une jolie robe et un chapeau, et le dimanche, ils iraient se promener sur la Corniche et regarder les bateaux de pêche. Il s'était imaginé que ses yeux s'illumineraient en entendant sa proposition et qu'elle ne serait que trop heureuse de quitter cet endroit et tous ces hommes avec qui elle devait coucher. Elle serait ravie à l'idée de passer le reste de sa vie avec lui. Mais les mots semblèrent flotter, vides et sans substance, dans l'étrange atmosphère de fête de la maison close.

Les lèvres de Marie s'étirèrent sur un sourire douloureux, tandis qu'elle répliquait avec un entrain forcé : « Et où irais-je ? Chez moi cueillir des cerises ou vendre des melons au marché ? »

L'amertume qui perçait sous ses paroles surprit Charging Elk qui répondit néanmoins : « Tu viendras avec moi. J'ai un bon travail et j'ai beaucoup d'amis. »

Marie se tourna vers lui. Tout au fond d'elle-même, elle avait espéré qu'un tel moment surviendrait un jour. Elle y pensait parfois, fugitivement, dans une espèce de rêverie, pendant qu'elle était attablée dans la cuisine devant son *café crème* en compagnie des autres filles. Elle les écoutait et se disait qu'elle avait de la chance d'avoir au moins un homme bien dans sa vie. Elle songeait alors que tout pouvait arriver. Mais c'était trop tard, maintenant. Ou peut-être que...

Pourquoi ne pas accepter, là, tout de suite, et quitter pour toujours cette existence contre nature ? Une occasion pareille ne se représenterait sans doute jamais. Elle ne savait pas si elle aimait François, mais l'amour était-il indispensable ? Avec le temps, elle apprendrait à l'aimer. C'était possible. Sa grand-mère avait vécu cela. Un jour, alors que Marie avait quinze ans et qu'elles écossaient des petits pois dans la cuisine, sa grand-mère lui avait expliqué que l'amour le plus profond était celui qui naissait graduellement. Marie était tombée amoureuse du garçon de la ferme voisine et désirait de toute son âme l'épouser. Sa *grand-maman* lui avait conseillé d'être patiente, lui racontant qu'elle-même s'était mariée tard et avait appris petit à petit à aimer son mari. Il avait fallu quelques années, mais avec l'aide de Dieu, tout avait été pour le mieux. Ils avaient eu sept enfants et ils s'aimaient toujours. Si elle avait épousé le premier garçon pour qui elle avait eu le béguin, son mariage aurait été un désastre. L'homme, devenu un gros viticulteur, avait la réputation d'être un ivrogne et un coureur de jupons.

Marie voulait encore croire au miracle. Oui, elle apprendrait à aimer François. Ils auraient sept enfants et mèneraient une vie paisible, peut-être à la campagne, peut-être même chez elle, dans le Vaucluse. Elle y retournerait avec lui, et ils pourraient travailler dans les vergers de sa famille.

Elle redescendit aussitôt sur terre. Comment imaginer que ses parents accepteraient ce géant à la peau brune ? On le considérerait comme une sorte de monstre et elle, comme l'épouse d'un monstre. Et s'ils restaient à Marseille ? Il avait un bon travail, venait-il de dire, et il allait emménager dans un grand appartement. A l'inverse de ses autres clients, il était gentil et prévenant. Et, à défaut d'être beau, il ne manquait pas d'une certaine allure. Sans oublier que quand elle couchait avec lui, elle éprouvait quelque chose qu'elle n'aurait jamais cru éprouver un jour. Elle avait le sentiment de réellement faire l'amour.

Seulement, il n'était pas provençal, ni même français. Il venait d'Amérique. Que se passerait-il si, juste après leur mariage, il décidait de partir ? Ce serait tout à fait envisageable. Ou s'il se mettait à boire et à la battre ? Peut-être que ces Américains n'étaient pas aussi sains d'esprit que les Français. Ce qui l'inquiétait le plus, c'était qu'il puisse disparaître du jour au lendemain. Regagner l'Amérique. Et elle, que deviendrait-elle ? Sans toit et sans travail. Impossible de revenir ici. Et de toute façon, à ce moment-là, elle serait peut-être déjà trop vieille ou trop grosse pour faire la putain.

Non, elle ne pouvait pas courir ce risque. Elle ne le ferait pas. Malgré tous ses aspects désagréables — les heures monotones passées à attendre en bas, les hommes plus ou moins soûls, le petit déjeuner qu'elle prenait avec les autres filles pendant que les femmes honnêtes effectuaient leurs emplettes ou promenaient leurs enfants — c'était sa vie, une vie qui lui assurait une sécurité pour quelques années encore.

Marie, remplie de dégoût vis-à-vis d'elle-même, réprima une grimace et se tourna vers le géant au teint mat qui lui souriait. « Tu veux monter avec moi, François ? »

Charging Elk fut surpris, et ravi, de voir une bouteille de vin et deux verres posés sur la commode. Aurait-elle deviné qu'il allait lui demander de venir vivre avec lui ? Peut-être avait-elle paru si distante en bas parce que d'autres — des hommes ayant sans doute couché avec elle — les observaient. Il était habitué aux regards curieux dont on le gratifiait, mais pas Marie, du moins pas autant. Au Salon, elle se montrait toujours réservée, mais une fois dans sa chambre, elle s'animait et ils connaissaient alors de longues minutes d'intimité. Le jeune Indien s'émerveillait de la désirer toujours avec la même force. Mais aujourd'hui, ils s'apprêtaient à fêter un événement si extraordinaire qu'il osait à peine y croire.

Il suspendit sa veste au portemanteau et desserra sa cravate qu'il fit passer par-dessus sa tête. Puis il lui prit la fantaisie de défaire le ruban bleu qui lui attachait les cheveux, lesquels retombèrent sur ses épaules, telle une cascade noire. Il finissait de déboutonner sa chemise quand Marie l'appela :

« Viens trinquer avec moi, François. » Elle lui tendit un verre à demi rempli d'un vin d'une splendide couleur rouge brique. Il nota que la surface tremblotait, agitée de petites vagues. Peut-être Marie était-elle nerveuse.

Il s'inclina légèrement. « Du beau vin pour une belle femme, dit-il en buvant une gorgée tandis qu'elle l'imitait.

Idéal pour célébrer un moment de bonheur », ajouta-t-il, content de trouver facilement ses mots.

Marie s'assit au bord du lit et leva les yeux. Ignorant combien de temps la drogue mettait pour agir, elle tapota le matelas à côté d'elle pour inviter François à prendre place à ses côtés. Elle sentit s'affaisser les ressorts du sommier sous son poids, sentit son bras autour de ses épaules, sentit ses doigts descendre le long de son flanc. Elle tremblait maintenant des pieds à la tête.

« Tu as froid ? Il fait pourtant si chaud dans ta chambre.

— Ce... ce n'est rien... simplement une pensée. »

Il but encore une gorgée qui le réchauffa. Il attendait qu'elle lui confirme qu'il ne s'était pas trompé quant à la raison de cette fête. Comme elle se taisait, il se décida à lui demander : « Alors, tu viendras avec moi ? »

Elle se tourna et lui adressa un regard qu'il jugea bizarre, comme si elle scrutait les profondeurs de son être. Il songea qu'elle réfléchissait peut-être avant de donner sa réponse, et sa gorge se noua. Son cœur se mit à cogner dans sa poitrine cependant que le sang lui martelait les tempes. Il avait de plus en plus chaud et il se sentit soudain très las. Elle le regardait dans les yeux, et les siens semblaient très noirs et humides. Il se sentit glisser sur le lit. Il vit Marie toute proche, puis Marie se lever, se pencher au-dessus de lui, et son visage ne fut plus qu'un globe aux contours flous, tandis que ses lèvres se posaient sur les siennes. C'était la première fois qu'elle l'embrassait sur la bouche, et il trouva cela curieux et agréable. Il ferma les paupières, huma l'odeur de lavande imprégnant ses cheveux, perçut le frôlement de sa main sur sa joue...

Charging Elk ouvrit les yeux et ne distingua qu'un nuage noir dont la forme se modifiait sans cesse. Il en avait vu de semblables par les jours de grand froid vers la fin de la lune-où-pousse-le-poil-des-veaux-blancs — de gros nuages sombres au liseré argenté. Le soleil qui perçait parfois allumait sur la terre un feu qui chauffait la tête et les épaules, de sorte que Strikes Plenty et lui levaient un visage reconnaissant vers lui.

On apercevait les plaines entre Pine Ridge et les Mauvaises Terres, mouchetées de taches claires, cependant que les rayons du soleil qui filtraient entre les nuages illuminaient le sol de flaques déchiquetées, si brillantes qu'elles en faisaient presque mal aux yeux. Grand Coureur dressait l'encolure et hennissait, comme si lui aussi savait que Wakan Tanka se moquait des garçons et que l'hiver n'était pas loin de s'achever.

Il regarda le nuage bouger et changer, puis il se rendit compte qu'il s'agissait d'un nuage solitaire qui dérivait dans un ciel gris, un ciel déchiré, comme zébré d'éclairs. Et puis le nuage s'immobilisa et se transforma de nouveau. Après l'avoir étudié un moment, il comprit qu'il se trouvait dans une chambre.

Sa tête était plaquée contre un mur. Le nuage devint tache d'humidité et les éclairs, fissures dans le plâtre du plafond. Sa première pensée fut qu'il était de retour dans la maison de fer. Non, il faisait trop chaud. Il se dit alors que ce devait être la maison des malades. Il s'efforça de dresser la tête pour vérifier s'il était entouré de lits, d'hommes endormis. Il tenta de s'appuyer sur un coude afin de regarder autour de lui, mais ses muscles refusèrent de lui obéir. Il ne souffrait pas comme dans la maison des malades, éprouvant au contraire une sensation plutôt agréable, comme si la chaleur émanait de lui et se diffusait dans tout son corps.

Renonçant un instant à lutter, il s'abandonna au plaisir qui irradiait dans ses reins. Soudain, il reconnut la croix de bois accrochée au mur sur sa gauche. Il était dans la chambre de Marie ! Il se rallongea et ferma les yeux, à la fois soulagé et empli de joie. Le plaisir était celui du sexe. Marie lui faisait quelque chose, mais il n'arrivait pas à comprendre exactement quoi, sinon que ses hanches se mettaient à bouger et sa respiration à s'accélérer. Il essaya encore de se soulever et réussit cette fois à se dresser sur les coudes.

Il vit des cheveux. Des oreilles. Le bout d'un nez. Une tête. Une tête qui s'activait entre ses cuisses nues. Il lui fallut un instant pour se rendre compte que la bouche glissait sur son sexe tendu. Le spectacle accrut son excitation. Marie ne l'avait encore jamais gratifié d'une telle faveur. Il se rappela le flou de son visage cependant que ses lèvres se posaient sur les siennes. Tout cela était si nouveau pour lui.

Les mouvements de la tête se faisaient de plus en plus rapides, et il lui apparut soudain que les cheveux ne ressemblaient pas à ceux de Marie. Il étaient clairs et ondulés, plus courts que les siens. Et les effluves de parfum qui se répandaient dans la chambre n'étaient pas ceux de la lavande.

Ses bras et ses épaules fléchirent. Il retomba sur le matelas et ferma les paupières. Il avait l'esprit confus, vide de toute pensée. Il se sentait à la fois flapi et excité. Puis il se laissa gagner par le sommeil. Lorsqu'il se réveilla, il sentit la chaleur de la bouche autour de son sexe, et tout cela lui parut lointain, comme s'il avait quitté son corps et qu'il observât la scène de très haut. De là, il voyait les cheveux blond roux, les oreilles, et puis les lèvres et le nez. Brusquement, il se figea. Il était de retour dans son corps.

Sa main effleura quelque chose et il tourna la tête. C'était son pantalon roulé en boule sur le lit à côté de lui. Les idées un peu plus claires, il distingua sa main qui tâtonnait à la recherche d'une poche. La première ne contenait qu'un peu de monnaie. De la deuxième, il tira un couteau qu'il amena devant son visage. C'était un beau couteau au manche d'ébène rehaussé de deux petites plaques d'argent aux extrémités. Il repéra le minuscule bouton, le pressa et vit jaillir comme par magie, avec un petit déclic, une lame effilée de la longueur de son index.

Pendant que son regard se concentrait sur la lame étincelante, il sut ce qu'il allait faire. Il était résolu. Il se sentait soudain fort, comme s'il se réveillait d'un rêve. Il se dressa lentement, prudemment, afin ne pas attirer l'attention. Il regarda le dos svelte, les bosses que dessinaient les vertèbres, les creux entre les côtes, et puis le renflement des fesses, la raie qui les séparait.

Et il vit la lame briller une fraction de seconde dans la pénombre de la pièce avant de s'enfoncer dans le dos nu, et il entendit un cri étouffé, sentit dans le même temps son poing s'écraser contre la chair. Il frappa de nouveau, puis encore et encore, plongeant le couteau dans la chair pâle. Après quoi, saisissant une poignée de cheveux blonds, il rejeta la tête en arrière. Et, alors qu'il appliquait la lame contre la gorge, il fixa les yeux bleus, des yeux qu'il lui sembla reconnaître. Des bulles d'une écume rosâtre s'échappaient des lèvres délicates qui bougeaient sans que le moindre son n'en sorte. Il trancha alors la gorge, pesant de toutes ses forces. Le couteau était bien affûté et, lorsqu'il attaqua la trachée, il y eut comme un bruit de succion. Il lâcha les cheveux et la tête retomba lourdement sur ses genoux.

Le tout n'avait duré que quelques secondes, mais Charging Elk avait décomposé chacune des étapes comme si le temps s'était presque immobilisé. Il resta un instant assis, épuisé par ses efforts, encore incapable de croire à ce qui venait de se passer alors même que son esprit le revivait sans cesse.

Et soudain, la panique le gagna. Il ne fallait pas qu'il s'attarde. L'espace d'un moment, il se sentit à deux doigts d'être malade, mais il parvint à se reprendre. Il se dégagea de dessous la tête. Ses cuisses étaient maculées d'écume rose et de sang noir. Se levant pour se diriger vers le lavabo, il faillit trébucher sur le corps toujours en position agenouillée. Il versa un peu d'eau dans la cuvette, y trempa une serviette, puis entreprit de nettoyer le sang dont il était couvert. Il promena son regard sur la pièce exiguë, tâchant de repérer ses vêtements afin de pouvoir s'habiller le plus vite possible. Tout à coup, à la vue d'un objet posé sur la table de nuit, il se figea et arrêta de respirer.

Une paire de lunettes cerclées d'or, soigneusement repliées, luisait dans la faible lumière dispensée par la lampe à l'abat-jour rouge en perles.

Heureusement, il n'y avait presque plus personne dans le salon. Deux hommes et l'une des pensionnaires occupaient une table dans un coin, tandis qu'Olivier et le barman s'entretenaient à côté de la caisse, tournant le dos à la pièce. Quant au cerbère, il semblait avoir disparu. La porte se trouvait à une vingtaine de mètres, et Charging Elk se rappela comment il s'était évadé de la maison des malades quatre ans plus tôt en traversant la grande salle meublée de fauteuils et de canapés. Cette fois, il s'avança posément, se contentant de marcher sur la pointe des pieds et fredonnant un chant qu'il n'avait pas chanté depuis longtemps et qui, il le savait, le rendait invisible. Il atteignit la porte qu'il ouvrit en maintenant le petit carillon pour éviter qu'il ne tinte.

Une fois dehors, il s'engagea à pas vifs dans la rue sombre et déserte, sans se soucier du claquement de ses talons sur les pavés. Il s'efforçait de ne penser à rien d'autre qu'à s'éloigner le plus rapidement possible de cet endroit, et lorsqu'il tourna le coin en direction du Vieux-Port, il se laissa enfin aller à pousser un long soupir, s'apercevant qu'il retenait son souffle depuis... une éternité. Il avait l'impression d'avoir cessé de respirer des siècles auparavant.

Il ouvrit le couvercle de sa montre de poche et consulta le cadran blanc avec ses chiffres noirs : quatre heures et demie. Marie et lui étaient montés peu après onze heures. Le temps s'était-il déréglé ? Cinq heures et demie avaient passé. Les jambes flageolantes, il s'appuya à une barre d'attache pour chevaux. Dans le froid du petit matin, il sentit une sueur glacée couler le long de ses côtes.

Marie. Qu'était-il arrivé à Marie ? Qu'allait-elle devenir ? Charging Elk émit un sourd gémissement. Il aurait dû se débarrasser du corps du *siyoko*. Pourquoi n'y avait-il pas pensé ? Il aurait sûrement trouvé une chambre vide où le cacher. Il se sentit près de défaillir en se représentant Marie qui ouvrait la porte et qui, assaillie par l'odeur douceâtre du sang, apercevait le cadavre du *siyoko* encore agenouillé, à moitié affalé sur le lit, et puis les taches de sang sur les draps, par terre. Face à ces images si réalistes, ses jambes cédèrent sous lui et il tomba, heurtant les pavés sans presque s'en rendre compte.

Il fallait qu'il y retourne. Seulement, il gisait sur le flanc, incapable de se relever, le regard flou. Qu'est-ce qu'il faisait là ? Où était son animal-pouvoir ? Où était Wakan Tanka ? Pourquoi l'avait-il abandonné ainsi dans une ville étrangère ? Qu'est-ce qu'il lui reprochait ?

Charging Elk ferma les yeux et puisa une espèce de réconfort dans la profondeur de son désespoir. Les pavés étaient fermes et frais, et il avait envie de rester là, peut-être à jamais. Il savait qu'il mourrait bientôt, car ce qui avait eu lieu dans la chambre de Marie allait déclencher une chaîne d'événements qui conduiraient à sa fin. Les méchants étaient toujours punis. Wakan Tanka y veillait, et Charging Elk lui en était reconnaissant.

Les images du passé et du présent se télescopaient dans son esprit. Il voyait Marie lever son verre de vin, les lunettes cerclées d'or éclairées par la lampe. Et il voyait son cauchemar comme s'il le revivait. Il voyait les siens entassés au pied de la falaise, il entendait le rugissement du vent et la voix qui lui disait : *Tu es mon seul fils.* Maintenant, il n'y aurait plus personne, et cette idée ne l'effraya pas. Il préférait mourir avec son peuple plutôt que de vivre seul au monde.

Ses lèvres remuaient, et il s'aperçut qu'il priait Wakan Tanka en lakota. Il offrait sa vie et suppliait le Grand Esprit de le laisser rejoindre son peuple dans le monde réel. Peut-être était-ce le son de sa propre langue — il n'avait pas prié ni parlé en lakota depuis longtemps — qui lui procurait ce réconfort. Après quatre ans sans avoir pu vraiment communiquer avec les autres, il éprouvait une sorte de sentiment d'intimité avec le son de sa voix et la prière qu'elle adressait. Il se sentait renaître alors même qu'il désirait mourir.

Inconsciemment, presque, il perçut un bruit au loin. Ses idées s'éclaircirent. Un homme criait et un autre lui répondait. Charging Elk ne distinguait pas les mots, mais ils résonnaient dans les rues étroites, sans qu'il sache précisément d'où ils venaient. Il ouvrit les yeux et attendit.

14

Martin Saint-Cyr éprouva à l'estomac une douleur si violente qu'elle lui coupa la respiration. Il se maudit d'avoir commandé des huîtres à cette période de l'année. Bien qu'on fût seulement en mai, il faisait une chaleur étouffante, ce qui rendait la consommation d'huîtres hasardeuse. Il suffisait d'une seule qui fût mauvaise, et on pouvait être sûr qu'il tomberait dessus.

Il but une gorgée de son *digestif* et relut l'article. Il n'occupait que trois petites colonnes, mais c'était stupéfiant. Voilà que l'histoire se répétait ! Quand il l'avait lu la première fois, il avait eu une impression de *déjà vu*, comme cela lui arrivait souvent. Rien que la nuit dernière, il était sorti avec une femme qui lui avait confié que son rêve secret était de partir aider les Nord-Africains à trouver Notre Seigneur Jésus-Christ. Fille de missionnaires anglais, elle avait grandi au Soudan et désirait aller en Algérie pour travailler dans une mission française ou peut-être un hôpital. Comme il n'avait guère pensé à son ex-fiancée au cours des trois années écoulées, il lui avait fallu un moment avant que le récit de la jeune femme n'éveillât en lui le souvenir d'Odile. Et dans l'intervalle, il avait ressenti cet étrange sentiment de familiarité qu'il ne connaissait que trop bien.

Tout comme dans le cas présent où, avant même qu'apparaisse le nom de Charging Elk, il lui avait semblé avoir déjà lu l'article, et peut-être même avoir joué un rôle dans l'affaire.

Seulement, cette fois, Charging Elk avait tué un homme et se trouvait en prison pour une bonne raison et non parce que les autorités de Marseille ne savaient pas trop quoi faire de lui. Et cette fois, il ne pourrait sans doute pas grand-chose pour lui.

Saint-Cyr n'en était pas moins curieux et il se sentait redevable à l'Indien. Ses deux papiers sur l'incarcération injuste de Charging Elk lui avaient valu d'être embauché à *La Gazette du Midi*, d'abord en tant que reporter, puis en tant qu'éditorialiste, ce qui comblait ses vœux les plus chers. La *Gazette* était connue pour ses sympathies socialistes, de sorte que Saint-Cyr pouvait mener le bon combat sans pour autant courir les dangers qui le menaçaient à Grenoble. Après *Le Petit Marseillais*, journal conservateur par excellence, la *Gazette* lui apportait un souffle de liberté. Dans le cadre de ses deux ou trois colonnes hebdomadaires, il traitait en général de l'exploitation des ouvriers, dockers, haquetiers et autres, ainsi que des tracasseries dont les immigrants étaient l'objet et des impôts qui écrasaient les petits commerçants. Il adorait son travail et commençait à faire figure de célébrité et même de héros du *prolétariat* et de la *petite bourgeoisie.* Naturellement, il n'envoyait jamais ses articles à son père qui, à quatre-vingts ans, continuait à se poser en victime de la trahison des ouvriers de ses soieries.

Le journaliste se redressa dans son fauteuil et grimaça de douleur. Ses brûlures à l'estomac avaient cependant diminué, et il n'était pas loin de conclure qu'en définitive, il ne s'agissait peut-être que de sa dyspepsie habituelle, résultat de son tempérament inquiet et de son extrême sensibilité. Lorsque la souffrance eut cessé, il empoigna le téléphone et appuya à plusieurs reprises sur la fourche.

« Allô, allô, passez-moi le sergent de permanence à la préfecture, je vous prie. »

Saint-Cyr écouta un instant le grésillement. Cette invention récente l'émerveillait surtout par son aspect technique, car il arrivait souvent, en particulier pendant la journée, que la friture rendît la communication pratiquement inaudible. Cette fois, il eut de la chance.

« Allô, sergent Vautrin, je vous écoute. » La voix était lointaine, mais claire, comme si elle lui parvenait au travers d'un tube métallique.

« Bonjour, sergent. Martin Saint-Cyr de *La Gazette du Midi* à l'appareil. J'ai cru comprendre que vous déteniez un Peau-Rouge du nom de Charging Elk. Est-ce exact ?

— Oui. » Sans autre commentaire.

« Je lis dans le journal qu'il a tué un homme rue Sainte. »

Saint-Cyr griffonna dans son carnet le nom de « Vautrin » en attendant que celui-ci lui confirmât la nouvelle. Ses deux années d'échotier l'avaient accoutumé à ce petit jeu. A l'époque, il courait les commissariats et connaissait les agents de service, alors que maintenant, il se sentait anonyme, tout en sachant que le sergent avait sans doute entendu parler de lui et peut-être même lu quelques-uns de ses éditoriaux. Il but une nouvelle gorgée de son *digestif.* Il regrettait que Borely ne fût plus là. En vieux adversaires qu'ils étaient, ils auraient engagé leurs petites escarmouches traditionnelles, mais Borely dirigeait à présent une unité spéciale chargée de surveiller le front de mer et de combattre la contrebande. Il avait du mal à imaginer l'ex-sergent en vrai policier risquant sa vie face aux gangs qui sévissaient sur les quais, mais il devait se rendre à l'évidence.

« On dit que le mort était un important homme d'affaires », reprit Saint-Cyr comme son interlocuteur gardait le silence.

Le sergent sembla réfléchir avant de conclure que répondre à cette question ne prêtait pas à conséquence. « En effet, dit-il simplement.

— Et que faisait un important homme d'affaires à quatre heures et demie du matin rue Sainte ? » Saint-Cyr le savait pertinemment. Il y avait quatre ou cinq maisons de passe dans le coin, dont celle qu'il fréquentait jusqu'à ce que Fortune lui eût refilé une bonne chaude-pisse. Il avait dû subir des injections antiseptiques deux semaines durant pour calmer les terribles brûlures, traitement qui l'avait également guéri de la fréquentation des prostituées, du moins de celles de la rue Sainte. Cependant, la brune et confortable Fortune lui manquait.

Nouveau silence, comme si le nommé Vautrin ne savait pas encore tenir une conversation au téléphone.

« Est-il détenu à la préfecture ? demanda alors le journaliste. Charging Elk, je veux dire. Cette information ne vous engage à rien. »

Cette fois, le policier répondit immédiatement : « Vous devriez essayer de joindre le consulat américain, monsieur Saint-Cyr. Leur représentant a passé toute la matinée ici. »

Saint-Cyr raccrocha et contempla le visage qu'il avait dessiné pendant l'entretien téléphonique. Bien que rudimentaire, on reconnaissait tels qu'il se les rappelait les pommettes saillantes, les yeux bridés, les lèvres minces et les cheveux longs séparés par une raie au milieu qui tombaient sur les épaules. En revanche, il n'avait pas pu représenter l'aura de mort et l'odeur de cendres qui régnaient dans la petite cellule enfouie au sein des entrailles de la préfecture. Aujourd'hui encore, il frissonnait chaque fois qu'il y repensait.

Charging Elk avait cependant survécu et, apparemment, passé ces quatres dernières années à Marseille. Comment était-ce possible ? Pourquoi n'était-il pas retourné en Amérique ? Ou rejoindre le Wild West Show qui se trouvait encore en Europe au moment de sa libération ? Quelqu'un avait sans doute commis une terrible erreur. Il serait donc resté à Marseille et aurait tué un « important homme d'affaires » qui fréquentait les putains de la rue Sainte. Saint-Cyr, se pourléchant les babines, saisit de nouveau le téléphone.

Dans les restaurants du quartier du Vieux-Port, on trouvait la clientèle habituelle : vendeuses, bouchers, employés de bureau, financiers de la bourse, militaires et marins, matelots et dockers, mères avec leurs enfants, maris avec leurs maîtresses, vieilles femmes avec leurs petits chiens, boulevardiers... et Franklin Bell. Quand il n'avait pas un déjeuner qui se prolongeait parfois deux ou trois heures, il préférait en général le calme de son appartement ainsi que les salades et les poissons tout simples que lui préparait sa gouvernante.

Aujourd'hui, néanmoins, il était installé sous un parasol à la terrasse de Chez Louis, entouré de gens gais et bruyants qui semblaient manger avec plaisir. Sirotant une eau minérale, il attendait le célèbre Martin Saint-Cyr. Il se sentait mal à l'aise au milieu de cette atmosphère de fête.

Il songeait que le climat méditerranéen allait lui manquer. Même la vague de chaleur qui avait sévi pendant deux semaines ainsi que la puanteur qui émanait du Vieux-Port ne parvenaient pas à diminuer le plaisir presque sexuel que lui procurait la ville. Cette journée, par contre, s'annonçait parfaite, chaude mais pas trop, et sous un ciel bleu légèrement brumeux, les Marseillais profitaient de leurs rares moments de loisir.

Bell se tourna vers la large avenue et regarda deux jeunes femmes en élégantes robes longues et chapeaux de paille ornés de rubans de velours rouge voletant dans la brise, qui marchaient bras dessus, bras dessous en riant comme si elles n'avaient pas un seul souci au monde. En temps normal, il aurait évalué leurs charmes, mais aujourd'hui, il se borna à leur envier leur jeunesse et leur innocence. Elles paraissaient être chez elles ici, tandis que lui, il se sentait partout étranger.

Il vit alors un homme mince âgé d'à peine une trentaine d'années en costume blanc, chemise bleue amidonnée, cravate rouge et canotier à ruban à rayures multicolores s'écarter pour laisser passer les deux filles, puis se faufiler parmi les tables de la terrasse de Chez Louis. Bell n'avait jamais rencontré Saint-Cyr, mais il reconnut les traits délicats, la fine moustache et la barbiche soigneusement taillée d'après le portrait illustré qui figurait en tête de son éditorial dans *La Gazette du Midi.* L'Américain se leva, surpris de constater combien, en chair et en os, le dandy paraissait plus jeune.

« Monsieur Saint-Cyr ? Franklin Bell.

— *Enchanté,* monsieur Bell. Je vous remercie d'avoir accepté de me rencontrer. Et par une si agréable journée. »

Bell demeura interloqué non pas par la main manucurée, mais par la façon dont Saint-Cyr la présenta, légèrement cambrée, paume dirigée vers le bas à la manière d'une femme. L'espace d'un instant, il se demanda s'il ne devait pas la baiser, puis il retira la sienne et indiqua la chaise en face de lui. « Je vous en prie, asseyez-vous », dit-il.

Lorsque leurs verres arrivèrent — une autre eau minérale pour Bell et un ballon de vin blanc de Cassis pour le journaliste —, Saint-Cyr leva le sien et dit en anglais : « A votre santé, monsieur Bell.

— Je vois que vous parlez anglais.

— Un petit peu. Je l'ai étudié à l'université, mais je n'ai guère l'occasion de l'utiliser ici, à Marseille. » Il rit. « Mon père me disait que j'avais intérêt à l'apprendre, parce que les Américains n'allaient pas tarder à dominer le monde. »

Bell nota que Saint-Cyr parlait avec un accent typiquement anglais, ce qui ne l'étonna pas trop dans la mesure où quelques Britanniques enseignaient l'anglais dans les universités françaises. Il envisagea de dire que le sentiment national devait souffrir devant la nécessité nouvelle d'apprendre ainsi une langue étrangère, mais il se ravisa. Il ne se sentait pas d'humeur à aborder ce genre de sujet. Il était debout depuis cinq heures et demie du matin à essayer de comprendre ce qui s'était exactement passé avec Charging Elk, et il avait les nerfs à fleur de peau. De fait, il était tenaillé par la peur de perdre son emploi. Au consulat, il ne faisait de doute pour personne qu'il avait mal géré le problème Charging Elk quatre ans plus tôt. Il lui avait été si facile de le laisser disparaître dans Marseille puis de l'oublier. Or, en réalité, il avait pensé à lui pratiquement tous les jours, ne serait-ce que le temps d'une seconde ou deux. Ce qui le fascinait, avec un petit côté pervers, c'étaient les rêves qu'il faisait au sujet de Charging Elk. Que ce soit à cause du sentiment de culpabilité qui le rongeait ou de la crainte qu'on découvrît sa gaffe, il avait à plusieurs reprises rêvé que l'Indien se présentait à sa porte au petit matin, couvert de sang, incapable de parler, un tomahawk serré dans son poing, les bras ballants. Le sang gouttait sur le tapis de Perse du couloir et à chaque fois, Bell claquait la porte et poussait un cri en voyant un filet de sang s'infiltrer sous la porte et couler dans le vestibule. A ce moment-là, il se réveillait assis dans son lit, le pyjama trempé de sueur même par les nuits les plus froides et, ne sachant pas s'il avait réellement crié, il guettait une réaction éventuelle des voisins

Le lendemain à son bureau, négligeant la paperasserie qui l'attendait, il s'efforçait d'analyser son cauchemar, de comprendre pourquoi il le hantait ainsi. Au fond de lui, il le savait : il avait laissé tomber l'Indien. Il n'avait pas réussi à le renvoyer chez lui, ni à lui faire rejoindre la troupe du Wild West Show. Il avait tout simplement cherché à le rayer de sa vie et, avec l'aide des Soulas, il y était parvenu. Pendant quatre ans. Toutefois, il était sûr que Charging Elk se rappellerait un jour ou l'autre à lui dans des circonstances dramatiques, à l'exemple de son cauchemar récurrent.

Alors, pourquoi à une heure aussi grave avait-il accepté de déjeuner avec le célèbre éditorialiste de *La Gazette du Midi* ? Il n'aimait même pas ce que le journaliste écrivait à propos de l'économie et du gouvernement. Tout ce galimatias socialiste allait bien trop loin. Que feraient ces soi-disant opprimés sans leurs dirigeants, sans les hommes qui gouvernaient le pays, fournissaient les biens et les services, faisaient fonctionner les rouages de l'industrie et leur procuraient du travail ? Il était absurde de leur reprocher chacune des petites injustices qui pouvaient se produire dans le cours normal des activités industrielles et commerciales. Il se demandait ce qu'il fabriquait ici en compagnie de ce dandy qui représentait l'antithèse de tout ce à quoi il croyait.

Il allait prendre son dernier repas, un repas absurdement banal, avant de devoir regagner le consulat et affronter la fureur contrôlée (du moins l'espérait-il) d'Atkinson qui le tiendrait sans doute pour responsable d'avoir réduit à néant par sa stupidité et son incompétence des années de délicates négociations entre les deux nations. Malheureusement, il ne pourrait qu'abonder dans le sens du vieil homme. Les Français n'étaient pas des interlocuteurs faciles. Ils semblaient n'attendre qu'une occasion comme celle-ci pour les envoyer promener. Avec un peu de chance, il lui resterait le temps de rédiger sa lettre de démission après le déjeuner. Ce serait un geste symbolique, une manière de sauver en partie la face. Il savait qu'il se fermerait à jamais la porte des services diplomatiques. Et penser qu'il s'était imaginé être à deux doigts de remplacer Atkinson au poste de consul général ! Un espoir dont il se berçait depuis quatre ans !

« Je vois que vous souriez, monsieur Bell. Ne pourrais-je partager ce qui vous met ainsi en joie ? »

Bell eut un nouveau sourire amer. « En vérité, je n'ai aucune raison de me réjouir, monsieur Saint-Cyr. J'ai passé la matinée à la préfecture à tenter de calmer vos compatriotes, et en particulier Vaugirard, votre chef de la police, mais en vain. Je n'ai pas grand-chose à dire pour la défense de notre ami indien. On m'a insulté, traîné dans la boue, et je n'ai eu aucun argument à opposer. Je crains que son sort ne soit scellé. » Et le mien aussi, faillit-il ajouter.

« C'est une affaire grave, mon cher ami, très grave, certes, mais en quoi concerne-t-elle le vice-consul des Etats-Unis ? Vous devez sûrement avoir un conseiller juridique qui se charge de ces questions. A moins que vous n'ayez un intérêt personnel... »

Saint-Cyr laissa sa phrase en suspens, et Bell se demanda ce qu'il savait réellement. Il avait lu ses articles parus dans *Le Petit Marseillais* au moment de la première incarcération de Charging Elk à la préfecture, et il avait été contraint d'admettre qu'avec ses deux papiers enflammés, le journaliste avait obtenu plus de résultats que lui qui bénéficiait pourtant de l'appui du gouvernement américain, appui de bien peu d'utilité d'ailleurs, car superbement ignoré par les autorités de Marseille. Saint-Cyr avait probablement sauvé la vie du jeune Indien. Dans cette affaire, le pouvoir de la presse s'était révélé plus efficace que celui des gouvernements de deux des plus grands pays du monde.

Le serveur apporta une corbeille de pain, et les deux hommes commandèrent chacun une *salade niçoise.* Saint-Cyr tint à commander également une bouteille de vin et Bell, physiquement et émotionnellement vidé, n'opposa guère de résistance.

Après le départ du garçon, Bell déclara : « Je présume que vous ne m'avez pas invité à déjeuner pour le seul plaisir de ma compagnie. Il doit y avoir une raison, et je crois la deviner. Alors, autant en venir au fait. »

Saint-Cyr éclata d'un rire caverneux assez surprenant pour quelqu'un d'aussi svelte que lui, puis il répondit : « Vous êtes un peu trop direct pour moi, monsieur Bell. Mener les interviews, c'est censé être mon boulot. » Il se pencha en avant, redevenu soudain sérieux. « C'est au sujet de l'Indien, naturellement. Je n'ai pu obtenir aucune information de la part de la police sur cette affaire. J'ai parlé au reporter qui a écrit le petit article à propos du meurtre, mais il n'en sait pas davantage. » Le journaliste s'interrompit un instant, jouant avec un morceau de pain, comme s'il hésitait à poser la question, puis il reprit : « J'espérais... est-ce que vous pouvez m'apprendre ce qui s'est passé exactement rue Sainte ? »

Cette fois, ce fut au tour de Bell d'hésiter. Il porta son regard vers les immeubles. La rue Sainte se trouvait juste derrière, et ils étaient là, en train de déjeuner, à deux pâtés de maisons de la scène du meurtre. Malgré sa fatigue, Bell s'efforça de peser le pour et le contre. Devait-il tout dire à un journaliste ? Bien entendu, il connaissait les détails de cette sordide affaire, du moins tels que les lui avait relatés un Vaugirard hors de lui. Que pouvait-il divulguer à quelqu'un qui risquait de détourner les faits et de donner ainsi une mauvaise image du consulat américain et probablement de Bell lui-même ? Ne vaudrait-il pas mieux, et tant pis pour la politesse, se lever tout de suite et prendre congé ?

Il chercha dans son esprit ce qu'il aurait à gagner en racontant toute l'histoire. Il continua à réfléchir pendant que le garçon remplissait leurs verres puis, machinalement, il trinqua à la santé de Saint-Cyr et but une gorgée. Le vin était frais et vif ainsi qu'il l'aimait, et il se sentit soulagé d'être encore capable d'apprécier un plaisir simple. Il jeta un coup d'œil sur le journaliste qui avait tiré de sa poche un carnet et un crayon et qui attendait, un petit sourire aux lèvres. Bell eut soudain l'impression d'être trop gros, trop sale et trop mal habillé face à l'élégant Français. Il avait cependant pris sa décision.

Le seul élément positif, c'était que lui, et lui seul, pouvait raconter toute l'histoire à l'éditorialiste. Et il la raconterait depuis le début, depuis sa première rencontre avec Charging Elk à l'hôpital. Il était important que Saint-Cyr dispose de tous les faits afin qu'il comprenne les motifs qui avaient poussé l'Indien à commettre cet acte. Quant à la manière dont il interpréterait lesdits faits, c'était un autre problème. Bell aurait au moins la conscience un peu plus en paix. Pour lui, cela ne changerait rien — sa carrière était de toute façon foutue —, mais peut-être que cela aiderait Charging Elk. Dans son état de confusion mentale, il ne voyait pas très bien en quoi, mais il n'ignorait pas que Saint-Cyr avait la réputation de défendre les opprimés, les marginaux et les exclus de la société. Et, à la pensée qu'il ait justement besoin d'un homme dont il combattait les opinions, il ne put s'empêcher d'esquisser un sourire plein d'ironie.

Il ne cacha donc rien au journaliste de ce qu'il savait de la vie de Charging Elk à Marseille. Il lui parla de la famille (se gardant bien de la nommer) qui l'avait recueilli, de l'erreur monumentale commise par le médecin qui l'avait déclaré mort à la place de Featherman, du faux certificat de décès qu'il avait rédigé ensuite pour couvrir sa méprise, puis de ses propres tentatives infructueuses en vue d'obtenir des papiers permettant à Charging Elk de rejoindre le Wild West Show, de ses démêlés avec l'administration française, et enfin, à sa surprise — il n'avait pas eu l'intention de le mentionner —, de la manière dont il avait fini par renoncer devant tous les obstacles mis en travers de son chemin. Il avoua qu'il avait volontairement perdu la trace de Charging Elk, jusqu'à ce qu'il le retrouve dans des circonstances aussi dramatiques.

Bell but une nouvelle gorgée de vin, les yeux rivés sur le crayon qui griffonnait furieusement sur les pages du carnet, lesquelles semblaient tourner à toute allure. Il remarqua vaguement l'assiette placée devant lui, les feuilles de laitue flétries, l'huile luisante et le vinaigre qui formaient comme deux petites flaques distinctes autour des miettes de thon. Regardant autour de lui, il constata que la foule de l'heure du déjeuner s'était dispersée. A la terrasse de Chez Louis, il ne restait plus que deux tables occupées, la leur et celle où deux jeunes amoureux échangeaient de longs baisers passionnés devant leurs *citrons pressés.* Bell se sentait trop las pour les envier.

Saint-Cyr finit par lâcher son crayon, puis il se frotta les paupières et rejeta la tête en arrière pour détendre sa nuque raide. Bell, contemplant la pomme d'Adam du journaliste et sa barbiche brune si fine qu'on distinguait en dessous les contours bien dessinés du menton, se rappela qu'il n'avait pas eu le temps de se raser. Saint-Cyr ramena lentement son corps en avant et murmura : « Eh bien, quelle histoire, mon cher ami !

— Vous comprenez pourquoi j'ai hésité à vous confier le rôle que j'ai joué dans ce gâchis. Si j'avais été plus persévérant, peut-être que Charging Elk serait aujourd'hui en Amérique parmi les siens au lieu de... » Bell haussa les épaules.

« Bien sûr ! Mais vous n'êtes pas le seul responsable. La France et sa bureaucratie y sont également pour quelque chose. Tous les documents doivent être tamponnés trois fois si ce n'est plus, et il arrive que certains se “perdent” comme on vous répond. Il y a toujours un fonctionnaire qui vient d'avoir une scène de ménage et qui passe sa colère sur vous. » Saint-Cyr se reprit et éclata de rire. « Je ne pensais pas à vous personnellement. Vous, vous représentez les Etats-Unis, mais cela les rend parfois encore plus récalcitrants. Ils se sentent menacés dans leur pouvoir et ils font la seule chose qu'ils sachent bien faire : bloquer le dossier jusqu'à ce que la partie lésée, même quand il s'agit des Etats-Unis d'Amérique, finisse par renoncer. Il est humain, monsieur Bell, d'abdiquer à un moment ou un autre au cours de cet interminable processus. Vous n'avez rien à vous reprocher. Que pouviez-vous faire d'autre ? »

Bien qu'il doutât quelque peu de la sincérité du journaliste — après tout, lui aussi était à sa manière une espèce de fonctionnaire —, le vice-consul se sentit beaucoup mieux que tout à l'heure. Il n'ignorait pas que cette interview constituait un véritable suicide politique, mais il était soulagé d'avoir raconté cette histoire qui, depuis quatre ans, pesait sur sa conscience et lui donnait des cauchemars. Et tant pis si le journaliste déformait ses propos.

Celui-ci, taillant méticuleusement son crayon avec un petit couteau de poche en argent, reprit sans lever la tête : « Mais vous n'avez pas terminé votre récit.

— Non, il reste la partie juteuse.

— Pardon ?

— Oui, la partie la plus intéressante.

— Je sais combien c'est difficile pour vous, mais comprenez bien que si je dois aider notre ami, il faut que je sois au courant de tous les détails de ce sordide fait divers.

— Naturellement. »

Bell hésitait cependant. Il but un peu du vin de Cassis qui commençait à se réchauffer dans son verre. Il avait envie d'un café, mais il avait surtout envie que l'interview s'achève. Ensuite, il retournerait au consulat affronter Atkinson qui le déchargerait de ses fonctions et organiserait probablement une réunion dès le lendemain matin au cours de laquelle il lui demanderait de remettre les documents en sa possession et de faire le point sur les affaires courantes. Après quoi, il serait libre de préparer sa malle-cabine, ses valises, et quand il monterait à bord du vapeur en partance pour Philadelphie, il serait redevenu un simple particulier, triste épilogue à sa carrière avortée.

Aussi, ne voyant pas de raison de s'en abstenir, Bell fit au journaliste le récit du meurtre tel qu'il le tenait de Vaugirard, le chef de la police. Mais, au contraire de ce dernier, au lieu de dramatiser, il employa un ton plat et monotone. Il n'avait jamais été un brillant conteur — c'était toujours le lendemain pendant qu'il se rasait ou prenait son petit déjeuner qu'il trouvait la phrase juste, le bon mot irrésistible —, mais là, peu lui importait de provoquer l'ennui de son auditoire, ce qui n'empêcha pas Saint-Cyr de marmonner tout en griffonnant et, à plusieurs reprises, de pousser une exclamation incrédule. Une seule fois il s'arrêta d'écrire.

« Breteuil ? Armand Breteuil, vous voulez dire ? Le grand cuisinier ?

— Oui. Il tient un restaurant rue de la Croix appelé La Petite Nani.

— J'y ai déjà mangé. Son établissement passe pour la meilleure table de toute la Provence.

— Oui, il paraît.

— C'est vraiment horrible. »

L'Américain considéra le dandy d'un air étonné. Qu'est-ce qu'il trouvait horrible ? Les coups de couteau, la gorge tranchée, la mare de sang ou bien le fait que Saint-Cyr ne pourrait plus apprécier la cuisine raffinée de Breteuil à La Petite Nani ?

« C'est tragique, ajouta l'éditorialiste.

— En effet », acquiesça Bell d'un ton sec.

Il termina son récit le plus rapidement possible. Il était exténué, et le vin l'avait rendu somnolent, mais il ne négligea aucun détail. Lorsqu'il se tut, il se cala dans sa chaise et écouta le crayon grincer furieusement sur le papier, tandis qu'il regardait deux balayeurs qui, appuyés sur leurs balais, fumaient à l'ombre d'un marronnier. Il les enviait presque de se livrer à de si simples tâches dans un monde si complexe.

« Vous avez pu, disiez-vous, vous entretenir avec le Peau-Rouge. Comment était-il ?

— On ne m'a accordé que vingt minutes. Etonnamment calme. Comme s'il ne se rendait pas compte de la gravité de son acte.

— D'après vous, il se serait donc laissé prendre ?

— Oui. Il était allongé sur la chaussée. Il n'a offert aucune résistance.

— Et la fille, la prostituée dans la chambre de qui le meurtre a eu lieu, vous dites qu'elle a été arrêtée ? »

Recru de fatigue, Bell avait les yeux qui le piquaient. « Vaugirard a juste dit qu'elle était détenue. Il n'a pas parlé d'inculpation.

— Elle a un nom ?

— Personne ne l'a mentionné. » Bell tira sa montre. Cinq heures et demie. Mon Dieu, songea-t-il. Déjà douze heures que j'ai reçu ce coup de téléphone de la préfecture. Il avait l'impression qu'il venait de vivre les douze heures les plus longues de son existence. Il se leva. « Excusez-moi, mais je dois retourner au consulat. » A la vérité, il ressentait un immense soulagement. A cette heure-là, Atkinson serait déjà parti.

Saint-Cyr se leva à son tour et tendit la main de cette étrange manière qui était la sienne. « Merci de m'avoir consacré un peu de votre temps, monsieur Bell. Je sais combien cela vous a coûté.

— Mais non, mais non. » Bell lui serra la main. « *Au revoir*, monsieur Saint-Cyr.

— *Au revoir*, monsieur Bell. Et bonne chance. »

Le vice-consul fit quelques pas, puis il s'arrêta et se retourna. « J'espère que vous ménagerez Charging Elk, monsieur Saint-Cyr. Je sais que son geste est impardonnable. » Il s'efforça de réfléchir. « Mais pour lui, voyez-vous, c'était une question d'honneur. Je crois qu'il a agi comme il devait agir. Il n'avait pas le choix.

— Le code de l'honneur en vigueur chez les sauvages, je présume. » Le journaliste ne leva pas la tête et continua à feuilleter son carnet posé sur la table.

« Quelque chose de ce genre. Il a dit que Breteuil lui avait fait une chose qu'un homme ne fait pas à un autre homme. Il a été très clair là-dessus. »

Cette fois, Saint-Cyr leva les yeux. « Il parle français, maintenant ?

— Oui, un peu. Il ne s'est pas montré particulièrement communicatif, mais il a demandé des nouvelles de la prostituée. Il semblait très inquiet à son sujet.

— Intéressant. » L'éditorialiste prit une note dans son carnet, puis il le ferma et le rangea dans sa poche. « Je vous remercie encore une fois, monsieur Bell. Et soyez assuré que je ferai preuve d'une totale impartialité. Vous pouvez être tranquille sur ce point. »

Saint-Cyr suivit des yeux le vice-consul qui s'éloignait. Dans son pardessus noir, l'Américain avait les épaules voûtées et la démarche lourde d'un condamné qui monte à l'échafaud. Son chapeau de paille lui-même paraissait écrasé sous le poids du soleil éclatant. Vu de dos, on n'aurait jamais imaginé qu'il s'agissait d'un homme grand et fort et plutôt beau à sa manière. Il avait le front trop ridé, les yeux trop usés.

Le journaliste eut un peu pitié de lui. Certes, il n'aimait guère les Américains et, dans ses éditoriaux, il lui était arrivé plus d'une fois de leur reprocher leur arrogance et leur prétention. Il n'aimait pas voir leurs bateaux dans le port de Marseille, il n'aimait pas leurs marins, il n'aimait pas leurs délégations commerciales qui se révélaient de plus en plus exigeantes et refusaient de payer le juste prix des marchandises. Il les comparait volontiers aux Romains qui avaient débarqué à Massilia avec leurs vaisseaux et levé leur tribut sur la ville.

Pourtant, il ne pouvait s'empêcher de le plaindre parce que ce scandale allait probablement lui coûter son poste. Et avec ce qu'il avait raconté au cours de cette étrange après-midi, le scandale ne faisait aucun doute ! Jamais on n'avait vu un homme se donner ainsi des verges pour se faire fouetter.

Il ouvrit le couvercle de sa montre de gousset. Six heures moins le quart. Trop tard pour se rendre à la préfecture. Par contre, il avait largement le temps pour son éditorial qu'il ne remettrait que demain soir. De toute façon, il ignorait encore qui était le véritable méchant de l'histoire. Pouvait-on éprouver de la sympathie pour un sauvage qui avait assassiné un pervers ? Pouvait-on s'indigner de la mort d'un homme qui se livre à un acte sexuel sur un sauvage drogué et sans défense ? Il sortit son carnet et consulta la première page. Vautrin. Le sergent Vautrin. Il prendrait sur son salaire de quoi acheter une boîte de bons cigares, et peut-être même une bouteille de cognac. Dieu merci, tous les policiers n'étaient pas aussi incorruptibles que Borely.

Saint-Cyr coiffa le canotier qu'il avait laissé sur la table et quitta l'ombre protectrice du parasol. Aussitôt, la chaleur s'abattit sur ses épaules, et il se rendit compte qu'il venait de passer quatre heures dans une sorte d'état second. Il n'avait pas remarqué que le vent avait viré au sud, et que la fraîcheur du matin avait été trompeuse. Pourtant, alors qu'il descendait dans la direction opposée à celle que Bell avait prise, il se sentit léger, plein d'entrain, comme lorsqu'il s'apprêtait à faire une petite visite à Fortune. Finalement, il comprenait que Charging Elk ait pu tomber amoureux de la putain du Salon.

Arrivé au bout du cours, il héla un fiacre pour retourner au siège de *La Gazette du Midi.* Il s'installa sur la banquette de cuir noir et, bercé par le claquement des sabots du cheval sur les pavés, il ferma les yeux, se demandant si Fortune était toujours contagieuse. Elle lui manquait. Avant, ils ne se voyaient peut-être que deux ou trois fois par mois, mais au moins, il ne se sentait pas seul.

Tout à coup, il comprit ce qui l'avait tracassé toute l'après-midi au sujet de Bell. Cet homme n'avait personne qui l'attendait chez lui, personne à qui parler, personne auprès de qui chercher du réconfort. C'était pour cela qu'il s'était ainsi épanché. Saint-Cyr ouvrit les paupières et contempla la croupe pommelée du cheval gris. Il savait à présent ce qu'il allait faire. Grâce à lui, le cas Charging Elk prendrait rang parmi les *causes célèbres.* Il couvrirait le procès jusqu'au verdict, quel qu'il soit. Marseille saurait tout de la créature exotique venue d'Amérique et de ses étranges coutumes, de ses pathétiques tentatives pour devenir un Français comme les autres et enfin du conflit entre son propre code de l'honneur et les lois de la civilisation.

Saint-Cyr aurait voulu fouetter lui-même la croupe pommelée du cheval pour le faire avancer plus vite. La vie lui paraissait belle maintenant, comme s'il n'avait attendu que ce moment. Il avait pitié du vice-consul, et il aurait pitié demain de Charging Elk quand il l'interviewerait, mais en cet instant, il avait la tête dans les étoiles.

15

Malgré le froid qui régnait dans la cellule aux murs de pierre, Charging Elk gisait sur son grabat vêtu de son seul pantalon. Etendu sur le dos, les yeux grands ouverts, il se rappelait le plafond tout taché et fissuré de la chambre de Marie au Salon et se demandait comment celui de sa prison faisait pour tenir, alors qu'il ne reposait que sur les quatre murs de la pièce. Il avait suivi les différentes étapes de la construction de l'immeuble se trouvant sur le chemin de l'omnibus qu'il prenait pour se rendre à la savonnerie (cela lui semblait remonter à une éternité, et pourtant à peine une année s'était écoulée), mais il ne s'était jamais interrogé à propos de la magie des maçons. Il ne cessait de s'étonner que le massif édifice ne s'écroule pas sur lui et ne l'écrase comme un insecte sous une semelle.

Il aurait accueilli la mort avec joie, car il ne lui restait plus d'espoir. Jamais il ne rentrerait dans son pays. Il le savait, bien que Costume Marron lui eût assuré une nouvelle fois que les Américains l'aideraient à se tirer de ce mauvais pas. Que pourraient-ils faire ? Costume Marron ne l'avait pas aidé dans la maison des malades, ni dans la maison de pierre. Alors, pourquoi le ferait-il cette fois-ci ? Il ne doutait pas que la police allait lui couper la tête avec le grand couteau de fer, et il n'en avait cure. Il ne souhaitait même pas rejoindre les siens dans le monde réel. Comment pourrait-il les retrouver alors qu'il serait sans tête ? Comment le reconnaîtraient-ils ?

Et lui, comment pourrait-il leur dire qu'il était Charging Elk, fils de Scrub, le porteur-de-chemise, et de Doubles Back Woman, petit-fils de Scabby Bull, le grand chef de clan, et de Goodkill qui se trouvaient tous deux depuis si longtemps au pays des ombres qu'il ne les connaissait que de nom. Et même son frère et sa sœur — comme il les enviait ! — ne le reconnaîtraient pas. Et quand Strikes Plenty arriverait, il éclaterait de rire et se moquerait de son vieil ami Charging Elk sans se rendre compte qu'il l'avait devant lui. Non, il valait mieux mourir et laisser son esprit errer, aveugle et muet, au-dessus d'un monde auquel il ne pourrait jamais appartenir.

Deux sommeils avaient passé et il ne regrettait toujours pas d'avoir tué le *siyoko.* C'est simple : quand on rencontre le mal, on le tue. Le mal n'est pas comme un animal dangereux. On ne tue pas un ours, un félin ou un serpent à sonnette pour le seul plaisir de tuer. Tous ces animaux ont été mis sur la terre par Wakan Tanka et on vit en harmonie avec eux, sauf s'ils deviennent menaçants, ou s'ils ont été créés pour servir de nourriture. Dans ce cas, on dit des prières quand on les tue afin d'honorer leurs esprits. Et le monde demeure en équilibre — du moins le demeurait-il autrefois. Maintenant, le cercle était brisé et les siens étaient morts dans leurs corps et dans leurs esprits. Même les Paha Sapa sacrées leur avaient été enlevées. Les *wasichus* creusaient des trous dans les collines sacrées à la recherche du métal jaune qui les rendait fous. Ils abattaient les arbres et construisaient leurs villages. Ils détournaient le cours des rivières avec leurs abreuvoirs et leurs barrages. Ils voulaient tuer les Lakotas qui venaient y prier et avoir des visions qui les rendaient forts. Les collines sacrées qui avaient engendré les Lakotas étaient à jamais perdues pour eux. Et les bisons qui étaient entrés dans la grotte, les bisons du rêve de Bird Tail, ne reviendraient jamais dans ce monde. Le mal apporté par les *wasichus* régnait partout.

Même si ce *siyoko* n'était qu'un parmi la multitude de ceux qui grouillaient derrière la haute fenêtre de sa cellule, le tuer valait bien une centaine de coups comptés sur les ennemis. Il mourrait avec honneur dans ce monde loin de son peuple.

Wakan Tanka le saurait. Pendant les deux derniers sommeils, il était parvenu à cette conclusion : les épreuves que le Grand Mystère lui avait fait subir durant les quatre années écoulées ne comportaient pas de promesse de récompense. Elles n'étaient destinées qu'à s'assurer de son courage et de sa résolution en vue de le préparer à l'épreuve finale. En tranchant la gorge du *siyoko*, il avait accompli son temps sur terre.

Charging Elk s'assit au bord de sa paillasse et posa ses pieds nus sur le sol froid. Il avait le dos raide et douloureux, car l'un des hommes l'ayant trouvé allongé sur la chaussée lui avait décoché deux ou trois coups de pied. Il devait avoir d'énormes bleus, mais il souffrait surtout à l'intérieur. Depuis qu'il était là, il pissait du sang, mais peu lui importait. Bientôt, il serait mort. René lui avait raconté un jour que lorsque la guillotine coupait la tête, le corps continuait à vivre un moment, agité de soubresauts, et il lui avait cité l'exemple d'un homme décapité qui s'était redressé et avait couru vingt mètres avant de s'effondrer, et ensuite celui d'une tête qui avait injurié et maudit tous les spectateurs qui applaudissaient à son exécution. A l'époque, Charging Elk avait été horrifié, mais à présent, il sourit à ce souvenir. Il avait tué des oiseaux et autres animaux puis les avait regardés trembler et se tordre dans leur agonie. Ce n'était rien. Bird Tail, le vieux *wicasa wakan*, affirmait qu'il s'agissait simplement de leurs esprits quittant leurs corps et que si l'on disait les prières qu'il fallait, tout irait bien. Le moment venu, Charging Elk dirait lui aussi les prières qu'il fallait, mais ce seraient des prières de remerciements pour avoir vécu sur cette terre et non pour la destinée de sa *nagi*.

Machinalement, il tâta la poche de son pantalon à la recherche de la chaîne au bout de laquelle se trouvait sa montre, jusqu'à ce qu'il se souvienne que le geôlier la lui avait confisquée, de même que son portefeuille. En revanche, il ne se rappelait pas ce qu'était devenu son couteau. L'avait-il laissé dans la chambre ? Ou bien le geôlier le lui avait-il également pris ?

Sa sérénité l'abandonna soudain. Marie ! Chaque fois qu'il songeait à elle, c'était avec un sentiment d'inquiétude. Le *siyoko* lui avait-il fait du mal ? Si elle avait été dans la chambre et encore en vie, elle serait sûrement accourue à son secours. Juste avant qu'il ne s'endorme, elle avait posé ses lèvres sur les siennes. Il avait vu des amoureux s'embrasser ainsi sur les quais du Vieux-Port et dans les cafés du cours Saint-Louis. Mais lui avait-elle parlé ? Il croyait se souvenir d'un murmure à son oreille, mais sortait-il de la bouche de Marie ? Il ne pouvait s'empêcher de craindre le pire. Au milieu de ces instants de tendresse, il avait sombré dans un sommeil de plomb, et le *siyoko* en avait certainement profité pour tuer Marie avant de pratiquer cet acte infâme sur son sexe, un sexe réservé à Marie et à elle seule, et en aucun cas à un homme. Il ne devait pas oublier, tandis qu'il repensait avec honte au plaisir qu'il avait ressenti, que le *siyoko* n'était pas un homme mais un esprit malfaisant qui s'était emparé de ce corps à la peau si pâle.

Charging Elk avait les idées confuses. Il savait qu'il avait bien agi en tuant l'esprit malfaisant, mais dans le même temps, il pleurait la mort de celle qui serait devenue sa femme, qui lui aurait apporté le bonheur et des enfants. Les deux choses étaient-elles liées ? Et surtout, était-il responsable ? Sans lui, le *siyoko* ne serait pas entré et Marie serait toujours en vie. Lui, il était simplement venu demander à Marie de l'épouser.

Il retomba sur sa paillasse. Il avait mal à la tête, ce qui lui arrivait tout le temps depuis ce jour funeste. Avant, c'était uniquement quand il avait bu trop de *mni sha*. Il dormait très peu depuis qu'il était dans la maison de pierre. Chaque nuit, son esprit se contentait de se couper l'espace d'un moment et ses yeux de ne plus voir, et après, il avait l'impression de n'avoir jamais cessé de penser. Il reprenait tout bonnement à l'endroit où il s'était arrêté.

Il ferma les paupières et perçut un bourdonnement sous son crâne. Des zébrures floues, jaunes et noires, dansèrent devant ses yeux, et il les regarda dans une sorte de renoncement paisible. Puis elles disparurent cependant que l'oubli le gagnait. Il dormit longtemps, profondément. Il aurait aimé qu'un rêve vînt lui indiquer la voie à suivre, mais son esprit, à l'instar d'un lapin qui fuit un faucon, se terra dans un labyrinthe.

Charging Elk entendit d'abord coulisser la lourde plaque métallique qui ouvrait le guichet de la porte. Quelques secondes plus tard, la clé joua dans la serrure et la porte s'entrebâilla. Il garda les yeux fermés, s'attendant à sentir l'odeur âcre de la soupe.

La voix du geôlier s'éleva : « Réveillez-vous. Vous avez de la visite. »

Le prisonnier se souleva sur un coude, pensant avoir de nouveau affaire à Costume Marron, mais l'homme qui se tenait sur le seuil de la cellule était plus mince, vêtu d'un beau complet crème et coiffé d'un chapeau de paille à large bord qui lui couvrait la tête comme un parasol et lui dissimulait les yeux. Charging Elk constata cependant qu'il avait le teint clair et que ses poils au menton ne parvenaient pas à cacher sa jeunesse.

« Vous avez vingt minutes », annonça le geôlier.

Charging Elk étudia un instant ce dernier. Ce n'était pas le gros type ignoble qui l'avait si mal traité quatre ans auparavant. Celui-là était plus jeune et avait un visage mat sous une épaisse barbe noire sans laquelle il aurait pu passer pour un Lakota, mais c'était sans doute un Levantin, ou peut-être un musulman. L'Indien en conçut quelque étonnement dans la mesure où tous les gendarmes et les geôliers qu'il avait vus jusqu'à présent étaient des Français.

L'inconnu, glissant un billet de un franc dans la main de l'homme, répondit : « Merci, monsieur. »

Le geôlier sortit, puis referma la porte derrière lui. Charging Elk s'assit au bord de son lit.

Le jeune homme avança le petit tabouret et s'assit à son tour. S'ils avaient été l'un en face de l'autre, leurs genoux se seraient touchés.

« Alors, monsieur Charging Elk, comment allez-vous ? Etes-vous bien traité ?

— Correctement.

— Vous me semblez en meilleure forme que la dernière fois où je vous ai rencontré. »

Charging Elk, qui jusqu'à présent fixait le mur couvert de graffitis, jeta un coup d'œil à l'homme qui souriait.

« Vous ne vous souvenez pas de moi, je suppose ? Martin Saint-Cyr. Je vous ai rendu visite il y a quelques années de cela... dans cette même prison. Vous n'étiez pas dans la même cellule, je crois. »

L'expression de l'Indien ne se modifia pas. Il essayait cependant de se rappeler.

« A l'époque, vous ne parliez pas notre langue. Il paraît que les choses ont un peu changé. Vous êtes devenu un vrai Français... au point de fréquenter l'une de nos célèbres maisons de plaisir. »

Charging Elk avait compris à peine la moitié de ce que cet homme racontait. Soudain, ses pensées se reportèrent sur la chambre sanglante de Marie et son estomac se noua. Ce Saint-Cyr serait-il un chef *akecita* venu déjà le conduire à la guillotine ?

L'homme tira de sa poche un paquet de cigarettes et une boîte d'allumettes. Il offrit une cigarette à Charging Elk avant d'en prendre une pour lui, puis il gratta une allumette dont il tendit la flamme au prisonnier en se soulevant de son tabouret. « Excusez-moi, dit-il. J'ai été trop vite pour vous. Je vais m'efforcer de parler plus lentement et distinctement. »

Charging Elk le considéra un instant, bouche bée. « Poitrine Jaune, balbutia-t-il en lakota. C'est Poitrine Jaune, le *heyoka.* » Il venait de se rappeler que la dernière fois, Poitrine Jaune lui avait donné un paquet de cigarettes entamé. Au souvenir de la petite cérémonie qu'il avait pratiquée avec le tabac, son cœur fit un bond dans sa poitrine. « Vous êtes venu m'aider », reprit-il, toujours en lakota.

Pour le coup, ce fut au tour de Saint-Cyr d'ouvrir de grands yeux devant les sonorités rauques de cette langue étrange. Il n'en avait pas saisi un seul mot. « C'est moi qui suis perdu cette fois-ci, fit-il en riant. C'est votre langue indienne ? On m'avait pourtant assuré que vous parliez français.

— Ah oui ! Je parle français. Mais pas très bien. »

Saint-Cyr lança le paquet de cigarettes et les allumettes sur le lit. « C'est pour vous, mon ami. » Puis il sortit son carnet et poursuivit : « Nous n'avons pas beaucoup de temps. Vous pouvez me raconter ce qui s'est passé au bordel ? »

Charging Elk tira une bouffée de sa cigarette et leva les yeux vers la fenêtre grillagée. Le mot « bordel » ne l'effraya pas, mais il ne désirait pas évoquer de nouveau ces terribles images.

« Pourquoi êtes-vous en prison ? »

Si cet homme était vraiment venu pour le sauver, ne devrait-il pas tout lui dire ? Il comprendrait la raison de son acte. « J'ai tué un esprit malfaisant, dit-il alors.

— Pourquoi ? »

Charging Elk continua à fumer, regardant les volutes bleuâtres s'élever vers le plafond. Se sentant soudain presque nu devant l'homme au teint pâle, il remit sa chemise, remarquant au passage que le col amidonné avait disparu et, les yeux baissés, il entreprit de la boutonner.

« Pourquoi avez-vous tué un homme dans cette maison de passe ? Qu'est-ce qu'il représentait pour vous ? »

L'Indien ôta la cigarette de sa bouche et examina Saint-Cyr. Il n'avait pas l'air d'un gendarme, mais le prisonnier soupçonnait encore une ruse. D'un autre côté, pourquoi cet homme qui l'avait naguère aidé chercherait-il aujourd'hui à le tromper ?

Saint-Cyr paraissait comprendre les réticences du Peau-Rouge. Et puis, soudain, il se sentit mal à l'aise sous ce regard qui semblait le transpercer.

« Oui, bien sûr ! s'écria-t-il brusquement. J'ai oublié de vous dire, je suis journaliste, à *La Gazette du Midi*. Vous connaissez peut-être ? » Comme Charging Elk ne réagissait pas, il continua, détachant bien ses mots : « J'écris sur l'injustice. Pour que je puisse vous aider, il faut que vous répondiez à mes questions.

— Vous n'êtes pas gendarme ?

— Je jure sur la Vierge Noire que je ne suis qu'un humble reporter qui ne demande qu'à vous aider. D'accord ?

— D'accord. » Charging Elk jeta son mégot dans le seau

hygiénique au pied de la paillasse. « Celui que j'ai tué n'était pas un homme comme vous et moi mais un *siyoko.* »

Saint-Cyr qui avait commencé à griffonner s'interrompit. « Pardon ? Un si.. un si quoi ?

— Un *siyoko.*

— Vous pouvez m'épeler ?

— Non.

— Mais qu'est-ce que cela signifie ?

— Un malfaisant.

— Un esprit malfaisant ?

— Un malfaisant. »

Saint-Cyr, secouant la tête, écrivit « malfaisant », puis il demanda : « Et pour quelle raison l'avez-vous tué ?

— Parce qu'il était le mal. On tue toujours le mal. »

Le journaliste tapota de son crayon la page ouverte de son carnet. On lui avait certifié que l'Indien maîtrisait le français, mais rien de ce qu'il disait ne paraissait avoir de sens, comme si le cerveau de ce sauvage ne fonctionnait pas de la même manière que celui des hommes ordinaires. Il décida alors de s'y prendre autrement. « Si vous voulez que j'essaie de vous sortir de prison, il faut que vous me disiez tout, dans les moindres détails. Vous comprenez ?

— Bien entendu. Je vous dirai tout, oui.

— Parfait. Reportons-nous à quelques mois en arrière Vous fréquentiez l'une des putains, l'une des filles. Elle s'appelait... » Il feuilleta son carnet. « ... voyons. Ah oui, Marie Colet. C'est bien cela ?

— Oui, oui ! Marie ! » Le visage de Charging Elk s'éclaira avant de s'assombrir presque aussitôt. « Mais le *siyoko* l'a tuée.

— Non, non, monsieur. Ce... ce malfaisant ne l'a pas tuée. Elle est bien vivante. En fait, elle se trouve en ce moment même ici, à la préfecture. Je lui ai parlé il y a moins d'une heure. »

L'Indien dévisagea de nouveau l'éditorialiste, les yeux réduits à deux fentes. A présent, il savait qu'il ne devait pas se fier à cet homme. « Le *siyoko* l'a tuée », répéta-t-il dans un murmure qui se perdit dans les hauteurs de la cellule.

Saint-Cyr avait baissé la tête sous le regard meurtrier du

sauvage. Il songeait à appeler le geôlier qui se tenait juste derrière la porte et écoutait leur conversation quand ses yeux tombèrent sur les notes qu'il avait prises, et il se mit à réciter : « Cheveux bruns, trapue, dix-neuf ans. Originaire de la campagne, du Vaucluse. Travaille au Salon depuis trois ans. » Risquant un coup d'œil en direction de l'Indien, il vit une expression de surprise se peindre sur ses traits. Il poursuivit : « Elle a déclaré que vous veniez la voir tous les samedis depuis décembre ou janvier. Elle ne s'en souvient pas avec certitude.

— Alors elle est vivante !

— Vous lui avez offert un camée...

— Wakan Tanka l'a sauvée ! » Il ferma les yeux et continua doucement, comme si Saint-Cyr n'était pas là : « Merci, Tunkashila, merci pour son cœur qui bat, pour sa peau souple et ses cheveux brillants. J'ai marché à tes côtés toutes les années de ma vie et maintenant tu me fais un autre cadeau. Tu es le bon Grand-Père qui m'a montré la Route rouge et je mourrai avec toi dans mon *wanagi* pour toujours. Merci, merci, mon Tunkashila, merci pour son cœur qui bat. Et merci pour Poitrine Jaune dont le cœur aussi bat fort pour ton pauvre petit-fils. »

Saint-Cyr écoutait avec fascination l'étrange mélopée. Il regrettait amèrement de ne pas comprendre ce qui se passait dans la tête de l'*Indien.* Il savait que la véritable histoire se dissimulait quelque part derrière ce visage cuivré presque émacié, ces yeux d'obsidienne et ces lèvres minces d'où s'échappaient les sons incompréhensibles. Il notait tout cela dans son carnet comme un automate.

« Qu'est-ce qu'elle fait ici ? »

Absorbé dans ses pensées, le journaliste mit un moment à s'apercevoir que la question s'adressait à lui. Il eut un sourire penaud. « Elle est détenue, répondit-il.

— Mais pourquoi ?

— On la soupçonne de... » Saint-Cyr s'interrompit. Un souvenir lui traversa l'esprit, celui de ce même Indien dans une cellule identique à celle-ci, les traits tirés, l'air abattu. Il se rappelait la poignée de main molle, le regard terne, l'odeur de mort qui régnait. Et maintenant que Charging Elk allait sûrement être condamné à la peine capitale, comment pourrait-il lui annoncer que la fille qu'il aimait — peut-être la seule personne qu'il eût aimé au cours de sa pauvre existence — avait conspiré avec Breteuil pour le droguer afin que ce dernier pût accomplir son acte infâme ? Elle avait tout raconté au journaliste moins d'une heure auparavant. Honteuse du rôle qu'elle avait joué, elle était effrayée et inquiète — mais surtout pour elle, à dire vrai. Qu'allait-elle devenir ? Elle n'avait guère semblé se soucier du sort de Charging Elk. Sur le moment, Saint-Cyr avait trouvé sa réaction bien naturelle. Pourquoi se préoccuperait-elle de ce qui pourrait arriver à un de ses clients ? Mais de son côté, l'Indien paraissait croire qu'ils entretenaient plutôt une relation amoureuse. Après tout, cela aussi était naturel. Quoi de plus normal qu'un homme s'amourache d'une putain. Oh ! ma douce et confortable Fortune !

« Les vingt minutes sont écoulées !

— Encore un petit instant, s'il vous plaît ! » Saint-Cyr jeta un coup d'œil sur ses notes. Il ne tenait pas grand-chose. Une simple description et quelques gribouillages, ainsi qu'une tentative pour transcrire le mot étrange que le Peau-Rouge avait prononcé. *Siyoko.* Malfaisant. Il referma son carnet. Bell et Marie Colet lui en avaient appris assez pour donner matière à un premier article. Il aurait aussi de quoi tracer un portrait relativement fidèle de l'Indien, mais il lui faudrait recueillir davantage d'informations avant le début du procès.

« Vous désirez que je vous apporte quelque chose lors de ma prochaine visite — en plus des cigarettes ? »

Charging Elk, penché en avant, les coudes sur les genoux, étudiait les initiales gravées sur le mur. « Non, merci, répondit-il.

— Je pourrais peut-être transmettre un message à quelqu'un, à votre travail ou à un voisin ? » suggéra Saint-Cyr.

Sa proposition était sincère, mais voyant une lueur d'anxiété briller dans les yeux du sauvage, son instinct de journaliste se réveilla et il poursuivit : « Il y a certainement quelqu'un qui s'inquiète pour vous, qui aimerait savoir que vous êtes en vie. Si vous avez un nom à me communiquer, je pourrais au moins rassurer cette personne. »

Le geôlier entra dans la cellule. « Il faut que vous partiez, maintenant. Si on vous découvre ici, je risque de perdre ma place.

— Laissez-moi vous aider. Un simple nom...

— S'il vous plaît, monsieur. J'ai trois bouches à nourrir. » L'homme saisit Saint-Cyr par le coude pour l'obliger à se lever.

« René Soulas. »

Le journaliste et le geôlier se figèrent ainsi, dans une pose quelque peu ridicule. Charging Elk esquissa un sourire, comme s'il trouvait la chose amusante, mais ses yeux demeurèrent froids.

« Où habite-t-il ? » Saint-Cyr s'était repris, de même que le geôlier qui le poussait vers la porte.

« 11, rue d'Aubagne. C'est mon ami. Dites-lui de ne pas s'inquiéter. »

La porte se referma dans un claquement sec qui coupa la fin de la phrase. Charging Elk resta un moment assis sur le bord de sa paillasse, contemplant sans les voir les inscriptions sur le mur. Il n'avait pas pensé aux Soulas depuis deux sommeils, et le nom de René lui avait même paru bizarre dans sa bouche. Il tira une autre cigarette du paquet et la regarda, caressant d'un geste machinal le petit cylindre lisse. Son cœur se serra. Qu'est-ce que Madeleine allait penser ? Elle avait cru qu'il avait une vraie petite amie qu'il leur amènerait un dimanche à dîner. Maintenant, elle saurait la vérité. Il se tourna vers la porte, mais ne rencontra plus que le silence. Il était trop tard pour dire à Poitrine Jaune qu'il avait changé d'avis et ne voulait plus qu'il aille trouver René Soulas. Ses tempes commencèrent à battre. La migraine le guettait qui l'obligerait à s'allonger et à fermer les paupières pour se protéger de la lumière qui filtrait par la haute fenêtre.

Il redoutait cette douleur de même qu'il redoutait les derniers sommeils de sa vie. Il se demandait si on viendrait le chercher ce soir, demain ou après-demain. La mort ne le dérangeait pas — pourtant, il ne l'appelait pas de tous ses vœux comme quatre ans plus tôt lorsqu'il avait chanté son chant de mort trois sommeils d'affilée —, mais il n'aimait pas l'idée d'attendre. Il préférerait qu'on vienne ce soir. Il glissa la cigarette entre ses lèvres et gratta une allumette. Une pensée jaillit dans son esprit : Wakan Tanka lui avait envoyé Poitrine Jaune à deux reprises. Peut-être avait-il un plan en définitive. Mais qu'est-ce que Poitrine Jaune pouvait faire ? Ce n'était pas un magicien capable de rendre Charging Elk invisible ou de lui recoller la tête après que le grand couteau de fer l'aurait tranchée. Malgré tout, il lui avait offert son aide. Le regard rivé sur la petite flamme jaune, l'Indien se permit de conserver une lueur d'espoir.

Tandis qu'il tirait sur sa cigarette, il pensa à Marie et se demanda, juste avant qu'une douleur fulgurante ne lui vrille le crâne, comment il se faisait qu'elle soit encore en vie et que le *siyoko* ne l'ait pas tuée. Il avait eu l'intention de poser la question à Poitrine Jaune, mais il n'en avait pas eu le temps. Maintenant, il ne saurait jamais.

16

La matinée du 16 août 1894 était une matinée typique de fin d'été : chaude et humide sous un ciel sans nuages, et relativement calme à onze heures, alors que la plupart des gens étaient rentrés du marché ou travaillaient dans les usines et les magasins. Quelques personnes étaient attablées aux terrasses sous des parasols, devant des *cafés* ou des *citrons pressés*. De temps en temps, un fiacre ou une voiture de livraison passaient en bringuebalant, et plus rarement encore, un omnibus presque vide remontait avec lenteur la Canebière ou la rue de la République, tandis que les chevaux, le poil luisant de sueur, s'arrêtaient automatiquement à chaque carrefour.

René Soulas et sa femme Madeleine attendaient l'omnibus au coin de la Canebière et du cours Saint-Louis. Ils se hissèrent sur la plate-forme arrière et s'installèrent à l'intérieur. René avait passé la matinée à la poissonnerie, et après avoir laissé à François le soin de nettoyer, il s'était hâté de rentrer chez lui pour se laver et se changer, mettant son plus beau costume. Madeleine était déjà prête, habillée de sa robe provençale bleu marine au col et aux poignets ornés de dentelles et coiffée de son chapeau de paille noir surmonté de fruits rouges artificiels. Ils n'avaient pratiquement pas échangé une parole. Ils redoutaient les heures et les jours qui allaient suivre.

Quelques semaines plus tôt au marché, René, profitant

d'un creux, avait lu le petit article paru dans *La Gazette du Midi.* Il en fut si troublé qu'il n'en parla ni à Madeleine ni à François. Il continua à vendre son poisson jusqu'à l'heure de la fermeture, puis après avoir ôté son tablier et s'être lavé les mains — Dieu merci, Madeleine était déjà partie afin de préparer le déjeuner —, il se précipita au pas de course à la préfecture. Dans le hall, il dut s'adosser un instant à un pilier pour reprendre sa respiration.

Il avait été doublement choqué : d'abord, bien sûr, parce que Charging Elk avait tué un homme, et ensuite parce que le meurtre avait eu lieu rue Sainte. Et il se sentait doublement trahi : Charging Elk avait demandé à quitter leur maison près de trois ans auparavant et malgré toutes les mises en garde de René contre les tentations de Marseille, le jeune Indien avait atterri dans un bordel situé au cœur du quartier le plus mal famé de la ville.

Appuyé au pilier, encore hors d'haleine, il s'efforça de se calmer. Il oscillait entre la colère et la crainte. Il était furieux contre Charging Elk qui s'était mis dans une situation pareille, et il était furieux contre lui-même qui, d'une certaine manière, avait permis cela. Il aurait dû se montrer plus ferme dans sa condamnation du mal. Et il avait peur parce que le jeune Indien risquait la guillotine. Il fallait qu'il fasse quelque chose. Il fallait qu'il voie Charging Elk. Il décida de faire abstraction de sa colère et de tâcher de réconforter le jeune homme de son mieux.

Lorsqu'il se présenta, le sergent de service lui annonça que le prisonnier n'avait droit à aucune visite. René eut beau lui expliquer qu'il avait hébergé Charging Elk pendant deux ans, qu'il était comme un père pour lui et que l'Indien n'avait personne d'autre, le policier se borna à répéter : « Pas de visites, monsieur. »

René n'en souffla mot à Madeleine. Il savait qu'elle ne tomberait pas sur l'article, car elle ne lisait jamais les journaux. Il n'y avait rien dedans qui l'intéressait et, affirmait-elle, ils étaient tout juste bons à emballer le poisson ou les marrons chauds. Au dîner, René manifesta un entrain inhabituel, mais il ne dormit pas de la nuit et le lendemain après le marché, il retourna à la préfecture. Cette fois, il réussit à voir un capitaine qui parut l'écouter avec attention, prenant des notes, mais à la fin, il lui dit la même chose que le sergent, lui donnant cependant un semblant d'explication : le juge d'instruction voulait conduire les interrogatoires sans intervention extérieure avant de déterminer s'il y avait bien eu crime et si l'affaire relevait ou non d'une cour d'assises. La justice fonctionnait ainsi et monsieur Soulas devait le comprendre.

Or, monsieur Soulas ne le comprenait pas. Quel mal y aurait-il à apporter un peu de réconfort à une âme perdue ? Ne devait-on pas tout faire pour aider son prochain ? Et la Bible ne disait-elle pas : « Faites donc aux hommes tout ce que vous voulez qu'ils vous fassent » ?

Le capitaine était bien d'accord, mais, aussi regrettable que cela fût, la loi de Dieu n'était pas la seule loi. Il conseilla à René de garder espoir. Peut-être que le juge ne retiendrait aucune charge contre le Peau-Rouge. Peut-être qu'il s'agissait d'une déplorable erreur.

René rentra chez lui, plus démoralisé que jamais. Il s'en voulait terriblement d'être parvenu à convaincre l'Américain, ce monsieur Bell, de lui confier Charging Elk. Sur la Canebière, il passa devant la boutique de la diseuse de bonne aventure avec ses rideaux rouges, ses bougies qui brûlaient en plein jour et l'œil peint sur la vitrine. L'espace d'un instant, et pour la première fois de sa vie, il envisagea d'entrer consulter la voyante, mais à l'idée de ce qu'il pourrait apprendre, il réprima un frisson et accéléra le pas pour regagner son domicile où l'attendait l'excellent déjeuner préparé par Madeleine, laquelle ne se doutait toujours de rien.

En arrivant, il eut la surprise de trouver chez lui un inconnu, un curieux personnage par surcroît. L'homme était installé sur le divan, jambes croisées, une tasse de café en équilibre sur un genou. Il portait une ample blouse de soie bleu marine avec une lavallière assortie, et son pantalon couleur crème au pli impeccable tombait tout aussi impeccablement sur ses bottines pointues en cuir fauve. René regarda Madeleine comme pour s'assurer qu'il ne s'était pas trompé de maison, et il lut sur son visage une expression où semblaient se mêler l'horreur et une sorte d'inquiétude teintée d'expectative.

« Je te présente monsieur Saint-Cyr. C'est un journaliste. » Elle se tourna vers ce dernier : « Et voici mon mari, René. »

L'homme se leva et tendit la main d'une manière bizarre. « *Enchanté*, monsieur Soulas. Je suis ravi de faire votre connaissance. » Tandis que René lui serrait la main, il reprit : « Certes, j'aurais préféré que ce ne fût pas dans d'aussi douloureuses circonstances.

— Oui, bien sûr. » René jeta un coup d'œil à Madeleine et comprit qu'elle savait. Il aurait souhaité le lui annoncer en temps voulu, mais peut-être était-ce mieux ainsi. Les semaines ou les mois qui allaient suivre seraient sans doute difficiles, mais elle méritait de savoir.

« Je lis régulièrement vos éditoriaux, monsieur Saint-Cyr. C'est un honneur pour moi de recevoir la visite d'un grand journaliste. » Puis il ajouta : « Mais votre portrait ne vous rend pas justice. »

Il regretta aussitôt ses paroles, mais Saint-Cyr éclata de rire. Il était habitué à ce genre de réaction. Même à la *Gazette*, ses camarades journalistes le plaisantaient sur ses tenues flamboyantes qui paraissaient devenir de plus en plus extravagantes au fil des années. Il en était de même pour sa prose, et les lecteurs adoraient cela.

« Je vous en prie, asseyez-vous, monsieur. Aimeriez-vous encore un peu de café ? Madeleine... » Mais celle-ci se dirigeait déjà vers la cuisine. René regarda Saint-Cyr se caler contre les coussins du divan, admirant au passage la délicatesse avec laquelle une jambe venait prendre place sur l'autre. Le mince et pimpant éditorialiste s'installait confortablement, comme s'il était à l'aise partout dans le monde. Malgré les « douloureuses circonstances », René ne pouvait s'empêcher d'être fier d'accueillir chez lui un personnage aussi illustre. « Un cigare, peut-être ? suggéra-t-il.

— Non, non, je vous remercie. J'ai mes propres cigarettes. » Saint-Cyr en prit une dans son paquet, et René nota qu'il s'était servi en guise de cendrier de la petite coupe en argent de Madeleine remplie de fleurs séchées. Il y avait déjà deux mégots dedans. Le journaliste alluma sa cigarette et laissa tomber l'allumette dans la coupe. Tout en redoutant que les fleurs prennent feu, René songea qu'il serait maladroit de sa part d'aller maintenant lui chercher un cendrier.

Saint-Cyr se pencha légèrement et dit à voix basse : « Je suis infiniment désolé pour votre femme. Je croyais qu'elle était au courant. Je crains que cela ne lui ait procuré un choc.

— Elle aurait bien fini par l'apprendre. J'avais l'intention de le lui dire moi-même, peut-être dès aujourd'hui. »

De fait, ce que René aurait voulu, c'était voir d'abord Charging Elk et lui parler avant d'annoncer la terrible nouvelle à Madeleine. Il l'expliqua à Saint-Cyr.

« Je pourrais peut-être intercéder en votre faveur et vous obtenir l'autorisation de lui rendre visite. Peut-être même demain. »

Deux mois et demi s'étaient écoulés, et René n'avait toujours pas vu Charging Elk. Le surlendemain de sa visite, il avait lu l'éditorial de Saint-Cyr et avait été plus qu'impressionné par son art de construire une histoire fascinante à partir du peu d'informations dont il disposait. Il se rappelait encore quelques passages, en particulier le début : « M. Charging Elk, enfant de la nature ou tueur né ? Telle est la question qui nous est posée... » Il avait eu un grand choc en découvrant le nom de l'homme assassiné : Armand Breteuil. D'après l'article, le meurtrier et sa victime ne se connaissaient pas avant que Breteuil et la prostituée, une certaine Marie Colet, ne trament leur ignoble complot. Pourtant, René se souvenait de ce petit matin sur le quai des Belges où il avait présenté Charging Elk à Breteuil qui, un peu plus tard, avait embauché l'*Indien* pour l'aider à porter ses caisses de poisson. René en avait conçu quelque alarme, mais après avoir pris soin de prévenir son protégé contre les dangers que représentaient les pervers comme Breteuil, il n'y avait plus pensé. Aussi fut-il profondément troublé, d'autant qu'il se demandait si depuis le jour du quai des Belges les deux hommes ne s'étaient pas de nouveau rencontrés avant le drame de la maison close. Il avait un instant envisagé de faire part à Saint-Cyr de ce détail, mais il s'était ravisé, se disant qu'il risquait d'en résulter plus de mal que de bien. Dans un coin de son esprit qu'il ne tenait pas trop à explorer par crainte de ce qu'il pourrait y trouver, il s'interrogeait sur la vie sexuelle de Charging Elk...

René et Madeleine descendirent de l'omnibus à une rue du Palais de Justice. Ils demeurèrent un moment à regarder les lourdes charrettes tourner le coin du cours Pierre-Puget. Un homme en blouse bleue de paysan et chiffon mouillé autour du cou lavait les carreaux du côté ombragé de la rue. Il travaillait vite et les fenêtres séchaient presque tout de suite sous la chaleur. René se surprit à l'envier — un homme simple qui accomplissait une tâche simple. Ce soir en rentrant chez lui, il se plaindrait sûrement à sa femme du travail de domestique qui était le sien, mais pour le moment, il ne semblait pas trop malheureux. René prit Madeleine par le coude et la guida vers leur destination. Empruntés, ne desserrant pas les lèvres, on aurait dit que c'étaient eux les accusés qui se rendaient à leur procès.

Par une brèche entre le Palais de Justice et un autre bâtiment, on apercevait, en haut de la colline, Notre-Dame-de-la-Garde et son clocher surmonté de la Vierge en bronze doré. René se rappela alors que, comme tous les soirs, il avait prié hier la Vierge pour qu'elle vienne au secours de son jeune ami, mais elle n'avait donné aucun signe qu'elle avait entendu. Il voulut la regarder, mais il dut détourner les yeux, ébloui par les rayons du soleil de fin de matinée qui se reflétaient sur l'or dont elle était parée.

Dans le hall mal éclairé du Palais de Justice, René montra sa convocation à un homme qui se tenait derrière un guichet. Il leur indiqua le chemin, et ils gravirent un large escalier, puis longèrent un couloir sans fenêtres où leurs pas résonnèrent sur le sol de marbre. Au bout, un autre homme, celui-ci vêtu de la tunique noire et du pantalon bleu à bandes rouges des gendarmes, étudia attentivement le papier, puis examina le couple, sourcils froncés, avant de l'introduire dans le prétoire.

Ils pénétrèrent avec étonnement sur un grand balcon faisant le tour de la salle. Il y avait trois rangées de bancs, lesquels étaient presque tous occupés. C'était la première fois que René venait dans une salle d'audience, et il crut d'abord se trouver parmi les membres du jury. Pourtant, ils lui parurent un peu trop nombreux. Comment pourrait-on rendre la justice dans des conditions pareilles !

En comparaison, le parterre paraissait désert. Quelques personnages en robes noires installés devant des tables en bois foncé bavardaient entre eux. Sur le côté, assis sur deux rangées dans un box, plusieurs hommes, le regard fixé droit devant eux, semblaient patienter avant le début d'une représentation théâtrale, mais ils avaient plutôt le visage sombre de fantassins qui attendent l'ordre de charger l'ennemi.

Le gendarme les conduisit vers une partie du balcon condamnée par un cordon qu'il décrocha en disant : « Voilà, c'est votre place. » René faillit s'incliner devant le jeune gendarme comme s'il avait affaire à un prélat ou un *grand bourgeois.* « Merci », murmura-t-il, s'asseyant avec précaution sur le banc. Il tira son mouchoir et épongea la sueur qui perlait sur son front et sa lèvre supérieure. Il jeta un coup d'œil vers la porte par laquelle ils étaient entrés. Elle s'était refermée, et il se sentit soudain pris au piège dans cette vaste salle à l'atmosphère confinée.

La main de Madeleine se posa sur la sienne : « Ça va, René ?

— J'ai juste un peu chaud, c'est tout.

— Tu as la main qui tremble.

— Je ne pensais pas que c'était si grand, et tous ces gens... » A cet instant, il remarqua en dessous d'eux une petite plate-forme ovale ressemblant un peu à une chaire. Elle était entourée d'une balustrade et il y avait une chaise au milieu. René oublia d'un seul coup sa gêne et contempla avec tendresse l'homme assis là. « Madeleine », chuchota-t-il, comme étourdi. Sa femme se tourna vers lui, puis suivit la direction de son regard.

« Mon Dieu, s'exclama-t-elle d'une voix étouffée. Il a l'air encore si jeune. »

Ils restèrent un moment silencieux, détaillant les longs cheyeux noirs, le visage au teint cuivré, les yeux étrécis et les ombres projetées par les pommettes saillantes. Ils étaient à moins de sept mètres de Charging Elk.

René se pencha au-dessus de la rampe et lança du plus fort qu'il osa : « Psst, Charging Elk, mon ami. »

L'Indien regarda autour de lui mais ne leva pas les yeux.

« Psst, par ici. »

Un gendarme apparut soudain sous le balcon et René se recula.

A cet instant, un huissier debout à côté de la porte demanda au public de se lever et les murmures cessèrent cependant que les gens s'exécutaient. Trois hommes âgés en robes rouges, plastrons blancs et coiffés de toques vinrent prendre place sur l'estrade richement décorée au-dessus du sceau de la République française. Chacun d'eux serrait sous son bras une serviette et, tandis qu'ils s'installaient dans les hauts fauteuils de velours rouge, celui qui était au milieu regarda alternativement d'un côté puis de l'autre. Les autres magistrats hochèrent la tête et le président, un homme austère portant des lunettes et une barbe blanche, annonça l'ouverture de la session de *la cour d'assises de la République.* Il avertit le public qu'il devait se dispenser de manifester, puis il enjoignit au *procureur général* et à l'avocat de l'accusé de s'en tenir « au sujet ». Il ajouta que lui-même se réservait le droit d'interroger non seulement l'accusé, mais aussi son défenseur et le *procureur général.* Il s'adressa ensuite aux membres du jury, leur recommandant de juger en leur âme et conscience, de ne pas parler du déroulement du procès en dehors de l'enceinte du tribunal et enfin, de prononcer leur verdict en se fondant uniquement sur les preuves apportées devant la cour. Après quoi, il adressa un signe de tête au *procureur* qui conférait avec l'un de ses assistants. Le *procureur,* un homme massif au teint rubicond et aux épais favoris blancs dont le ventre proéminent tendait sa robe au-dessus du bout de ses chaussures vernies, se leva et, après avoir salué les magistrats, entama son réquisitoire.

René et Madeleine, comme hypnotisés, écoutèrent le *procureur général* accuser Charging Elk du crime le plus atroce qu'il eût rencontré au cours des dix-neuf années qu'il officiait en tant que représentant du ministère public. Il appuyait ses paroles en tapant du poing sur la barre devant lui et en montrant du doigt l'accusé qui, disait-il, n'était pas seulement un immigrant clandestin, mais également un sauvage qui ne comprendrait jamais les règles et les obligations d'une société civilisée. Il cita des poètes et des peintres, des compositeurs et des sculpteurs, des hommes politiques et des prêtres, terminant par les grands chefs cuisiniers français, dont l'un venait d'être assassiné de sang-froid par un criminel incapable de faire la différence entre un gigot et une *noisette d'agneau.* « Et pourquoi, poursuivit-il en postillonnant, a-t-il choisi d'habiter le Panier, ce quartier de tire-laine, de meurtriers et de trafiquants de drogue ? Celui que vous avez devant vous n'est pas un simple vagabond ou un pauvre enfant de la nature comme certains aimeraient nous le laisser accroire. Il est comme un poisson dans l'eau dans ce repaire de gredins, cette plaie ouverte dans le sein de la bonne société de Marseille. Ah, si j'avais dix ans de moins, croyez-moi, j'irais moi-même nettoyer ce foyer d'infection. »

Bien que prévenu par l'avocat de Charging Elk, René n'arrêta pas de sursauter face à ce tissu d'exagérations et de mensonges. Quant à Madeleine, elle était outrée. Elle agrippait le genou de son mari et ne cessait de grommeler. René, promenant son regard autour de lui, remarqua qu'on les observait. Il tapota la main de sa femme et esquissa un sourire qui se voulait réconfortant, mais elle gardait les yeux fixés droit devant elle.

Charging Elk, de son côté, semblait soit ne pas comprendre ce que le procureur disait, soit considérer que ces ridicules accusations faisaient partie de l'étrange processus. Il était calme mais attentif, jambes croisées, ses longues mains brunes plaquées sur ses genoux. René l'avait vu des centaines de fois assis dans cette position, quand il le traînait au café boire une anisette avec ses amis ou quand, quelques années plus tôt, l'un des enfants lui contait ses aventures de la journée. En tout cas, même s'il ne comprenait pas tout, il suivait avec attention.

C'était le Charging Elk que René connaissait, celui qui avait fini par s'attirer les bonnes grâces de Madeleine par sa patience et sa gentillesse, de sorte que celle-ci bouillait à présent de rage à chaque parole que prononçait le malheureux représentant du ministère public.

« Quand va-t-il arrêter de raconter tous ces sales mensonges ? siffla-t-elle soudain entre ses dents, suffisamment fort pour que René jette un coup d'œil inquiet en direction du magistrat.

— C'est son rôle, ma chère épouse, murmura-t-il sans la regarder. Les procès se déroulent toujours de cette manière. Ensuite, ce sera au tour de l'avocat de Charging Elk de plaider pour sa défense. Quand il m'a interrogé, il m'a bien dit de ne pas m'inquiéter. C'est dans les attributions du procureur de présenter notre ami sous un mauvais jour. Il en va toujours ainsi.

— Mais c'est injuste ! On n'a pas à écouter toutes ces menteries. Et si les magistrats allaient le croire ?

— Ils savent faire la part des choses. Ce sont des hommes d'expérience, des hommes d'honneur. »

René se tourna vers les membres du jury alignés sur deux rangées dans leur box. C'étaient eux qui comptaient. L'avocat avait précisé que les jurés tiendraient le sort de Charging Elk entre leurs mains. Il s'agissait peut-être de gens honorables, mais pas de gens d'expérience. Immobiles, ne laissant rien transparaître de leurs sentiments, ils écoutaient le procureur déverser son venin. René se rappela soudain la Vierge d'or en haut de Notre-Dame-de-la-Garde, et il lui adressa une courte prière. Il se sentait de nouveau gagné par le découragement.

« On dirait un gros cochon », cracha Madeleine, indiquant le procureur d'un geste du menton.

Charging Elk, assis sur la chaise de bois dans le box des accusés, contemplait la pointe de ses chaussures marron maintenant toutes ternes et éraflées. Il portait son costume noir, celui que le tailleur lui avait confectionné en des temps plus heureux. L'homme qui allait présenter sa défense l'avait donné à la teinturerie et il lui avait apporté deux chemises propres et une cravate, expliquant que Charging Elk devait avoir l'air d'un monsieur respectable. L'Indien était cependant déçu par ses chaussures. Après les nombreux sommeils passés dans ses vêtements gris de prisonnier, il s'était habillé avec plaisir, et quand il avait fait remarquer l'état de ses chaussures à l'homme qui devait parler en son nom, ce dernier lui avait répondu de ne pas s'inquiéter parce que personne ne les verrait. Mais lui, il les voyait, et cela le gênait.

Il dominait le parterre où se tenaient les personnes importantes. Toutes gardaient le silence, hormis l'homme qui l'accusait des pires méfaits. Son avocat lui avait dit que c'était son ennemi et que, pour sa part, il s'efforcerait de convaincre les jurés et les magistrats que Charging Elk n'était pas un scélérat. Bien qu'il ne saisît pas grand-chose du réquisitoire du procureur, l'Indien se rendait compte que sa situation n'était guère brillante. Il comprenait les mots « sauvage », « assassin » et « mauvais garçon ». Et il voyait que les hommes dans le grand box écoutaient de toutes leurs oreilles.

Charging Elk avait entendu quelqu'un l'appeler à voix basse, mais regardant autour de lui, il n'avait vu que des inconnus. Certains ne le quittaient pas des yeux, comme s'il était une bête sauvage à l'exemple des grands félins et des loups du Wild West Show. Pour la première fois depuis longtemps, il se sentait agacé par la curiosité malsaine dont il était l'objet, et il avait envie de montrer les dents, mais l'homme chargé de sa défense lui avait bien recommandé de se comporter en gentleman. Il décida donc de ne plus leur prêter attention et de s'intéresser à la langue de vipère et aux membres du jury qui l'observaient. Son cœur se serra à l'idée que ces gens paraissaient ignorer ce qu'étaient les *siyokos* et qu'il était nécessaire de les tuer.

Son avocat l'avait prévenu que les choses ne se présentaient pas sous un jour favorable et que, au mieux, il parviendrait peut-être à le sauver de la guillotine. Ce qui constituerait déjà une victoire en soi. S'il arrivait à prouver que Charging Elk avait été un bon citoyen, la cour se laisserait peut-être attendrir. Il voulait les noms de tous ceux qui connaissaient son client, amis ou ennemis, sans exception, et il ferait le tri.

Charging Elk lui donna donc le nom de ceux qui s'étaient montrés gentils à son égard : les Soulas, Costume Marron, Poitrine Jaune, ses chefs à la savonnerie, monsieur Billedoux et madame Braque, le petit homme rondelet du Salon, Olivier. Et, après un instant de réflexion, il ajouta Marie.

Là, son défenseur l'avait arrêté, précisant qu'elle viendrait déjà témoigner « à un autre titre ». Le jeune Indien n'avait pas compris ce que cela signifiait, mais il était content à la pensée de la revoir, même de loin. De fait, cette perspective l'avait soutenu au cours de ces trois dernières semaines. Il avait été questionné sans répit par un magistrat qui semblait vouloir lui faire avouer qu'il avait tué le brave restaurateur avec froideur, comme un boucher qui tranche la gorge d'un agneau et le laisse tranquillement se vider de son sang. Il était resté sourd à l'explication que lui avait fournie Charging Elk, à savoir qu'il avait agi au nom de tous, y compris au nom de celui qui l'interrogeait. C'était son devoir.

Il regarda autour de lui sans plus se préoccuper du discours de son accusateur. Il songeait que Marie était peut-être dans la salle — peut-être au balcon ou peut-être derrière l'une des tables sous le balcon. Il y avait bien quelques femmes, mais Marie n'était pas parmi elles. Elle devait être au balcon finalement, là où il ne pouvait pas la voir. Il lui apparut soudain qu'il ne l'avait jamais vue habillée pour sortir, et l'imaginant en robe longue de satin, coiffée d'un beau chapeau à plumes, il sentit sa bouche se dessécher. Il se pencha pour mieux examiner les tables au fond du prétoire. Il n'y avait que des hommes installés là, qui tous prenaient des notes dans de petits carnets. Et dans le coin droit, il repéra Poitrine Jaune qui, penché sur sa table, écrivait furieusement.

Charging Elk ne l'avait revu qu'une fois après leur première rencontre. Il lui avait apporté des cigarettes, des bonbons et le bonjour de René et de Madeleine, ainsi qu'une copie de l'article qu'il avait rédigé sur l'affaire. Il guettait avec impatience la réaction de Charging Elk, mais constatant que celui-ci se contentait de regarder le papier, il comprit. « Ah, vous ne savez pas lire », dit-il, et il entreprit de le lui résumer, négligeant les détails qui risqueraient de troubler l'*Indien.* Il lui raconta que de nombreuses personnes étaient scandalisées qu'un sauvage innocent ait pu ainsi être séduit par un prédateur comme Breteuil, et qu'elles s'indignaient aussi que la justice refuse de reconnaître que le véritable crime avait été commis par le restaurateur. Dans la rue, on entendait souvent des commentaires du genre : « A sa place, j'aurais fait la même chose. »

Cela remontait à quatre ou cinq semaines, et depuis, Charging Elk n'avait pas eu de nouvelles. Il avait commencé à croire que Poitrine Jaune l'avait oublié — après tout, Marseille était une grande ville et un journaliste ne manquait pas de sujets pour ses articles. Aussi quand Poitrine Jaune, profitant de ce que le procureur buvait un verre d'eau, leva la tête et lui adressa un clin d'œil, l'*Indien* sourit. Depuis l'affaire du Salon, il n'avait pas vu un seul visage amical en dehors de Poitrine Jaune. Il se prit soudain à espérer que l'éditorialiste parviendrait à faire comprendre à tous ces gens qu'il avait accompli un acte nécessaire.

Pendant les neuf premiers jours du procès — le tribunal ne siégeant pas les samedis et les dimanches —, de nombreux témoins se succédèrent à la barre. Ceux de l'accusation étaient surtout des fonctionnaires, parmi lesquels des gendarmes, dont celui ayant procédé à l'arrestation de Charging Elk pour vagabondage devant l'abbaye Saint-Victor, un médecin venu témoigner que l'Indien avait quitté l'hôpital sans autorisation, un autre certifiant que l'accusé ne possédait pas les facultés mentales lui permettant de comprendre les règles qui gouvernent une société civilisée, et un troisième, spécialiste en phrénologie, qui affirma qu'au sein de la communauté scientifique, il était admis que les cerveaux des sauvages étaient plus petits que la moyenne et par conséquent moins développés et moins à même de prendre des décisions judicieuses. Puis un membre de l'administration vint déclarer que le prévenu ne jouissait d'aucun statut légal et était, de ce fait, un immigrant clandestin qui aurait dû depuis longtemps être expulsé, mais qui, on ne savait comment, avait réussi à passer à travers les mailles du filet des services de l'immigration.

Lorsque le procureur appela son dernier témoin, Charging Elk eut du mal à ne pas laisser éclater sa joie. Se soulevant de sa chaise, il vit Marie s'avancer à la barre, les yeux baissés. Elle était vivante et bien vivante : même physique robuste, même figure lisse et ronde qu'il avait si souvent contemplée. Pourtant, elle avait quelque chose de différent. Elle portait une robe, une longue robe grise, non pas en satin, mais modeste et sobre, ainsi qu'un chapeau gris sous lequel elle avait ramené ses cheveux. Quand elle passa devant lui, il entendit le bruissement de la robe et des jupons, et se sentit presque intimidé par cette Marie qu'il ne connaissait pas.

Afin de préparer sa défense, son avocat n'avait cessé de l'interroger sur ses relations avec la jeune fille et sur ce qui s'était passé entre eux le jour du drame. Comment lui avait-elle semblé ce soir-là ? Joyeuse ? En colère ? Distante ? Sournoise ? L'avait-il vue verser une poudre ou un liquide dans son verre de vin ? Avaient-ils eu des relations sexuelles ? Toutes ces questions avaient déplu à Charging Elk, car elles paraissaient impliquer que Marie était de mèche avec le *siyoko*. En réalité, il s'était surpris à éprouver un pincement de jalousie à cette idée. Il s'était dominé et avait dit à l'avocat qu'il ne voulait plus parler d'elle. Il ne lui confia pas avoir demandé à Marie de venir vivre avec lui et de l'épouser. Après ces jours et ces nuits interminables dans l'isolement de sa cellule, il avait fini par considérer comme absurde d'avoir pu envisager un instant un bonheur pareil.

Et voilà qu'elle se trouvait à quelques mètres de lui, jurant de dire la vérité, toute la vérité. Ses mains, courtes et trapues sous les gants noirs tout simples, s'agrippaient à la barre comme à une planche de salut. Elle répondit à la première question du procureur d'une petite voix réservée que Charging Elk ne connaissait que trop bien. Penché en avant, l'oreille tendue, il saisit presque tout ce qu'elle disait, dont le fait qu'elle travaillait toujours au Salon.

Le représentant du ministère public la questionna principalement sur ses relations avec l'accusé. Quand l'avait-elle rencontré pour la première fois ? Venait-il souvent au Salon ? Couchaient-ils à chaque fois ensemble ? Etait-il un amant violent ? Exigeait-il de pratiquer des actes que la morale réprouve ? Puis il en arriva à cette dernière soirée. Où était-elle pendant que les deux hommes se trouvaient dans sa chambre ? Et enfin, qu'avait-elle vu quand elle y était retournée ?

Marie faillit alors s'évanouir. Elle vacilla, se raccrocha à la barre et fondit en larmes au souvenir de l'horrible spectacle. Encouragée par le procureur, elle parvint à décrire entre deux sanglots le corps nu encore à moitié affalé sur le lit, la tache de sang sur le couvre-lit, le sang qui continuait à couler des blessures, l'odeur douceâtre qui l'avait fait vomir.

Le procureur la remercia d'une voix bienveillante, puis retourna s'asseoir. Un silence de mort planait sur le prétoire. Charging Elk lui-même, revivant les terribles événements de cette nuit-là, avait retenu son souffle en écoutant le récit de Marie. Il en avait compris assez pour se rappeler comment il s'était lavé les cuisses et le bas-ventre dans la cuvette, comment il avait remis dans son pantalon le pan de sa chemise maculée de sang et comment, après avoir aperçu la paire de lunettes sur la table de chevet, il avait quitté la chambre, envahi d'un étrange sentiment, mélange de peur et de triomphe. Il croyait encore sentir l'odeur du sang, et il revoyait à présent les images épouvantables qui le hantaient depuis : Marie qui ouvre la porte et découvre le carnage. Et, tandis qu'il la regardait, de nouveau secouée de sanglots, le visage enfoui dans son mouchoir, il sut que ces images ne le quitteraient pas de sitôt.

Le président de la cour d'assises laissa à Marie le temps de se ressaisir, puis il donna la parole à la défense. L'avocat se leva. C'était un homme cadavérique dont le plastron blanc semblait deux fois trop grand pour son cou d'oiseau et dont la robe noire tombait sur ses épaules comme un linceul. Ses lunettes perchées sur un nez qui faisait figure de caricature de bec d'aigle, il étudia un instant ses notes, puis d'une voix étonnamment forte, il attaqua : « Aviez-vous déjà rencontré le défunt Armand Breteuil avant la soirée du 17 mai, mademoiselle Colet ?

— Non, monsieur.

— Pardon ?

— Non, monsieur, répondit-elle, cette fois un peu plus fort.

— En êtes-vous sûre ? » Le ton de l'avocat s'était fait légèrement narquois tandis qu'il jetait un regard en direction des jurés.

« Oui, monsieur. »

Il feignit de consulter de nouveau ses notes, puis reprit : « Bien, nous reviendrons un peu plus tard sur ce point, mademoiselle. Permettez-moi de formuler la question autrement : l'aviez-vous déjà *vu* avant le 17 mai ?

— Non, enfin si, de temps en temps.

— Et en quelles circonstances vous arrivait-il de le voir de temps en temps ?

— Il venait parfois au Salon.

— Ah, rendre visite aux pensionnaires, je présume. »

Marie, affichant un air perplexe, leva pour la première fois les yeux sur le défenseur de Charging Elk.

« Il venait savourer les plaisirs offerts par les charmes féminins, est-ce bien cela, mademoiselle ?

— Non. Il allait toujours dans le petit salon.

— Je ne comprends pas, dit l'avocat, se tournant vers le jury.

— C'est là que sont les garçons.

— Les garçons ? Excusez-moi, je ne comprends toujours pas. »

Marie hésita. « Il venait voir les garçons, expliqua-t-elle.

— Pour avoir des relations sexuelles avec eux, vous voulez dire ?

— Un seul. Juste l'Espagnol — Miguel. » Un murmure parcourut le balcon. Surprise, Marie se tourna et vit que de nombreux spectateurs la fixaient du regard. Il régnait une chaleur étouffante et certains s'éventaient de leurs éventails, d'autres de leurs chapeaux, tandis que d'autres encore s'épongeaient le visage. Tous se taisaient maintenant, et Marie, de nouveau prête à défaillir, tituba une fraction de seconde avant de se rattraper à la barre.

« Vous le qualifieriez donc d'homosexuel avéré, mademoiselle ?

— Oui, monsieur.

— Je vous remercie. »

L'avocat quitta sa place et s'avança vers le box des jurés, ses lunettes à la main qu'il tapotait de l'ongle de son pouce. Il semblait perdu dans ses pensées, et Marie entendait le cliquetis sec résonner dans la salle silencieuse. Elle lança un rapide coup d'œil en direction des magistrats assis à moins de deux mètres au-dessus d'elle, légèrement sur le côté. Eux aussi avaient le regard rivé sur le représentant du barreau, l'air un peu dédaigneux peut-être, ou impatient.

« Je reviens à présent à ma question initiale, mademoiselle Colet. Je dois vous rappeler que vous avez juré de dire la vérité, et j'ose espérer que vous mesurez bien les conséquences d'un faux témoignage.

— Oui, monsieur, répondit Marie d'une petite voix lasse.

— Bien. Je vous demande donc de nouveau : aviez-vous rencontré Armand Breteuil avant la soirée de l'affaire qui nous occupe ? »

Marie fit alors ce qu'elle s'était promis de ne pas faire : elle se tourna vers le banc des accusés et regarda Charging Elk. Elle constata qu'il paraissait l'examiner avec un curieux détachement et une espèce de tendre complicité totalement déplacée en ce lieu. Elle ne lui avait vu cette expression que dans sa chambre, quand elle caressait encore le vain espoir d'échapper à sa triste condition.

« Le témoin peut-il répondre à la question de la défense ? demanda une voix au-dessus d'elle.

— Oui, je l'avais rencontré, avoua alors Marie.

— Et quand cette rencontre s'est-elle produite ?

— Trois ou quatre jours avant...

— Et quel était l'objet de cette rencontre ?

— Pardon ?

— De quoi le défunt et vous avez-vous parlé ? »

La jeune fille se mit à trembler. Elle n'aurait pas dû le regarder. Les choses n'en étaient rendues que plus difficiles. « Je vous en supplie, monsieur, murmura-t-elle. Ayez pitié.

— Je vous ai posé une question simple.

— Mais je ne peux pas... » Elle enfouit son visage dans ses mains et éclata en sanglots.

La salle réagit. Le président du tribunal réclama le silence, puis ajouta : « Peut-être mademoiselle désirerait-elle s'asseoir un instant ? »

Marie, se tamponnant les yeux de son mouchoir, considéra une seconde les magistrats. Elle leur était reconnaissante de cette petite attention, mais elle savait qu'ils ne la tiendraient pas quitte et qu'elle devrait boire la coupe jusqu'à la lie. Elle se tourna vers l'avocat qui, appuyé à sa table, essuyait ses lunettes dans un coin de sa robe. Il attendait sa réponse.

« Il voulait que...

— Breteuil ?

— Oui, il voulait que je lui organise un rendez-vous avec François.

— François ?

— Charging Elk. » Marie eut du mal à prononcer le nom. Elle ne l'avait appris que cinq semaines plus tôt, quand le journaliste était venu la voir à la préfecture. Elle en avait voulu à l'homme au teint cuivré de sa petite tromperie, mais à présent, elle ne pensait plus qu'à en finir au plus vite pour échapper aux regards inquisiteurs du public.

« Un rendez-vous ! Dans quel but ?

— Il désirait avoir des relations sexuelles avec... avec Charging Elk. » Curieux comme ce nom semblait rendre leurs rapports lointains et impersonnels. En un sens, elle se sentait soulagée que François ait disparu de la scène.

« Je vois. Et le prévenu... (L'avocat désigna le banc des accusés)... désirait-il également avoir des rapports sexuels avec le défunt ?

— Il... non, il ne savait pas.

— Alors comment diable monsieur Breteuil comptait-il s'y prendre pour avoir des rapports sexuels avec quelqu'un qui ne le désirait pas et qui ne le connaissait même pas ? »

Marie contempla ses mains gantées. Elle se rappelait combien elle s'était trouvée lourde et gauche en compagnie du bel étranger. Et même là, devant cette auguste assemblée de magistrats et autres personnages importants en robes rouges et noires, elle se sentait davantage dans la peau d'une fille de ferme du Vaucluse que dans celle d'une putain d'une grande cité portuaire. D'un autre côté, vidée de ses émotions, elle commençait à ressentir une sorte de sérénité.

« Il m'a donné une poudre destinée à endormir François... Charging Elk, je veux dire. Je devais la verser dans le vin... »

Un murmure s'éleva de nouveau du balcon, accompagné cette fois de quelques sifflets. Gardant les yeux baissés, elle les ignora.

L'avocat, tourné vers les jurés, déclara alors : « En résumé, vous avez drogué le prévenu afin que Breteuil puisse pratiquer sur lui des actes contre nature, c'est bien cela ?

— Oui.

— Et vous avez été payée en échange de ce... de ce service ?

— Oui.

— Combien ?

— Vingt francs. » Pour la première fois, Marie regarda le jury et s'écria : « Mais je ne voulais pas ! je ne voulais pas ! Dieu m'en est témoin. Mais il m'a menacée...

— Nous vous remercions, mademoiselle. » La voix coupante du président du tribunal fit sursauter la jeune fille. « Nous ne tolérons pas d'éclats dans ce prétoire. Pour ce qui est de Dieu, vous ferez bien de solliciter son pardon chaque fois que vous repenserez au rôle que vous avez joué dans cette affaire.

— S'il plaît à la cour, je souhaiterais poser encore deux questions au témoin. » L'avocat jeta un coup d'œil sur un papier que venait de lui passer un de ses assistants. « Ainsi, le défunt et vous avez comploté de droguer monsieur Charging Elk qui, ajouterai-je, ignorait tout de votre machination, de même qu'il ignore encore bien des usages de notre société prétendument civilisée. Pourrais-je vous demander si vous avez vu de vos propres yeux les fruits de votre œuvre — pour laquelle vous avez reçu la somme mirifique de vingt francs —, à savoir l'acte sexuel perpétré par le pervers ? »

Le procureur bondit de sa chaise, manquant la renverser.

« Objection, monsieur le Président ! Je proteste contre l'utilisation de ce terme ! Alors que, à l'instar de tous les bons croyants, nous désapprouvons les actes homosexuels, dans certains milieux, dont celui où évoluait la victime, ils sont considérés comme chose assez normale. Un peu à l'image de la profession qu'exerce mademoiselle. » Le visage rubicond soudain cordial, il sourit aux jurés. « De plus, il me semble que mon illustre confrère se livre à une tentative désespérée en vue de décharger son client de la responsabilité de ce crime particulièrement odieux. »

Le président du tribunal retint l'objection du représentant du ministère public, puis demanda à l'avocat de se dispenser à l'avenir de telles insinuations. Il ordonna d'autre part au greffier de ne pas faire figurer la remarque incriminée sur le procès-verbal.

« Je vous présente mes excuses, monsieur le Président, dit le défenseur avec une légère inclination de tête et un léger sourire. Mais s'il plaît à la cour, j'aimerais poser une dernière question. » Otant ses lunettes, il s'avança vers la barre, puis jeta un coup d'œil en direction des magistrats, comme s'il s'attendait à ce qu'ils lui interdisent de s'approcher davantage du témoin. Il s'arrêta à moins d'un mètre de la jeune fille et croisa les bras, puis il pivota lentement, posément sur la gauche, vers le banc des accusés. « Mademoiselle Colet, dit-il alors. Regardez-le bien. Voici l'homme que l'on juge pour le meurtre de monsieur Armand Breteuil. Aujourd'hui encore, il a du mal à comprendre la nature de ces débats. Voyez comme il vous regarde ! Je serais prêt à parier la totalité de mes modestes émoluments qu'en ce moment même, il se remémore les nombreuses soirées du samedi où il vous a rendu visite, et à vous seule, parce qu'il avait trouvé en vous quelqu'un à qui il pouvait se fier et aussi, à sa manière, j'en ai la conviction, quelqu'un à qui il pouvait offrir son amour. » Il se retourna et fixa Marie Colet droit dans les yeux. « Du fond du cœur, ne pensez-vous pas que cet homme est uniquement coupable d'avoir défendu son honneur et sa dignité ? Pouvez-vous affirmer que vous n'éprouvez aucun sentiment pour cet homme ? Je suis persuadé qu'en votre for intérieur vous regrettez d'avoir été complice de cet acte infâme commis par le pervers Breteuil...

— Objection ! Voilà qui dépasse les bornes ! C'est une honte ! »

Sans laisser au président le temps de l'admonester, l'avocat leva les mains et déclara : « J'en ai terminé avec le témoin. Je vous remercie. »

A la barre, René manifesta un surprenant enjouement. Après s'être fait réprimander pour avoir agité la main en direction de Charging Elk, il parla de sa famille, une famille ordinaire et heureuse, et de la manière dont le prévenu s'y était intégré pour devenir pratiquement leur deuxième fils. Il travaillait dur au marché aux poissons, ne buvait que très peu de vin au cours des repas et avait montré à leur fillette comment dessiner un cheval. De leur côté, son fils et sa fille avaient donné à l'Indien, comme le gouvernement l'exigeait, des leçons de bon français et non pas de provençal. Et même après avoir quitté la maison, Charging Elk venait dîner chez eux tous les dimanches et les jours fériés. C'était un jeune homme généreux qui apportait toujours des cadeaux pour tout le monde. Et ainsi que chacun pouvait s'en rendre compte, il était devenu un vrai monsieur. « Mais vous auriez dû le voir le jour où il est entré en piste avec la troupe de Buffalo Bill, un sauvage presque nu qui poussait des cris de guerre à faire peur aux enfants. » René éclata de rire et esquissa le geste de lever les bras vers Charging Elk mais, se rappelant la remontrance du juge, il s'empressa de les ramener le long de son corps. « Excusez-moi, vos excellences », conclut-il.

Quelques rires fusèrent du balcon, et l'avocat alla se rasseoir, satisfait du portrait de son client que venait de dresser le petit marchand de poisson. Le procureur quitta alors son siège, s'épongeant le front à l'aide d'un mouchoir. Il fit à René un large sourire, comme gagné par la bonne humeur qui avait brisé la tension régnant dans le prétoire.

« Vous allez me faire regretter de n'avoir pas assisté à ces représentations, monsieur. J'aurais certainement préféré cela plutôt que d'être dans l'obligation d'assurer les pénibles devoirs de ma charge dans une salle d'audience étouffante. » Le procureur s'essuya la lèvre supérieure. Sous la chaleur, son visage était marbré de taches rouges. « Et permettez-moi d'ajouter que j'éprouve un profond respect pour votre noble profession. Offrir à nos concitoyens les produits de la mer — tout en n'en retirant qu'un modeste profit, je n'en doute pas —, voilà qui relève d'une vocation en tous points digne d'éloges.

— Merci, votre excellence. »

Le procureur émit un petit rire. « Vous me faites trop d'honneur, monsieur. Je ne suis qu'un modeste représentant du ministère public, et je ne mérite certes pas de telles marques de déférence. » Il se tourna vers les magistrats, dont l'un souriait, puis il reprit : « J'apprécie l'honnêteté et la franchise avec lesquelles vous nous avez décrit votre vie de famille, et je dois dire qu'il est fort rare, avec les ennuis que nous causent les immigrés et les socialistes, de rencontrer de nos jours une famille aussi unie et généreuse. Recueillir ainsi un étranger, et de surcroît un sauvage à moitié nu qui pousse des cris de guerre, voilà qui est hautement louable.

— Merci.

— Vous nous avez donc dit que l'accusé avait habité chez vous durant deux années, deux années idylliques, si j'ai bien compris ?

— Oui, en effet.

— Par conséquent, il était parfaitement heureux au sein de votre famille, il mangeait l'excellente cuisine de madame votre épouse, jouait avec vos enfants, appréciait son travail à la poissonnerie et aimait à boire un peu de vin durant les repas...

— Oh ! oui ! Il était heureux chez nous. Il ne buvait jamais trop.

— Alors, dans ce cas, pourquoi, selon vous, ce sauvage si heureux chez vous a-t-il désiré partir après seulement deux ans ? »

René réfléchit. Il ne voulait surtout pas commettre d'impair.

« Et cela pour s'installer dans un quartier qu'on ne peut qualifier que de repaire de Nord-Africains, de Turcs, de voleurs et d'assassins ? poursuivit le procureur. Pour habiter une chambre exiguë et sinistre dans le quartier le plus mal famé de tout Marseille ?

— Je me suis moi-même posé la question. Pourquoi le Panier ? Mais Charging Elk y était bien. Il disait que là-bas, les gens lui rappelaient son peuple.

— Ah ! il ne trouvait donc pas à son goût les vrais Français, les bons croyants nés dans ce pays ? » Le procureur s'était tourné pour s'adresser aux jurés parmi lesquels on ne comptait aucun visage basané.

L'avocat aux traits de rapace présenta une objection que le président accepta. Le procureur expliqua qu'il s'efforçait simplement de comprendre quelles raisons avaient pu pousser l'accusé à quitter une honnête famille française pour aller vivre dans cette partie de la ville où la morale des habitants laissait tant à désirer. Le président accepta ses arguments, mais lui demanda de faire preuve d'un peu plus d'objectivité.

Après avoir remercié la cour, le procureur enchaîna : « Monsieur Soulas, vous nous avez dit que le prévenu, après avoir déménagé, venait vous rendre visite tous les dimanches pour se régaler d'un excellent dîner et s'amuser avec les enfants. Je ne me trompe pas ?

— Non, pas du tout. Sauf que les enfants étaient déjà un peu trop vieux pour qu'il s'amuse avec eux. Vous savez ce que c'est, ils grandissent. » René eut un rire quelque peu hésitant. « Il aimait surtout la cuisine de ma chère épouse. Il se resservait de chaque plat et ensuite, nous bavardions et allions souvent nous promener.

— Il ne manquait jamais un dimanche ? »

René réfléchit de nouveau. Il ne tenait pas à répondre. Il témoignait sous serment, et à ses yeux, un serment, c'était sacré.

« N'est-il pas exact qu'il a cessé de venir le dimanche environ deux mois avant le drame pour lequel il comparaît devant cette cour ?

— C'était à cause de son travail. Le travail dans une savonnerie est extrêmement pénible. Il était souvent trop épuisé.

— Je comprends, monsieur. Donc, si je vous entends bien, il ne venait plus le dimanche parce qu'il était fatigué ?

— Oui.

— Mais pas trop fatigué pour rendre visite à la jeune prostituée tous les samedis soir ? Est-ce que cela ne vous apparaît pas comme un terrible manque de reconnaissance à votre égard, monsieur Soulas ? »

René leva les yeux vers le balcon. Il ne distinguait au-dessus de la balustrade que la tête et les épaules de Madeleine. Elle se tenait assise droite, les traits figés, et René comprit que leur vie ne serait plus jamais pareille. Ils ne pourraient plus jamais se montrer aussi confiants.

« Ce n'est qu'un homme », répondit-il d'une voix triste.

17

L'éditorial de Saint-Cyr, intitulé « La vie de Marseille », paraissait d'ordinaire deux fois par semaine, les mardis et les vendredis, mais depuis le début du procès, on pouvait le lire tous les jours sous des titres du genre « Une étrange justice », « Le drapeau oublié » ou « Un innocent sur le banc des accusés ? » Il vitupérait une justice qui semblait avoir été importée de Paris et qui n'avait pas grand-chose à voir avec les valeurs et les traditions marseillaises. Il parlait du drapeau *tricolore* piétiné, celui qui avait flotté fièrement sur la Bastille, imbibé du sang des révolutionnaires. Il accusait les hommes politiques d'avoir manqué à leur devoir qui était de protéger les citoyens, parce qu'ils avaient nommé aux postes de responsabilité des hommes médiocres dont la seule qualité était leur soumission à un système corrompu.

Où il se montrait cependant le plus caustique, c'était en dépeignant Charging Elk sous les traits d'une victime tant de la cour d'assises que des gouvernements américain et français. Il faisait remarquer que le seul Américain venu témoigner se trouvait être un obscur avocat qui se tuait à la tâche au plus profond des entrailles du consulat, qui paraissait n'avoir jamais vu la lumière du jour autour du Vieux-Port et qui affirmait ne rien savoir du cas Charging Elk, sinon que le gouvernement américain avait diligenté une enquête. Et pendant ce temps-là, le seul à être au courant de l'affaire, Franklin Bell, l'ex-vice-consul, avait été prié de faire ses valises et de regagner l'Amérique, où le tribunal était dans l'impossibilité de le joindre.

Quant au gouvernement français, il était à ce point empêtré dans sa bureaucratie moyenâgeuse que, durant quatre longues années, il avait été incapable d'aider le pauvre sauvage à regagner son pays. Le crime commis dans des circonstances dépassant l'imagination et dont il était accusé n'aurait jamais dû avoir lieu. Le sauvage, Charging Elk, aurait dû être depuis longtemps de retour en Amérique à « chevaucher gaiement sur les plaines de son bien-aimé Dakota, à chasser et à pêcher en compagnie de ses camarades, ou bien, peut-être déjà marié à quelque charmante "squaw", occupé à élever ses "papooses" et à cultiver son champ de maïs. Qui est le véritable responsable de la mort de Breteuil, artisan de son propre funeste destin ? Et qui sera responsable de l'exécution annoncée du sauvage ? Réfléchissez, citoyens de Marseille ! Et faites entendre votre voix ! »

Charging Elk, assis sur le banc du fourgon cellulaire noir qui le ramenait à la prison de la préfecture, écoutait les bruits de la rue. Ce trajet, qu'il effectuait ainsi deux fois par jour depuis près de trois semaines, le déprimait. Il allait devoir quitter son costume pour enfiler l'uniforme gris des prisonniers avant de se retrouver de nouveau enfermé dans sa cellule éclairée par la haute fenêtre où il n'aurait droit qu'à une soupe aigre dans laquelle flottaient des espèces de filaments verts accompagnée d'un quignon de pain sec qui se désintégrait en miettes dures quand on mordait dedans.

Il savait que la fin était proche. Il le devinait aux accents des voix qui s'élevaient dans le prétoire, à la sévérité avec laquelle le juge en robe rouge reprenait sans cesse son avocat pour lui reprocher ceci ou cela. Durant une interruption de séance, celui-ci avait grimpé les quelques marches qui permettaient d'accéder au box des accusés pour demander à Charging Elk s'il avait quelque chose à dire pour sa défense. Il aurait le droit de parler, mais pas trop longtemps. La face émaciée de l'homme luisait, couverte d'une pellicule de sueur, et dans ses yeux profondément enfoncés dans leurs orbites brillait comme une lueur de frustration. On distinguait les os de son crâne sous sa peau, spectacle qui déconcerta l'Indien. Il avait l'impression de contempler le visage de sa propre mort. D'une voix curieusement calme, il répondit : « Oui, j'aimerais dire quelques mots aux grands hommes. » Il indiqua d'un mouvement de tête le devant de la salle.

Cela se passait la veille, et on ne lui avait toujours pas proposé de prendre la parole. Il se pencha et regarda par l'une des deux petites fenêtres percées dans les flancs du panier à salade. Au début, il guettait avec impatience le moment de cette promenade à travers les rues de Marseille. Il avait le temps d'apercevoir des lieux familiers, des hommes et des femmes sur les trottoirs, des vitrines où étaient exposés des costumes pour hommes, des robes, des ustensiles de cuisine et des équipements pour bateaux, et aussi des chiens, des fiacres, des omnibus, des chevaux de toutes sortes, depuis ceux harnachés aux élégants équipages jusqu'aux chevaux de trait qui tiraient leur lourde charge, l'encolure baissée et les yeux fermés. Maintenant, la plupart du temps, il somnolait dans l'espace confiné du véhicule cahotant.

Il lui sembla soudain distinguer vaguement des voix et, arraché à son assoupissement, il jeta un coup d'œil au-dehors. Il vit des gens qui marchaient dans la rue. Certains étaient bien habillés, mais la majorité semblait composée d'ouvriers et même d'immigrés en tricots de corps et bretelles, tandis que les femmes portaient des robes élimées et des tabliers constellés de taches. Quelques-unes avaient des ombrelles pour se protéger du soleil, mais la plupart étaient coiffées de chapeaux ou de bonnets. Il y en avait même qui allaient tête nue. Tous paraissaient crier la même chose, une espèce de mélopée furieuse dont Charging Elk ne parvenait pas à saisir les paroles. Il réprima un mouvement de surprise. Il avait déjà assisté plusieurs fois à des manifestations, et il pensa que le fourgon de police était pris au milieu d'une foule protestant contre l'augmentation des impôts, les bas salaires ou quelque nouvelle entrave à la liberté. Soudain, apercevant une pancarte brandie au-dessus des têtes, il demeura bouche bée. Il s'agenouilla sur le banc pour mieux voir, et non, il ne se trompait pas : c'était bien son nom comme Mathias lui avait montré qu'il s'écrivait, figurant après un autre mot qu'il ne connaissait pas : LIBÉREZ CHARGING ELK ! Il se précipita vers l'autre fenêtre, se cognant au passage la tête au plafond, mais il ne le remarqua même pas. Il y avait encore plus de monde de ce côté-ci de la rue, car il se trouvait à l'ombre. D'autres pancartes apparaissaient, certaines portant son nom, d'autres des mots qu'il était incapable de déchiffrer.

Un jeune homme en chemise sans col et casquette jaune se détacha de la foule et se mit à courir le long du fourgon. Il montra du doigt le visage de Charging Elk qui s'encadrait dans la petite fenêtre et cria quelque chose. Soudain, de nombreux doigts se tendirent, et son nom jaillit de toutes les gorges : Charging Elk ! Charging Elk ! Les pancartes s'agitaient, et le prisonnier se sentit saisi de vertige à la vue de cet incroyable spectacle. Les chevaux prirent soudain le galop et Charging Elk, déséquilibré, fut précipité vers le fond. Le temps de revenir à la fenêtre et il n'y avait presque plus personne dans la rue. Les pancartes aussi avaient disparu. Lorsque la voiture arriva devant l'entrée de la préfecture, il n'entendait plus qu'un léger bourdonnement sous son crâne, et il se rendit compte qu'il était sur le point de s'évanouir à cause de la chaleur. Les mots de *« Libérez Charging Elk ! Libérez Charging Elk ! »* scandés par la foule restaient gravés dans son esprit, et il essaya de comprendre ce que tout cela signifiait.

Martin Saint-Cyr avait assisté à la manifestation avec une intense satisfaction. Bien qu'il n'y eût que peu de gendarmes et à priori aucun risque de débordements, la foule qui exprimait sa colère contre l'injustice lui rappelait ses années d'étudiant à Grenoble. A la pensée des défilés quotidiens qui menaient étudiants et ouvriers de l'université à la place Saint-André et au Palais de Justice, il éprouvait une nostalgie qui lui faisait oublier la peur et la panique qui le gagnaient lorsque les gendarmes, bâton au poing, chargeaient les manifestants. Il se souvenait combien il aspirait alors à se réfugier dans l'enceinte du Palais de Justice pendant que les autres, la tête ensanglantée, s'efforçaient de se protéger de leur mieux contre les coups, tandis que certains gisaient déjà sur le pavé. Il se disait que cette manifestation (ou plutôt, espérait-il, cette série de manifestations) n'en arriverait pas là, mais on ne pouvait jamais être sûr. Les manifestations de Grenoble avaient été pacifiques avant de dégénérer en émeutes.

Les éditoriaux de Saint-Cyr avaient fait sensation. Partout, on ne parlait que du procès, et pratiquement tout le monde estimait qu'on jugeait le Peau-Rouge pour un crime dont il n'était pas responsable, car le véritable crime, c'était plutôt l'acte infâme commis par le pervers. Quant à la fille, cette Marie machin, elle aurait dû être en prison pour le rôle qu'elle avait joué dans cette affaire. Dommage que le sauvage ne lui ait pas réglé son compte à elle aussi.

Saint-Cyr, quoique ravi par les réactions de ses concitoyens, trouvait qu'il ne se passait néanmoins pas grand-chose. Les gens en discutaient sur les marchés, dans les cafés et les restaurants, mais on avait l'impression que le scandale ne les touchait pas vraiment. Il surprenait de temps en temps un homme ou une femme qui déclaraient avec un haussement d'épaules entendu : « Mais c'est des histoires de là-bas », à savoir les quais avec tous ces étrangers, ces voyous, ces bordels et ces bars américains, comme s'il s'agissait d'un autre Marseille que celui où ils vivaient.

Trois jours avant la première manifestation, Saint-Cyr décida de s'impliquer davantage en tant que journaliste. Le moment était mûr pour organiser quelque chose qui secouerait un peu la municipalité et ses édiles. Deux ou trois mois auparavant, il avait interviewé trois étudiants de la Faculté des Sciences et des Techniques ayant orchestré des manifestations contre le Centre Universitaire afin de s'élever contre le renvoi d'un professeur pour ses opinions socialistes. Ni les protestations des étudiants ni son éditorial n'avaient fait revenir les autorités universitaires sur leur décision, mais il avait été fort impressionné par la ferveur des trois jeunes anarchistes. Il chercha donc à les retrouver. Ils avaient été exclus de l'université jusqu'à la fin de l'année, mais toujours aussi militants, ils continuaient à fréquenter le café Belfleur, rue de Crimée, où il les avait rencontrés la première fois. Ils se montrèrent plus qu'intéressés à défendre la cause du sauvage nommé Charging Elk. Ils avaient également organisé de petites manifestations pour protester contre l'exploitation des Algériens, et la persécution dont était victime « l'Américain en voie de disparition » (ainsi que Saint-Cyr qualifiait la situation du peuple indien d'Amérique) les révolta. Ils dressèrent aussitôt des plans, prévoyant de contacter les dirigeants syndicaux, les socialistes, les catholiques aux idées avancées, leurs camarades d'université et même les responsables des communautés d'immigrés qui pourraient profiter des manifestations pour exprimer leur indignation contre le traitement réservé en France aux étrangers. Et quand Saint-Cyr héla un fiacre pour retourner dans le centre, il était rempli d'espoir et se sentait très satisfait de la manière dont il s'était débrouillé pour tirer les ficelles.

Les manifestations commencèrent, de plus en plus importantes au fil des jours, jusqu'à réunir de sept à huit cents personnes qui occupaient entièrement la place Montyon à côté du Palais de Justice. Les leaders prononçaient tour à tour des discours qui n'avaient pas tous pour objet de condamner l'injustice faite à Charging Elk, mais qui tous étaient dirigés contre la même cible : les gouvernements. La plupart stigmatisaient les politiciens corrompus qui préféraient détourner la tête ou qui favorisaient l'exploitation des ouvriers et des immigrés par le grand capital.

On chantait des chansons, et surtout des chansons provençales qui parlaient de bravoure, de loyauté et d'indépendance. Au moins deux fois par jour, une *Marseillaise* éclatait, venant célébrer l'esprit de la Révolution. Le grand poète Frédéric Mistral en personne prononça un discours à la gloire du peuple provençal, insistant sur la nécessité de continuer à parler la langue d'oc afin d'assurer la pérennité de la culture provençale. Il ne dit pas un mot du sort de Charging Elk et des immigrés. En réalité, pendant que la foule écoutait avec patience, le petit poète aux cheveux blancs, l'un des pères fondateurs du félibrige, paraissait curieusement déplacé. Quoi qu'il en soit, Saint-Cyr en fit le héros de son éditorial du lendemain et fustigea « un gouvernement français centralisateur et dépersonnalisé qui a plusieurs fois tenté de réduire le poète au silence... lequel, sans se laisser intimider, continue courageusement à chanter l'âme du peuple devant ces hommes politiques, ces pantins qui s'efforcent par tous les moyens de tuer la langue provençale et le plus grand poète français contemporain ».

Saint-Cyr n'était pas entièrement satisfait de son papier. Il aurait désiré associer le poète et l'Indien, mais c'était presque impossible. Mistral n'avait rien d'un activiste. Il ne semblait pas s'intéresser autrement à la cause que le journaliste défendait et ne cherchait en aucune manière à soulever la foule. Mais la foule était là, et c'était bien cela qui importait. Grâce à quelques habiles traits de plume, Saint-Cyr était néanmoins parvenu à donner l'impression que le poète aussi, à l'image de tous les Marseillais, considérait comme inique le procès qui se déroulait au Palais de Justice.

Les choses ne se présentaient pas sous les meilleurs auspices pour Charging Elk et son avocat. A la suite de la première manifestation, le président de la cour d'assises avait ordonné qu'on fermât les fenêtres et qu'on tirât les tentures. Les sons n'étaient pas complètement étouffés — aux accents de la *Marseillaise*, par exemple, les spectateurs faillirent plus d'une fois se lever d'un bloc —, mais on n'entendait plus, en général, qu'un bruit de fond confus d'où émergeaient de temps en temps quelques cris et applaudissements.

Naturellement, tous les gens présents dans la salle savaient ce qui se passait. A l'exception des jurés, tout le monde lisait les quotidiens. Et quand le président levait la séance, le public se ruait dehors pour rejoindre les manifestants qui attendaient le panier à salade devant ramener l'accusé à la préfecture. Dès qu'il apparaissait, ils vociféraient aussi fort que les autres. Les jurés eux-mêmes étaient tenus au courant par l'huissier qui leur faisait promettre de ne rien dire.

En réalité, les manifestations semblaient avant tout irriter les magistrats et les inciter à en terminer au plus vite avec le procès. On autorisa Charging Elk à s'exprimer, mais il n'en profita guère, surtout à cause de son mauvais français. L'avocat l'avait supplié de reconnaître sa culpabilité tout en expliquant qu'il avait agi sur une impulsion en réaction à l'acte horrible que l'on commettait sur sa personne. Et surtout, il l'avait exhorté à demander l'indulgence de la cour.

L'accusé commença donc ainsi : « Je suis Charging Elk, fils de Scrub et de Doubles Back Woman, petit-fils de Scabby Bull et de Goodkill. Je suis de la tribu lakota. Je viens d'Amérique avec Buffalo Bill et mes amis lakotas. Mais ils sont partis maintenant et je suis seul. Pendant quatre ans, j'ai vécu parmi vous, mais vous ne me connaissez pas et je ne vous connais pas. Même les oiseaux blancs qui volent au milieu de vos bateaux de feu, je ne les connais pas. Les poissons que vous pêchez dans la grande eau, je ne les aime pas. Même la viande de vos animaux ne remplit pas l'estomac de celui qui a goûté la chair du bison. Je ne sais rien de cette salle pleine de lois ou de cet homme (il désigna le procureur) qui vous disent que Charging Elk est un homme mauvais. Je vois ceux-là sur les longs bancs qui l'écoutent avec de grandes oreilles et je sais qu'ils sont de son côté. Pourtant, je n'ai fait que ce que tout homme de mon peuple aurait fait à un *siyoko*... »

Il s'interrompit brusquement et se passa la main sur le visage. Il n'y avait pas réfléchi avant, et il venait de s'apercevoir qu'il ne possédait pas les mots français permettant d'expliquer le mal. Il ne pouvait le faire que dans sa langue. Soudain muet, l'esprit confus, il éprouvait un sentiment d'impuissance tel qu'il n'en avait plus connu depuis assez longtemps. Lentement, cependant, ses pensées se mirent à tourbillonner puis à s'assembler dans sa tête, pareilles à un oiseau qui construit son nid à l'aide de toutes sortes de petites choses dont les hommes ne se servent pas et qu'il ramasse par terre ainsi que dans les arbres. Après quoi, en lakota, il entreprit d'expliquer le mal, de dire comment les *siyokos* se trouvaient parmi eux en ce moment même, comment les esprits erraient dans l'attente de la moindre occasion de faire le mal et comment celui qui portait des lunettes, ce Breteuil comme on l'appelait, avait eu le malheur d'être réceptif au mal. Et ce soir-là dans la chambre de Marie, avec le *siyoko* en lui, l'homme s'était plié aux volontés de l'esprit malfaisant. Aussi Charging Elk avait-il été obligé de le tuer afin de se débarrasser du mal.

L'Indien, tout en parlant, n'avait pas quitté des yeux les magistrats, mais au silence qui régnait dans la salle, il savait que tous écoutaient. Jusqu'aux bruits de fond provenant du dehors qui semblaient avoir cessé. A plusieurs reprises au cours des quatre années écoulées, Wakan Tanka l'avait rendu invisible aux regards des gens de ce pays, mais à présent, il désirait qu'ils le voient, qu'ils l'entendent. D'une certaine manière, le Grand Mystère avait ouvert leurs oreilles à ses paroles. Il remercia alors Wakan Tanka de lui avoir soufflé les mots nécessaires pour atteindre le cœur de ces hommes, lui qui leur avait ouvert le sien.

Lorsqu'il eut fini, il resta debout et, agrippant la balustrade du box des accusés, il promena son regard sur les occupants de la salle : les membres du jury, le procureur et ses assistants, son avocat, les tables des journalistes et le public au balcon. Tous avaient les yeux rivés sur lui, y compris les reporters qui n'avaient rien écrit durant son discours. Il examina plus attentivement le balcon. Marie n'était pas là, mais il s'y attendait. Par contre, il aperçut René, tout près de lui. Il aurait presque pu tendre le bras pour lui serrer la main.

Le marchand de poisson affichait un petit sourire triste, mais Charging Elk le voyait comme il l'avait vu la première fois dans le bureau du commissaire de police — les cheveux noirs calamistrés coiffés en arrière, déjà dégarnis sur le dessus, les dents du bas qui manquaient, les yeux pleins de bonté —, et il se sentit infiniment désolé d'avoir apporté la honte sur la maison d'une famille qui l'avait recueilli alors que la mort le guettait. Il voulait le remercier, ainsi que Madeleine. Mais elle n'était pas là. Il savait qu'elle ne s'intéressait guère à ce qui se passait en dehors de son foyer, et le procès qui durait depuis de trop nombreux sommeils avait fini par provoquer jusqu'à son propre ennui. Il était cependant déçu à l'idée qu'il ne la reverrait plus.

Le président du tribunal s'éclaircit la voix, et toutes les têtes se tournèrent vers lui. « J'espère que les jurés auront compris mieux que moi la déclaration de l'accusé », dit-il, et tout le prétoire éclata de rire.

Le lendemain, il pleuvait. La tramontane qui avait forci durant la nuit amena du nord-ouest un cortège ininterrompu de nuages gris. Une pluie fine et pénétrante tomba toute la journée, qui rafraîchit les pavés et les bâtiments de pierres et de briques et qui fit monter une fraîche odeur de mouillé donnant à la ville comme un air de jeunesse. Les rues se remplirent soudain de monde. Certains avaient des parapluies, d'autres pas, mais ces derniers ne semblaient pas se soucier d'être trempés. Les gens marchaient d'un pas plus décidé, plus allègre. Ils entraient dans les boutiques et en ressortaient avec des paniers débordant de fromages, de poissons et autres denrées auxquelles se mêlaient peut-être une paire de bas ou bien des bougies de couleur. Quelques hommes flânaient aux coins des rues. Ils fumaient et riaient. La fin du mois d'août approchait, et c'était la première pluie de l'été.

Peut-être les manifestants avaient-ils eux aussi décidé de profiter de la fraîcheur apportée par la pluie, car les abords du Palais de Justice étaient étonnamment calmes. A peine une cinquantaine de personnes tournaient en rond sur la place Montyon, et encore paraissaient-elles hésitantes, indécises. Le seul orateur à prendre la parole fut un vieil homme en imperméable et sandales qui mit la petite foule en garde contre les péchés et la colère de Dieu. Il était difficile de savoir s'il faisait référence aux péchés dont on s'entretenait à l'intérieur du tribunal ou à ceux, plus véniels, que l'on commettait quotidiennement. Puis, après avoir demandé une cigarette à la cantonade, il s'éloigna en grommelant. Quant aux manifestants, seuls, par deux ou par petits groupes, ils commencèrent à se disperser. Ils ne semblaient pas très motivés aujourd'hui. Et pourquoi l'auraient-ils été ? Après tout, Marseille renaissait sous la pluie.

Les jurés ne délibérèrent que deux heures, et quand ils regagnèrent leurs bancs, ils avaient la même expression que lors de l'ouverture du procès — fermée, sombre — mais peut-être un peu plus tendue. La principale différence, c'était que, après avoir siégé durant d'interminables journées, chacun possédait maintenant un visage — et sans doute une famille, une amoureuse ou encore une mère âgée, bref une vie que tous étaient impatients de retrouver. Plusieurs avaient porté le même costume noir tout au long du procès, et ils devaient avoir hâte de le quitter. Pour certains, leur désignation avait entraîné de fâcheuses conséquences financières. Tout cela avait peut-être contribué à leur empressement — à moins qu'ils n'aient conclu qu'il n'y avait guère matière à discussion et que le verdict allait de soi.

« Accusé, levez-vous. » C'était un ordre, et Charging Elk s'exécuta, déployant sa haute taille, puis il croisa les mains devant lui. Il était accoutumé à entendre de petits bruits autour de lui, un raclement de chaise, un chuchotement, une toux ou un froissement de papier, mais il régnait à présent un silence absolu.

« Le jury est-il parvenu à une décision ? »

Le président du jury se leva, et Charging Elk constata avec surprise que c'était le plus jeune des hommes. Mince et frêle, il lui rappela Mathias. D'une voix pourtant forte et claire, il annonça : « Nous déclarons l'accusé coupable de meurtre, monsieur le Président. »

Au tohu-bohu qui éclata au balcon, Charging Elk tourna la tête. Des sifflets retentirent au milieu des gémissements et du murmure des conversations. Le président de la cour abattit alors son marteau de bois.

« Silence ! ou je fais évacuer la salle ! » ordonna-t-il. Il attendit que cesse le brouhaha, puis il ajouta : « Je vous rappelle que vous êtes dans l'enceinte d'un tribunal ! »

Il fixa du regard le public du balcon pendant une bonne minute, jusqu'à ce que l'on n'entende plus un bruit sinon le grincement des crayons des journalistes. Satisfait, il s'adressa alors aux jurés pour les remercier de leur patience et de leur jugement. Ensuite, il conféra un instant à voix basse avec les deux autres magistrats avant de reprendre la parole : « Après délibération, la cour déclare que le meurtre a été commis en réponse à une provocation et sans préméditation. Bien que le crime ne se justifie en aucun cas dans une société civilisée, nous estimons que cela constitue des circonstances atténuantes.

« Avant de rendre notre verdict, je tiens à faire remarquer que l'homme à présent déclaré coupable de meurtre n'appartient pas à une race humaine civilisée. Il est évident qu'il ne possède pas les croyances et les principes qui régissent une société organisée et respectueuse des lois. Du charabia dont il nous a gratifiés hier et qui passe pour un langage parmi les gens de son peuple, de même que de son comportement ayant conduit au crime, nous pouvons déduire, ainsi que le *procureur général* l'a exposé avec son talent habituel, qu'il lui est tout simplement impossible de se conformer ne serait-ce qu'aux règles les plus élémentaires de notre code de conduite et que, en conséquence, il représentera toujours une menace pour la société. » Le président du tribunal s'interrompit et ôta ses lunettes. Ses yeux clairs se posèrent sur l'accusé. « La cour condamne donc le prévenu à la détention en un lieu de haute sécurité où il pourra à loisir réfléchir jusqu'à la fin de ses jours à la nature abominable de son crime. » Il rechaussa ses lunettes et ramassa sa serviette. « La séance est levée. »

Saint-Cyr demeura assis pendant que Charging Elk laissait patiemment les deux gendarmes lui passer des menottes aux poignets et des fers aux pieds. La lourde chaîne heurta le sol avec un bruit qui avait quelque chose de définitif. Le journaliste en eut froid dans le dos. Voilà comment cela se termine, songea-t-il. Voilà la réalité — un claquement métallique qui résonne dans le calme soudain d'une salle sinistre lambrissée de bois sombre. Le prétoire lui-même semblait tout à coup sépulcral et désert cependant que sortaient les derniers spectateurs.

L'éditorialiste ne parvenait pas à analyser ses sentiments, ce qui ne manquait pas de l'étonner. Il s'apprêtait à se précipiter dehors en compagnie des autres journalistes pour préparer son papier qui devait paraître le lendemain dans *La Gazette*, mais les jambes soudain flageolantes, il s'était senti incapable de penser, vidé de ses émotions. Il aurait pourtant dû jubiler, non ? Grâce à ses articles, l'affaire, de simple scandale, avait été transformée en une *cause célèbre* — tout le monde sur les marchés, dans les cafés, sur les quais du Vieux-Port et jusque dans les salons de la *haute bourgeoisie* ne parlait plus que de cela. Il avait réussi à ameuter l'opinion et, surtout, Charging Elk avait échappé à la guillotine, ce qui constituait un petit miracle en soi, et peut-être même un grand miracle en l'espèce. Saint-Cyr, en dépit de son expérience d'échotier, puis d'éditorialiste, n'avait auparavant assisté qu'à un seul procès, celui d'une femme âgée accusée d'avoir empoisonné son mari, mais il habitait Marseille depuis suffisamment longtemps pour savoir qu'une affaire comme celle-ci se concluait presque toujours par une condamnation à la peine capitale. Les crimes étaient terribles dans la ville portuaire, mais les châtiments l'étaient davantage encore. Cette fois pourtant, la cour avait fait preuve de clémence, en partie, peut-être, en raison de ses éditoriaux et des manifestations qu'ils avaient engendrées. Il aurait donc dû être heureux d'avoir sauvé Charging Elk de la guillotine. Alors, qu'est-ce qui le tracassait ainsi ?

Au bruit des chaînes qui raclaient le plancher, il leva la tête et vit les gendarmes emmener Charging Elk. Sans réfléchir, il cria : *« Adieu, mon ami ! Bonne chance ! »* Après que le grand Indien eut hésité un instant avant de se tourner vers lui, il comprit d'où venait cette impression de malaise qu'il éprouvait. C'étaient les yeux. Ces mêmes yeux dans lesquels il avait plongé son regard lors de sa première rencontre avec Charging Elk dans la prison de la préfecture quatre ans plus tôt. Ils étaient déjà morts.

Saint-Cyr resta assis jusqu'à ce qu'il n'entende plus rien. Il se sentait aussi vide et futile que les petits triomphes qu'il s'imaginait avoir remportés. Il avait trahi Charging Elk. Le tribunal avait trahi Charging Elk. Le journaliste poussa un soupir qui évoquait davantage une plainte, puis il prit son crayon et écrivit : « Je crains que la cour n'ait pas rendu service au pauvre sauvage en le condamnant à la prison à perpétuité plutôt qu'à l'échafaud. J'ai vu ses yeux alors qu'on l'emmenait menotté, les fers aux pieds, et j'ai vu un mort vivant. Puisse son Dieu nous pardonner à tous. »

18

La Tombe se trouvait dans le sud-ouest de la France, parmi les collines arides au-delà de Carcassonne, non loin de Montségur que les croisés de Saint Louis avaient assiégé avant de capturer les cathares et de les brûler vifs sur un immense bûcher. On était alors en 1244.

La Tombe, une ancienne forteresse des croisés, n'était plus, en 1866, qu'un tas de ruines. A l'époque, le gouvernement français avait décidé qu'il lui fallait une prison de haute sécurité en plus de l'île du Diable, une colonie pénitentiaire située près de la côte de la Guyane. On avait donc bâti la prison sur les fondations de la forteresse. Les murs de pierre, larges de trois mètres à la base, allaient en diminuant, de sorte qu'en haut, ils ne faisaient plus qu'un mètre trente d'épaisseur. Le périmètre de la muraille mesurait 550 mètres et des tours de guet se dressaient aux quatre coins, chacune percée d'une meurtrière donnant sur la cour de terre battue dans laquelle on avait édifié trois bâtiments identiques tout en longueur et reliés les uns aux autres à chaque bout et au milieu par des passages couverts. Dans un coin près de la porte était niché un bâtiment plus petit flanqué de deux colonnes blanches qui soutenaient un fronton de pierre de forme triangulaire, seul élément architectural intérieur. A l'extérieur des murailles, des jardins en terrasses s'échelonnaient au flanc de la colline qui descendait jusqu'au petit village de Saint-Paul-de-Fenouillet. Les condamnés, une fois enfermés là, ne voyaient plus les jardins ni le village. Du monde du dehors, ils n'apercevaient plus que le ciel bleu, le soleil, les nuages et les rares oiseaux.

La Tombe abritait les criminels les plus monstrueux — des auteurs de plusieurs meurtres, des hommes qui avaient assassiné et démembré leurs maîtresses, un médecin ayant empoisonné ses cinq femmes, un *chocolatier* coupable d'avoir éviscéré plusieurs garçons à Nantes, un jeune négociant en vins qui avait fait brûler vifs son père et sa belle-mère, et, bien sûr, le lot inévitable de crapules et d'assassins impénitents qui avaient réussi à échapper à la guillotine. A l'inverse de l'île du Diable, la Tombe ne comptait pas de prisonniers politiques à proprement parler — juste une poignée d'hommes qui se plaisaient à se qualifier d'anarchistes afin de justifier leurs horribles forfaits.

La forteresse s'appelait en réalité prison de Samatan, mais on l'avait surnommée la Tombe pour la raison évidente que personne n'en sortait jamais vivant. En 1894, elle ne fonctionnait que depuis vingt-sept ans, mais on dénombrait déjà 215 détenus décédés, dont 48 seulement de mort naturelle.

C'est vers ce sinistre endroit que Charging Elk se dirigeait à bord du train de nuit qui reliait Marseille à Perpignan. Il occupait un compartiment réservé, encadré de deux gardiens de la préfecture de police, et pendant que ces derniers jouaient aux cartes, il contemplait à travers la vitre les ténèbres parfois trouées par les lumières vacillantes d'une ferme ou d'un hameau. Il repensait au train qui l'avait conduit de Lyon ou de Vienne — il ne se souvenait plus très bien — à Marseille. Il se rappelait comment Featherman s'exclamait chaque fois qu'ils apercevaient un village ou un château dans le clair de lune, comment son cœur à lui avait bondi lorsqu'il avait cru distinguer un cheval ressemblant à Grand Coureur. Ses souvenirs le ramenèrent à un passé plus lointain encore, au moment où un autre train s'ébranlait de la gare de Gordon dans le Nebraska. Tous les parents, dont les siens, massés sur le quai, avaient entonné leur chant de bravoure à l'intention des jeunes Indiens. Il était resté longtemps assis, immobile, le plastron de son père sur les genoux — tout jeune à l'époque, à la fois inquiet et excité à l'idée de partir si loin et de voir tant de choses. Tout en ne sachant pas exactement ce qui l'attendait, il se réjouissait à la perspective de galoper à cheval, de chasser les bisons et de feindre de combattre les soldats devant un large public composé de *wasichus*. Et surtout, il ne doutait pas qu'il serait de retour à Pine Ridge d'ici deux ans, les poches pleines de billets verts américains. Il pourrait alors se marier et acheter de nombreux chevaux, ce qui lui avait paru un rêve inaccessible au cours des longues nuits d'hiver au Bastion.

L'un des gardiens abattit ses cartes avec une exclamation. L'autre poussa un gémissement. Et Charging Elk continua de scruter l'obscurité dans l'espoir d'apercevoir des lumières à l'extérieur du wagon bringuebalant qui longeait la côte méditerranéenne, à destination de Perpignan, puis de la Tombe.

Charging Elk passa sa première semaine dans une espèce de caverne condamnée par des barreaux. Elle faisait partie d'une série de grottes que les croisés avaient creusées afin d'y entreposer leur vin, leur blé et leur poisson séché. Ils y tuaient également des animaux avant de suspendre leurs carcasses pour les saler et les conserver dans cette atmosphère fraîche et sèche. Ce lieu, à présent, servait en quelque sorte de centre d'accueil. Tous les nouveaux prisonniers devaient subir cette épreuve, exposés à la claustrophobie et contraints de vivre dans le noir. Charging Elk partageait sa grotte avec trois autres détenus qui semblaient avoir décidé de souffrir en silence. De fait, on entendait très peu de bruits. L'Indien apprit à reconnaître le cliquetis métallique du chariot qui apportait la soupe et le pain, et il percevait de temps en temps un murmure de voix en provenance du poste des gardiens tout au fond du couloir.

Un soir, il entendit s'élever de la cellule d'en face un rugissement, suivi d'un silence, puis d'un deuxième rugissement, puis d'un troisième. Et de nouveau, le silence. Charging Elk s'approcha des barreaux et s'efforça de percer les ténèbres. Il était presque sûr qu'il y avait une bête sauvage dans l'une des grottes, mais il ne vit rien, et n'entendit plus rien.

La semaine écoulée, on le ramena à la surface et on lui fit traverser la cour en direction de l'un des bâtiments tout en longueur. Ebloui par la lumière et la terre ocre, il dut plisser les yeux, si bien qu'il ne distinguait qu'à peine le dos du gardien marchant devant lui. Il sentit des larmes tièdes rouler sur ses joues et, une fois à l'intérieur, ses yeux lui firent moins mal.

On le poussa dans une petite pièce où on lui ordonna de se déshabiller et de se laver. Puis, après l'avoir débarrassé de ses poux, on lui donna un mince pantalon gris et une chemise du même tissu dont les rayures autrefois noires avaient simplement pris une teinte grise un peu plus foncée. On lui remit également une couverture pliée, un seau hygiénique et un gobelet en fer-blanc tout cabossé. Deux gardiens le conduisirent ensuite par un corridor dans un autre bâtiment. Ils montèrent un escalier de fer et longèrent un large couloir bordé de chaque côté de petites cellules qui, au contraire de celles de la préfecture, étaient fermées par des barreaux allant du sol au plafond, de sorte que les prisonniers pouvaient voir ce qui se passait dans le couloir. Par contre, elles ne possédaient pas de fenêtres ouvrant sur l'extérieur.

Après le silence qui régnait dans les grottes, Charging Elk fut étonné d'entendre les prisonniers se parler d'une cellule à l'autre. Du coin de l'œil, il vit que chacune comportait deux lits. Sur son passage, les conversations se taisaient, ce qui ne le surprenait pas outre mesure. Il devinait les regards des détenus braqués sur lui.

Le gardien qui marchait devant finit par s'arrêter face à une cellule située presque au bout du couloir. Il ouvrit la porte et fit signe à Charging Elk d'entrer. C'est seulement après avoir tourné la clé dans la serrure qu'il adressa la parole au prisonnier : « C'est chez toi, maintenant. Tâche que ça reste propre. » Sur ce, les deux gardiens partirent.

« Bande de salauds ! »

Charging Elk se retourna au moment où un homme au visage glabre sautait à bas de sa plate-forme à dormir et s'avançait vers lui avec l'agilité et la souplesse d'un danseur ou d'un acrobate. L'Indien fit un pas en arrière, mais l'inconnu se contenta de lui tendre la main.

« Marc-Aurèle Causeret... et moi aussi je suis innocent. »

Charging Elk lui serra la main. « Moi, je suis Charging Elk. »

L'homme éclata de rire. « C'est bien ce que je pensais. Dès que je vous ai vu, je me suis dit : "Crois-le ou non, mais voilà un Indien d'Amérique." Eh bien, monsieur Charging Elk, soyez le bienvenu dans vos nouveaux appartements.

— Mais comment vous avez su ?

— Plutôt, comment n'aurais-je pas su ? N'ai-je pas assisté tous les soirs aux représentations du Wild West Show pendant que j'étais à Paris ? Ne me suis-je pas promené à travers votre village de tipis chaque fois que j'en ai eu l'occasion ? »

Charging Elk tenait toujours la couverture, le seau et le gobelet. C'était la première fois depuis René que quelqu'un lui parlait ainsi du spectacle de la troupe de Buffalo Bill. Il en demeura abasourdi. « Vous m'avez vu ? » demanda-t-il.

L'homme écarquilla les yeux, tandis qu'un sourire illuminait son visage. « Vous y étiez ? Pendant l'Exposition ?

— Oui. Je me produisais toutes les après-midi et tous les soirs. J'ai joué au poker au village et j'ai vu beaucoup des endroits touristiques de Paris.

— Décidément, le monde est petit ! » L'homme éclata à nouveau de rire. » Je vous ai sûrement vu, mais je ne vous ai pas reconnu vous personnellement. Juste votre physionomie. Les Indiens d'Amérique ont un physique saisissant, mais ils se ressemblent tous plus ou moins. En tout cas pour un œil non exercé comme le mien. Ne le prenez surtout pas mal, mon ami.

— Non, non. » Charging Elk sourit. Il n'arrivait pas à croire en sa chance : tomber sur un homme qui l'avait vu en piste à Paris, même si cet homme ne se souvenait pas vraiment de lui. « Pour moi, reprit-il, tous les gens de Marseille se ressemblent, sauf les immigrés. »

Causeret, qui mesurait une bonne tête de moins que lui, se recula d'un pas pour examiner l'Indien.

« Pourquoi êtes-vous là ? » demanda Charging Elk avant de

poser le seau et de jeter la couverture sur la paillasse libre. Ne sachant qu'en faire, il garda le gobelet.

« Question franche et directe, voilà qui n'est pas pour me déplaire. » Causeret s'assit en tailleur sur son grabat. « Il paraît que j'ai tué ma femme et son amant. Il paraît que je les ai surpris au lit ensemble — le lit de notre nuit de noces, entre parenthèses — et que je leur ai coupé la gorge. Il paraît que c'était un crime particulièrement horrible. Il paraît que j'ai ri en décrivant les meurtres aux policiers. Les journaux m'ont traité de monstre sans cœur. Aucun signe de remords. Il paraît que si j'en avais manifesté un tout petit peu, je m'en serais peut-être tiré. Crime passionnel, vous comprenez, le coup du mari bafoué. »

Charging Elk s'installa avec hésitation sur sa paillasse et étudia l'homme en face de lui. Au premier abord, il lui avait semblé presque frêle, mais il se rendait compte à présent qu'il avait les épaules larges, les bras plus longs que la moyenne et la taille fine. Il respirait la force, l'agilité et l'énergie. Sa diction elle-même était rapide, mais claire. Charging Elk comprenait presque tout ce qu'il disait, et rien de l'histoire de la femme et de l'amant à la gorge tranchée ne lui avait échappé.

« Mais vous êtes innocent », dit-il.

Causeret s'esclaffa. « Bien sûr, mon ami. Vous vous apercevrez bientôt que tout le monde ici est innocent. » Il se mit soudain à crier : « Dax ! tu es innocent ? »

Une voix nonchalante répondit, venant de l'autre côté du couloir. « Ça va sans dire.

— Vous voyez ? Je parie que vous aussi, vous êtes innocent. »

Charging Elk tourna la tête. En ce qui le concernait, il n'avait jamais pensé à lui en termes de coupable ou d'innocent — excepté devant le tribunal. Il avait fait ce qu'il avait à faire, voilà tout.

« Et de quoi êtes-vous innocent ? reprit Causeret.

— D'avoir tué un... un homme. »

Causeret se pencha en avant, les mains plaquées sur les genoux, et il eut un sourire presque doux. « Il méritait d'être tué ?

— Il était... malfaisant. »

Causeret se frappa les cuisses. « Formidable ! “Il était malfaisant.” Je n'avais jamais envisagé les choses sous cet angle. » Il se renversa soudain en arrière et s'allongea sur son lit, immobile, le regard fixé sur le plafond.

Charging Elk attendit, mais comme l'homme se taisait, il ôta ses chaussures — ces mêmes chaussures marron maintenant éculées au-delà de tout espoir — et s'étendit à son tour sur sa paillasse. Il ferma les paupières et sentit son corps fondre littéralement. Il ne s'était pas rendu compte de la tension qui l'habitait depuis des mois, depuis qu'il avait tué Breteuil. Maintenant qu'il était ici, et qu'il y resterait jusqu'à la fin de ses jours, tout lui revenait en bloc, la prison et le procès, le voyage en train, son passé. Il se voyait bien demeurer ainsi pour l'éternité.

« Crin et balle d'avoine, c'est de cela que sont faites les paillasses. Vous finirez par vous y habituer. » L'homme n'avait pas bougé. Comme Charging Elk ne répondait pas, il reprit : « Vous voulez savoir ce que je faisais avant ? » Il marqua une pause avant de continuer : « J'étais jongleur. Je jonglais dans les marchés aux puces, devant les théâtres, les vélodromes, dans les foires, tout ce que vous pouvez imaginer. Je faisais beaucoup les foires, un peu partout. J'utilisais des bâtons, des torches, des ballons — et même des pastèques. De bonnes grosses pastèques. Vous voyez ? J'arrivais à tenir en équilibre sur mon menton une pastèque au bout d'un bâton, et même une chaise sur l'un de ses quatre pieds. Incroyable, non ? Je suis probablement le seul homme que vous rencontrerez à avoir un cal au menton. » Après un long silence, il poursuivit : « C'est pour cela que j'ai assisté aux représentations du Wild West Show à Paris. Je me produisais devant l'entrée avant le spectacle. Et dès que la représentation débutait, j'entrais regarder. Je suis certain de vous avoir vu. » Causeret se tut un moment avant de reprendre : « Jongleur itinérant. J'allais de ville en ville : Lyon, Orléans, Tours, Besançon, Bordeaux... Mais je ne suis jamais passé à Marseille. Dommage. Vous vous rendez compte ? J'allais où je trouvais du travail. Comment pouvais-je être itinérant alors que j'avais une maison et une femme ? je leur ai dit. Et le président du tribunal a répliqué : "Eh bien, vous n'avez plus de maison et plus de femme. Vous avez tué votre femme et vous êtes en prison." J'aimerais bien que vous me disiez si vous trouvez cela juste, *monsieur.* »

Mais Charging Elk avait sombré dans un profond sommeil, hors d'atteinte des voix, des pensées et même des rêves. Jamais il n'avait dormi aussi profondément, ni quand il était petit au bord de la Little Bighorn, ni adolescent au Bastion, ni quand il se couchait, épuisé, après le spectacle de la troupe à Paris, ni même après une journée éreintante passée à pelleter du charbon dans les fourneaux de la savonnerie. Si une branche à laquelle se raccrocher s'était présentée au cours de sa chute dans le trou noir de l'inconscience, il ne l'aurait en aucun cas saisie, car il n'avait jamais été si près de rejoindre ses ancêtres que lors de cette fin d'après-midi à la Tombe. Le sommeil de la mort, songera-t-il plus tard avec tristesse, mais pas la mort en vrai.

Charging Elk et Causeret partagèrent la même cellule durant trois ans et devinrent très proches. Pendant la promenade quotidienne d'une heure, ils arpentaient ensemble la cour de la prison, Charging Elk pour prendre un peu d'exercice, tandis que Causeret réfléchissait aux moyens de s'évader. Il ne doutait pas d'arriver à escalader la muraille, mais une fois dehors ? Il prévoyait d'aller en Amérique, mais il ne voulait pas partir sans Charging Elk. Ils iraient tous deux se faire oublier dans le pays de l'Indien. Il s'intéressait particulièrement aux chercheurs d'or des Paha Sapa. Où trouvait-on le métal précieux, en quelles quantités, et où pouvait-on le vendre ? Naturellement, Charging Elk se moquait bien de l'or, mais pour faire plaisir au jongleur, il répondait qu'on le ramassait à même le sol, par morceaux entiers. Un jour, il avait même trébuché sur une pépite de la taille d'une pastèque. Causeret, gagné par la mélancolie, gardait alors le silence, en sorte que Charging Elk regrettait d'avoir ainsi nourri ses rêves irréalisables.

D'une manière générale, Causeret était un compagnon agréable. Il travaillait aux cuisines, si bien que deux fois par jour, à quatre heures et demie du matin, puis à trois heures et demie de l'après-midi, il quittait leur cellule pour trois ou quatre heures. Et comme il aidait à préparer les repas des gardiens et du personnel administratif, il arrivait de temps en temps à sortir en fraude un petit extra, un morceau de pain le matin, ou une saucisse ou une cuisse de poulet l'après-midi. Une fois, quelques jours après que Charging Elk s'était plaint qu'il ne reverrait sans doute jamais de la vraie viande, Causeret était revenu avec un épais morceau de bœuf. Et, regardant l'Indien mordre dedans à belles dents, il s'était exclamé : « Seigneur, tu as des mâchoires de loup ! »

Vers la fin de la troisième année, Charging Elk fut convoqué chez le directeur dont le bureau était situé dans le bâtiment administratif qui occupait un coin de la cour à côté du lourd portail de fer. A peine l'eut-on introduit dans une petite antichambre qu'il se figea sur place. Derrière un bureau de bois sombre se tenait une femme qui semblait proche de la quarantaine. Les cheveux relevés en un chignon serré, ne portant pas la moindre trace de maquillage, vêtue d'un chemisier blanc amidonné et, d'après ce qu'il parvenait à distinguer, d'une jupe longue noire au bord légèrement effiloché, elle n'était pas particulièrement jolie, mais c'était la première femme qu'il voyait depuis trois ans. Après que le gardien l'eut annoncé, il s'inclina avec gaucherie.

Sans un mot, la femme se leva et alla frapper à une porte derrière elle. Charging Elk en profita pour l'examiner des pieds à la tête, détaillant ses chevilles fines, sa taille mince, ses épaules étroites et son cou gracile. Il pensa d'abord à Marie, puis le souvenir d'une autre femme s'imposa à son esprit, celle qui lui avait donné l'image sainte représentant Jésus-Christ, l'homme mort pour les péchés des gens de ce peuple comme il le savait à présent. Il se remémora le bel après-midi plein d'espoir passé en sa compagnie au bord du lac à Paris. Il essaya en vain de se rappeler son nom.

La femme ouvrit la porte, s'effaça, puis les invita à entrer. Le gardien poussa doucement Charging Elk en avant, et celui-ci murmura : « Sandrine », mais personne ne parut l'entendre.

Le directeur était un homme massif au torse de barrique engoncé dans une veste de costume dont les coutures menaçaient de craquer. Son crâne chauve luisait, et son cou de taureau semblait pris dans le carcan du col empesé de sa chemise. Il finit d'écrire, posa son porte-plume, sécha l'encre avec un buvard, puis leva la tête. Il avait des yeux en boutons de bottine et un nez aquilin tout à fait incongru au milieu d'un visage rond au teint rubicond. Il évoquait à Charging Elk un étrange oiseau qu'il avait vu un jour dans un journal, un oiseau incapable de voler.

« Ah, Charging Elk, tout va bien ?

— Oui, monsieur, je vous remercie.

— Parfait. » Le directeur s'épongea le front à l'aide d'un mouchoir tout chiffonné. « On me dit que vous êtes un détenu modèle, que vous ne causez d'ennuis à personne. Est-ce bien exact ?

— Oui, monsieur.

— Nous apprécions cela grandement, et nous nous proposons de vous récompenser en vous accordant un peu plus de liberté. Vous n'avez rien contre, je présume ?

— Non, monsieur.

— Nous allons donc vous transférer dans une autre section. Nous pensons que vous vous y plairez davantage. Vous bénéficierez de quelques privilèges qui vous sont actuellement refusés : un peu plus de temps hors de votre cellule, pour des motifs légitimes, cela va sans dire, l'accès à notre bibliothèque et surtout, un travail. Je suppose que vous ne vous en plaindrez pas ?

— Non, monsieur.

— Très bien. Voilà, c'est tout. Ah, une dernière chose cependant : vous aurez le droit d'envoyer et de recevoir une lettre par mois, mais attention, pas de mauvais tours, n'oubliez pas que nous lisons tout le courrier. Et vous aurez également droit à deux visiteurs tous les trois mois. » Le directeur saisit son porte-plume et le trempa dans l'encrier, semblant ainsi mettre fin à l'entretien.

Le gardien prit Charging Elk par le coude pour le faire sortir, mais le directeur releva la tête et un sourire retors étira ses lèvres. L'Indien s'efforça de retrouver le nom de l'oiseau auquel l'homme lui faisait penser. Quelqu'un, Mathias peut-être, le lui avait dit.

« Il faudra que vous reveniez me parler de votre Ouest sauvage. J'espère aller un jour en Amérique et j'aimerais voir cette région, les cow-boys, les Indiens, Buffalo Bill. Vous me raconterez tout pour que je puisse préparer mon voyage, d'accord ? »

Le lendemain matin, un gardien entra dans la nouvelle cellule de Charging Elk située dans un autre bâtiment, une cellule en tous points identique à celle qu'il venait de quitter. Il était cinq heures et demie, peu avant le petit déjeuner. L'homme attendit que le prisonnier eût fini de s'habiller, puis il le conduisit au réfectoire.

Une trentaine d'hommes étaient assis autour de l'une des longues tables. Le gardien lui fit signe de s'installer au bout, puis il sortit.

Charging Elk examina les visages autour de lui, mais il n'en reconnut aucun. La diversité des physionomies qu'on rencontrait ici l'avait étonné au début. En dehors des immigrés, les Marseillais possédaient un certain type. Il y avait certes des différences, mais la plupart étaient plus petits, plus bruns et plus enrobés que la majorité des prisonniers. Causeret lui avait expliqué qu'en fait, ceux-ci venaient de tous les coins de France, et que l'on comptait même des étrangers parmi eux. En effet, Charging Elk avait eu l'occasion de rencontrer deux amis du jongleur, un Anglais et un Hollandais qui se trouvaient depuis déjà assez longtemps à la Tombe pour avoir appris à parler un français passable.

Quelques hommes en tabliers blancs disposèrent sur la table des bols de bouillie, des corbeilles de pain et des pichets d'eau. Des détenus protestèrent, mais ils n'y prêtèrent pas attention, et les mécontents ne tardèrent pas à se jeter comme les autres sur la nourriture. Ensuite, les serveurs débarrassèrent et placèrent un gobelet devant chaque prisonnier. On fit circuler les pots de café et de lait chauds, tandis que les rouspéteurs réclamaient cette fois du sucre et se plaignaient que le café avait un goût de lavasse.

Charging Elk venait de remplir son gobelet quand l'un des gardiens tapa sur une gamelle avec sa matraque. Aussitôt, les hommes se levèrent. L'Indien s'empressa d'avaler le reste de son café au lait tiède, et il les imita.

Alors qu'ils s'apprêtaient tous à sortir, un homme de carrure imposante à la peau brune s'avança vers Charging Elk. C'était un *wasichu*, mais il donnait l'impression d'avoir passé sa vie entière au soleil.

« C'est toi, ce Charging Elk ? » Il était aussi grand que l'Indien et devait peser dans les dix kilos de plus. Sa barbe épaisse était noire comme du charbon, sauf au menton où s'y mêlait un peu de gris. « Une dure journée de travail ne te fait pas peur ?

— Je ferai de mon mieux, monsieur.

— Dans ce cas, viens avec moi. »

Charging Elk et quatre autres détenus suivirent le colosse hors du réfectoire. Ils traversèrent la cour de terre battue en direction du bâtiment administratif, mais au lieu d'y entrer, ils s'arrêtèrent devant le portail. Un gardien ouvrit la petite porte sur le côté. L'homme franchit le seuil et les prisonniers lui emboîtèrent le pas. Charging Elk fermait la marche et il dut se baisser pour ne pas se cogner. Quand il releva la tête, il demeura muet de saisissement devant la vue qui s'offrait à ses yeux.

Son regard s'arrêta d'abord sur les arbres verts qui tapissaient le pied de la colline. Dans la brume matinale, ils paraissaient flotter au fond de la vallée, pareils à une multitude de ballons verts. Il aperçut ensuite le village de Saint-Paul-de-Fenouillet. Les maisons se ressemblaient toutes avec leurs murs blanchis à la chaux et leurs toits ocre, mais pour Charging Elk qui, trois années durant, n'avait contemplé que la pierre jaunâtre de la prison, elles avaient l'air aussi exotique que des chapiteaux de cirque. Au-delà de la vallée, les collines ondulaient, couvertes de forêts de pins, de rochers et de prés dans lesquels paissaient des troupeaux de moutons.

Charging Elk n'avait jamais admiré spectacle plus magnifique. Même les Paha Sapa couleur noir de fumée ne pouvaient rivaliser face à ces teintes éclatantes et cette végétation luxuriante. Englobant d'un seul regard le panorama, il se rendit soudain compte qu'il n'avait jamais vu de vrais paysages depuis qu'il se trouvait en France. Il s'était produit dans des villes, et quand la troupe se déplaçait, c'était presque toujours de nuit, après la représentation du soir. Et pendant les quatre ans qu'il avait vécu à Marseille, il n'était jamais sorti de la ville.

L'un des gardiens qui avaient escorté la petite troupe lui donna un coup de coude dans le dos. « Par là, dit-il. La cabane à outils. »

Charging Elk suivit les hommes en direction d'une construction délabrée au toit de chaume. A l'intérieur, le colosse lui tendit un chapeau de paille informe. « Mets-le. Tu en auras besoin. » Après quoi, il décrocha d'un clou au mur une houe qu'il lui fourra entre les mains. « Viens avec moi », dit-il.

Le prisonnier, encore sous le coup de l'émerveillement, avait à peine remarqué les terrasses qui s'étageaient à flanc de colline.

« Tu as déjà fait du jardinage ?

— Non, monsieur. » Le chapeau était trop petit et le vent frais menaçait de l'emporter.

« Tu connais nos plantes ?

— Quelques-unes, répondit Charging Elk, pensant aux fleurs de René. Les géraniums, la lavande... et les coquelicots. »

L'homme eut une petite moue dégoûtée, puis il conduisit l'Indien le long d'un chemin qui descendait en serpentant au milieu des terrasses. Il s'arrêta d'abord devant des rangées de tiges toutes minces. « C'est de l'ail. Et là-bas, des oignons. » Ils passèrent à la terrasse du dessous. « Là, tu as des poireaux. Et ces petites plantes un peu plus loin, ce sont des tomates. Allez, viens. »

Charging Elk l'accompagna le long des rangs de plants de tomates. Il nota qu'il y avait encore cinq ou six terrasses en contrebas. Deux des prisonniers travaillaient dans l'une d'elles à arracher des espèces de grosses racines qu'ils jetaient dans une brouette.

« Des pommes de terre nouvelles », expliqua le colosse, s'étant aperçu que l'Indien observait ses codétenus d'un air perplexe. « Voilà, on est arrivés, continua-t-il en prenant la houe des mains de Charging Elk. Comme tu peux le constater, je plante mes tomates en rangs bien alignés, et tout ce que tu vois entre ces rangs, c'est des mauvaises herbes. Je hais les mauvaises herbes. Ce sont mes ennemies jurées. La nuit, je rêve de mauvaises herbes, elles sont toujours énormes, agressives, et elles menacent d'étouffer mes légumes. Regarde. » Il fit quelques pas, puis, à l'aide de la houe, arracha une motte de terre qu'il ramassa. « Tu vois ? Des liserons. Les pires. Un seul liseron est capable d'étouffer trois de mes plants de tomates. Celui-là, il est encore tout petit, mais d'ici une semaine, il aurait entamé son œuvre de mort. » Il rendit l'outil à Charging Elk. « Maintenant, je compte sur toi pour sauver mes belles tomates. Tu parcours les rangs, et chaque fois que tu repères quelque chose de vert qui ne devrait pas être là, tu l'arraches. Et veille à ne pas laisser les racines. Tu as bien compris ? »

Ainsi se déroula sa première journée de travail, un travail qui devait l'occuper durant le reste de son séjour à la Tombe. Huit mois par an, de début mars à fin octobre, il passait son temps dans les jardins en terrasses ou dans les vergers au pied de la colline, plantés de pommiers et d'amandiers. Au printemps, il labourait la terre à l'aide d'une petite charrue, épandait du fumier, le mélangeait, puis ratissait. Il plantait des radis et des oignons, des poireaux, des tomates et des petits pois. Ensuite, pendant la pousse, il arrosait, désherbait et luttait contre les nuisibles. De la fin du printemps à la fin de l'été, il cueillait les légumes, les pommes, les olives et les amandes. L'automne venu, après les premières gelées, il arrachait les racines, taillait les arbres et nettoyait les jardins. Il réparait les outils, aiguisait les houes, rangeait l'atelier et la serre. Et quand l'hiver s'annonçait, épuisé et gelé, il franchissait les portes de la prison pour la dernière fois avant de longues semaines, éprouvant un curieux mélange de satisfaction et de tristesse.

Et à l'arrivée du froid, il demeurait dans sa cellule, enveloppé d'une couverture pour se protéger des courants d'air glacials, s'efforçant de ne pas penser qu'il était condamné à vivre ainsi jusqu'à la fin de ses jours. Dehors, il lui était facile d'oublier. Le travail pénible sous un soleil brûlant ou une pluie glacée l'empêchait de se livrer au désespoir à l'idée qu'il ne quitterait la Tombe que pour être enterré dans le carré non loin des jardins. Et lorsqu'il s'interrompait quelques instants pour admirer la vallée ou les toits ocre du village, il comprenait à quel point le travail était nécessaire à sa survie. Il avait trop souvent entendu parler de prisonniers qui, au milieu de la nuit quand tout le monde dormait, ou bien quand ils se retrouvaient seuls dans la blanchisserie ou dans les latrines, en profitaient pour se pendre. Il avait également entendu parler, et en avait même été témoin à deux reprises, de détenus en ayant poignardé d'autres à l'aide d'un morceau de métal récupéré dans l'atelier du forgeron ou d'un couteau volé dans les cuisines. Il avait vu des gardiens emmener, couverts de chaînes, des fauteurs de troubles — qu'on n'avait jamais revus par la suite. Dans les champs ou dans les vergers, en revanche, il parvenait à oublier tout ce qui se passait derrière les murs de la Tombe.

Ils ne devinrent jamais véritablement amis, mais Gustave Boucq, le colosse responsable des jardins, appréciait l'Indien à la fois pour son travail et son sérieux. Les autres ne venaient pas toujours, mais Charging Elk, lui, ne manquait jamais une journée. Boucq le regardait désherber ou cueillir des fruits, attendait qu'il s'éponge le front ou remonte son pantalon (il perdait chaque été quelques kilos), puis il s'approchait et demandait : « Ça va ? Pas trop chaud ? » Après que Charging Elk lui avait assuré que tout allait bien, Boucq décochait un petit coup de pied dans une motte de terre ou bien contemplait au loin la vallée, puis il reprenait : « Tu ferais quand même bien de boire un peu d'eau », ou alors : « Ces tomates là-bas, il faudrait les pincer quand tu auras fini — mais repose-toi d'abord un peu. Je ne tiens pas à avoir ta mort sur la conscience. » Après quoi, marmonnant quelques mots qui pouvaient passer pour un vague compliment, il retournait à ses occupations. C'étaient les seuls moments où les deux hommes établissaient des relations quelque peu personnelles.

Au cours de ses années de prison, Charging Elk ne reçut pas la moindre lettre, ni à fortiori la moindre visite. La Tombe était loin de Marseille et René, bien qu'il eût fait preuve de loyauté et qu'il l'eût soutenu durant le procès, devait vendre tous les jours son poisson pour nourrir sa famille. Sinon, il n'y avait personne qui aurait pu s'intéresser encore à lui.

Il continua à entretenir des liens d'amitié avec Causeret. Ils étaient maintenant dans des bâtiments différents, mais ils se voyaient dans la cour et au réfectoire. Quand le jongleur assurait le service, il glissait toujours une pomme de terre ou une saucisse en plus dans la gamelle de Charging Elk. Malheureusement, au fil des ans, le jongleur commença à rire et à sourire de moins en moins souvent. Dans la cour, pendant les mois d'hiver où l'Indien ne travaillait pas, Causeret ne parlait plus d'escalader les murailles et de s'enfuir en Amérique pour chercher de l'or. Il se bornait à évoquer sa vie passée qu'il avait gâchée à errer ainsi de ville en ville, de foire en marché, afin de pratiquer son art devant un public qui le considérait, à juste titre, comme une simple attraction. Et lorsque Charging Elk lui rappelait qu'il rendait les gens heureux, le jongleur éclatait bien de rire, mais ce n'était plus le même rire qu'avant, celui qui mettait l'Indien en joie. Ce n'était plus qu'un rire amer que le vent glacial emportait. Un jour, Causeret, serrant sa mince veste autour de lui, ne voulut plus marcher, et Charging Elk arpenta seul la cour cependant que le petit jongleur autrefois vigoureux et souple attendait simplement le moment de regagner sa cellule, frêle silhouette tremblante adossée au mur.

Et puis, un matin, Causeret n'apparut pas dans la cour. Bien qu'inquiet, Charging Elk fit sa promenade habituelle. Le lendemain, comme son ami ne se montrait toujours pas, il interrogea l'Anglais qui occupait la cellule située en face de celle du jongleur. L'homme lui répondit que Causeret devait être malade. Depuis deux jours, en effet, il n'allait plus travailler, se contentant de rester allongé sur son grabat et de contempler le plafond. Lors de la promenade du lendemain, l'Anglais lui apprit que deux infirmiers du dispensaire avaient emmené le jongleur au milieu de la nuit. Deux jours plus tard, il annonça à Charging Elk qu'un gardien était venu prendre la paillasse et les quelques effets personnels de Causeret. L'Indien le dévisagea un instant sans rien dire, puis il se mit à arpenter la cour comme de coutume.

Cet hiver-là, il plut presque tout le temps, et il arrivait que Charging Elk se retrouve pratiquement seul dans la cour. Il se faisait une règle de ne pas manquer sa promenade quotidienne, parce qu'il savait que sinon, il penserait à la mort de son ami et au fait qu'un jour lui aussi mourrait à la Tombe, peut-être subitement à l'instar de Causeret. Parfois, quand il se sentait gagné par un profond désespoir, il avait la chance que la neige se mette à tomber. Il levait alors la tête, offrant son visage à la caresse des flocons, et il avait l'impression d'être ramené par magie — comme si Wakan Tanka avait envoyé la neige pour qu'il se souvienne de lui — au Bastion et aux hivers qu'il y avait passés en compagnie de Strikes Plenty. Les images qui lui revenaient en foule — Grand Coureur hennissant au petit matin devant le tipi en guise de bonjour, Strikes Plenty feignant de dormir pour que ce soit Charging Elk qui allume le feu, les journées entières à chasser pour ne tuer qu'un lapin aux longues pattes —, l'emportaient loin de la Tombe et, l'espace de quelques jours, l'aidaient à oublier. Malheureusement, les idées noires ne tardaient pas à revenir et, étendu sur sa paillasse, enveloppé dans sa couverture, il repensait à la mort. Et depuis qu'il était dans ce pays, la mort, il l'avait souvent désirée. Enfermé ici, il aurait dû la désirer d'autant plus, et pourtant, ce n'était pas le cas. Même pas quand il pleuvait pendant des jours et des jours.

Juste avant le début du printemps de sa dixième année à la Tombe, le 12 mars 1904, un gardien entra dans la cellule de Charging Elk et lui ordonna de le suivre. L'Indien guettait ce moment depuis des semaines, et son cœur se mit à battre plus vite. Il enfila sa veste et son bonnet, puis emboîta le pas au gardien. Ils traversèrent la cour en direction du portail. C'était une journée venteuse, froide et humide, mais il était impatient de retrouver les jardins en terrasses et la besogne pénible afin de ne plus penser au sinistre hiver de plus qu'il venait de vivre.

Le gardien, au lieu de le conduire au portail, se dirigea vers le bâtiment administratif. Charging Elk se demanda avec inquiétude ce qu'il avait pu faire de mal. Trois jours plus tôt, il s'était rendu pour la première fois à la bibliothèque, mais il avait seulement pris un livre sur les chevaux pour le feuilleter en regardant les illustrations. Le responsable l'aurait-il dénoncé pour quelque manquement au règlement qu'il aurait commis sans s'en apercevoir ? Il réfléchit, mais ne trouva rien. A la pensée qu'il risquait de ne plus pouvoir travailler dans les potagers, il sentit la panique le gagner.

Une femme, plus âgée et plus forte que celle qu'il avait vue la première fois, l'introduisit dans le bureau du directeur. Elle lui sourit mais, trop effrayé, il ne le remarqua même pas.

« Ah, voici notre homme. » Le directeur se leva et contourna son bureau. Charging Elk, contemplant le visage au teint rubicond et le nez aquilin, se rappela qu'il lui avait fait penser à un curieux oiseau, mais les années avaient passé et maintenant, avec ses jambes courtaudes et sa grosse tête au crâne luisant, il évoquait davantage l'une de ces créatures aveugles qui creusent leur terrier sous la terre. « Bonjour, Charging Elk.

— Bonjour, monsieur. » L'Indien lui serra la main, jetant un coup d'œil sur les deux autres personnes présentes dans la pièce et qui s'étaient également levées.

Le directeur garda la main de Charging Elk dans la sienne cependant qu'il reprenait : « Permettez-moi de vous présenter monsieur Murat du ministère de la Justice et madame Loiseau de l'Aide sociale catholique de Marseille. Tous deux ont fait un long chemin pour venir vous voir. » Il émit un petit rire dans lequel Charging Elk crut détecter un accent de déférence. « Vous devez être un homme important. »

L'Indien, échangeant une poignée de main avec les deux visiteurs, ne put s'empêcher de noter une différence dans leur attitude à son égard. L'homme afficha une raideur teintée d'indifférence, tandis que la femme lui sourit gentiment et pressa un instant sa main entre les deux siennes. Elle portait des gants gris perle, doux et lisses comme du velours. Charging Elk n'avait pas touché d'aussi beau tissu depuis des lustres.

« Je vais être bref, monsieur Charging Elk, déclara le représentant du ministère, prenant une serviette de cuir d'où il tira un document. En raison de votre nouveau statut, vous bénéficiez d'une grâce accordée par la République française. » Il tendit le papier à l'Indien.

L'homme avait prononcé son nom à la manière des Américains, comme Costume Marron, aussi Charging Elk pensa que ce monsieur Murat devait être américain, encore qu'il parlât français comme un Français.

Il étudia le document. Son nom figurait au milieu, écrit à l'encre noire en grosses lettres. Dans le coin supérieur droit, il y avait la date, et dans le coin inférieur gauche, un sceau doré orné de deux petits rubans rouges. Le reste, impeccablement calligraphié, il était incapable de le déchiffrer. « Merci beaucoup, monsieur », dit-il. Puis il se tourna vers la femme, ne sachant pas trop quoi faire. Elle lui souriait, une lueur amicale dans le regard. « Merci, madame », finit-il par dire, un peu perdu.

Après un instant de silence, madame Loiseau s'écria : « Mais oui, bien sûr ! » Elle éclata de rire et désigna le papier que Charging Elk tenait à la main. « Cela signifie que vous êtes libre, expliqua-t-elle. Une grâce, cela veut dire que le gouvernement vous pardonne votre faute, ou plutôt, dans ce cas, qu'il reconnaît avoir commis une erreur. Il semble que vous ayez été jugé en tant que citoyen des Etats-Unis d'Amérique. Or, selon les traités, votre tribu est une nation à part entière et en tant que telle, ne serait donc pas soumise aux accords conclus entre la France et les Etats-Unis. Il apparaîtrait par conséquent que vous ayez été illégalement détenu pendant toutes ces années. » Madame Loiseau jeta un coup d'œil à monsieur Murat, affichant un sourire de triomphe. « Vous êtes donc libre de nous accompagner, Charging Elk. »

Il la dévisagea. Malgré sa petite taille, il se dégageait d'elle quelque chose d'imposant. Elle portait une robe noire munie d'un large col et de poignets soulignés chacun par une rangée de boutons. Elle avait la taille pincée, mais une poitrine proéminente à l'exemple de certaines des figures de proue nues que l'on voyait sur quelques-uns des bateaux du Vieux-Port. Ses cheveux gris étaient ramenés sous un chapeau de feutre noir au bord étroit relevé. Quoique strictement vêtue, elle continuait à sourire avec une chaleur que Charging Elk n'avait plus rencontrée depuis l'époque où Causeret était encore vivant et plein d'optimisme. Favorablement impressionné, il décida de faire confiance à cette femme.

« C'est exact, mon ami. J'ai tous les papiers ici. » Le directeur trempa un porte-plume dans l'encrier, puis le présenta à Charging Elk en lui montrant les endroits où il devait signer. L'Indien s'efforça de tracer avec soin les lettres de son nom, mais il ne put empêcher sa main de trembler. Il n'avait plus signé ainsi depuis le procès, et le résultat ne fut pas aussi lisible qu'il l'aurait souhaité. S'il tremblait, c'est qu'il venait soudain de comprendre qu'il allait quitter la Tombe. Un sentiment de panique l'envahit de nouveau. Et si c'était une ruse ! René lui avait toujours recommandé de ne rien signer avant de savoir exactement de quoi il s'agissait. Il faillit demander à cette madame Loiseau de lui lire les documents.

Sans lui laisser le temps de prononcer un mot, le directeur reprit : « Voilà, vous êtes un homme libre, Charging Elk. Vous pouvez aller récupérer vos affaires personnelles. Et que Dieu soit avec vous. »

Pendant qu'il traversait la cour, marchant derrière le gardien, Charging Elk tourna un instant la tête en direction du portail. Peut-être que Gustave Boucq l'attendait. Il aurait voulu parler à quelqu'un, annoncer la nouvelle, seulement Causeret était mort et le colosse barbu devait être dans sa cabane à outils en train d'inspecter les houes et les bêches, si bien qu'il ne voyait personne pour lui souhaiter bonne chance. Promenant son regard sur les hautes murailles, la cour déserte et le ciel gris, il se dit que le mieux, en définitive, serait de partir discrètement.

Soudain, il se demanda où il pourrait aller. A peine revenu de sa stupéfaction, il n'avait pas pensé à poser la question. Après un instant de réflexion, il se dit que madame Loiseau avait sans doute prévu de s'occuper de lui. Il sentit alors un large sourire naître sur ses lèvres, et le gardien, alors qu'il s'effaçait pour le laisser entrer dans son bâtiment, le considéra d'un air estomaqué.

L'homme était déjà à la Tombe à l'arrivée de Charging Elk une décennie plus tôt, et il ne lui avait jamais vu une telle expression. Le sourire sur le visage d'ordinaire impassible du sauvage avait quelque chose de presque effrayant. On avait l'impression qu'il avait passé ces dix années en état de somnambulisme.

19

Nathalie Gazier attendait sur le quai de la gare, le regard tourné vers la Garonne de l'autre côté de la voie. On apercevait les rangées de platanes et, au-delà, un petit bout du fleuve derrière un bois de grands chênes. Le kiosque où l'on vendait des fleurs en été était fermé et placardé d'affiches annonçant concerts, rencontres sportives, conférences, réunions politiques et représentations théâtrales. Hier, dimanche, par une journée où régnait une chaleur inhabituelle pour un mois de mars, elle était allée se promener bras dessus, bras dessous avec son amie Catherine, son aînée d'un an qui sortait déjà avec un jeune *fusilier* stationné à la caserne située sur la route de Bordeaux. Pendant qu'elles regardaient des hommes jouer aux boules, Catherine lui avait raconté que Thierry, son amoureux (comme elle l'appelait), l'avait embrassée la semaine dernière en mettant la langue. Nathalie avait poussé un petit cri d'horreur, mais quelques instants plus tard, alors que, assises sur les berges de la Garonne, elles suivaient des yeux une course d'aviron, admirant les rameurs qui glissaient sans heurts sur leurs bancs, tandis que les rames faisaient à peine quelques éclaboussures à la surface de l'eau, sa curiosité l'avait emporté, et elle avait demandé :

« Qu'est-ce que ça fait ?

– D'après toi ?

— Ça doit ressembler à une limace baveuse.

— Tu n'es vraiment qu'une petite fille. Tu n'as pas d'amoureux, toi.

— Alors, et à toi, qu'est-ce que ça t'a fait ? »

Catherine avait ri, puis répondu : « Je ne sais pas bien. Il m'a dit que c'était comme ça que les filles de Bordeaux embrassaient. En tout cas ça m'a un peu grisée. J'ai failli m'évanouir entre ses bras. »

Sur le quai de la gare, Nathalie se demandait ce qu'elle ressentirait si un homme l'embrassait ainsi. L'idée continuait à la dégoûter, mais les hommes mettaient bien autre chose dans les femmes, et c'était censé être permis quand on était marié, et même agréable. Elle n'avait que seize ans, mais elle connaissait plusieurs filles de son âge qui étaient déjà fiancées et certaines même mariées.

La jeune fille contempla les rails qui décrivaient une courbe avant de disparaître derrière les murs du lycée. Quand elle était petite, elle avait désiré de toutes ses forces entrer au lycée, parce qu'un garçon de son école pour qui elle avait le béguin s'était vanté qu'il irait un jour et qu'il deviendrait un grand savant. L'année suivante, bien avant le certificat d'études, elle avait quitté l'école et depuis, elle n'avait pas revu le garçon. Peut-être qu'il était devenu le genre à fourrer sa langue dans la bouche des filles. Elle frissonna à cette pensée. Comment une chose pareille pouvait-elle vous griser ? Elle, ça la ferait plutôt vomir.

C'était peut-être cela qui clochait chez elle. Elle n'était pas docile comme Catherine. Elle ne sortait pas comme elle avec les garçons. En tout cas, elle n'avait pas d'amoureux et n'envisageait pas d'en avoir, sauf si l'on comptait Alain, le fils de la ferme voisine. Ils s'étaient embrassés quatre ou cinq fois dans les vergers, mais elle n'avait absolument rien ressenti. Ce n'était pas un beau *fusilier*, ni même un vigoureux ouvrier agricole comme celui qui travaillait pour le père d'Alain. Nathalie l'observait souvent pendant qu'il élaguait les arbres ou faisait les foins. Au plus chaud de la journée, il se mettait en tricot de corps, et elle l'épiait, fascinée par ses robustes épaules luisantes, ses bras musclés et sa taille fine. Elle ne lui avait jamais parlé, mais elle se doutait bien qu'il préférerait une fille comme Catherine ou l'une de ces femmes légères qui fréquentaient les cafés, fumaient et flirtaient d'une manière éhontée. Une pauvre godiche de fille de paysan n'aurait aucune chance.

Une rafale de vent souleva un nuage de poussière et Nathalie, tenant son bonnet, plissa les yeux pour se protéger. Elle entendit un sifflet, et l'excitation la gagna. A quoi l'étranger allait-il ressembler ? Elle n'avait encore jamais vu un Américain sauvage. Et un ancien prisonnier en plus ! Comme les deux autres qui avaient habité quelque temps à la ferme, mais qui, eux, n'étaient que de jeunes paysans qui s'étaient retrouvés une fois du mauvais côté de la loi, ainsi que son père le disait. Rien qu'un peu de travail ne saurait guérir, ajoutait-il. Nathalie n'était tombée amoureuse ni de l'un ni de l'autre, encore qu'elle eût vaguement essayé avec le garçon de Souillac, mais ils étaient vraiment trop banals, trop sots, et leur seul crime avait été de se croire assez malins pour échapper aux conséquences de leurs minables forfaits. Son père se plaisait à les présenter ainsi à ses amis qui, tout en désapprouvant, riaient d'un air entendu avant de recommencer à se plaindre soit de la sécheresse, soit de la pluie, de même que du cours des prunes ou des artichauts.

Nathalie se sentit soudain prise d'un léger malaise. Elle n'avait dormi que deux heures cette nuit et, bien qu'elle eût mangé un bout de pain sur le chemin de la gare, elle avait l'impression d'avoir l'estomac vide et plein d'acidité. Elle s'efforça de ne plus penser à la langue visqueuse de l'amoureux de Catherine qui avait grisé son amie, et elle concentra son esprit sur le moment présent et sur l'étranger qui devait venir loger chez eux pendant quelques mois. Elle était un peu nerveuse à l'idée de vivre aux côtés d'un sauvage, non parce qu'elle avait peur de lui — on avait assuré à son père qu'il n'était pas dangereux —, mais parce qu'elle craignait la réaction des voisins. Elle avait sa réputation à préserver. Malgré son manque de succès auprès des garçons, elle devenait femme. Certaines parties de son anatomie commençaient à se rembourrer, tandis que d'autres s'affinaient. Quand elle se regardait dans la glace, elle voyait maintenant des pommettes bien dessinées et un nez qui n'avait plus tout à fait l'air d'une petite patate. Cette transformation l'emplissait d'une fierté secrète, comme si elle devenait enfin la fleur épanouie qu'elle avait toujours su qu'elle deviendrait un jour.

Vincent Gazier, un homme maigre au visage émacié, se tenait à côté de sa fille, les bras croisés, un mince cigare à la main, le front soucieux. Le vent cinglant qui soufflait de l'ouest apportait la fraîcheur de l'Atlantique, ce qui ne laissait pas de l'inquiéter. A cette saison, c'était en général ce vent-là qui empêchait ses arbres de geler, mais la nuit dernière, il avait chassé les nuages, si bien que sa femme, sa fille et lui avaient dû allumer des feux parmi les arbres et les entretenir jusqu'à l'aube. La nuit à venir s'annonçait tout aussi claire et froide. En ce moment, il devrait être à ramasser du bois dans la forêt à l'est d'Agen. Et pour ne rien arranger, le train avait du retard.

Les Gazier cultivaient des prunes non loin d'Agen depuis des générations et des générations. C'était, dans l'ensemble, un métier plutôt agréable, mais qui ne rapportait pas des fortunes. Toutefois, les années où, grâce à Dieu, la récolte était normale, il parvenait à nourrir et à habiller sa famille jusqu'à l'année suivante. De même que tous les Gazier avant lui, il n'en demandait d'ailleurs pas davantage. Malheureusement, il arrivait trop souvent qu'un gel tardif attaque les bourgeons ou les jeunes fruits, ou que la sécheresse rende les prunes trop petites et dures, ou encore que des pluies violentes fassent éclater les prunes mûres, de sorte que toute la récolte pouvait être perdue. Par bonheur, l'année dernière avait été excellente, et ils avaient pu livrer à la fabrique de pruneaux une bonne quantité de fruits pour en retirer une somme décente.

Il suffisait pourtant d'une seule mauvaise année, songeait Gazier, et on devait aller s'humilier devant les banquiers pour emprunter l'argent permettant de passer l'hiver. Il tira sa montre. Une heure et demie. Déjà vingt minutes de retard. Il commençait à regretter d'avoir entraîné sa famille dans cette histoire.

Deux semaines auparavant, il avait reçu une lettre de madame Loiseau de l'Aide sociale catholique. Il l'avait lue d'abord seul, puis à sa femme et à sa fille, sautant les passages qui parlaient du crime. Après les formules de politesse habituelles, elle en venait au sujet :

Vous avez peut-être maintenant deviné que je vais profiter de votre offre plus que généreuse d'aider une nouvelle fois notre organisation dans la mesure de vos moyens. Vous désirerez peut-être reconsidérer votre proposition, et vous serez entièrement justifié de le faire, car je vais vous demander un immense service. Et si je me permets de faire appel à vous, c'est parce que, à deux reprises dans le passé, vous avez déjà accueilli des prisonniers que nous soutenons dans le cadre de notre programme de réhabilitation. Je puis du reste affirmer que, grâce à vous, les jeunes gens que vous avez eu la bonté d'employer ont tous deux trouvé un travail honnête et vont régulièrement à la messe.

Voici donc l'affaire qui m'amène : nous nous occupons d'un prisonnier qui, si tout va bien, devrait être libéré d'ici deux semaines. Il s'agit d'un cas exceptionnel, et quand je vous l'aurai exposé, vous serez fondé à penser qu'il ne constitue pas pour vous un candidat acceptable. Soyez assuré que nous comprendrons et que nous ne vous en tiendrons nullement rigueur.

L'homme s'appelle Charging Elk. C'est un Indien d'Amérique âgé de trente-sept ans. Il est arrivé dans notre pays en 1889 en tant que membre de la troupe du Wild West Show de Buffalo Bill. Peut-être en avez-vous entendu parler. Elle s'est produite à Paris cette même année pendant l'Exposition avant d'entreprendre une tournée à travers l'Europe. Elle s'est arrêtée d'abord à Marseille où Charging Elk est tombé de cheval au cours d'une représentation et a dû être hospitalisé. La troupe a ensuite quitté la ville sans lui, et sans se soucier de pourvoir à ses besoins. A l'époque, il ne parlait pas notre langue, si bien qu'il s'est retrouvé entre les mains des autorités qui ne savaient pas trop quoi faire de lui. Heureusement, une famille méritante l'a recueilli — le chef de famille est un marchand de poisson vertueux et travailleur —, auprès de laquelle il a vécu les deux années suivantes. Ensuite, il a habité seul et travaillé dans une savonnerie, s'habituant petit à petit à notre mode de vie. D'après tous les témoignages, il commençait à très bien s'intégrer quand, hélas, il a été placé dans une situation compromettante par un homme méprisable — de grâce, ne me demandez pas de détails ! — qu'il a fini par tuer. Nombreux ont été ceux qui ont pensé, lorsque le procès eut mis toute l'affaire en lumière, que Charging Elk avait eu une réaction légitime. En réalité, le procès est devenu une espèce de *cause célèbre.* Les magistrats ont, dans une certaine mesure, suivi l'opinion publique, et lui ont accordé les circonstances atténuantes, en sorte qu'il a été condamné à la prison à perpétuité au lieu de la peine capitale comme on s'y attendait.

Venons-en à présent à l'aspect positif, cher monsieur Gazier. Charging Elk a passé neuf ans et demi à la prison de Samatan et tous s'accordent à dire qu'il s'est comporté en détenu modèle. Durant tout ce temps, il n'a fait l'objet d'aucun rapport disciplinaire (et je puis vous certifier qu'il devait bien être le seul dans son cas — je pense que vous n'ignorez rien de la réputation de « la Tombe »). En outre, au cours de ses sept dernières années de prison, il a travaillé tous les jours où cela était possible dans les potagers et les vergers.

Et c'est précisément pour cette raison que nous avons pensé à vous, cher ami. Nous nous sommes dit que, cultivant vous-même des vergers, vous pourriez employer avec profit cet homme travailleur et expérimenté. Je suis sûre qu'avec l'approche du printemps et de l'été, un peu d'aide vous serait fort utile. Naturellement, si vous acceptez d'accueillir Charging Elk, nous vous dédommagerons pour le gîte et le couvert sur la base de vingt francs par mois. Et si pour quelque motif vous désiriez vous séparer de lui, nous n'exigerions pas de vous que vous le gardiez une minute de plus que nécessaire. Nous espérons toutefois que vous consentirez à le garder auprès de vous jusqu'à l'époque de la récolte.

Et maintenant, je pense que vous vous demandez : pourquoi Agen, pourquoi moi et pourquoi pas Marseille ? Questions bien naturelles. La réponse est aussi simple que cela : nous avons le sentiment qu'après avoir passé pratiquement une décennie en prison, notre homme n'est pas prêt à affronter le rythme trépidant d'une grande ville portuaire avec toutes ses distractions et aussi, oui, il faut bien le dire, toutes ses tentations. Il nous semble qu'Agen et ses environs constitueraient un lieu idéal pour son retour au sein de la société. La forte présence catholique dans votre région lui serait très salutaire. Et nous ne connaissons personne qui mieux que vous pourrait guider un pauvre étranger le long du chemin ardu de la vertu et de la piété.

J'ai oublié de mentionner que Charging Elk doit bénéficier d'une grâce, ce qui, je l'espère, facilitera votre décision. Permettez-moi d'ajouter que c'est un homme d'une grande gentillesse qui ne demande rien de plus que de se voir offrir la possibilité de s'améliorer en tant qu'être humain afin de s'adapter plus aisément à notre société moderne. Je pense qu'il mérite plus que tout autre votre protection et vos conseils.

Vôtre en Jésus-Christ,
Sophie Loiseau

Vincent Gazier perçut le sifflet de la locomotive au milieu des rafales de vent, et il se dit qu'il devait être fou d'avoir accepté de prendre cet ex-prisonnier. Les deux qu'il avait accueillis avant lui n'étaient que des paysans, âgés l'un de dix-neuf ans, l'autre de vingt et un. Ils étaient encore malléables. Celui-là, en revanche, avait déjà trente-sept ans, et il venait de passer les dix derniers à Samatan, la plus terrible des prisons françaises. De plus, c'était un *Peau-Rouge* d'Amérique. Comment pourrait-il bien « s'adapter à notre société moderne » ? Il jeta son cigare sur la voie, songeant à quel point leur existence à sa famille et à lui était devenue compliquée. Il lança un coup d'œil vers Nathalie, mais elle lui tournait le dos et regardait le train qui entrait en gare dans un nuage de vapeur. Pauvre Nathalie, pensa-t-il. Ce n'est encore qu'une gamine et elle va devoir faire face à la situation avec tous ses aléas. Dieu merci, elle est solide et en bonne santé, au contraire de sa mère. Lucienne, après tous les efforts consentis cette nuit, allait sans doute être obligée de rester couchée toute la journée, mais elle avait insisté pour les aider à entretenir les feux dans les vergers. Mon Dieu, pria-t-il, donnez-moi la force d'affronter les quelques jours à venir. Donnez-nous à tous trois la force.

Charging Elk descendit du wagon et examina les gens qui attendaient sur le quai. Il portait ce même costume acheté onze hivers auparavant qui, devenu informe, pochait de partout. Sa chemise neuve sans col, la plus grande que madame Loiseau eût trouvée à Toulouse, était cependant trop petite. Elle lui avait également acheté des articles de toilette, du linge de corps, des vêtements de travail, un sac marin et un béret. Comme elle n'avait pas trouvé de chaussures à sa taille, il portait encore les espadrilles qu'on fournissait aux prisonniers. Autrefois, il aurait été gêné d'arriver ainsi, mais à présent, il acceptait d'être physiquement différent, de même qu'il acceptait d'avoir passé ces dix dernières années en prison. Il avait la conviction que les Toulousains le devinaient, si bien que là-bas, il marchait au bord du trottoir, ne répondait que par monosyllabes aux questions de madame Loiseau et des vendeurs dans les magasins. A dire vrai, il était surtout effrayé par l'animation qui régnait, les fiacres, les chariots et les carrioles, le tintamarre des cloches des omnibus, et jusqu'aux chevaux. Une fois, pendant que madame Loiseau effectuait des achats dans une boutique, il s'était avancé sur la chaussée vers un cheval qui somnolait, attelé à une voiture, et il avait respiré son odeur musquée, éprouvant une agréable sensation familière. Mais quand le cheval avait brusquement dressé l'encolure et fait tinter les pièces métalliques de son harnachement, il avait bondi en arrière, maîtrisant à grand peine un sentiment de panique.

Ils étaient descendus dans un petit hôtel près de la gare, et au matin, avant de repartir pour Marseille, madame Loiseau l'avait mis dans le train pour Agen. Au moment de le quitter, elle avait inscrit son nom sur un morceau de papier qu'elle lui avait épinglé au revers de sa veste en lui disant : « Ce sont de bons chrétiens. Ils prendront soin de vous. N'oubliez jamais que vous êtes un homme comme les autres, Charging Elk. Et que Dieu soit avec vous. »

Il éprouva un certain soulagement en constatant que les personnes sur le quai avaient l'air de gens simples, aussi sobrement vêtus que lui. C'était néanmoins une ville différente, située dans une région différente, et il ne réussit pas à vaincre son appréhension, tandis qu'il s'écartait d'un pas pour laisser les voyageurs monter. Il aurait presque préféré être en ce moment à la Tombe, occupé à bêcher afin de préparer les nouveaux semis. Il pensait à Gustave Boucq avec plus d'affection qu'il n'en avait eu pour lui en réalité. À cette heure, le colosse taciturne épandait sans doute du fumier et, peut-être, entreprenait déjà de former un autre détenu pour remplacer Charging Elk. Scrutant les visages qui l'environnaient, dont beaucoup s'étaient tournés vers lui avec curiosité, il regretta plus que jamais de ne pas être resté en prison. Tous devaient savoir comme lui que sa véritable place était là-bas.

« Monsieur Charging Elk ? »

Un homme mince en costume noir et coiffé d'un béret s'avança vers lui, suivi par une jeune fille qui gardait les yeux baissés.

« Je suis Vincent Gazier, et voici ma fille, Nathalie. Nous vous attendions. »

Charging Elk serra la main tendue de l'homme. *« Enchanté, monsieur. »* Il s'inclina légèrement devant la jeune fille qui fixait maintenant le morceau de papier épinglé à son revers. « Madame Loiseau m'a dit que je travaillerais pour vous. Je suis un bon travailleur.

— C'est aussi ce qu'elle m'a dit. Et j'en suis ravi, car la besogne ne manque pas. » Gazier regarda le sac de toile. « Ce sont toutes vos affaires ? »

A cet instant, le chef de gare donna un coup de sifflet. Un jet de vapeur s'éleva et le train s'ébranla dans un sourd grincement.

« Venez, nous allons vous installer dans votre nouvelle maison. Et ensuite, je crains bien que le travail nous attende. » Gazier pivota et se mit à marcher à pas vifs. Charging Elk nota qu'il boitait. « Ce soir, vous gagnerez votre gîte et votre couvert, croyez-moi », lança l'homme par-dessus son épaule.

Après une première nuit épuisante passée à amener du bois, à faire des feux et à les entretenir jusqu'à l'aurore, la vie de Charging Elk à la ferme prit une allure de routine : travailler, manger, fumer et dormir. Il avait sa chambre à lui, qui donnait sur la cour. Elle se trouvait dans le corps principal du bâtiment qui, de fait, n'avait cessé de s'agrandir au fil des générations. C'était une ancienne pièce de rangement où l'on avait entreposé de vieux meubles, du matériel hors d'usage, des articles de sellerie devenus raides et cassants avec l'âge, tout un bric-à-brac qu'on n'avait pu se résoudre ni à réparer ni à jeter. Gazier et sa fille avaient mis deux jours à débarrasser, transportant tous les objets dans les dépendances qui entouraient la cour. Ils avaient récupéré un lit de fer, une commode, une petite table et une chaise. Bien qu'elle eût un sol en terre battue et une unique petite fenêtre à côté de la porte de chêne, la chambre était assez confortable, sauf qu'en plein été, la chaleur du jour y restait accumulée jusque tard dans la nuit, mais cela ne dérangeait pas Charging Elk. Le soir, il sortait sa chaise et fumait, content d'être seul et libre. Après ses longues années de prison, il s'abandonnait avec délices à ses pensées cependant qu'il regardait les ombres du crépuscule s'allonger, puis disparaître. Il percevait le bourdonnement des insectes dans la nuit, le grognement d'un cochon dans son sommeil, l'ébrouement de l'un des deux chevaux de trait ou le criaillement d'une oie qui vient peut-être d'entendre un aboiement lointain, et il se sentait intégré au monde qui l'environnait. Il s'imaginait les Gazier endormis dans la maison plongée dans le noir, et il s'imaginait qu'avec le temps, il ferait également partie, un jour, de leur monde, tout comme avec les Soulas.

L'été arriva et s'installa pour de longues semaines. La ferme était située au flanc d'une colline au nord-est d'Agen, non loin de la vallée de la Garonne. Au pied des bâtiments s'étendait un vaste potager que Nathalie et parfois sa mère quand elle se sentait suffisamment bien cultivaient. De temps en temps, Charging Elk leur donnait un coup de main, amenant l'eau pour arroser depuis un fossé d'irrigation qui partait d'une source au-dessus de la ferme, ou préparant le sol pour les melons ou les courges. Son travail consistait également à s'occuper des cochons qu'il lâchait parfois dans les vergers pour qu'ils déterrent des choses que lui-même ne pouvait voir, et aussi à surveiller les oies ou, plutôt, à chasser les belettes et les renards qui, la nuit, rôdaient quelquefois autour de la ferme. Mais il travaillait surtout dans les vergers où il aidait Vincent Gazier à traiter les pruniers contre les insectes et à les débarrasser des branches mortes ou malades de la cloque. Portant son échelle d'arbre en arbre, il pinçait les rameaux et éclaircissait avec soin les petites prunes vertes et dures que même les cochons trouvaient immangeables. Toutes les deux ou trois semaines, il attelait les chevaux à une herse pour désherber et retourner la terre entre les rangs de pruniers. Après tous ces étés passés à s'échiner dans les potagers et les vergers de la prison, la besogne lui paraissait relativement aisée. Les arbres offraient de l'ombre, et on le laissait travailler seul, à son rythme. Sinon, il y avait toujours quelque chose à faire, graisser les harnais, aiguiser les cisailles et les serpettes, chauler les murs de l'écurie...

Au moins une fois par semaine, Gazier et lui se rendaient à Agen. Nathalie les accompagnait parfois, installée à l'arrière de la charrette sur un sac d'oignons, de pommes de terre nouvelles ou sur un seau retourné. En ville, elle disparaissait une petite demi-heure pour revenir avec du tissu pour sa mère, une bouteille d'huile d'olive ou un paquet de café. Pendant ce temps-là, son père et Charging Elk livraient leurs marchandises à quelque marché, achetaient de la nourriture, ou du poison pour tuer les insectes qui s'attaquaient aux arbres, puis l'Indien allait chercher du tabac et du papier à cigarettes tandis que Vincent Gazier bavardait avec un marchand ou un autre paysan venu lui aussi faire des courses en ville. Quant à sa femme, Lucienne, elle n'était jamais du voyage.

Charging Elk la plaignait. Toujours aimable, quelquefois même joyeuse, elle était sujette à de longues quintes de toux qui la laissaient épuisée, affalée dans un fauteuil ou adossée à un mur, cherchant sa respiration. Le matin, elle travaillait une heure dans le potager avant d'être obligée de regagner la maison à pas lents. Un jour, elle s'évanouit pendant qu'elle cueillait des petits pois. Charging Elk et Nathalie se précipitèrent vers elle et, arrivée la première, la jeune fille la prit dans ses bras comme on berce un enfant endormi et malheureux. Le visage de la femme était blanc comme la chair des oignons que Charging Elk était en train d'arracher, et il eut très peur pour elle. Nathalie éventa sa mère à l'aide de son bonnet et, petit à petit, les couleurs revinrent sur les joues de Lucienne Gazier, et elle ne tarda pas à cligner des paupières et à remarquer l'Indien penché au-dessus d'elle.

« Ne vous inquiétez pas, vous deux. J'ai été sotte de me fatiguer autant aujourd'hui. C'est la chaleur. »

Charging Elk prenait son petit déjeuner et son dîner à la table familiale, et les repas se déroulaient en général dans la bonne humeur. Nathalie parlait d'une robe qu'elle avait vue en ville, ou de son amie fiancée à un soldat. Son père et sa mère l'écoutaient, puis ils la taquinaient ou la grondaient, mais toujours avec affection. Il arrivait parfois que Lucienne ne vienne pas à table, alors qu'elle avait préparé le repas, et ces jours-là, Vincent et Nathalie mangeaient en silence, sans se livrer à leur petit jeu habituel de reparties. Quant à Charging Elk, il s'excusait tout de suite après le café pour aller fumer devant sa chambre dans la fraîcheur du soir.

Un jour, pendant qu'ils préparaient une décoction contre les insectes térébrants, Vincent Gazier se redressa et marcha jusqu'à la porte de la remise. Il resta un long moment planté sur le seuil, le regard fixé sur la colline sauvage au-dessus des toits ocre des vieux bâtiments, tandis que Charging Elk remuait pour finir de dissoudre les cristaux de poison.

« Elle souffre de consomption, tu sais. Ses poumons en sont dévorés. »

L'Indien s'immobilisa et leva les yeux sur le dos mince, le long cou tanné par le soleil et la tête étroite sous le béret. A cause de sa mauvaise jambe qui le faisait boiter, le cultivateur avait une épaule plus haute que l'autre, une légère difformité qui paraissait maintenant curieusement accentuée.

« J'ignore combien de temps elle demeurera encore parmi nous — pas longtemps, je le crains. Peut-être un mois, peut-être six, qui sait ? »

Charging Elk recommença à remuer avec des gestes lents. Il ne savait quoi dire. Il avait entendu parler de cette maladie. A la Tombe, on racontait qu'il y avait une section où l'on isolait les détenus atteints de consomption.

« Des fois, j'ai l'impression qu'elle voudrait mourir pour

nous faciliter l'existence à Nathalie et à moi. Tu peux comprendre ça ? »

Charging Elk posa sur une petite planche le bâton dont il se servait pour brasser la décoction. La forte odeur du poison imprégnait l'atmosphère. Il pensa à toutes les fois où il avait souhaité mourir depuis son arrivée dans ce pays. Lucienne, la femme de Gazier, avait pourtant beaucoup de raisons de vivre. Elle avait un bon mari et une jolie fille. « Je prierai pour elle », dit-il. Il désirait réconforter Vincent Gazier, mais il ne trouva rien d'autre à ajouter. Il se rendit alors compte à quel point il manquait d'expérience dans la vie. Il ne savait pas réconforter son prochain.

Gazier se retourna et le regarda. Ses yeux humides luisaient dans un visage qui paraissait plus émacié que jamais.

« C'est vrai, tu prieras pour elle ? »

Charging Elk dut détourner la tête. Comment cet homme pouvait-il se raccrocher ainsi à un espoir si fragile ? « Je prierai Wakan Tanka, dit-il. C'est le Grand Esprit qui peut tout accomplir. Parfois, il entend les paroles de son pauvre petit-fils. » Il aurait aimé ajouter : Mais bien souvent, il considère que les prières de cet égoïste ne sont pas dignes d'attention. Il jeta un coup d'œil sur Vincent Gazier et vit un petit sourire las éclairer son visage.

« Merci, Charging Elk. C'est tout ce que je demande. Peut-être que ton Grand Esprit... » Le cultivateur s'interrompit brusquement. Il avait failli commettre un sacrilège. Il se signa et pria son Dieu de le pardonner. Il se sentait cependant le cœur un peu moins lourd. Peut-être avait-il simplement besoin de parler. « Bon, et si on s'occupait de ces arbres ? » dit-il.

A la fin août, les prunes étaient mûres. Fidèles au petit rituel perpétué par des générations de Gazier, Vincent, Lucienne et Nathalie, accompagnés de Charging Elk, se rendirent dans les vergers et se dirigèrent vers un vieil arbre qui servait peut-être depuis des siècles à juger de la qualité de la récolte. Chacun cueillit une prune, la huma, la pressa jusqu'à ce que le jus coule le long de la queue, puis mordit dedans afin de goûter la chair sucrée. Vincent déclara le fruit quasiment parfait. Il adressa une prière à Dieu pour le remercier et lui demander de leur accorder une récolte abandante. Charging Elk joignit son « amen » aux leurs, mais il ne se signa pas. Pas plus qu'il n'osa regarder Lucienne qui avait de larges cernes sous les yeux et était maintenant d'une maigreur à faire peur.

Vincent embaucha trois garçons d'Agen pour les aider. Il fallait cueillir les fruits très vite, pendant qu'ils étaient encore fermes, si bien qu'on travaillait de l'aube à la tombée de la nuit. Dix jours furent cependant nécessaires pour venir à bout des quatre hectares de pruniers.

Nathalie partageait son temps entre les vergers et les soins qu'elle prodiguait à sa mère. Elle apportait des outres d'eau aux hommes, préparait tous les jours le déjeuner en suivant les instructions de sa mère, puis, dans le courant de l'après-midi, venait participer à la cueillette. Au bout de cinq jours, elle était au bord de l'épuisement, tant sur le plan physique que nerveux. Elle souffrait de voir la santé de sa mère se détériorer ainsi, et elle n'arrivait plus à penser qu'au fait qu'elle allait bientôt mourir. Et sans elle, que deviendraient-ils ?

Le médecin d'Agen vint un soir l'examiner, puis il s'entretint longuement avec Vincent. Il lui prescrivit un tonique à administrer à sa femme et lui recommanda de veiller à ce qu'elle prenne le soleil une heure chaque matin pendant qu'il ne faisait pas encore trop chaud. Le reste du temps, il fallait qu'elle garde le lit. Vincent écouta avec une patience relative, puis, de but en blanc, il demanda : « Combien de temps a-t-elle à vivre ? »

Le docteur, qui avait établi le diagnostic quelque douze ans plus tôt et en était venu à croire que la consomption demeurait, et demeurerait, à l'état latent, secoua la tête en refermant sa trousse d'un geste sec. « L'infection s'est étendue rapidement au cours du dernier mois et a gagné les deux poumons. » Il secoua de nouveau la tête et empoigna sa trousse. « C'est très étonnant.

— Alors, combien de temps ?

— Si je disais une semaine, je mentirais. Si je disais six mois ou neuf mois, je mentirais également. La seule chose que je puis dire, c'est qu'elle ne guérira pas, à moins d'un miracle. Vous feriez bien de prier pour son âme, Vincent. »

A quatre heures de l'après-midi du dixième jour, Charging Elk et l'un des garçons d'Agen hissèrent la dernière caisse de prunes dans la charrette. Les trois garçons montèrent, et Vincent fit claquer les rênes. La fabrique de pruneaux ne se trouvait qu'à trois kilomètres, mais les chevaux qui effectuaient le trajet deux et parfois trois fois par jour depuis le début de la récolte, commençaient à renâcler. Vincent fit de nouveau claquer les rênes et siffla. La charrette s'ébranla avec un grincement et descendit lentement la colline en direction d'Agen.

Charging Elk, debout au milieu des arbres, regarda le lourd véhicule s'engager en bringuebalant sur la grand-route qui conduisait vers la vallée. Au-delà, on distinguait les collines boisées et le camaïeu des champs. Une flèche blanche émergeait qui tranchait sur le paysage de verdure. Il s'était souvent interrogé à son propos. En fait, il la voyait aussi le soir, quand il s'installait dehors. C'était toujours la dernière chose que le soleil accrochait avant de se coucher et de plonger la vallée dans les ténèbres. Il la considérait un peu comme un phare — à l'exemple de Notre-Dame-de-la-Garde à Marseille —, une lumière que l'on apercevait de loin, susceptible de guider les âmes perdues comme lui.

Le lendemain, Charging Elk et Nathalie étaient dans le potager. La jeune fille cueillait les derniers paniers de tomates et de haricots verts, tandis que l'Indien arrachait les racines et retournait la terre. Le potager existait depuis de nombreuses années, et sous la surface dure et craquelée, le sol s'effritait comme de la poudre au contact de la pelle. Ils travaillèrent ainsi chacun dans leur coin pendant environ une heure, et puis, brusquement, ils se retrouvèrent à moins de deux mètres l'un de l'autre.

Nathalie, tout en se montrant cordiale, et parfois même

loquace en présence de ses parents, ne s'était que très rarement adressée directement à Charging Elk, sinon pour lui dire bonjour et échanger les quelques mots indispensables aux activités quotidiennes. Quant à lui, il se sentait mal à l'aise devant elle, parce qu'il était un homme qui sortait de prison, alors qu'elle était encore innocente. De son côté, elle éprouvait la même chose pour la même raison.

Aujourd'hui, oubliant sa gêne, elle lui demanda : « C'est comment l'Amérique, Charging Elk ? » Elle lui posa la question sans le regarder, après s'être interrompue dans sa tâche.

Charging Elk réprima un mouvement de surprise. Les rares fois où elle lui parlait, c'était comme aujourd'hui, en passant, tout en continuant à faire ce qu'elle était en train de faire. En outre, il ne se souvenait pas de l'avoir entendue prononcer son nom.

« C'est très grand, très beau », répondit-il, encore qu'après tout ce temps, il ne se rappelait plus très bien ce qu'il avait vu pendant le voyage en direction de New York. Quelque part après Omaha, le paysage était devenu vert et ils avaient traversé de nombreuses villes. « Comme la France, ajouta-t-il.

— Et vous venez d'où... en Amérique ? »

Charging Elk se remémora le globe terrestre que Mathias lui avait montré dans la papeterie. « Du Dakota, répondit-il. C'est très sec et il n'y a pas autant d'arbres qu'ici. Le soleil met des heures à effectuer sa course dans le ciel. On le voit durant toute la journée. »

Nathalie leva la tête, plissant les yeux dans la lumière éblouissante. « Il y a des villes au Dakota ?

— Pas beaucoup. Des petites villes le long de la route de fer. Rien à voir avec Agen ou Marseille.

— Mais Agen aussi est une petite ville. Un jour, avec mes parents, j'ai pris le train pour Bordeaux. Ça, c'est une grande ville. » Elle sourit. « J'ai une tante et un oncle là-bas. Il tient une *cave* où il ne vend que les meilleurs vins — c'est du moins ce que ma tante prétend. Mais je préfère vivre où il n'y a pas trop de monde. Pas vous ? »

La question étonna Charging Elk. Il n'avait jamais pensé à cette ferme et à ce village comme à un endroit où vivre. Il n'était là que pour la saison. Madame Loiseau le lui avait dit, et elle avait précisé qu'après il pourrait revenir à Marseille, quand le bruit causé par la nouvelle de sa libération se serait tassé.

Il promena son regard autour de lui, englobant la vallée, la ville d'Agen et la Garonne au cours paresseux, les vergers derrière la ferme, le clocher de l'église de l'autre côté de la vallée. Puis il regarda Nathalie. Elle était coiffée d'un grand chapeau de paille qui lui dissimulait le visage quand elle travaillait. Là, les yeux levés vers lui, elle souriait, comme si elle savait d'avance ce qu'il allait répondre.

Charging Elk ne l'avait jamais détaillée ainsi. Son visage était encore celui d'une adolescente de seize hivers, frais et lisse, avec à peine un léger hâle dans la mesure où elle portait tout le temps un chapeau, mais depuis les cinq lunes qu'il travaillait à la ferme, elle avait changé. Quand il la voyait passer devant lui, ce n'était plus la même personne. De dos, elle avait maintenant la silhouette d'une jeune femme à la taille élancée. Elle avait perdu le côté pataud de l'enfance, presque sans qu'il s'en rende compte. Ce n'était que dans son visage qu'il retrouvait la fille qui l'avait accueilli sur le quai de la gare avec tant de timidité.

Il s'accroupit, effleura de la main la terre fertile, et répondit enfin : « Si. Je me plais ici parce que vous êtes là. Je me sens bien avec vous. »

Dans les semaines qui suivirent, Nathalie, tout en vaquant à ses occupations, s'interrogea sur les paroles de Charging Elk. Pensait-il uniquement à elle ou bien à l'ensemble de la famille ? Qu'est-ce qu'il entendait par « je me sens bien » ? Bizarre aussi était la manière dont il l'avait dit. Il l'avait dévisagée de son regard pénétrant, et elle avait un moment craint qu'il n'essaye de la toucher, mais il s'était contenté de porter son panier de tomates dans le cellier à côté de l'atelier. Elle lui avait emboîté le pas avec ses haricots verts, et dans la fraîche pénombre du cellier, elle avait frissonné, mais pas de froid. Après avoir versé ses légumes dans un cageot posé à même le sol de terre battue, elle était ressortie, courant presque, pour déboucher dans le soleil.

Depuis, elle se sentait troublée, pas tant par les mots de Charging Elk que par ses propres sentiments. Elle avait été réellement prise de vertige. Plus tard, cette nuit-là, allongée dans son lit, écoutant la respiration irrégulière de sa mère qui dormait dans la chambre d'à côté, elle pensa à Catherine et à son soldat, et elle s'efforça de croire que ses vertiges ressemblaient à ce qu'elle éprouverait auprès d'un homme. Et elle s'efforça également de croire qu'elle était en train de tomber amoureuse contre son gré.

Vincent passait à présent davantage de temps au chevet de sa femme que dans les vergers. Comme il y avait moins de travail, Charging Elk et Nathalie arrivaient à pratiquement tout assumer. Vincent dînait avec eux, grignotant à peine, et la plupart du temps, il se tenait devant la maison ou bien s'engageait sur la route d'Agen de sa démarche lente et claudicante pour faire demi-tour au bout de quelques centaines de mètres avant de regagner la ferme. Le soir, pendant qu'il fumait devant sa chambre, Charging Elk distinguait l'extrémité rougeoyante du cigare de Vincent, puis un arc d'étincelles orange, tandis que la porte s'ouvrait, laissant échapper une bouffée d'air chaud dans la nuit, et se refermait avec le claquement sec du verrou.

Le 22 septembre, Lucienne s'endormit pour ne pas se réveiller. Le lendemain matin, Charging Elk se présenta pour le petit déjeuner, mais ni Vincent ni Nathalie n'étaient là. On lui avait préparé du pain, de la confiture et du melon ainsi qu'un pot de café tiède et un peu de lait. En face de lui, il remarqua un bol de *café au lait* à moitié plein. Il emporta le sien et une tranche de pain dans sa chambre, puis il resta à regarder dehors par la porte ouverte. Il avait compris que Lucienne était morte.

Il but lentement, songeant à la mort. Au Bastion, elle était une compagne familière. Lors de la grande bataille de l'Herbe Grasse, il n'était encore qu'un enfant, mais il avait vu beaucoup de morts. Ce même hiver, nombre de gens de son peuple étaient morts de faim ou de maladie. Son frère et sa sœur étaient morts de la maladie de la toux après la reddition des Oglalas. Et lui-même avait frôlé la mort à l'hôpital de Marseille.

Hormis sa propre expérience, il n'avait guère fréquenté la mort depuis les quinze années qu'il se trouvait en France. Il l'avait côtoyée à la Tombe, mais ne l'avait réellement approchée qu'avec Causeret. La mort était chose naturelle à la Tombe, et elle ne donnait lieu à aucune manifestation de deuil. Il n'y avait pas d'êtres chers à pleurer.

Pour Lucienne, c'était différent. Il n'avait certes pas entretenu avec elle de liens étroits comme avec Madeleine — sans doute parce qu'elle était déjà centrée sur sa maladie quand il était arrivé —, mais il s'était pris d'affection pour Vincent et Nathalie et se demandait ce qu'ils allaient devenir. Ils resteraient sûrement ici et la vie continuerait, mais il y aurait un grand vide dans leur existence.

Charging Elk sortit dans la cour et adressa une prière à Wakan Tanka. Il ferma les yeux et offrit son visage au soleil. Il pria non seulement pour la *nagi* de Lucienne, mais aussi pour celle de Vincent et de Nathalie. Et il pria également pour lui-même, car il savait qu'il partirait bientôt. Il ne tarderait pas à être de retour à Marseille, une perspective qui l'effrayait et l'excitait à la fois. Il essaya de ne pas songer aux Soulas dans la mesure où il était sûr qu'après sa conduite déshonorante, il ne serait pas le bienvenu chez eux. Quant à Marie, il avait souvent pensé à elle à la Tombe au cours des hivers glacials et avait rêvé d'une vie à ses côtés. Il se doutait bien qu'aujourd'hui, elle préférerait l'éviter. Cependant, Marseille était le seul endroit du pays qu'il connaissait.

Assis au bord du lit, Vincent Gazier caressait les épaules de sa fille secouées de sanglots. Lui, il n'avait plus de larmes. Il pleurait sa femme depuis déjà si longtemps qu'il se sentait aussi sec que la poussière sur la route d'Agen. En un sens, il éprouvait un certain soulagement à l'idée que le calvaire de sa chère femme était enfin terminé, mais il était triste de voir sa fille dans cet état. Certes, Nathalie avait souffert ces derniers mois, n'ignorant pas qu'il n'y avait plus d'espoir pour sa mère, mais elle était forte et avait réussi à travailler dur malgré son chagrin. Désormais, elle se réveillerait le matin et saurait que sa mère n'était plus là, partie à jamais. Sa peine resterait toujours présente.

Vincent lui-même avait du mal à croire que dorénavant, ils seraient seuls tous les deux. Avec Charging Elk. Mais celui-ci allait bientôt partir.

Plus tard dans la matinée, à la surprise de son père, Nathalie sortit de sa chambre et mit de l'eau à chauffer sur le fourneau tout en sachant que ce n'était pas nécessaire. Elle la versa ensuite dans un broc et entra dans la chambre de ses parents. Elle lava le corps de sa mère comme elle le faisait ces dernières semaines, puis, avec l'aide de son père, elle l'habilla de la robe d'été blanche qu'elle portait autrefois quand elle se rendait en ville et à la messe. La jeune fille faillit de nouveau éclater en sanglots en voyant combien sa mère flottait dans ce vêtement qui lui allait naguère si bien, mais elle se maîtrisa et, après avoir pris une profonde inspiration, elle farda les joues creuses et mit du rouge sur les lèvres pâles de la morte. Elle se sentit un peu réconfortée en constatant combien sa mère avait l'air belle et paisible, et même plus jeune, comme si elle venait de s'endormir après sa nuit de noces.

L'enterrement eut lieu deux jours plus tard dans une petite église non loin de la grande *place* d'Agen. La veille au dîner, Vincent avait demandé à Charging Elk de les accompagner, et comme celui-ci se montrait réticent, Nathalie avait insisté : « S'il vous plaît, venez. Ma mère vous aimait bien et elle aurait désiré que vous soyez là. » Aussi, du fond de l'église, il écouta les paroles et les chants étranges de l'homme sacré, regardant les statues autour de lui et humant l'odeur de la fumée sacrée. C'était la première fois qu'il pénétrait dans une église *wasichu*, et il ne trouva pas l'endroit si abominable qu'il l'aurait cru. Stupéfait, il repensa à toutes les fois où il s'était mis en colère contre ses parents et les autres Lakotas parce qu'ils allaient à l'église de l'homme blanc. Cette époque lui paraissait désormais appartenir à une autre vie.

Charging Elk passa les quatre mois qui suivirent avec Vincent et Nathalie, et dans l'intervalle, plusieurs événements se produisirent qui devaient considérablement modifier le cours de leurs existences. Quand, plus tard, il lui arrivait de regarder en arrière, il s'interrompait dans la tâche qu'il était en train d'accomplir, quelle qu'elle soit, et s'efforçait une fois de plus de comprendre l'enchaînement des faits ayant abouti à son bonheur.

D'abord, Vincent lui demanda de rester pour l'aider à la taille d'hiver des pruniers. Bien qu'impatient de retourner à Marseille, il savait qu'il ne pouvait pas refuser un service à cette famille qui l'avait accueilli. Il resta donc, et se livra à de petits travaux en attendant l'époque de la taille. Il entreprit même de tresser du crin, un art qu'il avait appris au Bastion d'un Sioux Hunkpapa. Là-bas, il s'occupait ainsi pendant les lunes d'hiver jusqu'à ce que l'herbe reverdisse et que Grand Coureur commence à piaffer, assoiffé d'aventures. Chez les Gazier, il passa ses soirées dans sa chambre à confectionner une ceinture décorée de motifs lakotas. C'était un ouvrage bien maladroit, mais on reconnaissait quand même une ceinture devant laquelle Nathalie s'émerveilla un jour qu'elle entra, ayant besoin de lui pour déplacer quelque chose de lourd.

Comme les nuages gris ne cessaient de s'amonceler et le vent mordant de souffler, venant de l'océan, Charging Elk se mit à passer davantage de temps dans la ferme. Quand il avait fini de travailler, il entrait prendre le café dans l'après-midi. Il arrivait une heure avant le dîner et s'attardait une heure après. Vincent et lui buvaient une *eau-de-vie* et dressaient des plans pour le printemps prochain, comme si Charging Elk devait être encore là. Nathalie, après avoir fait la vaisselle, venait souvent s'asseoir avec eux pour coudre ou feuilleter un magazine de mode afin de savoir ce que les femmes portaient à Paris. Elle aimait bavarder dans l'intimité de la cuisine. Elle regardait souvent Charging Elk, et elle voyait un homme à peine plus jeune que son père. Elle se rappelait alors ses paroles dans le potager et ses propres pensées le même soir dans son lit. Elle éprouvait maintenant pour lui la chaleur de l'amitié et se sentait réconfortée par sa présence dans la chaise en face de son père. Elle ne parvenait pas à imaginer ce que serait la vie à la ferme sans lui. Tous deux, son père et elle, avaient besoin de lui.

Un soir, vers la fin novembre, Charging Elk, assis dans sa chambre devant la table, était penché sur la ceinture de crin qu'il n'avait toujours pas finie. La petite lampe à huile éclairait d'une chaude lueur la pièce froide, dispensant juste assez de lumière pour lui permettre de tresser les motifs complexes pour lesquels il utilisait des crins alezans, blancs et gris, ainsi que des noirs destinés à souligner le pourtour. Il s'améliorait, mais il savait qu'au Bastion, il serait loin de passer pour un maître. Le résultat ferait bien rire le Hunkpapa qui avait pourtant été un professeur patient.

Concentré sur son délicat travail, ses yeux commençaient à le piquer, et il était sur le point d'arrêter quand il entendit frapper doucement à sa porte. Comme personne ne venait jamais dans sa chambre après la nuit tombée, il sursauta, envahi d'un sentiment d'appréhension. Il se leva, traversa la pièce en deux enjambées et ouvrit la porte à la volée, s'attendant au pire.

Ce n'était que Nathalie, et elle lui souriait. Elle était vêtue d'une pèlerine grise munie d'un capuchon qui, de même que le tissu au-dessus des épaules, paraissait plus foncé que le reste. Il constata alors que de l'eau gouttait des bords de la capuche. « Il pleut, dit-il. Entrez vite. » Quand elle franchit le seuil et rejeta sa capuche en arrière, le cœur de Charging Elk fit un bond dans sa poitrine en même temps qu'il éprouvait une angoisse soudaine. Il ne s'était plus retrouvé seul avec une femme — ou une fille — depuis Marie.

Nathalie secoua la tête et remit en place ses longues boucles brunes. Elle sourit de nouveau, sans vraiment le regarder, et lui, il ne vit plus que le beau sourire d'une femme, le genre de sourire qui illuminait le visage des femmes dans les rues et les cafés de Marseille, celui des femmes qui regardaient leurs amants dans les yeux. Charging Elk avait l'impression de vivre un songe. Il s'était promené dans les rues de Marseille dans ses beaux vêtements et s'était assis à la terrasse des cafés devant un verre de vin pour surprendre de pareils sourires sur les lèvres des femmes. Et après, il rentrait chez lui seul, rêvant d'une jeune fille qui lui sourirait ainsi. Une jeune fille comme Marie.

Lorsque Nathalie repéra la ceinture, elle prit une expression juvénile. « Je peux vous regarder travailler ? » demanda-t-elle.

Charging Elk examina un instant la ceinture et ne distingua que d'affreux dessins inachevés. « Ce n'est pas très beau, dit-il. J'allais arrêter pour ce soir.

— S'il vous plaît, Charging Elk, faites-le pour moi. »

Quand il l'entendit prononcer ainsi son nom, avec tant de douceur, son cœur se dilata de joie. Il savait pourtant qu'il ne devait pas se laisser aller à éprouver de tels sentiments pour elle. Il retourna s'asseoir devant sa table et reprit son travail minutieux en s'efforçant d'oublier que Nathalie était penchée juste au-dessus de lui. Grâce à ces quelques instants de repos, ses yeux lui faisaient moins mal et, avec des doigts qui ne tremblaient pas, il recommença à tresser les crins pour former les motifs.

Appliqué, absorbé dans sa tâche, il retrouva bientôt son rythme habituel. Soudain, il sentit une légère pression contre son épaule. Du coin de l'œil, il aperçut la main blanche de la jeune fille posée sur le tissu rugueux de sa veste de laine. C'était un geste amical, mais trop intime, et il comprit qu'il devait lui demander de partir. Seulement, ne voyant pas comment le faire sans se montrer impoli, il essaya d'oublier cette main.

« C'est si joli », dit Nathalie, et Charging Elk sentit qu'elle lui caressait les cheveux. Il les coupait maintenant un peu plus bas que les épaules, et d'ordinaire, il les coiffait en queue de cheval, mais ce soir, dans sa chambre, il les avait laissé retomber librement. Alors qu'elle continuait de les lui caresser, il éprouva une sensation de vertige. Il garda les yeux rivés sur ses doigts qui continuaient machinalement à tresser les crins. Et puis, ses gestes devinrent maladroits et ses mains s'immobilisèrent. Il resta un moment sans bouger, envahi d'une étrange et agréable torpeur, cependant que les doigts de Nathalie jouaient avec les mèches de ses cheveux.

Il demeura longtemps ainsi, les paupières closes, et soudain, il respira un doux parfum, tandis que les lèvres de la jeune fille lui effleuraient la joue, tout près du coin de la bouche. Il entendit un bruit de pas légers, puis la porte s'ouvrir et se refermer. Il était de nouveau seul dans sa chambre, subitement et désespérément amoureux.

Après cette première nuit, Nathalie vint souvent le voir dans sa chambre. Au début, Charging Elk craignait que Vincent l'apprenne et désapprouve la conduite de sa fille, mais le cultivateur se retirait toujours une fois bue son *eau-de-vie* d'après dîner. Depuis la mort de sa femme, il semblait avoir perdu une bonne part de cette énergie qui lui permettait de travailler dur toute la journée, puis de trouver encore la force de dresser des plans sur l'avenir et d'asticoter Nathalie. Bien qu'il lui arrivât de s'animer de temps en temps lorsqu'il parlait avec Charging Elk, il demeurait presque toujours silencieux et pensif, se contentant de soupirer, tassé sur sa chaise comme un vieillard. Ensuite, son verre terminé, il se levait de table et allait se coucher.

La personnalité de Nathalie étonnait beaucoup Charging Elk. Elle passait de l'adolescente qui s'amusait à le taquiner et qui pouffait à de curieux moments à la jeune femme modeste qui rougissait à ses compliments ou envisageait de quitter la ferme maintenant que sa mère était morte. Quoi qu'il en soit, dans l'un et l'autre de ces rôles, elle aimait lui caresser les cheveux, lui prendre les bras pour les glisser autour de sa taille et l'embrasser, toutes choses qu'il trouvait agréables mais qui le gênaient, compte tenu de son manque d'expérience. Un soir, elle lui demanda de l'embrasser avec la langue. Il s'exécuta, et elle tomba à la renverse sur son lit en s'exclamant avec un petit gloussement : *« Oh ! là ! là ! »*

Elle finit par réclamer de plus en plus de baisers, et Charging Elk la sentait devenir plus femme de jour en jour. Elle le laissait lui caresser les seins et les hanches, mais pas plus.

« Le reste, c'est pour plus tard », disait-elle, repoussant sa main.

Il supportait sans mal son attitude aguicheuse, car en sa compagnie, il avait l'impression d'être de nouveau jeune et plein de vie comme à l'époque du Bastion quelque quinze ans plus tôt, et il attendait qu'elle devienne pour de bon la jeune femme qui pourrait répondre à sa passion. Au début, il s'était efforcé de maîtriser son excitation, mais en vain, d'autant que son état semblait fasciner Nathalie qui, parfois, passait un doigt sur son pantalon afin de sentir la rigidité de son sexe dressé. La première fois, elle lui avait demandé si cela ne lui faisait pas mal de se tendre ainsi, et il avait éclaté de rire, de sorte que, saisie d'inquiétude, elle lui avait plaqué la main sur la bouche. « Espèce d'idiot, tu veux réveiller mon père ? » avait-elle lancé à voix basse. Rire lui avait cependant fait du bien, et il avait serré la jeune fille dans ses bras avec gratitude.

Après leurs jeux, Nathalie l'interrogeait souvent sur son existence en Amérique. Il lui parla donc de son enfance dans les plaines, de la vie sous le tipi, de ses chevauchées sur le dos de Grand Coureur, de la bataille contre les soldats et de l'arrivée à Fort Robinson. Son français était maintenant assez bon pour lui permettre d'entrer dans les détails. Il laissa cependant de côté les aspects violents, comme la fois où ses amis et lui avaient coupé le doigt du soldat mort pour s'emparer de sa bague. Il prit plaisir à raconter, dans la mesure où il n'avait guère eu l'occasion de le faire depuis qu'il était en France. Il avait vaguement évoqué l'époque du Bastion avec Causeret, mais le jongleur, devenu obsédé par l'or des Paha Sapa, ne voulait plus entendre parler que de cela.

Nathalie écoutait et le considérait parfois d'un air incrédule. Déjà, avoir un Indien pour amoureux, elle parvenait difficilement à le croire. Même dans ses rêves les plus fous, elle n'aurait jamais pu l'imaginer. Et plus elle en apprenait sur lui, plus elle se rendait compte qu'elle ne savait rien du genre d'homme qu'il était, ni de l'existence qu'il avait menée. Elle avait bien vu des illustrations d'Indiens dans des magazines, mais ils avaient des coiffes en plumes et des visages peints, et portaient des tomahawks ou des fusils. Et le plus souvent, ils affichaient une expression cruelle, et même inhumaine. Charging Elk, lui, n'était ni cruel ni inhumain. Il ne portait pas d'arme, ni ne se peignait le visage. Il était doux, et même docile. Il ne faisait rien sans lui demander l'autorisation. Lorsqu'elle était seule, la jeune fille se demandait parfois ce qui se passerait s'ils se promenaient ensemble le long de la Garonne à Agen. Que penseraient les gens ? Et que penserait Catherine ?

Naturellement, l'idée même était inconcevable. On les montrerait du doigt, les hommes aussi bien que les femmes exprimeraient leur réprobation, les jeunes gens se moqueraient d'eux derrière leurs dos, et Catherine elle-même la raillerait pour n'avoir pas réussi à trouver mieux qu'un sauvage. Quand elle se laissait aller au pessimisme, elle aussi se disait qu'elle ferait sans doute mieux de chercher un garçon appartenant à son milieu, un fils de paysan, ou peut-être un quincaillier ou un charpentier.

Avant Charging Elk, elle n'avait jamais rencontré personne qui eût le teint aussi foncé, pas le moindre Africain, Arabe ou Levantin. Aux alentours, il n'y avait que des Français. Ici, les gens se méfiaient de ceux qui étaient différents.

Et pour être différent, Charging Elk l'était. Mais il était bon, fort et gentil. Est-ce que cela ne suffisait pas ? En tout cas, quand elle se trouvait en sa compagnie dans sa petite chambre, cela lui suffisait. En revanche, quand ils se rendaient en ville dans la carriole avec son père, elle voyait comment les gens le regardaient, et elle se sentait gênée et même honteuse d'être assise à ses côtés. Elle veillait à ne pas être trop près de lui et à ne pas lui parler pendant qu'ils étaient ainsi l'objet de tous les regards. De retour à la ferme, c'est de sa propre conduite qu'elle avait honte, et elle lui témoignait davantage de marques d'affection que d'habitude. Elle prenait alors la résolution de changer d'attitude la prochaine fois : elle resterait à côté de lui, elle rirait avec lui, elle ne craindrait pas de le regarder dans les yeux, de lui prendre la main et peut-être même de se promener avec lui. Et au diable ce que les gens pourraient penser !

Un matin vers la mi-décembre, juste après le petit déjeuner, Vincent demanda à Charging Elk d'atteler les chevaux à la charrette. Nathalie et lui devaient aller rendre visite à son frère cadet qui habitait sur l'autre rive de la Garonne, à quelques kilomètres au sud.

La pluie fine et régulière qui tombait depuis plusieurs jours avait cessé. Le temps était humide, et des nappes de brouillard s'étendaient sur le fond de la vallée. La cour de la ferme était boueuse, et les oies pataugeaient au milieu des mares tout en tenant leur étrange conversation. Quant aux cochons, ils étaient dans les vergers. Charging Elk maintint les chevaux pendant que Vincent et Nathalie s'installaient dans la charrette. La jeune fille portait l'une de ses plus belles robes sous sa pèlerine et un vrai chapeau à la place de son bonnet blanc habituel. L'air sombre, elle s'assit avec raideur sur le siège à côté de son père.

La charrette s'ébranla avec un grincement, et Charging Elk la regarda s'éloigner et descendre la colline pour rejoindre la route d'Agen. Il la suivit des yeux jusqu'à ce qu'elle disparaisse derrière un virage après une grange en ruine. Il se passait quelque chose. Charging Elk l'avait deviné à l'expression de Nathalie, à la tension qui raidissait les épaules voûtées de Vincent. Il ignorait de quoi il s'agissait, mais c'était sûrement sérieux. Planté dans la cour boueuse, cherchant en vain à apercevoir une dernière fois la charrette et Nathalie, il se sentit seul, abandonné, et ses pensées devinrent aussi noires que le lit du fleuve enveloppé du manteau de brouillard.

Il travailla la majeure partie de la journée dans les vergers qui surplombaient la ferme. Il tailla les pruniers et, des branches coupées, il fit des fagots disposés à intervalles réguliers au milieu des rangées d'arbres. Quand la terre aurait séché, il viendrait les prendre avec la charrette pour les mettre derrière la porcherie où l'on empilait le bois pour le feu et les clôtures.

Vers quatre heures, trempé et transi de froid, il redescendit et entra allumer le fourneau dans la cuisine. Il s'installa à la table et, buvant du café réchauffé, il resta assis jusqu'à la tombée de la nuit. Il se leva alors pour allumer la lampe à huile, rajouter du bois dans le feu, le couvrir, puis il sortit et se rendit dans sa chambre. Il alluma sa lampe, contempla un instant la ceinture qui était pratiquement terminée, puis s'étendit sur son lit. Il eut beau essayer de ne pas penser à ce qui avait pu arriver, il envisagea toutes les possibilités, depuis le départ définitif de Nathalie, jusqu'à un autre décès dans la famille de Vincent qui viendrait tout bouleverser. Après avoir épuisé les ressources de son imagination, il somnola et dormit par intermittence pendant trois heures, réveillé par le tambourinement de la pluie sur les tuiles du toit ou le souffle d'un courant d'air sur son visage.

Il devait être dans les huit heures quand il entendit un petit coup frappé à la porte. Il se redressa dans son lit, le cœur soudain plus léger. Il alla ouvrir, prêt à prendre Nathalie dans ses bras. C'était Vincent.

« Bonsoir, Charging Elk, nous sommes de retour. » Dans la faible lumière de la lampe, le visage aux arêtes saillantes du cultivateur, dans lequel brillaient ses yeux ronds profondément enfoncés dans leurs orbites, paraissait plus hâve que jamais. « Est-ce que tu pourrais ramener les chevaux à l'écurie, leur donner un peu d'avoine, et nous rejoindre ensuite à la maison ? Nathalie est en train de préparer quelque chose à manger, juste un petit en-cas, mais tu dois mourir de faim. »

Vingt minutes plus tard, Charging Elk apparaissait sur le seuil de la cuisine. Il était si impatient de revoir Nathalie qu'il avait oublié de se changer. Ses vêtements de travail étaient couverts de boue. Vincent, tassé sur sa chaise, était attablé devant un verre de vin.

« Débarrasse-toi de ton manteau et viens boire un verre avec moi. »

Charging Elk suspendit son manteau à un crochet près de la porte, puis parcourut la pièce du regard. La soupe qui mijotait sur le feu dégageait une bonne odeur, et son estomac vide gronda. Sur la table attendaient une miche de pain, une motte de beurre, un bol d'olives et du saucisson. Un cigare long et mince se consumait dans le cendrier. Vincent servit l'Indien qui, d'un ton qui se voulait détaché, se risqua à demander : « Où est Nathalie ? Elle n'est pas rentrée avec vous ?

— Elle est allée se coucher. Elle est un peu triste, je crois. » Vincent lui tendit son verre, et les deux hommes trinquèrent en silence comme à leur habitude. « La journée a été longue et pénible pour elle. On peut la comprendre. »

Charging Elk avait envie de poser des centaines de questions, mais il savait que Vincent ne parlerait pas avant de l'avoir décidé. Assis de part et d'autre de la table, ils sirotèrent leur vin sans rien dire. Bien que mourant de faim, l'Indien aurait été incapable de manger même le plus tendre et juteux des morceaux de bœuf. Son regard s'arrêtait un peu partout, sauf sur l'homme à l'air abattu installé en face de lui.

Vincent finit par pousser un profond soupir, et lorsqu'il prit la parole, ce fut pour annoncer une nouvelle qui ne figurait pas parmi toutes les hypothèses que Charging Elk avait envisagées :

« Autant que tu le saches, Charging Elk, j'ai résolu de vendre l'exploitation à mon frère cadet, Raymond. Il ne possède pas beaucoup de biens en dehors d'une femme méritante et de six enfants, dont un nouveau-né. Il cultive des légumes et un peu de raisin, et travaille en plus dans un abattoir de l'autre côté d'Agen. » Vincent s'interrompit et contempla longuement son verre avant de reprendre : « Je ne peux pas imaginer que ses enfants pourraient vivre dans la misère.

— Mais vous ? Et Nathalie ? C'est chez elle, ici.

— Ce sera dur pour elle, et ce l'est déjà. Mais elle est forte. C'est une brave fille et elle saura trouver le bonheur. Tu sais comment sont les jeunes, ils passent sans cesse du rire aux larmes. Il faudra simplement un peu de temps... » Vincent se pencha et eut un pâle sourire. « De plus, elle est à l'âge où l'on doit commencer à penser au mariage. Elle aura dix-sept ans le mois prochain. Sa mère n'en avait que quinze quand je l'ai épousée. »

Charging Elk sentit brusquement peser sur lui toute la fatigue de la journée. Il avait les épaules et les bras douloureux d'avoir coupé les hautes branches, et ses jambes lui faisaient mal de s'être tenu sur l'échelle pendant des heures. En outre, il avait faim, mais à dire vrai, surtout faim de Nathalie. Il se rendait compte qu'il était fatigué non seulement à cause de son travail dans les vergers, mais aussi à cause d'une vie faite de continuelles déceptions. Il avait l'impression que chaque fois qu'une chose passait à sa portée, elle lui filait entre les doigts comme de l'eau. Il savait qu'il ne méritait pas davantage que ce qu'on lui donnait, mais il avait néanmoins la conviction que Nathalie et lui devraient rester ensemble, ne serait-ce qu'ici, sur la ferme de son père, peut-être pas pour l'éternité, car personne ne peut prévoir ce que l'avenir vous réserve.

Vincent ralluma son cigare qui avait fini par s'éteindre dans le cendrier. Il souffla la fumée au-dessus de leurs têtes et se radossa dans sa chaise. « Je n'ai que quarante-trois ans et je me sens déjà vieux. Ma mauvaise jambe m'inquiète de plus en plus, tu as vu comme je boite. L'hiver, des fois, j'arrive à peine à m'appuyer dessus. C'est comme ça depuis que j'ai douze ans, depuis que je suis tombé d'un arbre ici même. » Il abattit sa main sur la table et marmonna quelque chose que Charging Elk ne comprit pas avant de poursuivre : « Quoi qu'il en soit, la ferme est devenue une charge trop lourde pour moi. Maintenant que Lucienne n'est plus là, je désire seulement que Nathalie puisse se voir offrir la chance d'une vie décente.

— Qu'est-ce que vous comptez faire ? »

Vincent tira une lettre de la poche de sa veste. Les coins de l'enveloppe étaient froissés et l'encre de l'adresse avait coulé. « J'ai un autre frère à Bordeaux — Paul. Nous avons presque le même âge, mais c'est lui le plus malin de la famille. » Il prononça cette dernière phrase avec une pointe d'irritation. « Il m'a proposé de venir travailler pour lui. Il est propriétaire d'une grande *cave*, une affaire très prospère. Il vend même du vin de Bourgogne, des côtes du Rhône, d'Alsace, de partout. Tout ce que la *haute bourgeoisie* réclame.

— Et Nathalie, qu'est-ce qu'elle va faire ? »

Vincent le considéra d'un air perplexe, comme s'il ne comprenait pas l'intérêt que Charging Elk portait à sa fille. « Elle trouvera quelque chose... ou quelqu'un, si Dieu le veut. Bordeaux est une grande ville. »

Charging Elk se rappela alors la première véritable conversation qu'il avait eue avec Nathalie un jour dans le potager : « ... je préfère vivre où il n'y a pas trop de monde. Pas vous ? » Comment expliquer à Vincent qu'elle était heureuse ici, et en sa compagnie ? Pourquoi ne voulait-il pas le voir ? Un autre souvenir lui revint alors, jailli d'un lointain passé, d'une existence antérieure — celui de son cher *kola*, Strikes Plenty, qui disait : « Que vaut la vie qu'on mène ? Un jour, on sera vieux et il ne nous restera plus que des souvenirs d'hivers rudes sans femmes et sans viande. Je ne veux pas de cela. »

Le rêve de bonheur que l'Indien avait entretenu venait de s'écrouler. Vincent avait raison. Elle trouverait quelqu'un. Dans quelques lunes, elle l'aurait oublié et bientôt, elle caresserait les cheveux d'un autre homme dont elle sentirait les mains brûlantes parcourir son corps. Et lui, devenu vieux, il n'aurait plus que ses souvenirs. A cette pensée, il étouffa à grand peine un gémissement.

« Je vais écrire à madame Loiseau pour lui annoncer que tu es prêt à retourner à Marseille. » Vincent se leva et s'approcha du fourneau. « Tu es un bon travailleur, Charging Elk. Je ne sais pas ce que nous aurions fait sans toi. » Il souleva le couvercle de la marmite de soupe et respira l'odeur qui s'en échappait. « Mais mon frère, lui, a des fils. Et une femme solide. Ils lui fourniront toute l'aide dont il aura besoin. » Il se tourna vers Charging Elk. « Ces vergers ont donné leurs fruits à ma famille durant des générations. Maintenant, c'est au tour des fils de mon frère de les recueillir. Je pense que tu le comprends, mon ami. »

20

Vincent Gazier se tenait sous l'arbre que Charging Elk était en train de tailler. Il l'avait écouté et maintenant, il ne percevait plus que le battement de son sang dans sa tête. Il ne parvenait pas à croire ce qu'il venait d'entendre.

Charging Elk descendit de l'échelle et examina la scie qu'il avait affûtée ce matin même. Des fibres de bois blond et tendre demeuraient accrochées aux dents. « Je désirerais prendre votre fille pour épouse, répéta-t-il en levant les yeux. J'en serais honoré. »

Vincent le dévisagea. Il ne savait pas par où commencer. Trop abasourdi pour être en colère, il ne voyait que l'absurdité d'une telle demande en mariage. Elle n'avait aucune raison d'être, et lui, il n'avait aucune raison au monde d'y accéder. Le sauvage ne pourrait que le comprendre. Dans un coin de son esprit, Vincent se demandait s'il n'était pas dans les mœurs des Indiens d'Amérique de décider ainsi de but en blanc de prendre une femme, peu importe laquelle.

« Tu dois te rendre compte que c'est impossible, mon ami. Les choses ne se passent pas de cette manière en France. Il est vrai qu'il existe des mariages arrangés, mais ce sont les familles qui les arrangent entre elles. » Vincent sourit. Il s'était repris. « Nathalie et toi, vous êtes devenus amis, mais rien de plus. Bientôt, elle partira, et toi, tu seras de retour à Marseille. Je suis sûr que les femmes vertueuses ne manquent pas là-bas. » En réalité, Vincent n'en était pas aussi sûr. Il avait souvent entendu parler de la réputation des femmes de Marseille par des jeunes gens ayant servi sur des bateaux.

« Je n'en veux pas d'autre que Nathalie, monsieur Gazier. Nous sommes différents, il est vrai, mais tout le monde est différent de moi dans votre patrie. Votre fille s'intéresse à ma vie, au pays de mes ancêtres, à mes parents... c'est la première qui cherche à me connaître et je la voudrais auprès de moi. Je n'ai pas connu d'autre véritable femme qu'elle.

— Mais tu ne comprends donc pas ! C'est du pur égoïsme. Nathalie n'est encore qu'une enfant. Tu es presque aussi âgé que moi. Vous n'avez rien en commun. » Vincent commençait à s'énerver. Charging Elk était un sauvage ! Et l'idée d'un mariage entre eux était ridicule. Elle n'était qu'une enfant, et une catholique fervente. Sa vie serait gâchée, et celle de Charging Elk aussi. « Tu dois oublier ça, Charging Elk. Tu entends ? C'est ma fille et je ne la donnerai pas avant que le moment soit venu. Avant que j'aie décidé que le moment était venu. Et maintenant, on n'en parle plus. »

Nathalie, quoique triste à l'idée de quitter la ferme, avait suspendu des guirlandes de fruits secs aux fenêtres et une couronne de feuilles de laurier au-dessus de la porte qui séparait la cuisine du salon. Elle avait descendu du grenier la crèche familiale pour l'installer entre la cheminée et le fauteuil tapissé où, en des temps plus heureux, sa mère aimait à s'asseoir pendant les longues et froides soirées hivernales. Noël était dans trois jours, et la jeune fille était bien déterminée à ce qu'il ressemble à un Noël comme les autres. Elle se rappelait la recette du gâteau aux prunes de sa mère et tout à l'heure, elle demanderait à Charging Elk de tuer une oie demain — exactement ce que sa mère aurait fait.

Tandis qu'elle préparait une soupe de haricots blancs à la graisse de porc et à la saucisse, il lui vint à l'esprit que Charging Elk n'était jamais entré au salon. En fait, il ne connaissait de la ferme que la cuisine. Ce qui l'amena à penser que c'était désormais elle la maîtresse de maison, du moins jusqu'à ce que son oncle arrive avec sa famille. A cette idée, son cœur se serra comme à chaque fois, mais ce soir, elle jouerait son rôle et, après dîner, elle inviterait Charging Elk à boire son *eau-de-vie* et à admirer la crèche dans le salon devant un bon feu.

Seulement, il n'apparut pas au dîner. Lorsque Nathalie interrogea son père, celui-ci, haussant les épaules, répondit qu'il devait être fatigué après avoir taillé les arbres toute la journée. Et lorsqu'elle se dirigea vers la porte dans l'intention d'aller le chercher, son père l'arrêta : « Laisse-le tranquille. » Il ne dit rien d'autre, mais à la dureté de son ton, la jeune fille sursauta, puis obéit et retourna s'asseoir.

Une fois son père couché, elle se précipita vers la chambre de Charging Elk avec un bol de soupe chaude et un quignon de pain. Dans la nuit froide et claire, la lune brillait, presque pleine, de sorte que les ombres des bâtiments de la ferme et des arbres dénudés se découpaient avec une netteté fantomatique. Quand elle était petite, Nathalie adorait les nuits pareilles à l'approche de Noël. Elle imaginait que l'Enfant Jésus et la Vierge Marie se trouvaient quelque part là-haut, derrière la lune, et qu'ils la regardaient avec amour et lui pardonnaient tous ses péchés. Elle leur adressait de ferventes prières pour que sa famille soit heureuse et reste toujours unie. Par contre, ce soir, elle était anxieuse.

Et quand elle ne vit pas de lumière filtrer par l'étroite fenêtre, elle craignit le pire. Elle frappa, attendit un instant, puis tourna la poignée. La porte s'ouvrit.

« Charging Elk ? »

La fenêtre projetait un petit carré de clair de lune sur le lit, lequel n'était même pas défait. Sur la table, la ceinture inachevée faisait comme l'ombre noire d'une corde.

Nathalie traversa la chambre à pas lents et s'assit au bord du lit, tenant toujours le bol et le pain. La soupe fumait dans le froid. Et maintenant, se dit-elle, je n'ai plus rien. D'abord ma mère, ensuite mon foyer et pour finir, mon amoureux. Avant le dîner, elle était pourtant résolue : la maîtresse de maison accueillerait Charging Elk comme un membre de la famille, et l'espace d'un soir, elle feindrait de croire que c'était son mari qui sirotait son digestif devant le feu. A présent, elle avait l'impression d'être redevenue une petite fille, une petite fille qui ignorait ce qu'était l'amour d'un homme. Elle posa la soupe et le pain par terre, puis s'étendit sur le lit. Aussitôt, elle fondit en larmes, à la fois la petite fille qu'elle était en effet redevenue et la femme amoureuse qu'elle avait toujours désiré être. Le sommeil ne tarda pas à la gagner.

Quand elle se réveilla, la première chose qu'elle vit, ce fut la chaude lueur de la lampe à huile qui semblait réchauffer la pièce glaciale. Et puis elle vit Charging Elk assis sur la chaise à côté du lit, qui la regardait. Sans réfléchir, elle lui tendit les bras, l'air d'une toute petite enfant qui demande qu'on la soulève. Il s'allongea auprès d'elle et la serra contre lui, l'enveloppant de son manteau ouvert. Il l'entoura de ses bras, et elle nicha sa tête dans le creux de son épaule. Ils demeurèrent ainsi un moment, puis il lui murmura quelques mots à l'oreille, et elle répondit oui, oui.

Le lendemain matin, Charging Elk vint prendre le petit déjeuner vêtu de son costume noir, dont le pantalon pochait aux genoux. Quant à la veste, elle ressemblait à celles que mettent les paysans lorsqu'ils vont à la ville, et les poches, bien que vides, étaient déformées par ce qu'elles avaient autrefois contenu. Charging Elk le portait néanmoins avec dignité, et sa chemise blanche presque propre qu'il n'avait pas remise depuis son arrivée, lui conférait une apparence vaguement sacerdotale. Seuls ses cheveux qui retombaient librement sur ses épaules rappelaient l'homme qu'il était à l'époque du Bastion et, plus tard, du Wild West Show.

Il s'assit à sa place habituelle, en face de Vincent qui jouait nerveusement avec sa cuillère. Nathalie, tournant le dos aux deux hommes, remuait la bouillie qui cuisait sur le feu. Ses cheveux châtains qu'elle laissait d'ordinaire libres étaient relevés en un chignon strict. Elle portait sa robe et son tablier de tous les jours et, le dos et les épaules raides, elle avait l'air tendue. Elle s'écarta du fourneau et servit un grand bol de café au lait qu'elle posa devant Charging Elk. Celui-ci jeta un regard vers la jeune fille sans paraître la reconnaître. Il avait manifestement l'esprit ailleurs.

« Une nouvelle fois, je vous demande la main de votre fille, monsieur Gazier », dit-il comme s'il poursuivait la conversation qu'ils avaient eue dans le verger. Il contemplait ses propres mains croisées devant lui sur la toile cirée de la table.

Vincent continua de triturer sa cuillère et de la tapoter contre sa paume, puis il lança un coup d'œil à Nathalie qui, revenue devant le fourneau, semblait figée sur place. Maintenant qu'elle avait pris des formes, elle lui rappelait beaucoup Lucienne, y compris avec son chignon d'où s'échappaient à présent quelques mèches.

« Et qu'en pense ma fille ? » demanda-t-il.

Nathalie ne se retourna pas tout de suite. Prenant le bas de son tablier pour ne pas se brûler, elle souleva la marmite de bouillie fumante pour la poser à un endroit moins chaud du fourneau, puis, d'un geste mécanique, elle s'essuya les mains. Après quoi, elle pivota lentement et, au lieu de regarder son père, regarda Charging Elk.

« Je serais très heureuse de devenir sa femme », répondit-elle. Sa voix lui parut étrange, lointaine, presque fluette. Elle ajouta cependant : « Nous nous aimons. »

Vincent fronça les sourcils. « Ainsi, vous en avez déjà discuté entre vous, avant de me consulter ? »

L'espace d'un moment, tous deux gardèrent le silence. Peut-être réfléchissaient-ils pour décider de ce qu'ils jugeaient bon de lui confier. Peut-être que l'un et l'autre se rappelaient leur nuit. Charging Elk finit par répondre : « Oui, et Nathalie a accepté de m'épouser. Avec votre permission, monsieur.

— Nous nous aimons, papa, répéta Nathalie. Nous serons heureux ensemble.

— Et si ce mariage devait avoir lieu, tu irais t'installer avec lui à Marseille ? »

Vincent n'attendit pas la réponse de sa fille. Il se leva avec raideur et sortit de la cuisine, refermant la porte derrière lui.

En toute autre occasion, il n'aurait pas manqué de s'extasier devant une si belle matinée. Une légère brume flottait au-dessus de la cour, que le soleil perçait déjà de ses rayons dorés. Bientôt, elle se dissiperait pour dévoiler un ciel tout bleu, annonciateur de l'une de ces rares journées de fin décembre où la terre se réchauffe juste assez pour venir lui rappeler que les pruniers ne sont qu'endormis, que dans trois mois, les premiers bourgeons apparaîtront et qu'une nouvelle période de pousse commencera ainsi que cela se produit depuis les nombreuses générations où les Gazier cultivent cette terre. De même, tout autre jour, il aurait remercié le Seigneur d'avoir permis à sa famille de vivre et prospérer dans ce paradis, et il se serait considéré comme un homme qui a beaucoup de chance.

Mais aujourd'hui, tout comme ces derniers mois, il n'était plus qu'un homme déprimé. Peut-être aurait-il pu se remettre de la mort de Lucienne. Il la regardait venir depuis longtemps, et quand elle était arrivée, il s'était en quelque sorte senti soulagé en dépit de son chagrin, et il avait été jusqu'à envisager une nouvelle existence pour sa fille. Il savait bien qu'elle finirait par se marier et le quitter pour fonder sa propre famille. Tant qu'elle était heureuse, il l'acceptait, et qui sait, peut-être que son mari viendrait travailler avec lui dans les pruneraies et qu'ils seraient tous réunis. Il avait toujours rêvé de voir ses petits-enfants jouer dans cette même cour. Quand il retrouvait un brin d'optimisme, il se disait que la vie pourrait devenir tolérable ainsi. Même sans Lucienne.

De surcroît, sa santé ne cessait de se détériorer. Au lieu d'être une simple gêne, sa jambe lui faisait désormais tout le temps mal et, de plus en plus faible, elle commençait à s'amaigrir. Il savait que même si Charging Elk parvenait à achever seul la taille des arbres, son infirmité l'empêcherait d'assurer la récolte, sans parler des cochons et des oies ainsi que de la multitude d'autres tâches nécessaires à la bonne marche de l'exploitation. Et à supposer que Nathalie décide de rester avec lui, elle deviendrait esclave du potager, des vergers et d'une vie de constant labeur. Il avait déjà été témoin de pareilles disgrâces : des jeunes femmes transformées en bêtes de somme qui devenaient aigries, vieillies avant l'âge, et pour finir, aussi stupides que les bœufs qui faisaient tourner les meules des moulins.

Non, il ne pouvait pas souhaiter un avenir pareil pour sa

fille. Mais épouser un sauvage ! Que penserait Lucienne d'une union aussi impie ? Et où était Dieu dans cette affaire ?

Plus tard dans la journée, Vincent rédigea une lettre à l'intention de madame Loiseau. Grâce à sa mère qui, avant son mariage, avait été maîtresse d'école dans un village voisin, il savait écrire, certes lentement, mais lisiblement. Tandis qu'il formait les lettres qui, l'espérait-il, mettraient un terme à cette folie, il regrettait de ne pas avoir assez insisté pour que Nathalie apprenne à lire et à écrire. Elle avait fréquenté l'école pendant trois ans, mais s'était montrée une élève indifférente dont le seul souci semblait avoir été de ne pas se laisser dépasser par ses camarades de classe, et en même temps que prenait fin sa scolarité, prenait fin tout désir de lire et d'écrire. Elle s'était contentée d'apprendre à tenir une maison et une ferme avec l'idée que cela serait bien plus utile à une femme de paysan. A quoi bon me casser la tête quand je n'ai rien à lire et personne à qui écrire ? répondait-elle à son père.

Alors qu'il pliait la lettre, Vincent éprouva une violente douleur à la jambe. Il était resté trop longtemps assis dans la même position, et quand il se leva, il ne sentit plus son pied. Mon Dieu, songea-t-il. Ça empire de jour en jour. Il n'avait pas vu de médecin depuis la fois où, de nombreuses années auparavant, une vingtaine peut-être, il avait failli perdre un doigt en fendant du bois. Cet accident idiot mais cependant assez grave pour l'obliger à aller chez le docteur l'avait rendu furieux. Il se rassit et se massa la jambe. Le poids de ses souffrances paraissait lui peser davantage d'heure en heure. Il rangea la lettre dans l'un des tiroirs du secrétaire, puis rabattit le panneau. Une angoisse soudaine le saisit : qu'allaient-ils devenir, Nathalie et lui ? Lucienne, ma chère Lucienne, que dois-je faire ?

On ne parla plus du mariage ce jour-là, ni le lendemain, ni le surlendemain. Vincent prenait son petit déjeuner en silence, et le soir après dîner, il se retirait de bonne heure, même quand Nathalie allumait le feu dans la cheminée du salon. Il passa ses journées soit à l'intérieur, soit à errer au milieu des dépendances de la ferme. Il répara les harnachements, nettoya le poulailler, bien que ce fût un travail qui incombait en principe à Nathalie, et entre-temps, il restait des heures dans l'écurie à se demander ce qu'il y faisait.

Quant à Charging Elk, il continua à élaguer les pruniers. Il ne voulait pas bousculer Vincent, car il devinait que celui-ci réfléchissait. Aussi travailla-t-il en attendant dans les vergers, parfois envahi d'un fol espoir, mais le plus souvent dans un état de profond abattement à la pensée de ce qui allait sans doute arriver. Le soir, Nathalie et lui s'installaient devant le feu et contemplaient la crèche. Assis loin l'un de l'autre, ils se cherchaient de temps en temps du regard, puis, après avoir fini son *eau-de-vie*, Charging Elk lui souhaitait bonne nuit et regagnait sa chambre.

Le soir de Noël, Charging Elk attela les chevaux à la charrette. Il ne tenait pas à retourner à l'église *wasichu*, mais à son grand étonnement, Vincent avait insisté. Ils prirent la route d'Agen dans la nuit froide.

A l'église, Vincent s'assit entre eux. Pendant la messe, la fumée sacrée ainsi que les chants du prêtre et du chœur impressionnèrent beaucoup Charging Elk. Il remarqua que Vincent manquait de s'affaisser chaque fois qu'il s'agenouillait, et qu'il devait se tenir, le front posé sur ses mains croisées qui agrippaient le prie-dieu. Et quand il était dans cette position, Charging Elk distinguait le profil pur de Nathalie. Il n'avait jamais vu de plus belle femme, car ainsi vêtue de sa plus jolie robe et coiffée de son chapeau de feutre à voilette qui lui couvrait une partie du visage, c'était une vraie femme. Pourtant, il se disait que cette femme, il la connaissait à peine. Elle aurait pu tout aussi bien être une inconnue qu'il admirerait de loin. Et tout à coup, il se sentit indigne, lui le sauvage, d'une telle beauté. Il ferma les yeux, respira la fumée qui lui rappelait l'odeur de l'herbe douce, et pria Wakan Tanka de lui accorder ses bontés et sa pitié.

Après un dîner tardif débutant par une soupe de poissons, un plat que Lucienne servait toujours la veille de Noël, Nathalie débarrassa la table pendant que les deux hommes allaient s'asseoir au salon, parlant de la taille des arbres. La jeune fille les écouta, à la fois contrariée et incrédule. Comment pouvaient-ils s'intéresser à des sujets aussi terre à terre ? L'esprit occupé, elle avait préparé la soupe dans l'après-midi avec des gestes mécaniques. Elle songeait que c'était son premier Noël sans sa mère, son premier avec Charging Elk, son dernier à la ferme et sans doute son dernier avec son père.

Elle avait décidé de s'enfuir avec Charging Elk plutôt que de partir pour Bordeaux. Elle ignorait comment ils feraient pour gagner Marseille, comment ils subviendraient à leurs besoins, et la pensée de cette grande ville lointaine peuplée de gens différents l'effrayait, mais depuis le soir où il l'avait prise dans ses bras et couverte de son manteau, elle savait qu'en toutes circonstances, et quel que soit le sort que l'avenir leur réserverait, il la protégerait.

Lorsqu'elle apporta *l'eau-de-vie*, Vincent lui demanda d'aller chercher un troisième verre, et elle sentit son cœur bondir dans sa poitrine. Cela ne pouvait signifier qu'une seule chose ! Mais quand ils trinquèrent, son père se borna à dire : « A ta chère mère et ma chère épouse qui est sûrement au ciel où toutes les souffrances terrestres sont oubliées. *Adieu*, ma chère Lucienne. »

Nathalie but une gorgée. L'alcool lui brûla la gorge, mais le rouge qui lui vint aux joues provenait du sentiment de culpabilité et de colère qu'elle éprouva soudain. Sa mère n'était morte que depuis quelques mois, et les paroles de son père lui parurent monstrueuses. Sa déception n'en était que plus amère. Il lui semblait tellement injuste que son père se refuse à penser au bonheur de sa fille. Elle était jeune, et elle était vivante. Elle méritait d'être heureuse avec l'homme de son choix. Ses paupières se gonflèrent de larmes, et elle détourna les yeux. Une larme roula cependant sur sa joue.

« Allons, ma fille, ce n'est pas si terrible, reprit Vincent. Je suis certain qu'en cette sainte nuit, elle nous voit et qu'elle souscrira au toast que je me propose de porter. Ta mère était une femme avisée et généreuse, et je lui ai demandé conseil. » Il leva son verre. « A toi et à Charging Elk, puissiez-vous être heureux ensemble. » Et, tandis qu'il buvait, il ajouta intérieurement : et puissent Dieu et ma chère femme me pardonner.

Trois semaines plus tard, Nathalie et Charging Elk se mariaient civilement à l'Hôtel de Ville d'Agen. La cérémonie fut simple et dura moins d'un quart d'heure. Le frère cadet de Vincent était le témoin de Charging Elk, et sa femme, celui de Nathalie.

Sa grâce, qui lui reconnaissait les droits et les devoirs d'un citoyen de la République française, servit à Charging Elk de papiers d'identité. Ainsi, par un curieux tour du destin, il acquérait enfin la nationalité française, en même temps qu'une épouse.

Le bonheur de sa jeune femme était néanmoins quelque peu terni par l'absence de mariage religieux. Son père s'y était opposé, et de toute façon, le prêtre n'aurait jamais accepté. Aux yeux de l'Eglise, avait expliqué Vincent, l'Indien n'était qu'un sauvage et un païen. Aussi Nathalie se trouvait confrontée à un cruel dilemme : attendre que Charging Elk parvienne au bout du long chemin qui mène à la conversion, à condition qu'il ait le désir de l'emprunter — un désir qu'il n'avait jusqu'à présent nullement manifesté, ce qui ne manquait pas de la rendre perplexe —, ou bien oublier son rêve d'un vrai mariage en robe blanche, entourée de sa famille radieuse, et qui donnerait lieu à une grande fête. Depuis sa plus tendre enfance, elle imaginait une noce où tout le monde l'aimerait, elle la jeune mariée humble et timide dont on vanterait cependant la beauté. Quant à son mari, n'en croyant toujours pas sa chance, il ne cesserait de la contempler avec adoration.

Et surtout, Nathalie voulait que son mariage fût béni par le prêtre et par Dieu. C'est seulement à ce moment-là qu'elle se sentirait mariée pour de bon, et pardonnée pour avoir commis le péché de chair avec l'homme qui se tenait à ses côtés.

Elle pensait à tout cela, tandis que dans cette salle glaciale haute de plafond, un homme de grande taille au crâne dégarni récitait les formules habituelles d'un ton monocorde.

Jusqu'à sa robe — que sa mère lui avait faite un an et demi plus tôt, déjà trop étroite aux hanches et à la poitrine — qui n'était même pas blanche, ni ornée de dentelles. Et comme on était en hiver, son bouquet ne se composait que de fleurs séchées que Vincent avait achetées à un kiosque de la *place*. Et au lieu d'une foule d'amis et de parents, il n'y avait que sa tante, son oncle et son père.

Lorsque le magistrat municipal les eut déclarés mari et femme, Nathalie et Charging Elk s'embrassèrent en public pour la première fois. Aussi intimidés et empruntés l'un que l'autre, ils échangèrent un baiser fort chaste.

Quelques semaines plus tôt, Vincent avait déchiré l'odieuse lettre qu'il avait écrite à l'intention de madame Loiseau et lui en avait expédié une autre pour lui annoncer l'arrivée imminente de Charging Elk à Marseille. Et, comme en passant, il avait mentionné que sa fille Nathalie, sur le point de devenir sa femme, l'accompagnerait et qu'ils auraient donc sans doute besoin d'un logement plus grand. Il avait reçu de madame Loiseau la réponse suivante : « Vous ne pouvez pas imaginer combien cette nouvelle nous a surpris et ravis. Nous sommes persuadés que ce mariage avec votre chère fille ne pourra que contribuer au bonheur de Charging Elk. Vous devez être très fier. » Elle terminait en lui demandant d'envoyer un câble afin qu'on vienne chercher les jeunes mariés à la gare Saint-Charles.

Vincent, debout à côté de Nathalie, regardait Charging Elk décharger les bagages de la charrette. Les affaires de Nathalie tenaient dans une malle-cabine, une valise et un sac de voyage en toile. Quant à Charging Elk, il n'avait que le sac avec lequel il était arrivé. Son beau-père lui avait offert une petite bourse de cuir renfermant 250 francs, c'est-à-dire à peu près la somme que madame Loiseau lui avait allouée pour l'entretien de Charging Elk. L'Indien les avait bien gagnés, et il aurait sans doute mérité plus, mais c'était tout ce que Vincent pouvait se permettre.

Depuis le soir où il avait donné sa bénédiction aux amoureux, il se rongeait les sangs, mais regardant sa fille s'avancer sur le quai aux côtés de Charging Elk qui tirait une voiture à bras sur laquelle s'empilaient leurs possessions, il les vit tels qu'ils étaient vraiment. Au cours de ces dernières semaines, il s'était habitué à les voir ensemble, et il devait s'avouer qu'ils formaient un beau couple. Nathalie semblait être devenue plus grande, plus grave, plus femme. Depuis la mort de Lucienne, il s'inquiétait pour l'avenir de sa fille, et maintenant, il sentait naître au fond de lui une confiance nouvelle. Il était sûr que Charging Elk prendrait soin de Nathalie, et au lieu de l'animosité qu'il avait éprouvée envers l'homme qui lui enlevait sa fille, il ressentait à présent une étrange fierté cependant qu'il suivait ses enfants à quelques pas, s'efforçant d'oublier sa mauvaise jambe et de marcher avec autant de dignité qu'eux.

Une heure plus tard, alors qu'il s'apprêtait à rentrer la charrette dans la grange, il promena son regard autour de lui, et à la vue des bâtiments délabrés de la ferme, tout son bel optimisme l'abandonna. Plusieurs tuiles étaient cassées et même manquaient sur le toit de l'écurie. La porcherie n'était qu'un assemblage branlant de vieilles planches et de barbelés rouillés. Et sur le corps principal, à trois ou quatre endroits, le plâtre était tombé, mettant à nu la brique rouge. Bien entendu, Vincent avait déjà remarqué tout cela, mais seulement quand il passait devant, notant dans un coin de son esprit qu'il faudrait penser à faire les réparations lorsqu'il aurait le temps. Mais là, contemplant l'ensemble des dépendances, il se sentit de plus en plus déprimé. Même les arbres à flanc de colline, pourtant impeccablement taillés, étaient vieux, et il allait falloir les remplacer petit à petit, parcelle par parcelle.

Il voyait maintenant la ferme avec toute la lucidité d'un homme qui se retrouvait seul. Il lui était difficile de croire qu'il avait connu ici le bonheur auprès d'une épouse aimante et pleine de vie et d'une adorable fillette. Toutes deux étaient parties, à présent. Et bientôt, ce serait son tour, mais la ferme resterait au sein de la famille. Son frère Raymond avait promis de lui verser 750 francs après chaque récolte, mais Vincent savait qu'il ne le pourrait jamais. Il avait trop de bouches à nourrir.

Il descendit de la voiture et dételа les chevaux qu'il mena ensuite vers la source qui surgissait à flanc de colline derrière la maison. Pendant qu'il les regardait boire, il essaya d'imaginer Nathalie et Charging Elk dans leur compartiment. Ils devaient commencer à déjeuner, tandis que par la fenêtre défilaient la Garonne et les vignes dénudées en espaliers. Ils se tenaient sans doute la main, peut-être un peu effrayés — Nathalie, en tout cas — par les nouvelles aventures qui les attendaient. Le vieux cheval noir frissonna et Vincent lui flatta l'encolure, heureux de sentir sous sa paume la chaleur de l'animal.

Plus tard, assis à la table de la cuisine et buvant une tasse de café, il guetta un bruit de pas au-dessus de sa tête, un entrechoquement de casseroles venant du fourneau, le grincement d'une scie qu'on affûtait dans l'atelier, mais en vain. Il n'aurait jamais cru qu'il pût exister dans son univers un silence aussi absolu. Il se racla la gorge. Puis il gratta une allumette, alluma un cigare et considéra l'étrange ceinture posée sur la table. Il effleura les dessins tressés légèrement en relief. Charging Elk allait lui manquer, mais c'est sa fille qu'il pleurait.

21

Planté au coin de la rue d'Aubagne, Charging Elk regardait l'étroite rue pavée qui montait vers la place où débouchaient trois ruelles. Le marché grouillait de monde. Des femmes défilaient sans arrêt devant lui, certaines qui revenaient de faire leurs emplettes, les paniers remplis de légumes, de fromages, de poisson ou de viande, d'autres qui se dépêchaient au contraire d'aller faire leurs achats, serrant un porte-monnaie dans leur main. Les seuls hommes paraissaient être les marchands et les rares vieillards qui accompagnaient leurs épouses.

Le marché lui semblait étonnamment petit, alors que dans son souvenir, il était immense, composé de dizaines et de dizaines d'éventaires entre lesquels circulaient des centaines de gens. Il s'était souvent remémoré les hommes en costumes se promenant au milieu des femmes qu'ils examinaient des pieds à la tête ou encore admirant les poissons de René. De même, il se rappelait le mélange d'odeurs de tabac, de légumes et de fromages. Seuls étaient conformes à ses souvenirs les cris des commerçants, les exclamations, les voix moqueuses ou parfois furieuses qui s'élevaient au-dessus du brouhaha.

Et toutes ces voix avaient un côté familier, au point qu'il s'imaginait presque les identifier, mais plus de douze ans s'étaient écoulés depuis qu'il avait travaillé ici avec les Soulas, et il savait que nombre d'entre elles s'étaient sans doute tues à jamais. Et puis, des gens avaient déménagé, d'autres avaient cessé leurs activités. C'était cependant un petit quartier où certains vivaient depuis des générations, et il n'était pas impossible qu'il rencontre des personnes de connaissance.

En réalité, il avait peur d'être découvert. Il faisait toujours figure d'excentricité, une espèce de géant à la peau brune et aux longs cheveux qui avait l'air d'un immigré égaré dans ce quartier. Chose étrange, depuis qu'il avait quitté Marseille, il ne lui était presque jamais arrivé de ne pas se sentir à sa place, ni en prison où l'on trouvait des hommes de toutes origines, ni à Agen où, malgré sa différence, il n'avait pas l'impression d'être un phénomène, même s'il demeurait l'objet d'une curiosité quasi générale. Ici, on le regardait d'un œil soupçonneux, comme par le passé. Il percevait alors une sourde hostilité à son égard, mais aujourd'hui, il craignait surtout qu'on reconnaisse en lui le meurtrier du célèbre restaurateur.

Depuis quatre lunes qu'il était de retour à Marseille, il jouissait de l'anonymat. Il travaillait six jours par semaine sur les quais comme docker. Le soir, il restait chez lui avec Nathalie, et le dimanche, ils allaient se promener le long de la Corniche. Il menait la vie calme et ordonnée qu'il aimait. Il s'était remis à dessiner et tâchait de reproduire de mémoire sa vie dans les plaines du Dakota. Tout en cousant ou en tricotant, Nathalie jetait de temps en temps un coup d'œil dans sa direction jusqu'à ce que, dévorée d'impatience, elle le supplie de lui laisser voir ce qu'il faisait, mais il attendait toujours d'avoir fini pour s'exécuter. Il lui montrait et lui expliquait alors tous les détails. Elle ne dissimulait pas son enthousiasme et le poussait à essayer de vendre ses dessins. Il y avait toujours des peintres autour du Vieux-Port qui vendaient des œuvres beaucoup plus mauvaises que les siennes. Il se moquait gentiment des ambitions qu'elle avait pour lui, mais lorsque, les bras douloureux à force de soulever de lourdes caisses et des barriques, il regagnait son domicile recru de fatigue, il s'interrogeait. Il ne s'était jamais considéré comme un artiste, mais peut-être que Nathalie avait mis le doigt sur quelque chose. Il commença à envier les peintres qu'il voyait sur les quais ou le long de la Corniche. Nathalie avait raison : ses dessins étaient meilleurs que nombre de leurs tableaux qui semblaient toujours représenter la même scène. Mais l'idée de les vendre ne faisait que l'effleurer, et quand il montait les marches conduisant à son appartement, il l'avait en général oubliée.

Charging Elk ne travaillait plus depuis six jours, et il était inquiet. Nathalie et lui n'avaient pas assez d'argent pour tenir bien longtemps. Chaque matin, il se rendait sur les quais, mais on l'obligeait à faire demi-tour. Son syndicat s'était mis en grève contre les compagnies de navigation, et les dockers arpentaient les quais, brandissant des banderoles. Ils réclamaient la journée de huit heures — au lieu de dix — ainsi que leur samedi après-midi afin de pouvoir passer un peu plus de temps en famille. Ils en avaient assez d'être traités comme des esclaves. Charging Elk les comprenait, mais à quoi tout cela leur servirait si, en attendant, ils ne pouvaient plus acheter de quoi manger, ni payer leurs loyers ? Et si les compagnies de navigation les licenciaient pour en embaucher d'autres ? Il y avait toujours des hommes qui traînaient du côté du port et qui cherchaient de l'ouvrage.

L'Indien prit une profonde inspiration et chassa ces pensées de son esprit. Il fallait qu'il garde les idées claires. Il était planté au carrefour depuis trop longtemps et il devait prendre une décision, soit s'engager dans la rue d'Aubagne, soit rebrousser chemin. L'étal de René n'était pas loin, situé presque en bordure de la *place* sous un store vert qu'il pouvait presque apercevoir d'où il se trouvait. Dessus, on lisait POISSONS COQUILLAGES CRUSTACÉS. Il imaginait les caissettes de bois avec leur lit de glace pilée, débordant de sardines et d'anchois, et puis le thon, les langoustines, les *poulpes* et les *rascasses,* et aussi les baudroies présentées entières afin d'exhiber leurs effrayantes mâchoires. Il sentait d'ici l'odeur du poisson et celle, plus iodée, des huîtres.

Il se roula une cigarette, l'alluma, puis fit quelques pas hésitants en direction du marché. Il avait consacré une partie de la somme que lui avait donnée Vincent à s'acheter un nouveau costume. Il était fait d'une étoffe plus grossière que l'autre, qui grattait un peu, mais il n'était pas encore défraîchi et tombait bien sur lui. Ainsi vêtu et coiffé de sa casquette de laine, il se sentait à l'aise, mais il était surtout fier de l'allure qu'avait Nathalie le dimanche dans sa robe de soie grise avec le col et les poignets de dentelle. Il l'accompagnait parfois à l'église et se contentait de la regarder pendant qu'elle accomplissait les rites de sa religion.

Tout au long du voyage qui les conduisait à Marseille, il s'était demandé avec anxiété si Nathalie allait s'acclimater à la grande ville. Lui, il connaissait la cité phocéenne, et il serait même content de la retrouver après l'univers étroit de la vallée de la Garonne. Il avait bien vécu quelques moments de doute, mais madame Loiseau l'avait assuré, dans une lettre adressée à Vincent, qu'on avait depuis longtemps oublié l'affaire de la rue Sainte. Nathalie, en revanche, risquait d'être déroutée par toute l'animation qui régnait dans la ville portuaire, d'autant que le français que parlaient les Marseillais n'était pas le même que celui d'Agen. D'ailleurs, la plupart du temps, ils ne parlaient pas le français mais cette étrange langue que René et Madeleine employaient entre eux. Pendant les longues heures de train, il s'était efforcé de la préparer en soulignant les différences de langages et de coutumes, mais il n'avait réussi qu'à lui gâcher le voyage. Après s'être extasiée devant le paysage qui défilait par la fenêtre de leur compartiment, elle avait fini le trajet pétrie d'angoisse. Et quand, arrivés à la gare Saint-Charles, ils avaient été accueillis par un homme dépêché par madame Loiseau, Nathalie avait eu un mouvement d'effroi à la vue de tous les trains et de la foule qui se pressait à l'intérieur de l'immense espace couvert d'une verrière.

Alors qu'il se remémorait ces pénibles instants, il ne put s'empêcher de sourire. En effet, lorsqu'ils étaient entrés dans leur appartement qui comportait deux petites pièces, une vraie salle de bains et une grande double fenêtre donnant sur la rue déjà plongée dans le noir, le visage de Nathalie s'était éclairé. Et après le départ de l'homme, elle l'avait attiré sur le lit pour lui murmurer à l'oreille de merveilleuses paroles, ponctuées de petits rires et de soupirs. Elle avait réussi malgré tout à leur remonter le moral à tous les deux. Jamais il ne lui avait été aussi reconnaissant d'être jeune que cette première nuit dans leur nouveau logement.

Charging Elk arriva en vue du store vert avec ses grandes lettres blanches en dessous desquelles, en écriture trop petite pour qu'on les voie d'où il était, figuraient, il le savait, les mots : « M. Soulas, poissonnier. »

Il s'approcha lentement, puis regarda les vitrines, les éventaires sur lesquels s'empilaient noix, olives, radis, salades et autres légumes de saison. Il arriva devant la boucherie et son amoncellement de gros morceaux de viande rouge. Il se rappela comment, quand il travaillait à la poissonnerie de René, il contemplait la viande avec envie, jusqu'à ce qu'il apprenne que l'enseigne figurant une tête de cheval dorée était celle des boucheries chevalines. Il avait failli vomir alors. Il avait mangé une fois de la viande de *sunka wakan*, au cours du terrible hiver après la bataille de l'Herbe Grasse, lorsque les siens mouraient de faim, mais il n'avait jamais recommencé. Aujourd'hui, devant l'étal, il pensa à tous les chevaux qu'avaient possédés les Oglalas avant de se rendre à Fort Robinson. Tous les avaient mangés à contrecœur, mais grâce à eux, ils avaient survécu.

L'estomac à la fois retourné par l'odeur de la viande et noué par l'appréhension, il jeta un coup d'œil vers la poissonnerie. Les femmes massées autour qui semblaient parler, crier et se disputer toutes en même temps, créant un concert de voix familières, lui masquaient les personnes qui servaient. Soudain, une voix masculine que Charging Elk reconnut aussitôt s'éleva parmi le brouhaha pour apostropher l'une des commères. Et quand la femme s'écarta pour s'éloigner avec son poisson emballé dans une feuille de papier journal, il vit son vieil ami.

Les rares mèches de cheveux qu'il plaquait soigneusement sur son crâne avaient maintenant disparu, sinon le petit marchand de poisson n'avait guère changé. Même franc sourire dévoilant les dents du bas qui manquaient, mêmes petits yeux brillants, même physique trapu. L'Indien sentit sa gorge se serrer et il chercha Madeleine du regard. Sans qu'il sache bien pourquoi, c'était elle qu'il était venu voir. Il n'avait jamais oublié la honte qu'il avait éprouvée quand elle lui avait demandé d'amener son amoureuse à dîner un dimanche soir. Ni celle, plus cuisante encore, qui l'avait envahi lorsque, durant le procès, elle avait appris que l'amoureuse en question n'était qu'une prostituée. Et quand elle avait cessé de venir au tribunal, lui signifiant ainsi qu'elle voulait le rayer de sa mémoire, la honte avait été complète. Alors pourquoi désirait-il tant la revoir ? Pour lui dire qu'il était devenu un autre homme ? Qu'il avait une épouse jeune et vertueuse qui allait tous les dimanches à l'église ? Et qu'il y allait lui aussi ? Qu'est-ce qu'il cherchait auprès de Madeleine ?

Une deuxième cliente se détacha du groupe de femmes, et Charging Elk aperçut alors un mince jeune homme en tablier de toile cirée couvert de taches. René avait donc embauché un nouvel employé à la place de François. Le jeune homme était en train de prendre des crevettes dans une caisse posée à ses pieds. Bien que la matinée fût douce et que le soleil printanier chauffât déjà la rue, il portait un chandail à col roulé sous son tablier. De ses longs doigts pâles, il disposa les crevettes sur un lit de glace pilée. D'où il se tenait, Charging Elk distinguait les jointures rouges qui semblaient être le lot des poissonniers à force d'avoir toujours les mains mouillées. Les cheveux du nouvel employé retinrent également son attention, une tignasse châtain hérissée d'épis qui partaient dans tous les sens. Et quand le jeune homme leva la tête et regarda droit dans sa direction, Charging Elk s'empressa de reporter son attention sur la viande rouge. Il retint son souffle, s'attendant à entendre crier son nom, mais rien ne se produisit. Il se fraya un chemin parmi la foule, puis se dirigea à pas vifs vers la rue d'Aubagne et la Canebière.

Charging Elk ne revint jamais au marché. Il n'avait pas vu Madeleine, mais pendant plusieurs jours, il s'imagina que, debout derrière son étal, elle l'avait regardé et qu'il avait lu dans ses yeux qu'elle lui pardonnait. Plus tard, quand il lui arrivait de repenser à ce jour-là, il ne voyait plus que les grands yeux marron de Mathias posés sur lui

La grève dura trois semaines. Les dockers obtinrent leurs samedis après-midi libres ou payés en heures supplémentaires. Par contre, ils n'obtinrent pas la journée de huit heures. Charging Elk fut content de retourner travailler. Le reste des 250 francs de Vincent leur avait tout juste permis de tenir en ne mangeant plus que de la soupe au cours des derniers jours.

Un soir en rentrant, Charging Elk trouva Nathalie en larmes, affalée sur la table de la cuisine. Elle était pieds nus, vêtue de sa seule chemise de coton blanc. Il pensa aussitôt à Vincent. Il lui était arrivé quelque chose. Quand il se précipita pour la réconforter, elle leva la tête avec un sourire incertain. Il s'arrêta net.

« Qu'est-ce qui se passe, Nathalie. Pourquoi pleures-tu ? C'est ton père ? »

Elle se tamponna les yeux à l'aide d'un petit mouchoir. Son visage avait perdu de sa rondeur au cours de ces derniers mois et, à dix-huit ans, elle était devenue une fort belle femme. Elle avait les yeux brillants de larmes, les joues rouges et les lèvres qui tremblaient imperceptiblement.

Charging Elk, soudain alarmé, s'agenouilla devant elle. « Qu'est-ce que tu as ? Tu n'es pas malade ? »

Elle fit signe que non. « Ce n'est rien. Je suis bête de m'inquiéter... » Un sanglot, pareil à un hoquet, secoua son corps, et elle se remit à pleurer.

« Qu'est-ce qui te tracasse ? Dis-le-moi, je t'en supplie.

— Je ne peux pas. » Elle baissa les yeux, mais son esquisse de sourire était revenue. « Tu ne vas pas être content. » Elle eut de nouveau une espèce de sanglot, suivi d'un autre, mais qui commençait à ressembler davantage à un rire étouffé.

Charging Elk s'assit sur les talons, de plus en plus perplexe. « S'il te plaît, dit-il à mi-voix. Dis-le-moi. Je suis ton mari.

— Justement, je crois que tu y es pour quelque chose, mon cher mari.

— Qu'est-ce que j'ai fait ? s'écria-t-il, de nouveau effrayé.

— Il s'agit plutôt de ce que nous avons fait. » Elle enroula le mouchoir mouillé de larmes autour de son doigt qu'elle fixa longuement du regard. « Nous avons peut-être fait un bébé, reprit-elle enfin.

— Un bébé ! »

Nathalie se tourna vers lui. « Tu es mécontent ? Toute la matinée, j'ai eu peur que tu le sois. Maintenant, je le vois dans tes yeux. Tu es mécontent.

— Oui, enfin non. Bien sûr que non, je suis content, Nathalie, mais comment... »

Elle sourit en rougissant. « Comment "comment" ? Comme tout le monde... quand on le fait aussi souvent que nous. »

Ce fut au tour de Charging Elk de rougir. « Mais comment tu peux le savoir ? »

Nathalie regarda un instant par la fenêtre, l'expression soudain sereine. « Les femmes savent ces choses-là. Ce n'est pas difficile. »

Charging Elk posa la main sur la cuisse de sa femme, et il en perçut toute la fermeté sous le mince tissu de la chemise. Il regarda le contraste que formait sa peau brune sur le coton blanc. Une fois encore, il songea combien il avait de la chance d'avoir Nathalie pour épouse. Et quand il sentit sa petite main, si blanche et délicate, étreindre la sienne, il fut inondé d'un tel bonheur qu'il lui parut impossible qu'il ait pu un jour être malheureux. « Un bébé, murmura-t-il. Notre bébé. »

Nathalie attira sa tête sur ses genoux, puis caressa ses longs cheveux, le regard rivé sur l'immeuble de pierre à la façade noire de suie qui se trouvait de l'autre côté de la rue étroite. Elle avait à l'esprit une autre image, celle de la vieille ferme, de la cour ensoleillée et des belles pruneraies de son enfance. Marseille — une grande ville avec ses boutiques, ses habitants de toutes origines, le Vieux-Port, la mer — n'avait plus pour elle l'attrait de la nouveauté, et en ce moment, elle désirait de tout son cœur que Charging Elk et elle retournent à Agen, chez elle. Seulement, là-bas ce n'était plus chez elle. Chez elle, c'était désormais cette ville moite.

Il y eut cette année-là un bel été qui se prolongea une partie du mois d'octobre. Les feuilles avaient pris une teinte jaune ou rousse, mais elles restaient accrochées aux arbres comme autant de décorations de papier. Les matinées étaient fraîches et quand, à l'aube, Charging Elk descendait vers les quais, il voyait son haleine former de petits nuages dans le halo des réverbères et il sentait le froid s'infiltrer sous sa veste de laine. Vers midi, cependant, le soleil avait réchauffé l'atmosphère, et Charging Elk se mettait en tricot de corps. Il travaillait dur pour que le temps passe plus vite, puis il se hâtait de rentrer chez lui où Nathalie l'attendait.

Un soir, après qu'il s'était lavé et avait enfilé une chemise propre, Nathalie lui prit la main pour la poser sur son ventre qui commençait à s'arrondir. « C'est ton fils, je crois », dit-elle, les yeux écarquillés comme si elle attendait quelque chose.

Il sentit un léger mouvement et retira vivement sa main.

Nathalie éclata de rire. « Tu devrais voir ta tête », dit-elle. Elle lui saisit la main pour la remettre sur son ventre. « Et maintenant, laisse-la un instant, espèce de froussard. »

Cette fois, il perçut un petit coup, suivi d'un autre, et il se dit que jamais il n'avait connu une telle intimité avec une femme, pas même quand il faisait l'amour avec Marie, et plus tard, avec Nathalie. Il y avait un prolongement de lui dans la chair de Nathalie, un prolongement qu'il sentait au travers de sa robe en vichy. Naturellement, il n'ignorait rien sur les bébés. Au Bastion, il avait vu des femmes enceintes qui, ensuite, sortaient leurs nouveau-nés au soleil devant les tipis. Mais il n'avait jamais rien éprouvé de semblable. C'était sa femme, et c'était son enfant. Et bientôt, cet enfant naîtrait, et la première chose qu'il verrait, ce serait sa mère et son père.

« Tu voudrais un garçon, n'est-ce pas ?

— Oui », répondit-il sans hésitation, car il s'imaginait se promenant avec son fils sur les quais du Vieux-Port, lui montrant la mer du haut des remparts du fort Saint-Jean, lui achetant une glace à l'un des vendeurs du cours Belsunce — comme il avait vu les autres pères le faire. A l'époque, il ne se rendait pas compte qu'il les enviait.

« Et si c'était une fille ? demanda Nathalie d'une petite

voix. Il y a une chance sur deux, tu sais. Tu l'aimerais autant ? »

Il réfléchit à peine une seconde avant de répondre : « A condition qu'elle te ressemble, à toi et pas à moi. »

Nathalie éclata de rire.

Vers la mi-octobre, pour la première fois depuis des mois, un fort mistral souffla qui fit tomber les feuilles jaunies, balaya la fumée qui sortait des cheminées et ballotta jusqu'aux steamers ancrés dans le port. Au lieu de flâner le long de la Canebière, les gens pressaient le pas, emmitouflés dans leurs manteaux d'hiver. Les chevaux trottaient dans les rues comme si le vent glacial leur communiquait un regain d'énergie ou, du moins, le désir d'atteindre le plus vite possible la destination choisie par le conducteur, de préférence à l'abri d'un immeuble. Les terrasses des cafés étaient fermées, tables et chaises empilées sous les bannes. En une journée, et en avance sur la saison, Marseille était entrée dans l'hiver.

Les dockers, quant à eux, continuaient à charger et décharger les bateaux comme si le froid n'était qu'un inconvénient mineur, un léger inconfort qu'il leur fallait supporter. C'étaient des hommes solides qui, durant la grève, s'étaient armés de matraques aussi bien que de banderoles. Certains avaient espéré l'intervention de la police, désireux « d'en découdre » afin de prouver leur détermination. Et quand il s'agissait de travailler, ils se montraient à la hauteur, même s'ils manquaient parfois d'enthousiasme. Ils considéraient Charging Elk comme l'un d'entre eux, un membre de leur syndicat, ce à quoi il n'avait pas été habitué, ni au marché quand il aidait à la poissonnerie, ni à la savonnerie, ni même en prison. C'était la première fois depuis son départ du Bastion qu'il avait l'impression d'appartenir à un groupe d'hommes solidaires les uns des autres.

Pour autant qu'il le sache, ses camarades de travail ignoraient tout de son passé, hormis le patron du syndicat, un certain Picard, un homme au torse de lutteur, aux cheveux noirs bouclés et à la moustache tombante qui portait des costumes à carreaux criards et un chapeau melon couleur chocolat. Aussi invraisemblable que cela parût, c'était une connaissance de madame Loiseau, et il avait accepté d'embaucher l'Indien sur la recommandation de celle-ci. Picard adressait parfois un clin d'œil à Charging Elk quand il le croisait, mais leurs relations s'arrêtaient là.

Le 17 octobre, un jour qu'il n'oublierait jamais, l'Indien profita de la pause de midi pour aller acheter du tabac quai des Belges. Le mistral s'était calmé, mais il faisait toujours assez froid et le ciel d'une teinte plombée était bas au-dessus du port. On ne voyait pas les collines au nord de la ville, et au sud, la mer et le ciel gris se confondaient.

Tout en marchant, Charging Elk observait deux hommes qui, grimpés sur une passerelle, et à l'aide d'espèces de balais munis de longs manches, collaient une affiche à côté du bureau de tabac sur un mur déjà couvert de vieilles affiches, certaines encore lisibles, d'autres décolorées ou en partie arrachées. Quand il rentrait chez lui du travail, il avait l'habitude de les regarder au passage, et bien qu'il ne pût les lire, il lui était en général facile de deviner ce qu'elles annonçaient : courses de vélos, cirques, pièces de théâtre ou autres spectacles. Il y en avait sans cesse de nouvelles.

Arrivé près du bureau de tabac, il distingua les détails de l'affiche dont les deux hommes finissaient de coller les coins. N'en croyant pas ses yeux, il se figea sur place. La dernière chose qu'il se serait attendu à revoir un jour, c'était bien Buffalo Bill avec son chapeau blanc et sa barbiche, entouré de cow-boys, de soldats... et d'Indiens, figurant en plus petit. Il s'avança d'un pas hésitant vers les deux hommes qui démontaient leur échafaudage et étudia les portraits des trois Indiens. Ils semblaient assez réalistes et les visages étaient bien dessinés, mais ils n'appartenaient à personne qu'il connaissait, même si les coiffes et les chemises en daim décorées de perles auraient pu passer pour lakotas. Les seuls mots qu'il était capable d'identifier étaient « Buffalo Bill », « Indiens », « Wild West », ainsi que les dates : 1er au 12 novembre.

Un frisson glacé lui parcourut l'échine. Pourtant, il n'y avait pas le moindre souffle de vent.

Depuis plusieurs jours, Nathalie trouvait son mari distant. Même quand il l'aidait à faire la vaisselle ou qu'il lui apportait le soir une tasse de thé, il semblait être ailleurs. Certes, il se montrait serviable et plein de sollicitude depuis qu'elle lui avait annoncé sa grossesse, mais lorsqu'il s'installait à la table de la cuisine devant un de ses dessins, il contemplait souvent la feuille de papier, la fenêtre fermée par les volets, ses mains ou son café comme s'il ne les voyait pas.

La jeune femme, bien que soucieuse, ne l'avait pas interrogé sur les raisons de cet étrange comportement, car elle avait ses propres problèmes. Presque tous les matins, elle avait des nausées, et ensuite, elle était affamée, mais rien ne paraissait la satisfaire. Elle mangeait une chose, et elle en désirait une autre, et puis une autre encore. En outre, elle sentait son corps changer, s'alourdir. Elle passait d'un état de quiétude ou d'euphorie à l'angoisse la plus profonde, comme si une menace pesait sur elle. Elle n'avait pas de véritables amis à Marseille qui pourraient l'aider le moment venu, ni personne à qui parler, à l'exception du docteur Ventoux dont le cabinet se trouvait juste au coin, sur la place des Capucins, et de madame Robichon, la sage-femme à qui il l'avait adressée, mais leurs conversations n'abordaient que rarement les sujets personnels. Elle avait cependant lié connaissance avec la femme qui tenait le magasin de tissus où elle achetait les cotonnades pour coudre de petites robes et la laine pour tricoter des bonnets et des chaussettes, et également avec la jeune mère qu'elle avait rencontrée sur le palier du dessous. Celle-ci ayant remarqué la condition de Nathalie, elles avaient échangé quelques propos sur la maternité. Elle avait dit qu'elle inviterait Nathalie à prendre le thé, mais sans fixer de jour précis. Aussi, Nathalie montait et descendait les escaliers plus souvent que nécessaire, pour faire une course ou une autre, dans l'espoir de « tomber » sur sa voisine. Elle supportait de plus en plus mal d'être seule toute la journée, et elle avait besoin d'une amie.

Celle qui lui manquait le plus, c'était sa mère. Elle désirait sa présence auprès d'elle plus qu'elle ne l'avait jamais désirée. Il lui fallait une personne en qui elle eût toute confiance.

Comment se déroulait l'accouchement ? Comment élevait-on un enfant ? Parfois, pendant que Charging Elk était au travail, elle tenait des conversations imaginaires avec sa mère. Elle se la représentait dans cet appartement marseillais, qui tapotait les oreillers, préparait une marmite de soupe, époussetait les rares meubles ou venait s'asseoir à côté de sa fille avec son tricot. « Allons, allons, des centaines de bébés naissent tous les jours, tu n'as pas à t'inquiéter, tu as le bassin assez large, Nathalie. Il n'y a vraiment pas de quoi s'en faire un monde. » La jeune femme tirait un grand réconfort de ces instants, mais quand elle finissait de rêver ainsi, elle se retrouvait seule dans un logement exigu, dans une ville loin d'Agen, et sa mère ne pouvait lui être d'aucun secours.

Charging Elk ignorait tout des états d'âme de sa femme, et il éprouvait toujours une certaine surprise à la voir, à peine avait-il franchi le seuil, se précipiter vers lui et se blottir dans ses bras avant même qu'il ait eu le temps d'ôter son manteau et sa casquette. Il la serrait contre lui, sentant son ventre rond, et il l'embrassait sur le sommet du crâne, humant l'odeur de propre qui émanait d'elle. Il lui caressait les cheveux, lui murmurait des mots doux à l'oreille, mais il avait l'esprit ailleurs.

Deux jours avant la date de la première représentation au Rond-Point du Prado, Charging Elk se décida à parler à Nathalie du retour du Wild West Show. Tout excitée, elle posa aussitôt un tas de questions :

« Il y aura des Indiens ?

— Oui.

— Des Indiens comme toi ?

— Oui.

— Et Buffalo Bill, c'est un grand homme ?

— Très grand.

— Les Indiens tueront un bison ?

— Pas pour de vrai. Ils feront juste semblant. »

Il se demanda néanmoins s'il restait des bisons. Il pensa au rêve de Bird Tail, celui où les bisons pénétraient dans la grotte des Paha Sapa. Il n'avait pas entendu dire qu'ils étaient revenus. De fait, il n'entendait pratiquement jamais parler de l'Amérique. Comme il ne savait pas lire, il ignorait ce que les journaux écrivaient sur son pays natal. Le peu qu'il apprenait, c'était en déchargeant des bateaux américains, ou en écoutant ses camarades de travail critiquer l'Amérique pour son arrogance et son impérialisme. Elle avait attaqué la petite île de Cuba sans aucune raison. Et maintenant, c'était le tour des Philippines. Certains dockers parlaient de refuser de décharger les marchandises américaines. Charging Elk ne comprenait pas les motifs de leur colère, et il ne connaissait pas assez bien l'Amérique pour prendre le cas échéant sa défense.

L'occasion d'en savoir davantage s'offrait enfin à lui. Il allait pouvoir s'entretenir avec les Lakotas de la troupe. Il aurait des nouvelles du Dakota, de ses parents, de tout son peuple. Il n'avait pas oublié son cauchemar et la voix étrange qui s'élevait au milieu des hurlements du vent : *Tu es mon seul fils.* Il s'était efforcé de la chasser de son esprit, et il y était parvenu pendant la plupart des hivers passés à la Tombe, mais chez les Gazier, tandis qu'il réfléchissait à la possibilité de rentrer dans son pays, la voix était revenue à quelques reprises, et aux moments les plus inattendus, accompagnée parfois de la terrible vision des corps désarticulés gisant sur les rochers au pied de la falaise. Il se rappelait alors qu'il avait essayé de les rejoindre, saisi d'un désespoir absolu, mais que le vent l'en empêchait en le repoussant à chaque fois, jusqu'à ce qu'il s'écroule dans l'herbe, sanglotant de rage et de frustration.

Cependant, ce n'était pas à cause du rêve, aussi terrifiant fût-il, qu'il s'était éloigné ainsi de Nathalie, de ses camarades de travail et de ce monde-là. Quelque chose le rongeait, comme si quelque animal lui dévorait les entrailles. Et sa souffrance presque physique venait de ce qu'il savait que son vœu le plus cher pouvait, après seize ans, se voir enfin exaucé — et qu'il n'était plus très sûr de le souhaiter autant.

Le samedi soir où ils devaient assister à la représentation du Wild West Show, Nathalie tomba malade. Elle avait été fiévreuse et courbatue toute la journée, ce qu'elle avait mis sur le compte de sa grossesse avancée — elle était à moins de six semaines de l'accouchement et elle se sentait souvent épuisée. Juste avant le dîner, elle fut prise de vomissements, mais lorsqu'elle vint à table, elle parut aller un peu mieux et réussit à avaler quelques cuillerées de soupe avec un bout de pain. Charging Elk lui conseilla de boire un peu de vin pour se remettre l'estomac en place, mais à peine eut-elle porté le verre à ses lèvres que ses yeux s'écarquillèrent et qu'elle se précipita vers la salle de bains. Entendant ses haut-le-cœur entre deux quintes de toux, Charging Elk se dit qu'ils ne pouvaient décidément pas sortir. D'un côté, il se sentait déçu, presque consterné, et d'un autre, il avait l'impression d'être soulagé d'un grand poids. Il ne savait pas lequel de ces deux sentiments l'emportait.

Quand Nathalie revint, sa pâleur et son aspect fragile le frappèrent. Son chignon était défait et elle avait le regard vide.

« Il faut que tu te couches, dit-il, lui prenant la main pour la conduire dans leur petite chambre. Il faut que tu te reposes. Buffalo Bill attendra.

— Mais demain, c'est le dernier jour, et si je suis encore malade, tu ne pourras pas y aller.

— Ce n'est pas grave. » Il l'installa au bord du lit et s'agenouilla pour lui délacer ses bottines, puis il l'aida à ôter sa belle robe et à passer sa chemise de nuit en flanelle. Après quoi, il la borda et la couvrit d'un édredon supplémentaire.

Nathalie, qui avait gardé le silence durant tout ce temps, déclara alors : « Tu dois y aller, Charging Elk. Je sais combien tu attendais ce moment. » Elle parvint à produire un faible sourire. « Je te jure que je vais aller mieux. »

Il s'assit sur le lit et la regarda. Il se souvenait du jour où, dans le potager, elle l'avait pour la première fois appelé par son nom, et d'une manière qui lui avait fait chaud au cœur. Il se souvenait de son visage offert au soleil, de la terre riche, de l'odeur âpre des plants de tomates. Et il se souvenait aussi d'avoir livré alors le fond de sa pensée. Il le lui redit : « Je me sens bien avec toi. »

Elle sourit de nouveau et lui caressa la main, contemplant sa cravate qu'il avait soigneusement nouée. « Tu es très beau ce soir, mon amour. » Son sourire mourut sur ses lèvres et elle demeura de longues minutes silencieuse. Puis, l'expression soudain plus animée, elle plongea ses yeux dans les siens. « J'ai remarqué comment ces derniers jours ton regard se perdait parfois dans le lointain, comme si tu voyais quelque chose qui n'est pas là, qui n'appartient pas au présent. Je suis inquiète parce que je me dis parfois que tu n'es plus avec moi en ce moment si important. Je ne veux pas me sentir seule.... » Des larmes perlèrent à ses paupières et elle les essuya de la manche de sa chemise de nuit, puis elle éclata de rire. « C'est bête, je sais... »

Charging Elk l'embrassa sur le front. « Je suis là, dit-il. Maintenant, dors, Nathalie. Je serai là à ton réveil. » Il se leva et desserra sa cravate.

« Non, s'il te plaît. Je sais ce que cela représente pour toi. Ce sont les gens de ton peuple. S'il te plaît, je veux que tu y ailles. »

Il la considéra un instant. Elle lui sourit et dit :

« Je ne bouge pas avant ton retour. Je me sens déjà mieux, je te jure.

— Je ne resterai pas longtemps, dit-il, refaisant alors son nœud de cravate. Juste le temps du spectacle.

— Reste aussi longtemps que tu le voudras. Promets-le-moi.

— Bon, mais je rentre le plus vite possible. »

Charging Elk traversa la place des Capucins noire de monde. Les restaurants étaient bondés. Des jeunes gens parlaient et riaient derrière les vitres des cafés. Il faisait froid et son haleine formait de petits panaches dans l'air vif, mais il percevait autour de lui une animation qui lui rappelait ses premières années à Marseille. A la Tombe, les samedis soir ressemblaient aux autres soirs, marqués par une paisible conversation avec Causeret, peut-être empreinte d'un peu plus de mélancolie au souvenir des jours où leur univers ne se limitait pas aux quatre murs d'une cellule de prison. Et à la ferme des Gazier, il ne faisait que rester parfois une heure de plus après dîner, savourant une deuxième *eau-de-vie* en fumant l'un des cigares de Vincent.

Mais Marseille ! Et tous ces samedis soir où il avait arpenté ces mêmes rues dans ses beaux vêtements, s'était attablé aux terrasses des cafés et avait rendu visite à Marie ! Pendant deux ans, il avait éprouvé un sentiment de liberté tel qu'il n'en avait pas connu depuis le Bastion, encore que celui-ci n'avait rien de passionnant en soi. Seule comptait la vie que Strikes Plenty et lui y menaient. Il se remémora aussi les longues soirées d'hiver qu'ils passaient dans leur tipi, sans rien avoir à faire, sans nulle part où aller. Il accéléra le pas, pressé de voir le spectacle et, peut-être, quelques-uns de ses vieux amis. Normalement, après seize années, il n'allait plus connaître personne, mais on ne pouvait jamais savoir. Peut-être que Broncho Billy faisait encore partie de la troupe.

Il prit le tramway à trolley rue de Rome. La voiture était bondée. Il y avait des parents avec leurs enfants, des groupes d'amis, des amoureux, qui tous se rendaient au Rond-Point du Prado. Alors qu'il se frayait un passage vers l'intérieur, l'image de Nathalie s'imposa un bref instant à son esprit, et il eut terriblement mauvaise conscience. D'ordinaire, les tramways étaient calmes et on n'entendait que le grésillement des câbles et le tintement mat de la cloche cependant que les passagers s'ignoraient les uns les autres et se taisaient, regardant par les fenêtres ou droit devant eux, mais ce soir, tout le monde parlait, criait et riait. Charging Elk lui-même oublia son sentiment de culpabilité tandis que le tramway s'ébranlait avec un cahot et se mettait à rouler lentement sur les rails. Il se rappelait la première fois que Nathalie et lui avaient osé monter dans l'un de ces véhicules, le mélange de peur et d'excitation qu'ils avaient éprouvé. Et quand le tramway avait démarré, ils s'étaient tenu la main comme deux enfants, à la fois effrayés par le craquement de l'électricité au-dessus de leurs têtes et émerveillés de voir la voiture rouler toute seule. Cela se passait dix ou onze lunes plus tôt, mais il continuait à s'extasier devant ce miracle. Il sourit à un homme qui le regardait comme s'il le connaissait. En fait, l'inconnu devait simplement avoir remarqué ses longs cheveux qui s'échappaient de sa casquette de laine, ses pommettes saillantes et ses yeux en amande. Il y avait des affiches à travers toute la ville.

Charging Elk ne put retenir un sursaut à la vue de ce tableau si familier : la piste de terre battue entourée des gradins sous le chapiteau dont les sommets évoquaient de loin une chaîne de montagnes enneigées ; le paysage peint sur la toile de fond bordant la piste ; les lumières sur les poteaux qui illuminaient les lieux comme en plein jour ; et le bourdonnement des petits générateurs. Jusqu'à la cabane des pionniers qui, dans un coin, ressemblait exactement à celle qu'il avait connue. Sans parler du tipi dans le coin opposé avec ses râteliers à viande séchée et le petit feu qui flambait devant ! Et une Indienne qui, son bébé sur le dos, remuait le contenu d'une marmite accrochée sur un trépied au-dessus des flammes. Les pensées de Charging Elk se reportèrent à l'époque heureuse où, enfant, il vivait sur les prairies à bisons avec la bande de Crazy Horse. Avec son père, sa mère, son frère et sa sœur. Avec son peuple dans un village de tipis pareil à celui-là. A jouer en compagnie de ses camarades, à manger de la vraie viande, à écouter les histoires des anciens. Les lumières se mirent à scintiller et, quand il les regarda, il ne vit plus qu'un faisceau de rayons argentés. Il comprit alors qu'il avait les yeux pleins de larmes.

A cet instant retentit l'air qu'il avait entendu des centaines de fois, et la toile de fond s'écarta pour livrer passage aux membres du Cowboy Band montés sur leurs chevaux blancs. Annonçant le début du spectacle, cette musique lui avait toujours fait battre le cœur.

La sonnerie aiguë d'un clairon éclata soudain, et un cavalier en selle sur un grand cheval blanc déboucha au galop sur la piste dont il fit le tour à toute allure avant de s'arrêter net devant la tribune principale. Le cheval salua et le cavalier ôta son chapeau qu'il agita en l'air. La gorge de Charging Elk se serra tandis qu'il contemplait la silhouette familière de Pahuska avec ses longs cheveux maintenant d'une blancheur de neige qui commençaient à s'éclaircir sur le dessus, sa barbiche et sa moustache blanches, sa chemise de daim à franges décorée de perles et ses grandes bottes. Son visage, aux traits naguère finement ciselés, était à présent buriné et émacié, mais Pahuska tenait la tête haute cependant qu'il trottait de long en large devant le public qui criait et applaudissait.

Après quoi, la musique changea. On entendit un roulement de tambour, et les cuivres jouèrent la mélodie d'un chant lakota que Charging Elk connaissait bien. Le portail s'ouvrit et les Indiens entrèrent en piste les uns derrière les autres pour se déployer ensuite sur trois rangées et s'avancer dans le même mouvement. Nombre d'entre eux avaient étalé la traîne de leurs coiffes de plumes d'aigle sur la croupe de leurs chevaux. Certains portaient des lances et des bâtons-à-compter-les-coups ornés de plumes, d'autres des fusils et des arcs. Quelques-uns des jeunes gens étaient torse nu en dépit de la fraîcheur. Ils avaient des jambières, des plumes dans les cheveux, le visage peint et des bracelets de cuivre autour des biceps.

Charging Elk était en proie à une violente émotion. C'était un spectacle qu'il n'aurait jamais cru revoir, et il s'identifiait presque à ces jeunes gens. Combien de fois n'avait-il pas effectué comme eux son entrée ? Il savait quelle fierté ils éprouvaient cependant qu'ils s'avançaient au trot, le visage impassible qui masquait leur excitation à l'idée de se produire devant un large public. Il savait aussi qu'ils chercheraient du regard une jolie femme parmi la foule afin de faire leur numéro pour elle, même si elle ne devait jamais s'en apercevoir. Il s'imaginait sentir entre ses jambes la chaleur de leurs mustangs.

Une pensée lui vint alors à l'esprit, qu'il était étonné de ne pas avoir eue avant : en effet, cela faisait exactement seize hivers, moins une lune, que, malade, il était tombé de cheval à cet endroit même. Et cet accident banal avait modifié tout le cours de son existence.

Eperdu, bouleversé, il vit les autres participants — cow-boys, soldats, vaqueros et d'autres hommes en uniforme — rejoindre les Indiens et Buffalo Bill. Ensuite, deux cavaliers, un Indien et un soldat, se détachèrent du groupe et effectuèrent le tour de la piste de manière à ce que les drapeaux américain et français qu'ils portaient au bout d'une hampe claquent au-dessus de leurs têtes, puis ils vinrent se placer de part et d'autre de Buffalo Bill. Tous les spectateurs se levèrent, et Charging Elk les imita. Il plaqua la main sur son cœur, mais il entendit à peine le Cowboy Band interpréter les deux hymnes nationaux.

Il connaissait parfaitement les numéros des Indiens : l'attaque de la cabane des pionniers, l'attaque avortée contre le courrier du Pony Express, l'attaque de la diligence de Deadwood, la chasse aux bisons et, pour finir, le massacre de Custer et de ses hommes. Il y avait néanmoins une nouveauté : Pahuska, jouant le rôle d'un éclaireur de l'armée, se glissait au milieu d'un groupe de faux arbres et de buissons où un Indien lui tendait une embuscade. Après un combat au corps à corps, Buffalo Bill tirait un couteau, le plongeait dans le cœur de son ennemi, puis s'agenouillait à côté de son cadavre et, après s'être escrimé, dissimulé par les fausses broussailles, il brandissait le scalp sanglant de l'Indien. Le présentateur déclarait alors : « Le premier scalp pour Custer ! » Et le public applaudissait et tapait des pieds, faisant trembler les gradins. Charging Elk se rappelait la véritable bataille contre Custer sur l'Herbe Grasse, la terreur qui s'était emparée du village quand les soldats avaient attaqué. Agé à l'époque de dix hivers, il s'était caché en compagnie de sa mère, de son frère et de sa sœur parmi les peupliers qui bordaient la rivière, écoutant les détonations des fusils et regardant l'épais nuage de poussière soulevé par les centaines de chevaux planer au-dessus du village. Il s'imaginait encore le voir qui obscurcissait le soleil.

Charging Elk avait bien observé les Indiens, espérant qu'il y en aurait de son âge, mais la plupart étaient beaucoup trop jeunes pour avoir appartenu à la troupe en 1889. Aucun n'éveillait le moindre écho dans son souvenir. Le présentateur avait annoncé que le chef des Indiens s'appelait *Queue de Fer,* mais il n'avait jamais entendu parler d'un Lakota nommé Iron Tail.

Il assista aux autres numéros : Buffalo Bill tirant sur des boules de verre lancées en l'air, les voltiges exécutées par les cow-boys, les manœuvres bien huilées de différentes unités de soldats, une jeune femme qui, tenant un miroir devant elle, coupait en deux d'une balle de revolver une cigarette entre les lèvres d'un homme debout derrière elle, et un vaquero en costume brillant et grand chapeau décoré qui jouait du lasso. Et quand la troupe entière se présenta pour la parade, il étudia de nouveau les Indiens pendant qu'ils défilaient au trot devant la tribune, assez près pour qu'il distingue leurs visages. Le seul membre de la troupe qu'il connaissait, c'était Buffalo Bill.

Suivant des yeux le vieil homme aux cheveux argentés qui, chevauchant en tête, quittait la piste, Charging Elk se demanda si Pahuska le reconnaîtrait. Il avait espéré retrouver des Lakotas restés avec Buffalo Bill tout au long des seize années écoulées, mais il n'avait pas pensé à Buffalo Bill lui-même. Il se rappelait le soir à Paris où Black Elk était réapparu au village indien derrière le chapiteau, comment il avait été accueilli et fêté, comment Buffalo Bill avait essayé de le convaincre de se joindre de nouveau à eux. Charging Elk, bien qu'épuisé nerveusement par l'intensité avec laquelle il avait regardé le spectacle, sentit son cœur battre dans sa poitrine avec un regain d'énergie. Buffalo Bill l'avait déjà reconnu une fois, sur le quai d'une gare quelque part entre Paris et Marseille. Il l'avait félicité d'être un Indien « sauvage. » Pahuska le reconnaîtrait-il aujourd'hui ? Certes, Charging Elk n'était plus cet Indien sauvage du Bastion. Il n'était plus aussi jeune ni téméraire, et il n'avait plus vu personne de son peuple depuis de nombreuses années, sauf dans son cauchemar. Le souvenir fugitif de son mauvais rêve amena une autre pensée : la plupart des Indiens qu'il venait de voir étaient des Lakotas — Oglalas, Hunkpapas ou Brûlés — et ils étaient vivants. Donc, son rêve ne reflétait pas la réalité.

Depuis la première fois où il avait fait ce rêve, il n'avait plus vraiment envisagé de retourner chez lui, parce qu'il croyait ne plus y trouver personne. Dans son cauchemar, il avait vu les corps sans vie des siens gisant sur les rochers au pied de la falaise. Et les mots qu'il avait entendus au milieu des hurlements du vent — *Tu es mon seul fils* — voulaient dire autre chose, mais quoi ? Il se rendait compte à présent que son isolement avait été plus total qu'il ne se l'était figuré. S'il avait été au Bastion, Bird Tail, le vieux *wicasa wakan*, l'aurait écouté et, après avoir fumé un moment, lui aurait expliqué ce que son rêve signifiait. Et surtout — la pensée le frappa comme un éclair — Wakan Tanka n'était pas ici et ne l'avait jamais été ! C'était toujours en vain qu'il avait prié le Grand Mystère. Il aurait pu tout aussi bien s'adresser à une pierre ou à la montre logée dans son gousset.

Charging Elk, plongé dans ses sombres réflexions, n'avait pas remarqué que les gradins s'étaient vidés et qu'il ne restait plus que quelques traînards et lui. Ce qu'il venait de comprendre, aussi terrible que cela fût, lui laissait malgré tout un goût d'espoir teinté d'amertume.

Il paya 50 centimes le droit de visiter les attractions. Il voulait donner le temps aux Indiens de s'occuper des chevaux, d'enfiler des vêtements plus chauds, de s'installer pour fumer ou jouer aux cartes. Il savait combien ces représentations quotidiennes pouvaient être épuisantes. Il savait aussi qu'en cas de blessure — une cheville qu'on se foulait en sautant de cheval, un dos qu'on s'abîmait ou une côte qu'on se cassait en tombant —, il fallait des jours ou parfois des semaines pour guérir. Mais comme ils étaient fiers, les jeunes continuaient malgré tout à se produire. Lui-même était entré en piste alors qu'il parvenait tout juste à se tenir en selle à cause de la grippe, et tous ses malheurs étaient partis de là. Il aurait pu se reposer ce soir-là, ou même pendant deux ou trois jours, mais l'orgueil l'avait emporté sur la raison. Et voilà où cela l'avait mené !

Charging Elk erra au milieu des baraques. Les bonimenteurs invitaient la foule à entrer dans les stands, à voir les phénomènes. Sur une petite scène, une contorsionniste marchait sur les mains, les jambes nouées derrière la nuque. Un peu plus loin, un géant en maillot de corps et collant blancs tenait dans ses mains une femme minuscule au joli visage rond encadré de boucles auburn vêtue d'un haut et d'un tutu à paillettes. Un hercule ne portant qu'une culotte les observait, frissonnant dans le froid de la nuit de novembre. Il avait le crâne rasé et le corps tout bleu. Charging Elk les regardait, mais ne les voyait pas. Les images se succédaient dans sa tête, les Indiens de la troupe, son pays, le Bastion, les nuits solitaires à déambuler dans Marseille, Marie et Breteuil, les années de prison. Il avait toujours été un étranger ici, et il avait payé le prix de son ignorance. Et maintenant encore, il marchait à l'écart de la foule, aussi seul qu'il l'avait toujours été.

Arrivé au bout de l'allée, il franchit le portail et se roula une cigarette. Au loin, la silhouette de Notre-Dame-de-la-Garde se découpait, perchée au sommet de la colline escarpée, illuminée par des projecteurs électriques.

Charging Elk s'arrêta devant la première tente éclairée.

« Je vous salue mes parents ! cria-t-il en lakota. Je suis Charging Elk et je suis venu vous parler ! »

Un instant plus tard, un visage apparut par l'ouverture.

« Je suis lakota. Oglala. Mais je suis parti depuis longtemps », reprit Charging Elk.

Le visage était celui d'un jeune homme. Il examina un bon moment Charging Elk, puis demanda : « Qu'est-ce que vous voulez ? »

Il avait parlé en anglais, et Charging Elk en demeura abasourdi. « Vous êtes lakota ? »

Le jeune homme lui lança un regard dénué de toute expression.

« Lakota ? »

Il sortit de la tente. Il était presque aussi grand que Charging Elk, mais plus mince. Il désigna un groupe de tipis de l'autre côté du cercle. « Lakotas », dit-il simplement.

Charging Elk voulut le remercier, mais l'autre, sans ajouter un mot, avait déjà disparu dans la tente. On entendait des voix à l'intérieur, et il se dit qu'il avait dû interrompre une partie de cartes.

Il traversa et s'annonça devant le plus grand des tipis.

Attendant qu'on lui réponde, il embrassa le village du regard. Il ressemblait à celui qu'il avait quitté seize ans auparavant. Plusieurs *wasichus* se promenaient aux alentours, mais rien de comparable avec la foule qui se pressait après les représentations de l'après-midi. Il ne vit pas un seul Indien.

Le rabat s'écarta, livrant passage à un homme qui portait un pantalon de laine, une chemise de toile et une couverture drapée sur les épaules. Il avait un visage étroit, des pommettes larges et une bouche aux coins relevés qui lui donnait un petit air ironique. Il paraissait âgé d'un peu moins de trente hivers.

« *Hoka hey !* Je suis Charging Elk, Oglala, fils de Scrub, le porteur-de-chemise, et de Doubles Back Woman. Je suis absent depuis de nombreux hivers. »

L'homme le considéra un peu plus longuement que nécessaire. Charging Elk voyait bien qu'il détaillait le costume noir, le col dur, la cravate et le pardessus. Il semblait à la fois perplexe et soupçonneux.

« Je suis venu dans ce pays avec la troupe en 1889. » Charging Elk se demanda si l'homme connaissait la manière dont les *wasichus* comptaient les hivers. Il ne s'était pas rendu compte qu'il avait donné la date en français. En effet, il avait quitté Pine Ridge avant d'avoir pu faire sa chronique d'hiver de l'année 1889, si bien qu'il ignorait à quelle année lakota elle correspondait. « Il y a seize hivers que je suis arrivé. Avec Pahuska et Rocky Bear.

— Ah, fit l'homme. Je suis Andrew Little Ring. Entre. » Un peu incrédule, il s'effaça pour laisser passer le grand Indien à la peau presque noire.

Charging Elk ôta sa casquette et pénétra dans le tipi où régnait une douce chaleur. Un poêle occupait l'emplacement normalement réservé au feu, à côté duquel s'élevait un petit tas de charbon. Il salua une femme qui nourrissait un bébé au sein, ainsi qu'un jeune homme qui, calé contre un dossier, fumait une cigarette. Il portait encore les jambières et les mocassins qu'il avait pendant le spectacle, et il était torse nu sous la couverture qui lui enveloppait les épaules. Enfin, un petit sac de cuir pendait à son cou.

Little Ring désigna un tabouret près des pieds du jeune homme, puis contourna le poêle pour aller s'asseoir à côté de la femme. « Voici mon épouse, Sarah. Et lui — il indiqua le jeune homme — c'est mon neveu, Joseph. »

Charging Elk leur sourit, puis il s'installa sur le tabouret et défit son pardessus. « Vous connaissez mon père et ma mère ? » demanda-t-il. Il savait qu'il était impoli de commencer de façon aussi abrupte, mais il s'inquiétait du sort de ses parents depuis tant d'années qu'il n'avait pu s'empêcher de poser la question sans attendre.

La femme coucha le nouveau-né sur un quilt plié en deux, rajusta son corsage et alla prendre une cafetière qui chauffait sur le poêle. Elle versa une tasse qu'elle apporta à Charging Elk. Celui-ci la remercia et but une gorgée. Il aurait bien aimé un peu de sucre, mais il n'en voyait nulle part.

Andrew Little Ring s'assit. Son étrange petit sourire ne l'avait pas quitté. Il examinait Charging Elk comme s'il essayait de se souvenir de lui ou qu'il hésitât à lui faire confiance. Il finit par répondre : « Doubles Back Woman vit toujours à l'Agence de Pine Ridge. Elle a une petite cabane. Elle va bien. » Puis il se tut.

Charging Elk se sentit pris de faiblesse. Il posa sa tasse et fixa le poêle noir. Il aurait désiré un feu, pour le regarder flamber comme il le faisait si souvent par le passé. « Et mon père ? » demanda-t-il enfin.

L'homme se tourna vers sa femme qui baissa les yeux sur son bébé. « Il est mort il y a trois hivers. De la grippe. Je ne le connaissais pas très bien, mais il y a eu une grande cérémonie à l'église, puis dans la salle communautaire. Tout le monde était là. »

Charging Elk contempla les volutes de fumée qui s'échappaient du court tuyau et montaient vers le trou à fumée en haut du tipi. Il s'efforçait de voir le visage de son père.

« C'était un homme important, ton père — un porteur-de-chemise. » Le jeune homme, Joseph, prenait la parole pour la première fois. « Tu aurais dû être là pour lui. »

Charging Elk le regarda un moment, jusqu'à ce que le jeune homme détourne les yeux. « Tu as raison, Joseph, dit-il alors. J'ai manqué à mes devoirs vis-à-vis de lui — et de ma mère. Longtemps, je n'ai pensé qu'à moi.

— Ta mère est toujours là-bas. Elle vit seule, mais ils sont nombreux à lui rendre visite. Je suis sûr qu'elle aimerait te voir.

— Pourquoi as-tu passé tout ce temps loin de la réserve, Charging Elk ? demanda Andrew Little Ring. Qu'est-ce que tu as fait durant toutes ces années ? Je vois que tu es toujours l'un d'entre nous, et pourtant tu es différent. »

Charging Elk considéra le visage mince du Lakota, sa peau brune, ses yeux tellement semblables aux siens. Puis il se tourna vers la femme, Sarah. Elle portait de longues nattes comme il n'en avait pas vu depuis longtemps, qui encadraient un visage rond et lisse au teint couleur noix de pécan. Il comprit alors à quel point les gens de son peuple lui avaient manqué.

« Tu habites cette ville ? »

La voix le ramena à la réalité. Il sentit la chaleur du poêle, le léger courant d'air dans son dos. « Oui, depuis seize ans. Je travaille ici, à charger et à décharger les grands bateaux.

— Mais pourquoi tu restes ? Qu'est-ce qui t'y oblige ? Pourquoi tu ne rentres pas chez toi ? »

La naïveté de la question le fit rire. Jadis, il l'aurait lui-même posée à un inconnu parti de chez lui depuis longtemps. Aujourd'hui, il ne savait quoi répondre. Il aurait fallu qu'il raconte toute l'histoire, aussi préféra-t-il mentir : « J'étais curieux de voir comment les *wasichus* vivaient, c'est pour ça que je suis resté. J'ai beaucoup d'amis ici. Ils m'invitent dans leurs tipis et me donnent de bonnes choses à manger et à boire. Ils me donnent de la force.

— Tu parles la langue des Français ?

— Oui, et nous parlons de beaucoup de choses : Teddy Roosevelt, New York. » Charging Elk s'exprimait vite, car il n'aimait pas dire de mensonges. « Et vous, vous parlez américain ?

— Oui. Nous avons tous été à l'école, même Sarah. Le jeune Joseph aussi est parti pour l'école. Tout le monde va à l'école maintenant. »

Charging Elk sourit à Joseph et lui demanda : « Ils t'ont appris à être aussi intelligent que tes grands-parents ? »

Joseph leva les yeux vers lui, l'air soudain froid. « Ils m'ont appris beaucoup de choses — à couper mes cheveux, à porter des vêtements pareils aux leurs, à me servir correctement d'un couteau et d'une fourchette, à dire “oui, monsieur, oui, madame”. En effet, ils m'ont appris beaucoup de choses pour que je sois intelligent comme eux. » Il eut un ricanement méprisant souligné par une moue de dégoût qui rendit Charging Elk subitement conscient de ses vêtements de *wasichu*.

« Tu comprends, dit Andrew Little Ring avec un soupir. Ils ont traité très durement Joseph et les autres enfants. Ils n'avaient pas le droit de parler lakota, même entre eux. Celui qui le soir priait Wakan Tanka, on l'enfermait seul dans une petite pièce toute noire. S'ils chantaient un de nos chants, on les corrigeait. Joseph a été huit ans en pensionnat. Tous les étés, il fallait qu'il se réhabitue à parler lakota, et les deux dernières années, on ne l'a pas autorisé à rentrer chez lui pour les vacances, sous prétexte qu'il n'était pas encore débarrassé des vieilles coutumes.

— Et c'est pareil chez nous, intervint Sarah qui berçait maintenant son bébé. Nous n'avons pas le droit de parler notre langue. Nous n'avons pas le droit de pratiquer nos cérémonies. Si nous le faisons, ils nous menacent de supprimer nos rations alimentaires. Et nombre de ceux qui ne l'ont pas cru sont à présent affamés. Beaucoup de gens ont faim et vont mendier à l'Agence.

— Les choses vont donc si mal pour notre peuple ? » Charging Elk n'en croyait pas ses oreilles. Il se rappela cependant le professeur blanc qui avait déchiré son dessin représentant le soldat mort sur l'Herbe Grasse et qui interdisait aux enfants de parler lakota. Mais interdire aux adultes de parler leur langue et de pratiquer leurs cérémonies, voilà qui dépassait l'imagination ! A l'époque, il ne leur restait plus que cela, et déjà des changements se produisaient.

« Je me souviens, beaucoup allaient à l'église des hommes blancs quand j'étais là-bas, reprit-il. Mais je n'aimais pas ça, et je me suis enfui alors que je n'étais encore qu'un jeune garçon. Je suis parti avec mon *kola*, Strikes Plenty, au Bastion où il y avait encore des Oglalas qui préféraient vivre comme dans l'ancien temps, mais c'était difficile. Les hivers étaient rudes et il n'y avait jamais assez à manger. Je me demande ce que Strikes Plenty et les autres sont devenus. »

Joseph, qui était en train de se rouler une cigarette, s'interrompit et regarda Charging Elk avec des yeux écarquillés. « Tu étais un danseur des Esprits ? »

Tous trois, à présent, le fixaient intensément.

« Je ne sais rien au sujet de ces danseurs des Esprits, dit-il. Expliquez-moi. »

Andrew Little Ring parut déconcerté. « Tu étais au Bastion, pourtant. C'est là que la Danse des Esprits avait lieu.

— Il y a quinze ans, expliqua Joseph, trois de nos hommes sont partis vers l'ouest à la rencontre d'un prophète qui leur a annoncé que si nous exécutions la Danse des Esprits, tous les Blancs s'en iraient. Il a dit que les bisons alors reviendraient et que nous pourrions vivre selon l'ancienne voie, comme si les *wasichus* n'avaient jamais existé, comme si nos malheurs n'étaient plus qu'un rêve. » Il alluma la cigarette qu'il avait lissée entre ses doigts.

« Et qu'est-ce qui est arrivé ? » Charging Elk retenait sa respiration. Il se souvenait.

Joseph souffla un nuage de fumée en direction du poêle. « Ça s'est terminé tristement. Ils ont tué Sitting Bull, le chef hunkpapa, un peu plus haut au nord. Puis ils ont tué toute une bande de Minneconjous à Wounded Knee. Combien, oncle, combien en ont-ils tué ? »

Ce fut Sarah qui répondit : « Près de deux cents — hommes, femmes et enfants. Tous ces gens étaient malades et affamés. Ils étaient en haillons. Ils sont tous enterrés dans une même fosse qui domine la rivière Wounded Knee. Le gouvernement n'a pas eu la décence de permettre à leurs parents de leur donner les funérailles qui convenaient. »

Charging Elk détourna le regard. Dans la faible lumière d'une lampe à huile accrochée à un piquet de tente, il avait vu une larme couler sur la joue de la jeune femme. Andrew lui prit la main et baissa les yeux. Joseph, cigarette aux lèvres, ramena sa couverture sur ses épaules nues. Le silence régnait dans le tipi et on entendait des voix au-dehors, qui parlaient français. La langue qu'il avait fini par apprendre lui sembla soudain bizarre.

« J'ai vu tout cela dans deux rêves, dit-il doucement, brisant le silence pesant. Dans l'un, j'ai vu des gens qui se dirigeaient vers le Bastion. Quelques-uns allaient à cheval, d'autres dans des travois, mais la plupart marchaient. Je revenais de je ne sais où, aussi je les ai suivis. D'abord, j'ai entendu, un peu plus loin, des tambours et des chants. J'ai regardé et j'ai vu des gens qui dansaient avec frénésie, comme s'ils avaient les pieds en feu, et certains se contentaient de bondir sur place. Ils chantaient et pleuraient, et il y avait des femmes qui gémissaient. Puis ils ont commencé à tomber. Je ne savais pas de quoi il s'agissait, mais je comprends maintenant qu'ils dansaient cette Danse des Esprits. Ce spectacle me rendait mal à l'aise, mais aujourd'hui, je le vois avec d'autres yeux.

« Dans mon second rêve, j'ai vu des gens qui gisaient parmi les rochers au pied d'une falaise. Les corps étaient brisés, désarticulés, mais je voyais que c'étaient des Lakotas. J'ai pleuré pour eux. Je craignais que tous les miens soient morts, aussi j'ai voulu les rejoindre. J'ai essayé de sauter de la falaise, mais le vent m'a repoussé. J'ai essayé à de nombreuses reprises, et à chaque fois, le vent m'en empêchait. Et puis j'ai entendu une voix dans ma tête qui disait : "Tu es mon seul fils." Quand j'ai regagné mon campement au Bastion, il n'y avait plus personne, ni chevaux, ni chiens, ni tentes. Pas de cercles laissés par les tipis, pas de trous où l'on faisait le feu, rien que l'herbe longue qui recouvrait tout. C'était comme si le peuple lakota avait disparu de la surface de la terre. »

Charging Elk sourit à Joseph et poursuivit : « Maintenant, je sais que je me trompais. Je n'avais personne pour interpréter mes rêves. Vous êtes là, et j'ai vu ce soir de nombreux Lakotas sur la piste. Vous m'avez appris que nous avons survécu, aussi pitoyables et impuissants que nous soyons. Vous trois avec votre jeunesse, vous avez communiqué une force nouvelle à mon cœur. Et je vois le petit qui dort dans les bras de Sarah. Nous continuerons, car nous, les Lakotas, nous sommes un peuple fort. »

Pour la première fois, Joseph eut un petit sourire, incertain, certes, mais légèrement teinté d'espoir. « Je ne sais pas... peut-être. »

Charging Elk lui serra l'épaule, puis il se leva, rajusta son pardessus et le boutonna. Joseph se leva à son tour et se tint face à l'Indien de haute taille. Bien que mince, il avait les épaules larges et sa poitrine nue était presque celle d'un homme. De ses bras aux biceps encerclés par des bracelets de cuivre, il maintenait sa couverture en place. Il était aussi grand que Charging Elk, et ses longs cheveux défaits lui tombaient jusqu'aux creux des reins.

« Où vas-tu ? demanda-t-il.

— Chez moi », répondit Charging Elk. Il alla s'agenouiller devant Sarah. « Comment s'appelle le bébé ?

— Rose. »

Il avança la main, et l'enfant à présent réveillé enroula son minuscule doigt brun autour de l'un des siens, le regardant. Ses yeux marron étaient vifs et curieux.

« C'est un bon nom, un nom qui t'apportera toujours le bonheur quand tu le prononceras. »

Il se redressa et se dirigea vers l'entrée de la tente. Andrew et Joseph se tenaient à côté. Charging Elk échangea une poignée de main avec Andrew. « Merci pour la chaleur de ton tipi. Grâce à toi, un étranger a retrouvé une partie de lui-même qui lui manquait depuis de nombreuses années. »

Andrew posa un bref instant la main sur le bras de Charging Elk. L'étrange sourire était toujours là, mais le regard était chaleureux. « Tu n'es pas un étranger. Tu es un Lakota, où que tu ailles. Tu es l'un des nôtres pour toujours. »

Charging Elk se tourna pour prendre congé de Joseph, mais celui-ci déclara : « Je t'accompagne. »

Les deux hommes, marchant côte à côte en silence, traversèrent le campement silencieux. La plupart des lumières à l'intérieur des tipis étaient éteintes, mais la lune aux trois quarts pleine éclairait le ciel et projetait des ombres devant les deux Lakotas. Charging Elk regarda autour de lui pour graver dans sa mémoire le village, la dizaine de tipis, le grand trou pour le feu au centre du cercle. Il n'y avait pas de râteliers pour la viande séchée, pas de chiens, pas de chevaux, personne en vue, mais il redevenait un enfant de dix ans dont le campement était planté sur les berges de l'Herbe Grasse. Les soldats le cherchaient déjà, mais la joie régnait, des parents et des amis se retrouvaient. C'était le dernier campement joyeux des Lakotas et de la jeunesse de Charging Elk. Moins d'un an plus tard, les Oglalas se rendaient à Fort Robinson.

Joseph l'arrêta juste avant l'allée qui conduisait au chapiteau. « J'ai réfléchi, dit-il. Cette voix, dans ton rêve... » Il hésita comme le font les jeunes avant de dire quelque chose d'important. « Cette voix était celle de ta mère. Elle est seule maintenant. » Il marqua une nouvelle hésitation puis, sans le regarder, les yeux fixés sur le pied d'un platane noueux bordant l'allée, il reprit : « Elle te demandait de rentrer. Elle a besoin de toi. »

Charging Elk aussi détourna la tête. Il était venu pour entendre cela, et son cœur se serra. « Je ne peux pas », murmura-t-il.

Joseph leva soudain le visage vers lui. Ses yeux brillaient dans le clair de lune. « Tu peux venir avec nous. Demain, on donne la dernière représentation de la saison. On rentre chez nous pour l'hiver. Viens avec nous !

— Ce n'est pas si facile...

— Reviens demain. On peut en parler à Buffalo Bill. Il sera content de te revoir. Il nous traite bien. »

Charging Elk s'engagea dans l'allée.

« Mais ta mère ? Elle pleure et elle t'appelle. »

Il s'arrêta. Il s'imaginait presque entendre le cœur de Joseph battre dans sa propre poitrine. Il revoyait sa mère dans la cuisine, qui préparait de la viande pour Strikes Plenty et lui. Il la revoyait sur le travois tiré par un cheval, en pleurs, cependant qu'ils attendaient de descendre dans la vallée de Fort Robinson. Et puis il entendit les chants, entonnés par le peuple entier. « Tout ira bien pour elle, dit-il. Mieux que si je revenais. Elle me croit mort depuis seize ans. Qu'elle se souvienne de moi avec un cœur aimant.

— Mais elle serait heureuse... »

L'allée baignait dans l'ombre du platane. Charging Elk se retourna. « C'est ici mon pays à présent, Joseph. J'ai une femme, et bientôt, j'aurai un enfant, à la lune-du-givre-dans-le-tipi. » Se rendant compte à quel point cela devait paraître invraisemblable à Joseph, il s'interrompit. Après un instant de silence, il reprit d'une voix empreinte de mélancolie : « Je ne suis plus le jeune homme qui est arrivé dans ce pays il y a si longtemps. J'avais à peu près ton âge et je vivais tout cela comme une grande aventure. Mais maintenant, j'ai plus de trente-sept hivers, je charge et je décharge des bateaux, je parle la langue de ces gens. Ma femme appartient à ce peuple, et mon cœur est son cœur. Elle est toute ma vie et d'ici peu nous aurons ensemble une autre vie, et le même cœur chantera en nous à l'unisson. » Il revint sur ses pas et serra Joseph dans ses bras, sentant la force qui se dégageait de son jeune corps, puis il se recula, soudain gêné d'avoir eu ce geste impulsif.

« Attends. » Joseph passa la main derrière sa tête et défit la lanière du petit sac de cuir qu'il portait autour du cou. « Ce n'est qu'une pierre, mais elle vient des Paha Sapa, dit-il. Peut-être qu'un jour elle te ramènera à nous. » Il mit le petit sac dans la main de Charging Elk et fit demi-tour en direction de sa tente.

Charging Elk le suivit un instant des yeux, puis il l'appela : « Joseph ! »

Le jeune homme s'immobilisa.

« Mon père, est-ce qu'il montait un beau cheval avant de tomber malade ? »

Le silence se prolongea si longtemps que Charging Elk se demanda si Joseph l'avait entendu. Et enfin lui parvinrent les mots qui l'emplirent de joie :

« Il montait un grand alezan à la bouche légère et aux yeux qui voyaient loin. Aucun des chevaux de la troupe ne peut lui être comparé. »

Charging Elk repartit alors le long de l'allée. Il passa devant les baraques des attractions maintenant plongées dans le noir, puis devant le chapiteau désert dont la toile blanche évoquait de lointaines montagnes. Il était tard et les tramways ne circuleraient plus, mais peu lui importait. Il avait besoin de marcher et la lune-des-feuilles-qui-tombent lui éclairerait le chemin.

REMERCIEMENTS

Du Montana à Marseille le chemin est long et je n'aurais jamais pu le faire sans la générosité et les encouragements d'un grand nombre de gens, tant aux Etats-Unis qu'en France.

Je voudrais remercier mon éditeur et ami de longue date, Gerry Howard, pour m'avoir encouragé à écrire cette histoire et pour m'avoir aidé à redresser le cap lorsque j'ai commencé à faire fausse route. Et je voudrais également remercier mon cher agent, Elaine Markson, pour sa lecture perspicace, ses suggestions et, plus encore, pour sa foi en moi. Je voudrais remercier aussi Sally Wofford-Girand et Elisabeth Clementson, les associées d'Elaine, pour leur aide et leurs encouragements. Merci également à Mary Kling et Maggie Doyle, mes agents français, pour leur aide et leur hospitalité à l'occasion de plus d'un déjeuner au fil des ans.

Mes remerciements aussi à Liliane de Kermadec ainsi qu'à Thierry et Patricia Mouthiez qui m'ont fourni des informations sur les systèmes judiciaire et pénitentiaire en France au tournant du XIXe siècle. Je remercie également Nelcya Delanoë et Joelle Rostkowski pour leurs écrits et leurs communications sur les Indiens.

Merci à mon traducteur et ami, Michel Lederer, qui a permis à l'un de mes romans d'obtenir un prix de traduction. Et un grand merci à Hélène Fournier et Jacqueline Lederer, chères amies, pour la générosité de l'hospitalité offerte à ma femme, Lois, et à moi. Et tous mes remerciements et mon affection à Ripley Hugo pour sa lecture perspicace du manuscrit de ce roman ainsi que des précédents.

Je voudrais remercier particulièrement mon éditeur chez Albin Michel, Francis Geffard, pour avoir toujours cru que mes livres trouveraient un public en France. Il a plus que tout autre en France contribué à publier et promouvoir les écrits des Indiens d'Amérique et des auteurs de l'Ouest américain. C'est une perle et un excellent ami. Et merci à Francis Esménard et Tony Cartano de lui avoir donné le feu vert.

Le mot de remerciements ne semble pas tout à fait approprié quand il s'agit de ma femme, Lois. Non seulement elle s'est tenue à mes côtés, ne ménageant pas ses paroles d'encouragement ou, si nécessaire, de consolation, mais elle a aussi pris une part active dans mon œuvre, lisant les chapitres, me fournissant les livres pour les recherches et traduisant certaines phrases en français.

Pour finir, j'aimerais remercier Pierre Falaise sans qui ce livre n'aurait pas vu le jour. Non seulement il m'en a donné l'idée par une chaude après-midi devant une bière après une signature, mais il m'a beaucoup aidé au cours de mes recherches à Marseille, nous présentant, Lois et moi, à d'autres Marseillais qui avaient des histoires intéressantes à raconter, nous faisant visiter les endroits appropriés, nous fournissant les photocopies d'articles de journaux sur les représentations du Wild West Show en 1889 et 1905, le programme officiel, en français, du spectacle ainsi que le certificat de décès de Featherman. J'ai pris quelques libertés, cher ami, mais j'espère que vous trouverez ce livre fidèle à l'esprit.

James Welch

Cet ouvrage a été réalisé par

FIRMIN DIDOT

GROUPE CPI

Mesnil-sur-l'Estrée

pour le compte des Éditions 10/18
en mars 2003

Imprimé en France
Dépôt légal : mars 2003
N° d'édition : 3463 - N° d'impression : 62980